渝黔铁路夜郎河特大桥建造技术

徐　宏　王亚美　主编

中国铁道出版社有限公司
CHINA RAILWAY PUBLISHING HOUSE CO., LTD.

内 容 简 介

本桥依托渝黔铁路夜郎河特大桥工程，通过协同创新开展 1-370 m 上承式钢筋混凝土空间 X 形提篮拱桥拱座基础开挖、劲性骨架安装、外包混凝土施工等关键技术的理论分析和试验研究，攻克山岭深谷地形条件下大跨径提篮拱桥建造的关键技术难题，不仅圆满完成了该桥建造任务，且部分技术填补了国内外空白，推动了行业技术进步，对类似桥梁建造具有较强的示范引领作用，为山岭深沟、瞬时阵风等复杂地形和环境条件下同类桥梁设计建造积累了宝贵经验。

本书相关技术成果已在多项工程中推广应用，书中内容真实展现了桥梁建造过程，突出桥梁建设中的亮点、重点和难点，具有较强的理论性、实践性、科技性、推广性和工程实用价值，可供桥梁工程技术人员、高校师生参考。

图书在版编目(CIP)数据

渝黔铁路夜郎河特大桥建造技术/徐宏，王亚美主编. —北京：中国铁道出版社有限公司，2025. 3
ISBN 978-7-113-30098-2

Ⅰ. ①渝…　Ⅱ. ①徐…　②王…　Ⅲ. ①特大桥-铁路桥-桥梁施工-桐梓县　Ⅳ. ①U448. 13

中国国家版本馆 CIP 数据核字(2023)第 051948 号

书　　名：渝黔铁路夜郎河特大桥建造技术
作　　者：徐　宏　王亚美

策　　划：高　楠
责任编辑：高　楠　　　　**编辑部电话：**(010)51873347
封面设计：高博越
责任校对：安海燕
责任印制：高春晓

出版发行：中国铁道出版社有限公司(100054，北京市西城区右安门西街 8 号)
网　　址：https://www.tdpress.com
印　　刷：北京盛通印刷股份有限公司
版　　次：2025 年 3 月第 1 版　2025 年 3 月第 1 次印刷
开　　本：787 mm×1 092 mm 1/16　**印张：**18.75　**字数：**382 千
书　　号：ISBN 978-7-113-30098-2
定　　价：158.00 元

序　言

近年来，随着我国高速铁路快速发展，大跨径拱桥因其较强的跨越能力、美观性和经济实用性，在跨越深谷、河流、峡谷的工程中广泛应用，其中提篮拱桥相较于平行拱桥具有更好的稳定性和动力特性。渝黔铁路夜郎河特大桥为高速铁路工程首座上承式劲性骨架钢筋混凝土空间 X 形提篮拱桥，桥梁拱座基础嵌入峡谷两侧岩体，整座桥型结构轻巧、刚度大、稳定性好，在山区大跨度桥梁结构选型中具有显著的优势。其中，因拼装过程中抗扭控制难度大、线形控制要求高，空间 X 形拱肋劲性骨架拼装被视为该类型大跨径拱桥建造的“卡脖子”技术。

依托渝黔铁路夜郎河特大桥工程，通过协同创新开展 1-370 m 上承式劲性骨架钢筋混凝土空间 X 形提篮拱桥拱座基础开挖、劲性骨架安装、外包混凝土施工等关键技术的理论分析和试验研究，攻克山岭深谷地形条件下大跨径提篮拱桥建造的关键技术难题，总结、提炼形成“渝黔铁路夜郎河特大桥建造技术”成果，为山岭深沟、瞬时阵风等复杂地形和环境条件下同类桥梁设计建造积累了宝贵经验，部分技术填补了国内外空白，推动了行业技术进步，对类似桥梁建造具有较强的示范引领作用。

本书真实展现了该桥梁建造过程，突出桥梁建设中的亮点、重点和难点，相关技术成果已在多项工程中推广应用，为桥梁工程技术人员、高校师生提供了真实的桥梁建设工程案例。本书内容丰富，图文并茂，具有较强的理论性、实践性、科技性、推广性和工程实用价值。

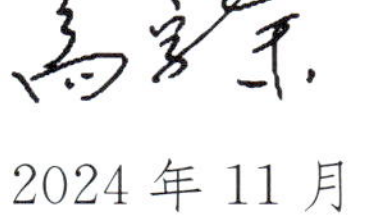

2024 年 11 月

前　言

渝黔高速铁路连通重庆、贵阳两地，铁路全长 345 km，设计时速 200 km，是国家“八纵八横”铁路网中“包柳铁路大通道”的重要组成部分。

渝黔铁路夜郎河特大桥位于遵义市桐梓县境内，大桥跨越夜郎河沟谷地形、习新公路，为客货共线双线铁路桥，于 2018 年底通车。大桥主桥为 1-370 m 上承式劲性骨架钢筋混凝土空间 X 形提篮拱桥，为国内同类型桥梁跨度第一，是世界首例“贯入式大体积嵌岩拱座基础大桥”，是渝黔高速铁路重点控制性工程。大桥具有造型美观、结构新颖、施工技术难度大、施工条件复杂等特点。大桥建设者通过研究探索、力行实践、不断创新，在圆满完成该桥建造任务的同时，在大倾角嵌岩式桩基础施工、大跨度钢管拱安装、钢管拱外包混凝土悬空吊架施工、拱上立柱 k 撑施工、钢混结合梁施工等技术方面实现了创新。在大桥建设中采用 BIM 技术优化施工组织设计，以典型工序为着力点，探索应用 BIM 技术的方式和方法，提高了桥梁施工过程中的综合管理能力。

本书共分为十一章，针对渝黔铁路夜郎河特大桥项目的结构特点和施工重难点，按照施工顺序，从劲性骨架提篮式拱桥的设计、超大截面倾斜隧道式嵌岩桩基础施工技术、大跨度大吨位缆索吊施工技术、提篮式钢管劲性骨架拱施工技术、钢管拱内压混凝土施工技术、拱圈外包混凝土施工技术、拱上立柱混凝土施工技术、钢混结合梁施工技术、关键方案模拟 BIM 应用技术九个方面全面而具体地阐述了跨越深谷上承式劲性骨架钢筋混凝土空间 X 形提篮拱桥的关键施工技术与创新，总体技术达到国际先进水平。

本书既是对渝黔铁路夜郎河特大桥关键施工技术的总结和科技成果的提炼，也能为日后劲性骨架钢筋混凝土空间 X 形提篮拱桥建设提供参考，还能为从事桥梁专业的工程技术人员及高校师生提供借鉴。

限于编者水平，本书内容如有疏漏和不妥之处，恳请读者指正。

编者

2024 年 11 月于西安

目　　录

第一章　概　　述

第一节　钢管混凝土劲性骨架提篮式拱桥的发展

一、发展现状

钢管混凝土劲性骨架拱桥是指利用劲性骨架施工的钢筋混凝土拱桥，是 20 世纪 90 年代初，在劲性骨架法和钢管混凝土拱桥基础上发展起来的一种结构形式。钢管混凝土劲性骨架拱桥采用受压性能好、用钢量省的钢管混凝土作为劲性骨架材料，不仅解决了传统型钢骨架及型钢半刚性骨架存在的钢材消耗量与骨架刚度之间的矛盾，而且力学性能更加优越，使其迅速成为大跨度钢筋混凝土拱桥最有竞争力的桥型，部分跨径 100 m 以上的钢管混凝土劲性骨架拱桥见表 1-1。

表 1-1　我国部分跨径 100 m 以上的钢管混凝土劲性骨架拱桥

序号	名　　称	跨径(m)	矢跨比	结构形式
1	江西德兴太白桥	130	1/9	上承式箱肋刚架拱
2	四川内江新龙坳立交桥	120	1/4	中承式箱肋拱
3	攀枝花倮果金沙江大桥	160	1/4	中承式箱肋拱
4	广西南宁邕江大桥	312	1/6	中承式箱肋拱
5	浙江金华婺江双龙大桥	168	1/5	中承式箱肋拱
6	重庆万州长江大桥	420	1/5	上承式箱形拱
7	广东英德香炉峡北江大桥	160	1/5	中承式箱肋拱
8	云南玉溪化皮冲大桥	180	1/5.5	上承式箱肋拱
9	湖北宜昌黄陵洞大桥	152	1/6.5	上承式箱形拱
10	福建龙岩赣龙线吊钟岩特大桥	140	1/5	上承式箱肋拱
11	溪落渡水电站辅道大岩洞大桥	160	1/4.56	上承式箱形拱
12	河南淅川小三峡长江大桥	260	1/5	中承式箱肋拱
13	湖北兴山平邑口大桥	180	1/8	上承式箱形拱
14	湖北宜昌宜万铁路落布溪大桥	178	1/4.5	上承式箱肋拱
15	湖南张家界海螺猛洞河大桥	255	1/5.5	上承式箱肋拱
16	四川广元嘉陵江大桥	364	1/4.2	上承式箱肋拱
17	福建福州向莆铁路尤溪大桥	140	1/4.516	上承式箱肋拱
18	大瑞铁路澜沧江大桥	342	1/4.15	上承式箱肋拱

二、结构特点

钢管混凝土劲性骨架拱桥与传统的钢筋混凝土拱桥相比，不仅提供了一种新的成拱方式，即先形成钢管混凝土劲性骨架，再逐步增加外包钢筋混凝土组分最终形成总体结构，而且钢管混凝土劲性骨架和外包钢筋混凝土相互作用，使这种桥型形成了独有的特点：

(1)结构体系转换次数更多。钢管混凝土劲性骨架拱桥主拱结构的施工经历了钢管骨架的吊装、管内混凝土的灌注和外包混凝土的浇筑三个过程，先后形成了钢管桁架拱结构、钢管混凝土拱结构和钢筋混凝土拱结构。先形成的钢管混凝土劲性骨架在施工过程中既要承担自身重量，又要与先期形成的钢筋混凝土共同承担新浇筑混凝土的重量；而外包混凝土组分的增加使截面的几何物理特性不断发生变化，结构受力十分复杂。

(2)与其他结构相比施工周期更长。与悬臂施工的钢筋混凝土拱桥相比，钢管混凝土劲性骨架拱桥虽然降低了施工难度，但是增加了施工程序，特别是外包钢筋混凝土需要分段分环浇筑，大大延长了施工时间。

(3)结构性能更好。严格地说钢管混凝土劲性骨架拱桥属于 SRC(steel reinforced concrete)结构，具有很高的强度、刚度、耐火性和抗震性。

三、钢管混凝土劲性骨架拱桥计算方法

目前，钢管混凝土劲性骨架拱桥的计算一般在施工阶段采取应力叠加法，成桥阶段采取内力叠加法。应力叠加法就是考虑结构各组分的形成过程，累计组分各点的应力值。内力叠加法就是在施工阶段累计各截面内力，再按成桥复合截面计算各组分受力，若不计施工中拱弹性压缩和体系转换，内力叠加就是全桥一次形成的加载分析。而应力叠加法计算得到的各组分应力相差较大，先浇筑的混凝土应力较大，后浇筑混凝土应力较小，局部点甚至出现拉应力。由于钢管混凝土劲性骨架拱桥外包混凝土各组分是逐步浇筑的，浇筑时间浇筑顺序不一样，各组分受力就不一样。所以应力叠加法更能反映拱桥施工阶段真实的应力状态。

第二节　夜郎河特大桥工程概况

夜郎河特大桥是渝黔高速铁路代表性工程之一，大桥位于遵义市桐梓县境内，跨越夜郎河沟谷地形、习新公路，为客货共线双线铁路桥，线间距 5 m。大桥全长 1 116.78 m，工程总投资 5.5 亿元，大桥主桥为 1-370 m 上承式劲性骨架钢筋混凝土空间 X 形提篮拱桥，为国

内同类型桥梁跨度第一，是世界首例“贯入式大体积嵌岩拱座基础大桥”，如图 1-1 所示。

图 1-1　建成后的夜郎河特大桥

一、地形地貌

夜郎河特大桥位于贵州省桐梓县夜郎镇凉水村与新站镇九龙村交界一带，横跨夜郎河沟谷（图 1-2），地面高程 501～829 m，相对高差约 328 m，属低山构造剥蚀沟谷地貌。重庆岸斜坡为一顺向坡，岸坡脚因夜郎—新站公路的开挖形成局部临空，导致边坡稳定性差。

图 1-2　夜郎河特大桥地理位置

区内坡面植被较发育，以旱地、乔木与灌木为主，交通较为方便。桥位处地势较陡，多为密林，植被发育，中间有少许旱地。G75 兰海高速公路遵崇段及既有渝黔铁路均在桥位附近经过，夜郎河谷底有 8.5 m 宽新建二级公路（习新公路），大型施工机具可达桥位谷底附近，但桥位两岸无公路直接到达。从谷底的习新公路至设计的墩位基础位置陡峭，施工便道难度很大，岸坡上施工条件很差，如图 1-3 所示。

图 1-3　地形与地质

二、气象水文

夜郎河特大桥位于贵州省遵义市桐梓县，属黔北中山峡谷地貌区，为亚热带湿润季风气候区，夏无酷暑，冬无严寒，主要植被类型有落叶阔叶林、次生灌丛、暖性针叶与阔叶混交林、暖性针叶林及竹林等。桥区年平均气温 14.6～15.3 ℃，极端最高气温 34.5～37.5 ℃，极端最低气温－7.8～－6.6 ℃，多年平均降雨量 857.5～1 134.8 mm，最大日降雨量 173.3～197.3 mm，年平均风速 1.5～2.62 m/s，最大风速 13.0～23.0 m/s，年蒸发量 828.2～1 749.0 mm，多年平均相对湿度 79%～80%，年雾日数 7～11.6 日，最大积雪深 10～22 cm，多年平均日照时数 843.5～1 239.4 h。

桥位处夜郎河属綦江河水系，不通航，河宽 10～20 m，水位较浅，河道较顺直。

三、地层地质

夜郎河两岸斜坡一带为块石土加粉质黏土，分布厚度为 0～2 m，其中粒径>200 mm 的约占 65%，粒径 60～200 mm 的约占 20%，余为角砾及粉质黏土。石质成分为强风化的砂岩，最大粒径约 2 500 mm。斜坡底部为碎石土，含 20%～30%的块石，碎石占 40%～45%，角砾占 10%～15%，余为粉质黏土，石质成分为强风化的砂岩及少量泥岩等，最大粒径约 380 mm。

夜郎河特大桥处于夜郎向斜北翼，区内地层为单斜构造，一般岩层产状其走向为 N61°～75° W，倾角 32°～42°，向贵阳岸方向变缓，倾向 S；区内构造裂隙及风化裂隙发育。

第二章　劲性骨架提篮式拱桥设计

第一节　夜郎河特大桥总体设计

夜郎河特大桥全长 1 116.78 m，主桥为 1-370 m 上承式钢筋混凝土空间 X 形提篮拱桥，主拱基础为贯入式大体积嵌岩基础。引桥及拱上孔跨布置为 5-32 m 预应力混凝土简支 T 梁＋4-38 m 钢混连续结合梁＋3-38 m 钢混连续结合梁＋4-38 m 钢混连续结合梁＋16-32 m 预应力混凝土简支 T 梁。交界墩采用独柱箱形空心墩，拱上墩采用双柱式刚架空心墩，引桥采用矩形实体墩或空心墩，混凝土矩形空心桥台。桥上线路为双线，线间距为 5.0 m，全桥位于直线上，大里程引桥端部分位于竖曲线上，其他位于平坡上（详见图 2-1）。

一、设计参数及标准

（1）铁路等级：国家Ⅰ级。

（2）正线数目：双线。

（3）旅客列车设计行车速度：200 km/h。

（4）线间距：5.0 m。

（5）最小曲线半径：3 500 m。

（6）限制坡度：9‰，加力坡 18.5‰。

（7）牵引种类：电力。

（8）机车类型：客车——动车组，货车——HXD_3。

二、总体结构设计概况

夜郎河特大桥轨底高程 714.792 m，沟底高程 505.1 m，相对高差 210 m，拱座基础离沟底 120 m。其中主桥竖直平面内矢高为 83.5 m，矢跨比＝1/4.4，拱轴系数 $M=3.5$；主桥拱座基础为马蹄形混凝土基础，与水平方向夹角 55.188°，平面位置夹角 9.448°，斜向高度 47 m、长 22.5 m、宽 16.39 m，为大体积混凝土基础，设计混凝土共计 51 987.6 m^3。

三、全桥主要工程量

全桥桩基 290 根，墩台 23 个，主桥工程量：拱座基础挖方 5.3 万 m^3，结构混凝土 8.5 万 m^3，钢筋 4 675 t，钢管、型钢、钢板及其他钢材 8 000 t，其中拱肋为 5 530 t，桥面钢梁 2 470 t，拱肋钢管内自密实 C60 混凝土 3 518 m^3，外包 C55 混凝土 2.9 万 m^3，拱肋最大吊装节段 195.8 t（含模板等施工措施），最小节段 38.6 t（含模板等施工措施），如图 2-2 所示。

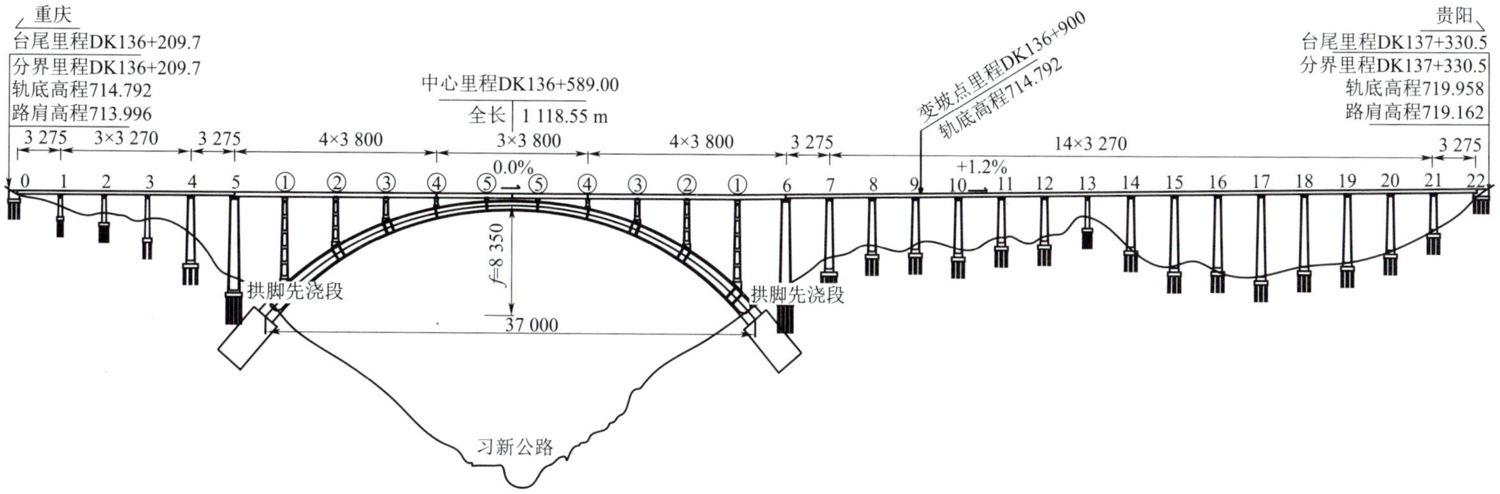

图 2-1 夜郎河特大桥设计布置示意(单位除高程和里程为 m 外,其余均为 cm)

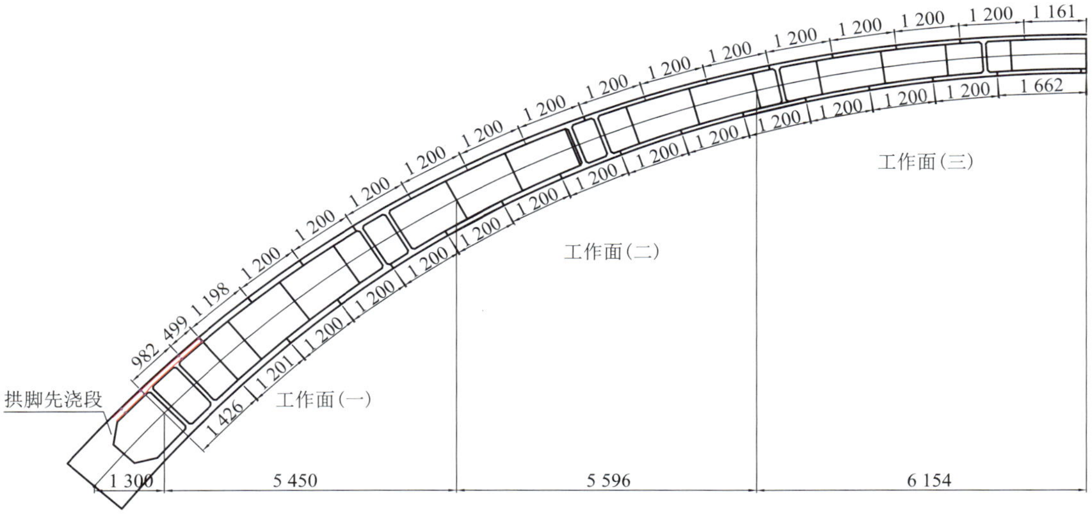

（a）1/2拱圈浇筑顺序（立面）

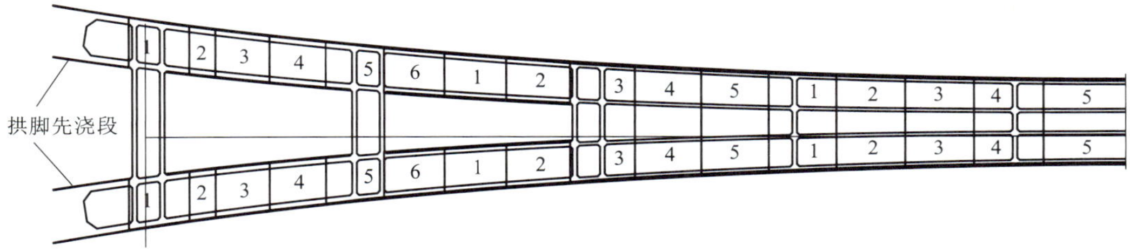

（b）1/2拱圈浇筑顺序（平面）

图 2-2　夜郎河特大桥主拱圈构造示意(单位:cm)

第二节　主拱结构设计

一、主拱圈构造

主拱圈计算跨径(l)为 370 m(纵向拱脚截面中心距离),竖直平面内矢高(f)为 83.5 m(拱脚截面中心到拱顶截面中心的竖向高度),矢跨比为 1/4.431 14,拱轴线采用 $m=3.5$ 的悬链线。坐标系定义如下:以重庆岸拱脚基础顶面中心点为原点;以顺桥向从重庆到贵阳方向为 x 轴正向;以横桥向面向贵阳方向左侧为 y 轴正向;以竖向向上为 z 轴正向。拱轴中

心在竖直面内的 z 坐标计算方程为

$$z=f-\frac{f}{m-1}\left[\operatorname{ch} k\left(1-\frac{2x}{l}\right)-1\right]$$

式中，$f=83.5$ m，$m=3.5$ m，$l=370$ m，$k=\ln(m+\sqrt{m^2-1})=1.924\ 847\ 300\ 24$。

主拱圈平面呈 X 形（提篮形），从拱脚到拱圈分叉处由两肢单箱单室拱肋组成，拱顶合并为单箱双室截面。拱圈由劲性钢管混凝土骨架外包 C55 混凝土构成。

拱圈整体横向变宽，拱箱中心（合并段为边箱中心）的 y 坐标计算方程为

$$y=1.6-z\times\tan\theta$$

式中，θ 为拱箱中心线（由拱箱中心点组成，位于倾斜平面内）所在平面同竖直面的交角，$\theta=8.178\ 128\ 981\ 226°$。

主拱肋横向变宽，箱体横向宽度 B 值（对应为劲性骨架单侧主钢管的横向间距）从拱脚处 8 m 过渡到拱顶 38 号截面处的 5 m（拱顶 38～40 号截面为等宽），按 1.2 次抛物线关系变化，计算方程为

$$B=0.005\ 928\ 85\times(179.25-x)^{1.2}+5$$

主拱肋箱体纵向变高度，拱箱外缘高度由拱脚 13.3 m 变至跨中 7.3 m，对应的劲性骨架高度 h（为同一截面处上下弦主钢管在拱轴法向平面内的竖向间距）从拱脚处 12.1 m 过渡到拱顶 38 号截面处的 6.1 m（拱顶 38～40 号截面为等宽），按 1.5 次抛物线关系变化。h 的计算方程为

$$h=0.002\ 500\ 13\times(179.25-x)^{1.5}+6.1$$

主拱拱肋对应拱上 1、2 号墩处分别设置横系梁（采用箱形截面，腹板厚 80 cm，顶底板厚度与拱肋箱体靠拱顶侧的顶底板厚度相同）连接两个分离的拱肋箱体。拱肋分叉段、合并段设置在拱上 3 号墩位置，如图 2-3 和图 2-4 所示，合并段箱体在该处设置两道 80 cm 厚横隔板。对应拱上 4、5 号墩处各设置 1 道 80 cm 厚横隔板。

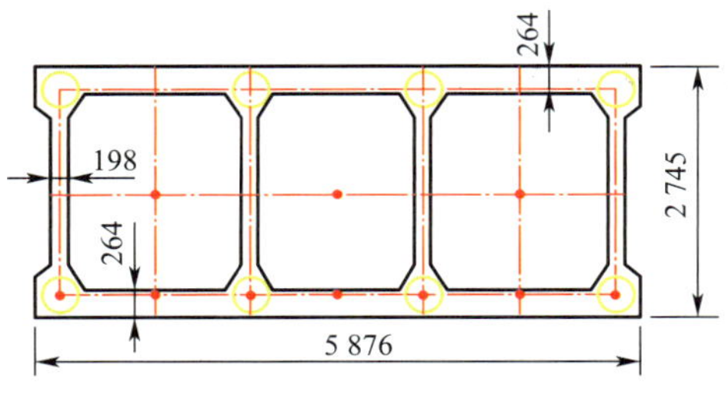

图 2-3　主拱圈合并段拱肋截面示意（单位：mm）

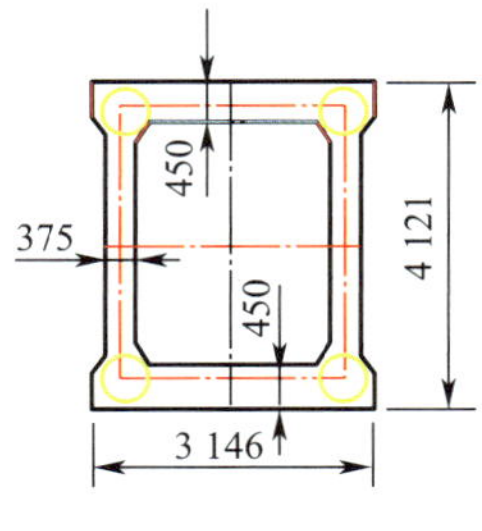

图 2-4　主拱圈分叉段拱肋截面示意（单位：mm）

拱圈顶底板厚度如下：拱脚到 1 号墩处顶底板厚 1.4 m，腹板厚 1.2 m；1 号墩到 2 号墩处顶底板厚 1.2 m，腹板厚 1 m；2 号墩到 3 号墩处顶底板厚 1 m，腹板厚 0.8 m；拱顶合并段顶底板厚 0.8 m，腹板厚 0.6 m。

拱肋箱体每个箱室内底板最低点靠腹板处设置 2 个 D100 mm 泄水孔，同时在每道腹板沿箱体高三等分处设置 2 个 D100 mm 通气孔，通气孔纵向间距按 4～5 m 均匀布置。

为方便后期维护检修，拱肋箱体内各个箱室间均设有圆端形过人孔，同时在拱顶合并段附近中间箱室顶设置 D1 000 mm 进人孔，通过爬梯进入箱内。

二、拱圈劲性骨架构造

主拱圈采用劲性骨架法外包 C55 混凝土施工，拱肋劲性骨架上下弦杆采用钢管混凝土构件。上下弦主钢管共计 8 肢（拱肋分叉段单箱单室断面对应为 4 肢，拱顶合并段单箱 3 室断面对应为 8 肢），材质采用 Q390C 钢材，管内灌注自密实无收缩 C60 混凝土。主钢管外径 1 000 mm，壁厚采用：拱顶合并段上弦 30 mm，下弦 26 mm；拱脚分叉段上弦 26 mm，下弦 30 mm。上下弦主管纵向错开壁厚变化点的具体位置为：15 号、16 号截面之间的上弦主钢管中点；24 号、25 号截面之间的下弦主钢管中点。

劲性骨架主钢管间横向通过腹杆、竖向通过腹杆（包括正腹杆和斜腹杆）、平联杆（包括直杆和斜杆或 k 撑杆）等连接系形成整体空间桁架结构，如图 2-5 所示。劲性骨架横向及竖向连接件在拱脚分叉段主要采用钢管杆件，在拱顶合并段主要采用 4 肢角钢组合截面杆件。骨架连接杆件众多，空间关系复杂，其规格主要结合长细比及强度要求采用。

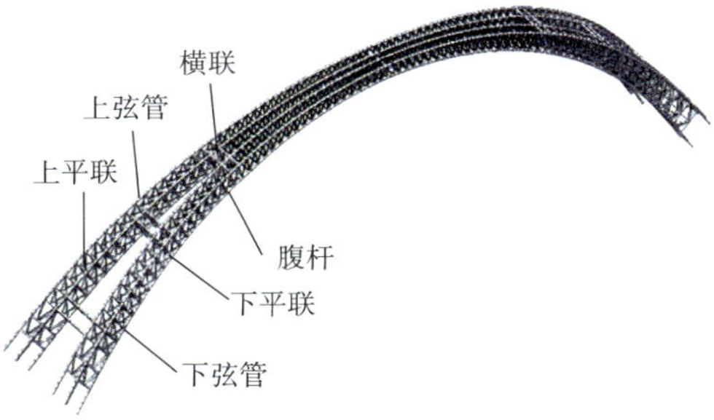

图 2-5　拱肋劲性骨架设计图

各连接杆件材质选用均为 Q345C 钢材，圆管件多为壁厚 16 mm 的热轧无缝钢管，外径分 D630 mm、D560 mm、D500 mm、D426 mm、D325 mm、D245 mm 共计 6 种；角钢件均为 4 肢∠160×160×16 热轧等边角钢组合截面。

对于直径较大（≥325 mm）的圆管形腹杆、平联及横撑杆件，空钢管会引起结构断面削弱较多，这类大直径钢管件在浇筑拱圈外包混凝土阶段结合相应的浇筑顺序灌注管内自密实无收缩 C60 混凝土以保证截面的整体性，灌注时间具体为：在浇筑相应部位顶板（底、腹板）的外包混凝土时的前一个施工阶段灌注其管内混凝土。

拱肋在加工时，钢管（包括上下弦主管、横梁钢管、分离式拱脚段的腹杆钢管和平联大直径直钢管等）预留混凝土灌注孔及排气孔，位置结合结构和灌注工艺合理选择设置。

主拱圈构造如图 2-6 所示。

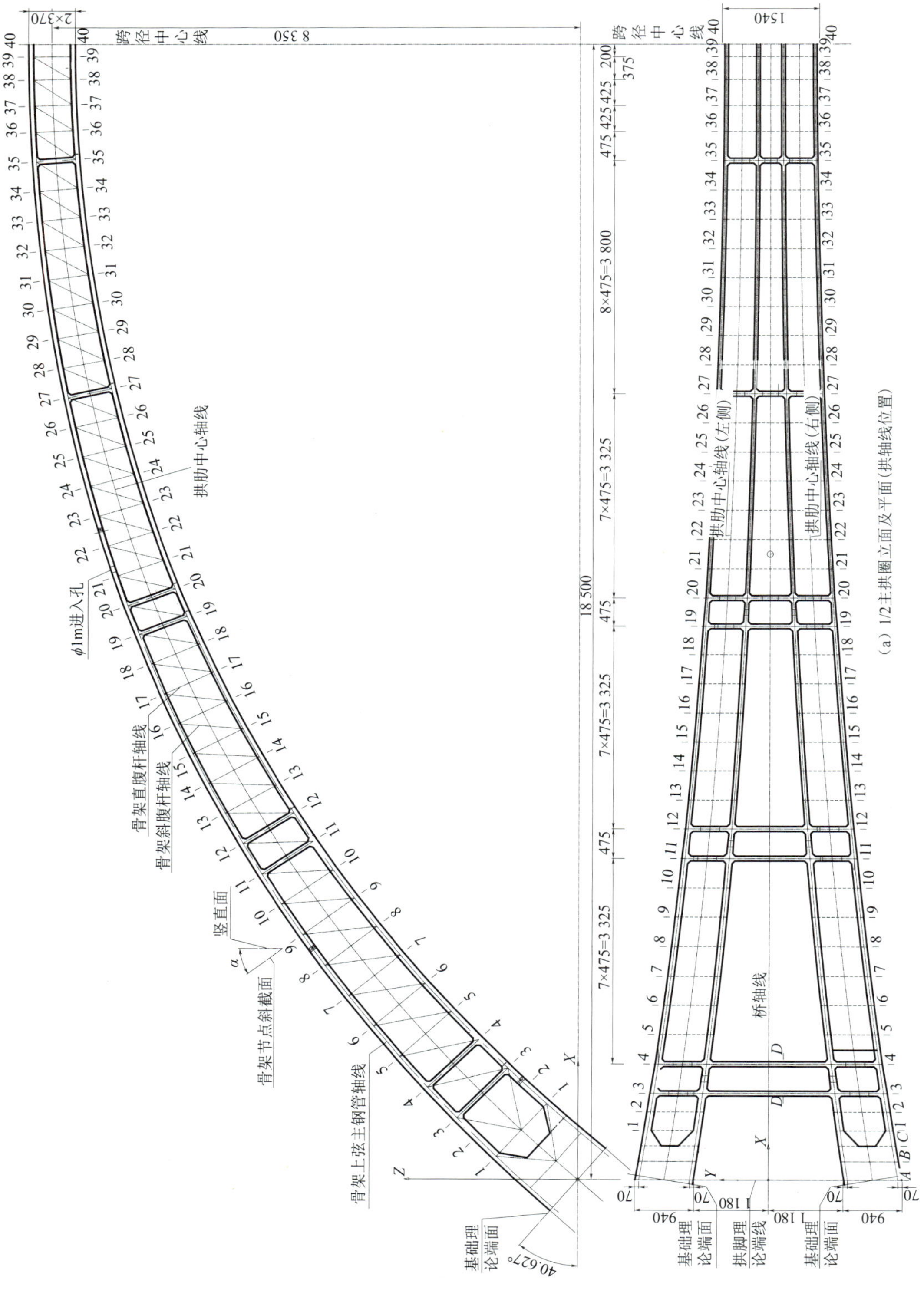

(a) 1/2主拱圈立面及平面(拱轴线位置)

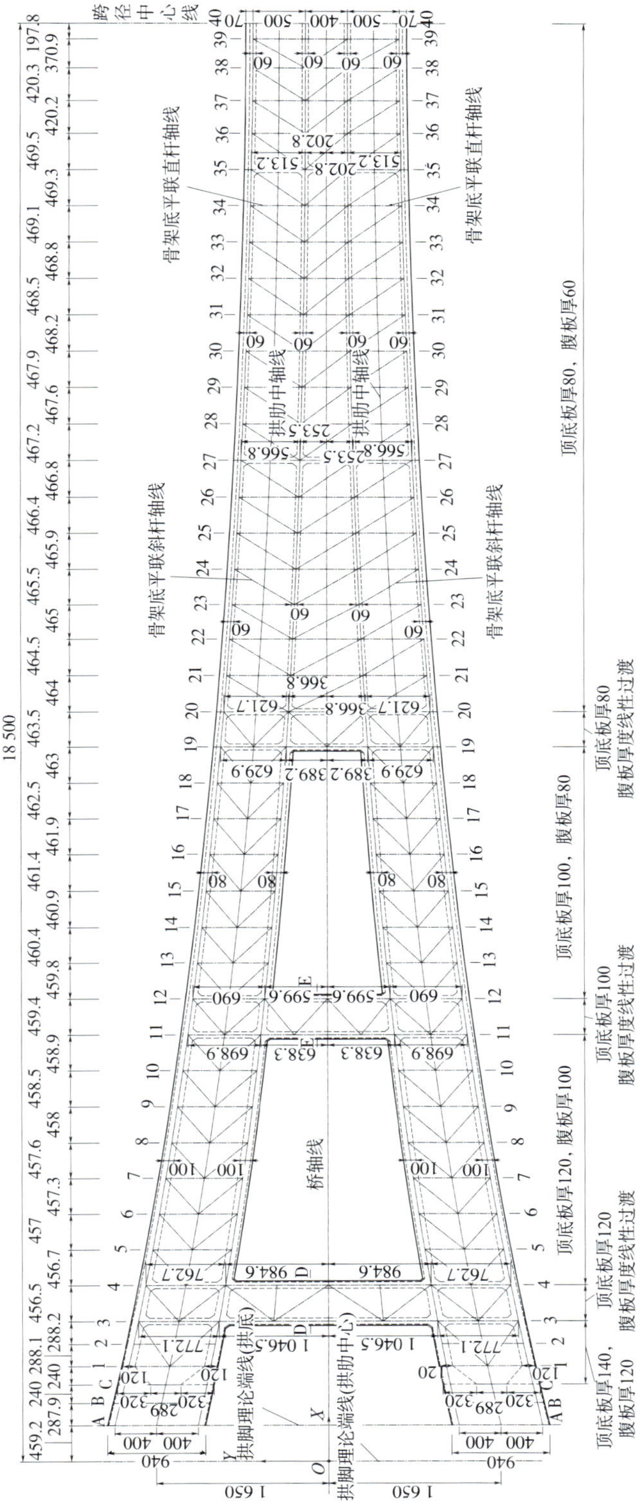

（b）1/2主拱圈平面（底平面）

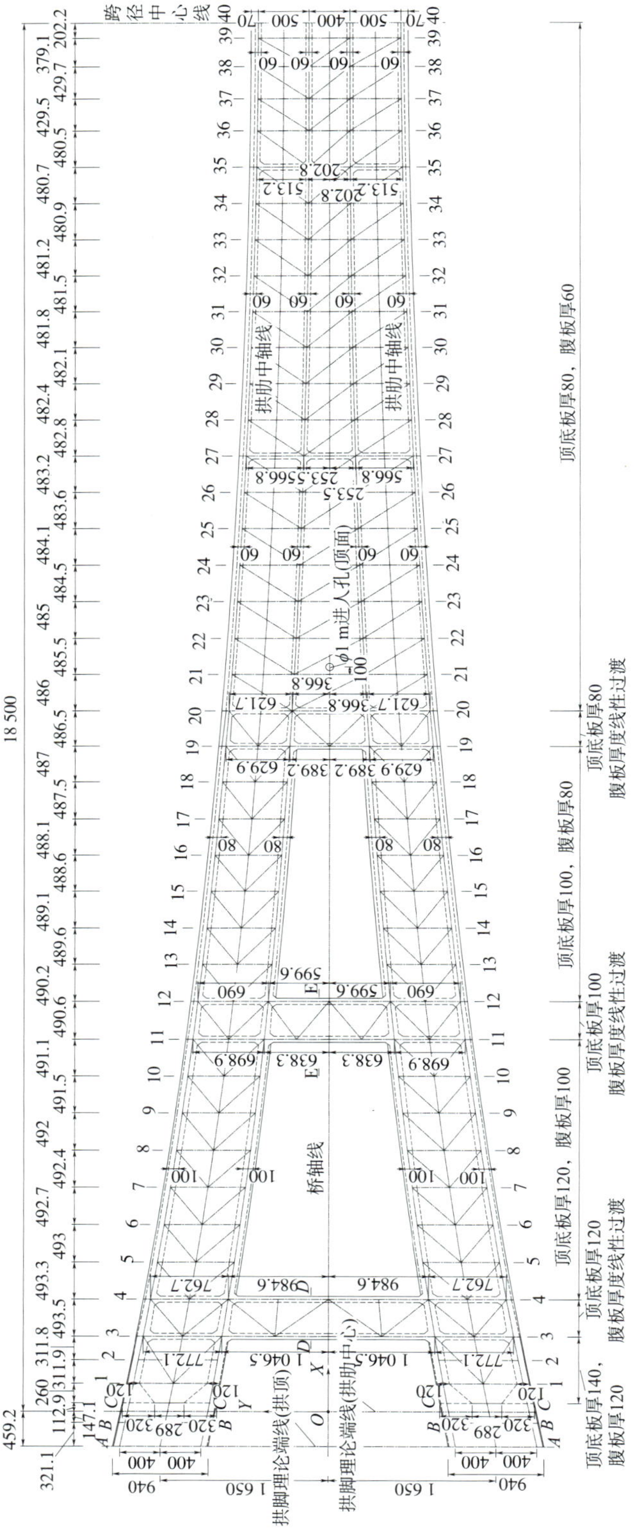

（c）1/2主拱圈平面（顶平面）

图 2-6　主拱圈构造示意

注：1. 本图尺寸均以 cm 计。

2. 图中纵向尺寸均为沿桥轴线水平投影尺寸。

三、主拱基础构造

主拱拱脚基础处基岩性质为砂岩夹泥岩和泥岩夹砂岩。砂岩弱风化层为Ⅴ级次坚石，相对较好。泥岩弱风化层则为Ⅵ级软石，遇水易软化，开挖暴露后易风化。重庆岸斜坡为一顺向坡，稳定性较差，因夜郎—新站公路的开挖形成的该岸坡脚临空对边坡稳定性有一定影响。由于桥基地质条件较为复杂，主拱基础不宜直接采用扩大基础，设计采用隧道式嵌岩基础，采用隧道式开挖的方式进行开挖，使四个拱脚基础置入较深的岩层带，确保主拱基础稳定性，如图 2-7 所示。

单个拱脚基础受力较为复杂，为斜向大断面隧道桩基，斜向长 42 m，结合主拱肋在拱脚处传递内力的特点，设置偏心以平衡拱脚弯矩，保证截面全截面受压，且基础周围土体不承受过大的侧向压力。主拱基础为贯入式大体积嵌岩基础，隧道式开挖，基础混凝土浇筑分层多次灌注，并采取埋设散热水管等措施降低水化热。

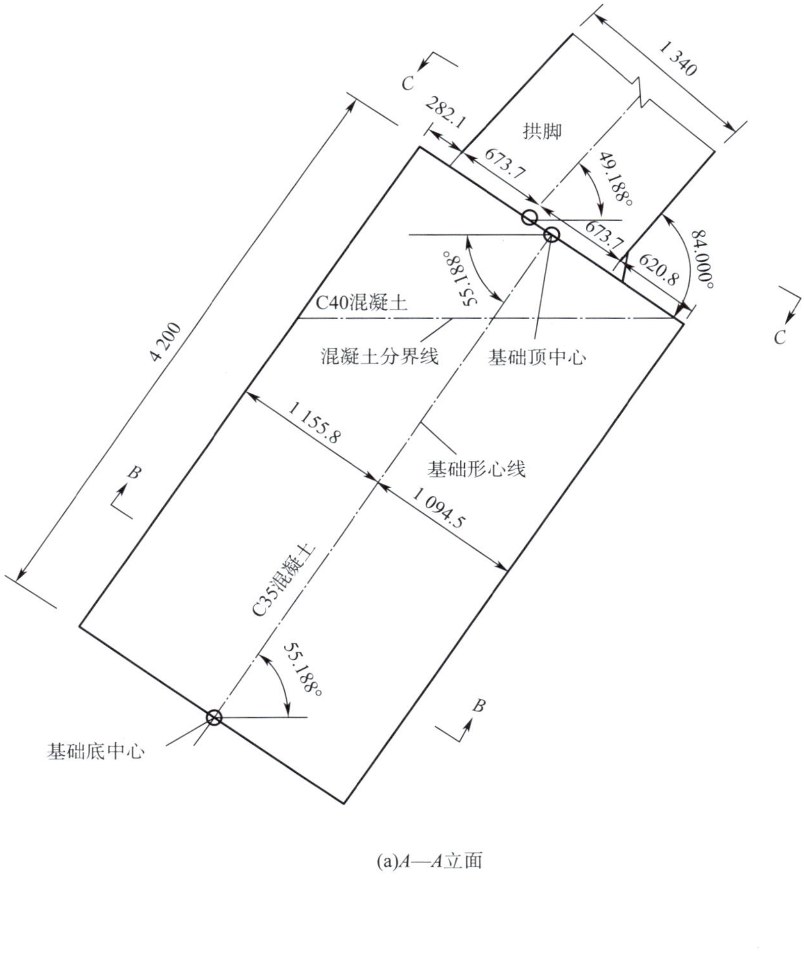

(a)*A*—*A*立面

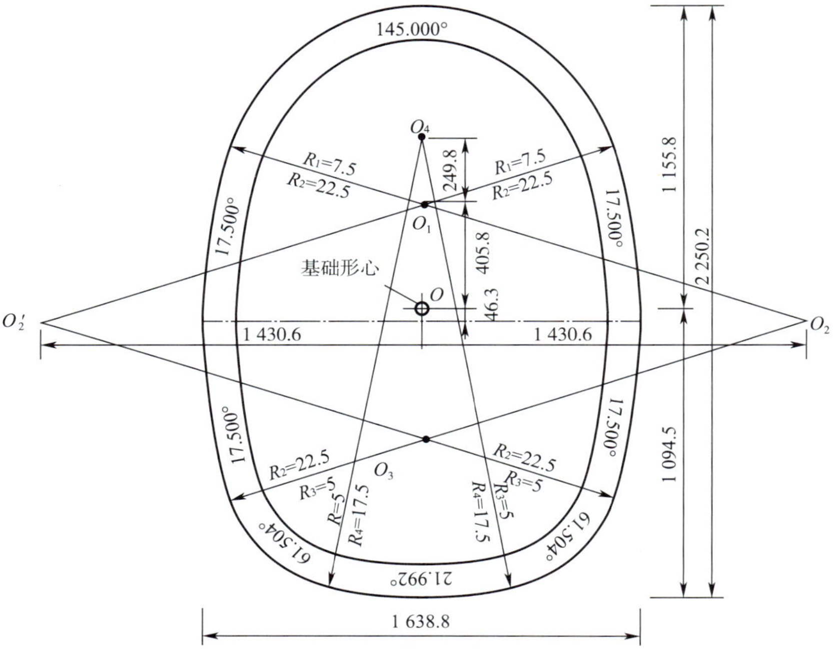

(b)*B*—*B*剖面

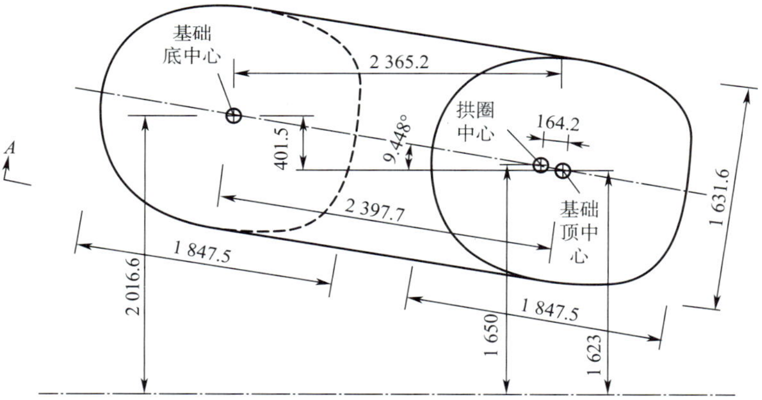

(c)基础平面

图 2-7　主拱基础构造示意(半径单位为 m,其余单位为 cm)

四、拱上结构设计

(一)交界墩及拱上墩结构

交界墩采用独柱箱形空心墩。拱上墩采用双柱式刚架空心墩,墩柱与竖直面的倾角为

8.2°，与拱肋中心线倾角 θ=8.178 128 981 226°基本一致。

1. 交界墩构造

主拱施工过程中需要借助交界墩设置缆索、扣索等临时施工设施，因此交界墩应有足够的刚度。交界墩采用独柱箱形混凝土空心墩，如图 2-8 所示。大小交界墩墩高分别为 66.7 m、70.39 m，墩横断面尺寸为 580 cm×1 000 cm（纵×横）。桥墩纵向外坡为 1∶40，内坡为 1∶55。桥墩横向外坡为 1∶50，内坡为 1∶70。交界墩墩柱箱体墩顶壁厚为 60 cm，从墩顶到墩底壁厚逐渐加厚。大里程交界墩较高，墩底空心段最大壁厚为纵向 1.06 m、横向 0.99 m。交界墩基础正好位于主桥拱脚分叉间，采用群桩基础，单个基础共设置 16 根 ϕ1.5 m 挖孔灌注桩基，基底进入基岩中风化层的长度不小于 15 m。

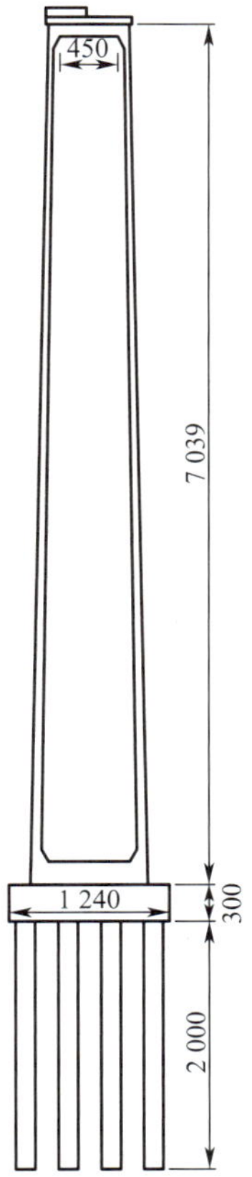

图 2-8　交界墩结构示意
（单位：cm）

2. 拱上墩柱构造

为了与拱圈相协调，同时保证拱上墩柱具有足够的横向刚度，拱上桥墩采用双柱式刚架墩。为了减少拱上墩柱的自重，墩柱均采用空心截面。双柱之间采用高 200 cm 的工字钢筋混凝土横梁。拱上最高墩柱高达 60.7 m（拱上 1 号墩，不含底座），拱顶墩柱高 1.389 m。较高的拱上 1～4 号墩柱倾角为 8.2°（与拱圈倾角对应）。拱上墩柱结构如图 2-9 所示。

1～4 号柱顶盖梁采用 350 cm×250 cm 截面，盖梁长 13.2 m。5 号墩（拱顶墩柱）较低，帽梁直接和墩身合并设置。拱上 1～3 号墩柱纵向采用 1∶60 进行放坡，横向不放坡。4 号、5 号墩较低，纵向横向均采用直坡。为确保横向刚度，拱上 1～3 号墩的两个分离墩柱间设置 k 形混凝土横撑（k 撑杆），k 撑杆均为壁厚 30 cm 的箱形混凝土断面。

（二）拱上梁部结构

为了减少拱上结构自重，拱上梁采用 3 联钢混连续结合梁，跨径组成为 4×38 m+3×38 m+4×38 m。截面为等高度（3.4 m）的箱形钢混结合结构，钢梁在正弯矩区为 U 形断面，在负弯矩区为闭口箱形断面，钢梁下翼缘在拼接位置变厚。混凝土桥面板横向设 2%的“人”字形排水坡。钢梁采用分离的双箱单室，以便于工厂制造及运输。两箱中心距 5 m，与双线铁路轨道中心距离一致，两个箱体之间沿纵向每隔 6 m 左右设置工字形断面的钢横梁，将两者连成稳定的空间结构。

钢梁单个箱体腹板中心距为 2.4 m，腹板厚 16 mm，上翼缘厚 24 mm；下翼缘在正弯矩

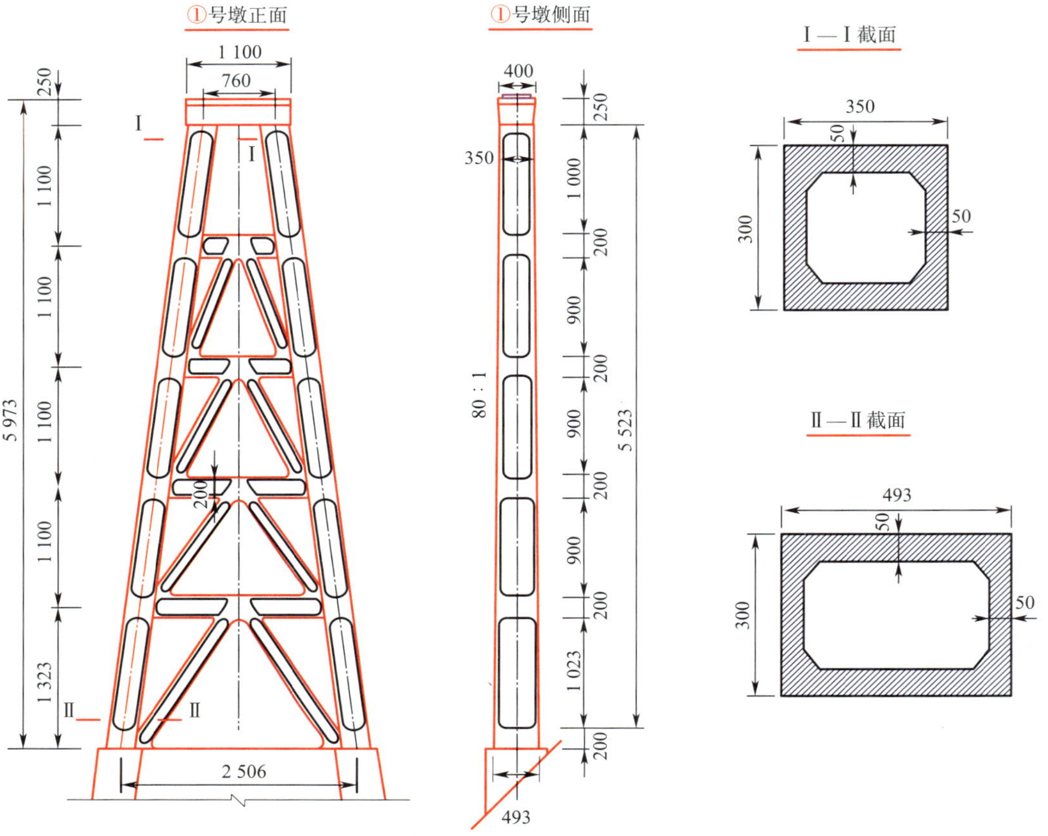

图 2-9　拱上墩柱结构示意(单位:cm)

区厚 24 mm,在负弯矩区根据受力需要加厚到 32 mm。下翼缘沿纵向设计加劲肋,上翼缘仅在负弯矩区段设置纵向加劲肋板。腹板设置水平和竖向加劲肋,箱梁内沿着纵向每隔 6 m 左右设置横隔板(位置与箱体间工字钢横梁对应)以保证钢梁的整体稳定性。

剪力钉焊接在主梁上翼缘和横隔板上翼缘,剪力钉高度 170 mm。结合梁混凝土桥面板利用钢梁搭设托架支模现浇,托架同钢梁作临时栓接。

钢梁在横隔板处设置进人孔,便于架设安装时施工人员进入梁内施工以及运营期间的检查维修。

第三节　设计方案比选

一、主拱圈结构方案的比选

在采用“拱脚开叉、拱顶合并的 X 形提篮结构”的大前提下,进一步对比研究了主拱圈结构方案，原拱圈结构方案需要对拱脚段内侧劲性骨架主钢管在拱顶合并段进行合并，其构造设计及施工均存在较大难度。在方案比选时提出了两种新的拱圈结构方案，并进行优缺点对比研究。

方案一：拱脚分叉段单个箱体横向等宽，拱顶合并为单箱 3 室结构，拱圈外腹板保持在同一个倾角平面内，拱脚段箱室断面为平行四边形。

方案二：拱脚分叉段单个箱体横向变宽，拱顶合并为单箱 3 室结构，拱圈断面保持腹板为竖直方向，箱室断面为矩形（沿拱圈法向）。相比于方案一，主拱圈外腹板表面略存在空间扭转，拱圈劲性骨架节点的空间定位精度要求高，工厂节段预拼及工地拼装存在一定难度。

最终采用了方案二，该方案的优点在于拱脚基础端面避开了方案一的平行四边形拱脚的不对称影响，结构相对更加简洁，同时降低了腹板倾斜所带来的外包混凝土施工难度和风险。拱圈外包混凝土强度等级由 C60 调整为 C55。

二、主拱基础结构方案比选

结合实际的基岩地质条件，对主拱基础进行了“等截面隧道式基础”“变截面隧道式基础”“群桩接承台基础”等结构方案的对比分析研究，综合考虑开挖承台工程量、断面开挖面积、岸坡稳定性影响等因素，仍考虑采用隧道式基础。结合隧道法开挖施工的特点及本桥基础的受力特点，将断面优化为 4 圆弧带仰拱的局部变截面隧道式断面型式。

考虑到斜向隧道式基础为大断面结构，其受力分析采用“梁单元＋土弹簧”的计算模型已经不太适合，采用实体有限元模型对整个基础及周围岩土进行建模计算分析。

三、拱上主梁采用钢混连续结合梁和混凝土梁的比选

对主桥梁部是否考虑采用混凝土梁进行了对比分析。拱上 1、2 号墩柱均较高，特别是 1 号墩柱，高达 60 m，不具备支架浇筑条件，若考虑采用移动模架施工主梁，其量太少，不具备规模效应。鉴于此，采用施工相对快捷但后期维护费用略高的钢混连续结合梁方案。

考虑到保证结构受力的前提下，尽量减少拱肋混凝土长期收缩徐变对跨中下挠的影响，经反复试算分析，主拱圈拱轴系数 m 值由 3.8 调整到 3.5。

第四节　引桥及附属设施

一、引桥上下部构造

全桥引桥共计 21 孔，均采用 32 m 预应力混凝土简支 T 梁。除交界墩外，引桥桥墩墩高为 10～63 m，采用矩形实体墩或空心墩，桥台采用混凝土矩形空心桥台。墩台基础皆考虑采用群桩嵌岩基础，桩径 1.25 m 或 1.5 m。

二、桥面布置、电缆槽、检查设施等

桥上轨道采用有砟轨道，轨底枕下道床厚度不得低于 35 cm，铺设Ⅲ型有挡肩混凝土轨枕，钢轨类型为 60 kg/m。简支 T 梁两侧采用 0.8 m 宽角钢支架人行道栏杆，主桥范围检修人行道直接设置在桥面范围内，梁端设竖直支架人行道栏杆，逐墩对称设置避车台。桥梁两侧均设置通信信号及高压电力电缆槽各一条，电缆槽为轻型抗腐、防锈的非金属材质(复合材料)电缆槽。接触网支柱设置在两侧人行道栏杆外侧(墩帽挑臂上)，支柱内侧至线路中心最小距离不小于 3.1 m。墩台顶面至地面的高度大于 4 m，桥墩、台顶设置围栏、吊篮(桥墩双侧设置)，桥面下至墩台顶设置检查梯。

第五节 主要建筑材料

一、混 凝 土

1. 主拱圈外包混凝土：主体材料为 C55 无收缩混凝土。为减少收缩裂缝，确保混凝土浇筑质量，拱圈外包 C55 混凝土掺适量的聚丙烯网状纤维，纤维掺量为每立方混凝土 0.8 kg。聚丙烯纤维混凝土相关性能指标应满足《纤维混凝土结构技术规程》(CECS 38—2004)的相关规定。

2. 拱肋劲性骨架上下弦主钢管及管径大于等于 426 mm 的连接系圆钢管内灌注 C60 免振捣无收缩自密实混凝土。

3. 主桥钢混连续结合梁桥面板采用 C50 混凝土。

4. 主桥超大隧道式基础顶部范围采用 C40 混凝土，下部采用 C35 混凝土。

5. 引桥上部结构采用通桥(2005)2201-I-2 简支 T 梁，梁体采用 C55 混凝土。

6. 引桥桥墩及过渡墩墩身、墩帽采用 C35 混凝土；拱上桥墩的墩柱采用 C35 混凝土，盖梁及墩帽采用 C40 混凝土；支座垫石均采用 C50 混凝土。

7. 引桥桥墩、过渡墩承台及桩基采用 C35 混凝土，台身采用 C30 混凝土。

8. 人行道板采用 C30 混凝土，现浇挡渣墙采用 C40 混凝土。

混凝土工程应满足相关规范要求。

二、预应力筋及锚具、管道

拱圈顶底板设置有横向预应力，拱脚段顶板设置有纵向预应力。预应力钢束采用 ϕ15.2 mm 高强度、低松弛钢绞线，标准强度 $f_{pk}=1\ 860$ MPa，弹性模量 $E_p=1.95\times10^5$ MPa，其技术条件应符合现行国家标准《预应力混凝土用钢绞线》(GB/T 5224)的规定。

预应力钢束锚具采用夹片式锚具，其技术条件应符合《预应力筋用锚具、夹具和连接器》

(GB/T 14370)的要求,锚垫板及张拉千斤顶均采用配套产品。所有预应力筋孔道均采用相应规格的优质 HDPE 塑料波纹管成孔。塑料波纹管应满足《预应力混凝土桥梁用塑料波纹管》(JT/T 529)的要求,其壁厚不小于 3.0 mm,环向刚度不小于 6 kN/m^2。

预应力管道压浆采用强度不低于 55 MPa 的水泥浆,真空压浆工艺其技术标准应满足《铁路后张法预应力混凝土梁管道压浆技术条件》(TB/T 3192—2008)的要求。为保证预应力钢筋的耐久性,水泥浆中掺加无收缩防腐蚀高性能预应力管道灌浆剂。

三、普通钢筋

采用 HPB235、HRB335 和 HRB400 钢筋,其技术条件应符合国标的要求,并满足《铁路桥涵钢筋混凝土和预应力混凝土结构设计规范》(TB 10002.3—2005)① 对碳含量的要求。

四、结构钢材

拱肋劲性骨架的上下弦主钢管采用 Q390C 钢材,骨架平联、腹杆等连接系钢材采用 Q345C 钢材,其中外径小于等于 630 mm 的圆钢管均考虑采用热轧无缝钢管,外径大于 630 mm 的钢管采用直焊缝卷。骨架节点板、加劲板等采用 Q345C 钢材。骨架其他非主体结构钢材均采用 Q235C 材质。

主梁钢混连续结合梁的钢梁主体材料采用 Q345qE 钢材。

所有钢材的技术性能应符合《桥梁用结构钢》(GB/T 714)、《低合金高强度结构钢》(GB/T 1591)和《碳素结构钢》(GB 700)的相关规定。

五、防腐材料

主桥钢混连续结合梁等钢构件表面采用《铁路钢桥保护涂装及涂料供货技术条件》(TB/T 1527)第 7 套体系,拱肋检查梯等外露钢材均采用《铁路钢桥保护涂装及涂料供货技术条件》(TB/T 1527)第 5 套体系,以增强结构耐久性。

考虑主桥施工周期长,劲性骨架钢结构裸露时间较长,对相应钢构件进行防腐处置,防腐涂装参照《铁路钢桥保护涂装及涂料供货技术条件》(TB/T 1527)中第 1 套涂装体系执行,钢构件外表面涂刷特制红丹酚醛防锈底漆(35 μm×2 道)和灰云铁醇酸面漆(35 μm×2 道)。在外包拱肋混凝土施工阶段,用钢丝刷除相应涂层后再浇筑外包混凝土。钢管件内灌注 C60 无收缩自密实混凝土前,对钢管内壁进行除锈处置。主拱圈外包混凝土施工完毕后,拱箱内存在有裸露的个别骨架断面撑杆钢件,参照《铁路钢桥保护涂装及涂料供货技术条件》(TB/T 1527)中第 4 套涂装体系采用环氧沥青厚浆涂料(干膜总厚度 240 μm)进行防腐处置。

注:①本书所列标准均为大桥设计施工时使用的标准。

六、泄 水 管

桥面泄水管及盖板采用内径 100 mm 及 200 mmPVC 管材，符合《给水用硬聚氯乙烯(PVC-U)管材》(GB/T 10002.1)的要求。

七、防水层及保护层

桥台防水材料采用甲种防水层，材料符合相关规范的要求；桥面防水材料采用 TQF-Ⅱ，材料符合相关规范的要求。

八、支座及伸缩缝

1. 引桥支座采用 TZ-YZM-3000 球形钢支座，主桥钢混连续结合梁支座采用 LQZ 系列球形钢支座。

2. 伸缩缝采用 2 201 t 梁伸缩缝。

九、耐久性设计

1. 本桥环境作用等级为 T2、H1，施工中严格按耐久性有关规范及设计要求办理。

2. 各部位混凝土的电通量、抗碱骨料反应性能需满足《铁路混凝土结构耐久性设计规范》(TB 10005—2010)的相关要求。

3. 各部位混凝土的抗裂性通过对比实验确定。

4. 各部位钢筋混凝土保护层厚度严格按设计要求办理。

5. 主桥钢混连续结合梁的钢结构及球形钢支座等钢构件的防腐处置工艺严格执行《铁路钢桥保护涂装及涂料供货技术条件》(Q/CR 730)的相关规定。

第三章 桥梁总体施工方案

第一节 工程特点及重难点

夜郎河特大桥具有造型美观、结构新颖、施工技术难度大、施工条件复杂等特点，主要表现在以下几个方面。

1. 大桥拱座基础为超大截面倾斜隧道式嵌岩桩基础，与水平方向夹角 55.188°，平面位置夹角 9.448°，斜向高度 47 m，长 22.5 m，宽 16.39 m，采用隧道支护理论、桥梁深基坑施工工艺开挖。基础位于 V 形深切沟谷坡面上，场地狭小，洞口场地布置困难，出渣难度大；贵阳岸拱座基础位于顺层坡面上，节理发育，岩层多为泥岩属于软石，遇水易软化，开挖暴露后易风化，岩层稳定性差，拱座基础大断面开挖施工风险高，开挖难度大；重庆岸引桥及拱脚基础位于顺层坡面上，清方量较大，桥位下方有习新公路，清方施工安全风险高，施工周期长。

2. 大桥拱肋采用提篮式钢管劲性骨架，底宽 41 m，顶宽 15.42 m。用钢量大，最重节段重 195.8 t（含模板等施工措施吊重），最长节段 24.5 m，吊装高度 205 m，空中对接及线形控制难度大，吊装风险高，拱圈扣挂难度大。

3. 拱肋节段采用 549 m×200 t 缆索吊吊装施工，设计吨位大、跨度大、缆索吊横移范围大，最大横移距离 35 m，塔架高 100 m，现场施工条件差，缆索吊吊装安全风险高。

4. 大桥拱圈内压自密实 C60 混凝土，一次泵压高度 83.5 m，长 205 m，单根弦管直径 1 m，大方量、超高度、自密实混凝土泵压难度大；顶、底平杆及腹杆内压自密实混凝土施工工序复杂，施工周期长。

5. 大桥拱圈外包混凝土为 C55 补偿收缩混凝土，设计方量为 2.94 万 m^3，其中拱脚“八”字形单腿截面为 9.4 m×13.4 m 变截面，跨中合并三箱室截面 15.42 m×7.4 m，高处作业，底模采用变截面悬空吊架模板施工，混凝土高处泵送难度大，模板悬吊安装复杂，高处施工安全风险高，施工周期长。

6. 大桥拱上立柱施工，k 形墩柱高达 60.7 m，墩柱竖直面倾角 8.2°，k 撑杆支架搭设困难，模板安装难度大，施工安全风险高，施工周期长。

7. 钢混连续结合梁施工，拼装施工技术复杂、难度大、线形控制要求高、工艺复杂难度大，钢梁构件加工精度要求高、焊接施工工艺先进、质量要求高。

针对夜郎河特大桥结构新、地质复杂、施工技术标准和质量要求高、施工技术难度大等特点，通过采纳专家建议，学习国内外先进理论和方法，开展技术攻关，严密组织，精心施工，高起点、高标准、高质量地完成了夜郎河特大桥的施工任务。通过对本桥施工技术进行综合研究，探索总结出一套经济可行、技术先进、质量保证、进度超前、安全可行的施工方案、方法及工艺，为今后国内同类桥梁施工积累了宝贵经验，并在大倾角嵌岩式桩基础施工、大跨度钢管拱安装、钢管拱外包混凝土悬空吊架施工、拱上立柱 k 撑杆施工、钢混连续结合梁施工技术方面实现了创新，总体技术达到国际先进水平。

第二节　施工关键技术

一、总体施工方案

渝黔铁路夜郎河特大桥由连续梁、刚构、简支梁、T 构和 1-370 m 的上承式钢管混凝土劲性骨架拱桥组成，技术难度大。大桥两岸山势陡峭，地表植被丰富、岩石风化、断层发育，交通不畅，地形地貌复杂，山体滑坡、泥石流经常发生，施工条件差，施工环境恶劣，安全风险极大。

夜郎河特大桥是渝黔铁路的控制工程，下部工程采取分段平行施工、多开工作面的方法以保证全桥工期，根据地质情况和设计要求选择合适的施工机具并组织好机具的调用工作，避免重复进场。

主桥拱座采用嵌岩式基础，采用隧道式开挖的方式进行开挖，大体积混凝土分次灌注，采取埋设散热水管等措施降低水化热。主拱圈劲性骨架在工厂加工、预拼之后运输至现场，搭设两个扣架，安装扣锚索，空中拼装劲性骨架拱圈，通过调整扣索拉力调整拱圈线形，满足要求后焊接合龙口；分段灌注外包混凝土。主拱圈施工完成后灌注拱上墩柱，接着施工拱上连续结合梁，钢梁在预拼场分段拼装，钢梁采用缆索吊纵向分段吊装就位，后现浇桥面板。

二、超大截面倾斜隧道式嵌岩桩基础施工技术

夜郎河特大桥主桥拱座基础为马蹄形混凝土桩基础，与水平方向夹角 55.188°，平面位置夹角 9.448°，斜向高度 47 m，长 22.5 m，宽 16.38 m，国内对于此种超大断面大倾角隧道式桩基础施工没有成熟的施工工艺。为了实现全断面快速开挖，最大程度地机械化施工，创新性地提出了预应力锚索配合钢拱架进行全断面开挖的施工模式，利用龙门吊配合挖机进行垂直运输出渣，保证了在大倾角斜面上施工时最大程度地实现机械化，提升了工作效率，最终实现了目标工期，如图 3-1 所示。

图 3-1　拱座倾斜隧道式基础开挖

三、大跨度大吨位缆索吊施工技术

夜郎河特大桥主桥为 1-370 m 上承式钢筋混凝土 X 形提篮拱桥。钢管劲性骨架拱分为 44 个节段，主钢管共分为 4 肢，拱肋底宽 41 m，顶宽 15.42 m，最重节段质量为 195.8 t（含模板等施工措施），最长节段 24.5 m，吊装高度 205 m，采用索鞍可横移式缆索吊吊装。

缆索吊设计起重系统分两组，吊重①4×50 t（总质量 200 t），索鞍横向移动最大距离 35 m，跨径组合为 124.2 m+548.46 m+150.21 m。索塔采用 ϕ800 mm×16 mm 钢管进行组拼，高度 100 m，索塔顶横梁横向长 52 m，如图 3-2 所示。索鞍横移采用连续千斤顶牵引，移动一次只需要半天时间，大大提高了索鞍横移效率。

图 3-2　钢管劲性骨架拱采用缆索吊斜拉扣挂法施工

①本书所称吊重是指吊机能吊起的最大质量。

X形提篮式钢管劲性骨架拱采用可横移式缆索吊吊装，成功解决了提篮式拱拱脚与拱顶处劲性骨架宽度渐变、缆索吊横移量大，对塔架横向稳定性影响大的施工难题，确保经济、高效、安全地完成了吊装施工。

四、提篮式钢管劲性骨架拱施工技术

提篮式钢管劲性骨架拱矢高 83.5 m，矢跨比 1/4.431 14，拱轴线采用 $m=5$ 的悬链线。拱肋底宽 41 m，顶宽 15.42 m，钢管拱全桥共计 5 500 t，分为 44 个节段，采用 200 t 缆索吊斜拉扣挂法安装。全桥主拱肋钢管共分为 4 肢，每肢分为 10 个节段，前 6 个为分叉段，其余 4 个为合并段。前 6 个节段安装，采用侧向缆风抵抗钢拱架水平力。高处对接吊装采用可横移缆索吊进行节段提升，同时采用斜拉扣挂方式对拱肋悬臂节段进行固定定位，通过斜拉扣挂体系以及缆索吊配合进行拱肋节段空中线形、空间位置调整，如图 3-2 所示。在斜拉扣挂体系设计中，充分考虑采用永久结构作为锚固系统，减少临时结构的投入，既满足了系统的锚固要求，提高了施工效率，又大量地降低了施工成本。

五、钢管拱内压混凝土施工技术

夜郎河特大桥主拱圈劲性骨架主管由 8 根直径 1 m 的钢管组成，每根主管内压 C60 混凝土，一次泵压高度 83.5 m，长 205 m。管内混凝土泵送采用由拱脚至拱顶“连续顶升”，施工需要克服泵压高度大、方量大，两岸对称同时连续压注、不能间断等难题。

在方案设计中进行了一系列的创新，为保证单根主钢管内混凝土连续施工，在拱圈上设置一个二级注压口。一级压注混凝土到达二级注压口后，迅速换二级注压口压注，如图 3-3 所示。通过调整优化混凝土施工配合比控制混凝土各项性能指标；通过精确计算配置合理的泵送设备，设计泵送管线位置和注浆口位置。同时，在泵送过程中实时监控，最终顺利完成钢管拱内压混凝土灌注。

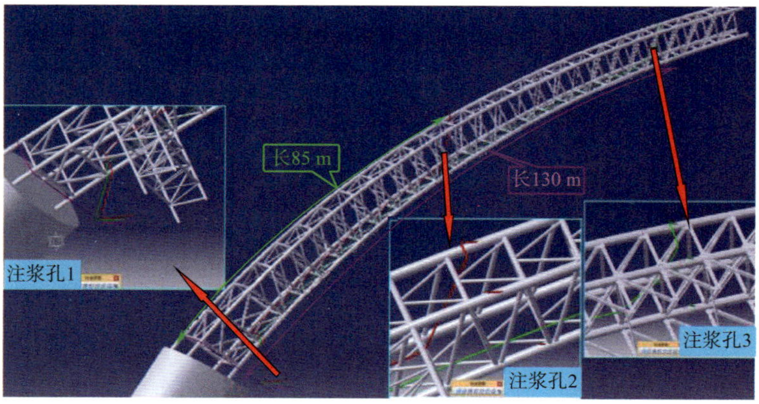

图 3-3　钢管拱内压混凝土施工

六、拱圈外包混凝土施工技术

拱圈由劲性钢管骨架外包 C55 混凝土构成。主拱肋横向变宽，箱体横向宽度从拱脚处 9 m 过渡到拱顶 38 号截面处的 6 m(拱顶 38～40 号截面为等宽)，按 1.2 次抛物线关系变化，主拱肋箱体纵向变高度，拱箱外边缘高度由拱脚的 13.3 m 变至跨中的 7.3 m，对应的劲性骨架高度 H(为同一截面处上下弦主钢管在拱轴法向平面内竖向间距)从拱脚处的 12.1 m 过渡到拱顶 38 号截面处的 6.1 m，按 1.5 次抛物线变化。由于外包混凝土截面为变截面而且按悬链线变化，给模板设计与安装带来很大难度。施工中设计了整体移动式底模铺设平台，底模采用悬挂法，在钢管拱吊装前将底模吊在钢管拱下弦杆，随拱架一起吊装。利用此种吊架法施工，解决了高处施工支架的投入，降低了高处作业的安全风险，提高了施工效率。拱圈底模安装、底板混凝土分段浇筑如图 3-4 所示，拱圈外包混凝土完工后效果如图 3-5 所示。

图 3-4　拱圈底模安装、底板混凝土分段浇筑

图 3-5　拱圈外包混凝土完工图

七、拱上立柱混凝土施工技术

为了与拱圈相协调,同时保证拱上墩柱具有足够的横向刚度,拱上立柱采用混凝土双柱式刚架墩。为减少拱上墩柱的自重,墩柱均采用空心截面,双柱之间k撑杆采用宽200 cm、高150 cm的箱形钢梁。拱上最高墩柱高60.7 m(1号墩柱),1号、2号、3号墩柱横向倾角为8.667°(与拱圈外侧面倾角对应)。1～4号墩柱顶盖梁采用350 cm×250 cm矩形截面,长13.2 m,5号墩盖梁和墩身合并设置,如图3-6所示。墩身采用悬臂模板浇筑施工,钢k撑杆采用整体吊装就位,盖梁采用钢管支架法现浇施工,如图3-7所示。

图3-6　拱上立柱结构

图3-7　拱上立柱施工

八、钢混连续结合梁施工技术

为了减少拱上结构自重,拱上采用3联钢混箱形连续结合梁,跨径组成为4×38 m+3×38 m+4×38 m,梁高3.4 m。钢梁在正弯矩区为U形断面,在负弯矩区为闭口箱形断面,如图3-8所示。钢梁为分离的双箱单室结构,两箱中心距5 m,两箱体之间沿纵向每隔6 m左右设置工字形断面的钢横梁,将两者连成稳定的空间结构。钢梁纵向分节段采用高

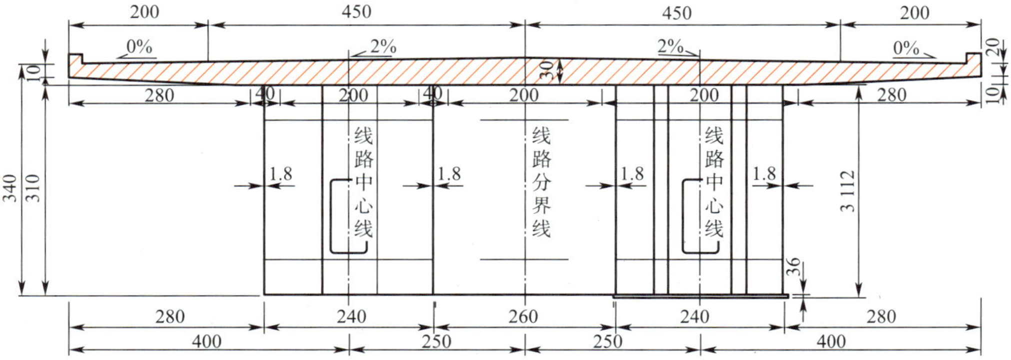

图3-8　钢混连续结合梁横断面示意(单位:cm)

强度螺栓联结。钢梁顶面设计厚 39 cm 的 C50 混凝土桥面。钢梁采用缆索吊纵向分段吊装就位，比原设计的顶推施工法更加便捷，如图 3-9 所示。

图 3-9　钢混连续结合梁吊装

九、关键方案模拟 BIM 应用技术

夜郎河特大桥主桥设计为跨度 370 m 的上承式劲性骨架钢筋混凝土 X 形提篮拱桥，结构新，跨度大。该桥施工过程包含拱圈劲性骨架吊装、拱圈内压外包混凝土灌注、拱上立柱浇筑及桥面钢混连续结合梁吊装等多道分部分项工程施工，工艺复杂，前后工序衔接、转换难度大，线性控制要求高，施工周期长。施工中引进了 BIM 平台进行夜郎河特大桥主桥现场施工的前期策划、工程量复核、方案设计及优化、施工过程模拟、三维可视化交底、方案研讨、现场成本、安全及质量的管控，促进了现场施工人员更好地领会、贯彻设计意图，正确指导现场施工，确保了快速、高效进行各项施工组织和工序优化，提高了现场施工管理水平，如图 3-10 所示。

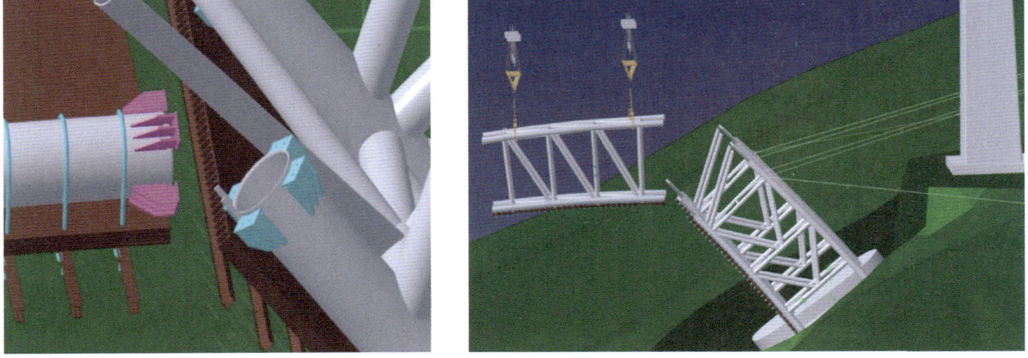

图 3-10　BIM 技术模拟拱肋安装

第四章 缆索吊设计与施工

第一节 缆索吊机方案比选

夜郎河特大桥钢管拱共分为 44 个节段，最重节段 195.8 t，最长节段 24.5 m，吊装高度 210 m，钢管拱施工采用缆索吊装斜拉扣挂法施工，钢混连续结合梁采用缆索吊吊装。

本桥设计的 X 形提篮式钢管混凝土拱桥，拱脚为分叉段，两节劲性骨架间距为 33 m；拱顶为合并段，两节劲性骨架间距为 9 m。

针对劲性骨架吊装时的宽度变化，综合比较了固定式、双摆塔式、平移式及辐射式缆索吊机，分析研究适合夜郎河特大桥劲性骨架及钢梁的缆索吊机。

一、固定式缆索吊机

固定式缆索吊机承重索两端支点固定不动，各承重索覆盖范围只是一条直线。其支架根据具体情况可采用不同的构造型式，可以是很高的桅杆塔，也可以是刚性架，或者直接锚固于山体上。固定式缆索吊机构造最简单，造价低廉，基础及安装工作量也最少；并且在工地现场还便于灵活调度，迅速搬迁，能解决某些临时吊运工作的需要，如图 4-1 所示。

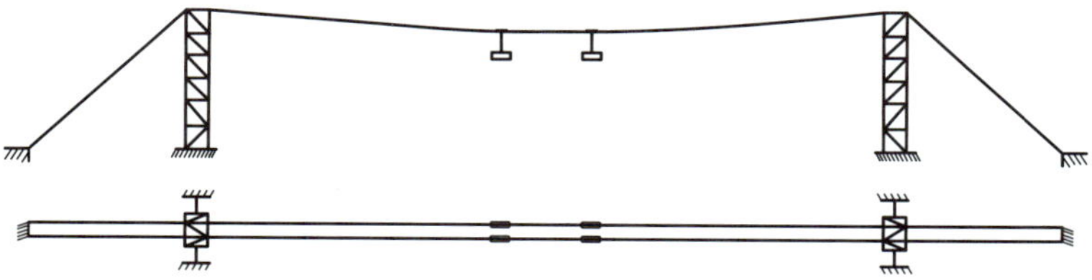

图 4-1　固定式缆索吊机示意

固定式缆索吊机两根承重索间距不变，可以很好地适应钢梁吊装施工，但不能解决劲性骨架拱脚、拱顶变宽度吊装的难题。

二、双摆塔式缆索吊机

双摆塔式缆索吊机是固定式缆索吊机的改进型式，如图 4-2 所示。承重索通常支承在桅杆式高塔上，根部铰支于地面，后侧由固定纤索拉住；顶部则由设于地面的摆塔绞车通过导向滑轮牵拉，使桅杆塔左、右摆动。一般多为两岸都有摆塔设备，实现两岸同步摆塔，工作覆盖范围为一狭长的矩形。

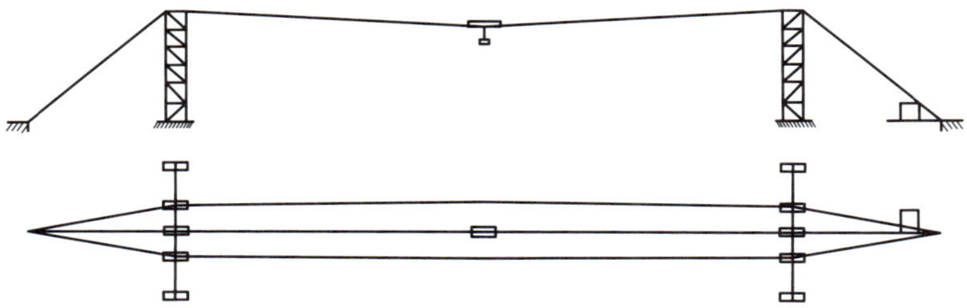

图 4-2　双摆塔式缆索吊机示意

双摆塔式缆索吊机结构较为复杂、安全风险较高。同时双摆塔式缆索吊机不能适应敏感、频繁的幅度调整，单次摆塔时间较长，不能满足本桥工期要求。

三、平移式缆索吊机

平移式缆索吊机是在各种缆机中应用最为广泛的型式，其支承承重索的构架带有运行机构，分别在两岸平行的轨道上同步移动，如图 4-3 所示。平移式缆索吊机工作的覆盖范围为一矩形，只要加长两岸轨道的长度，便可增大矩形覆盖面的宽度，扩大工作范围。

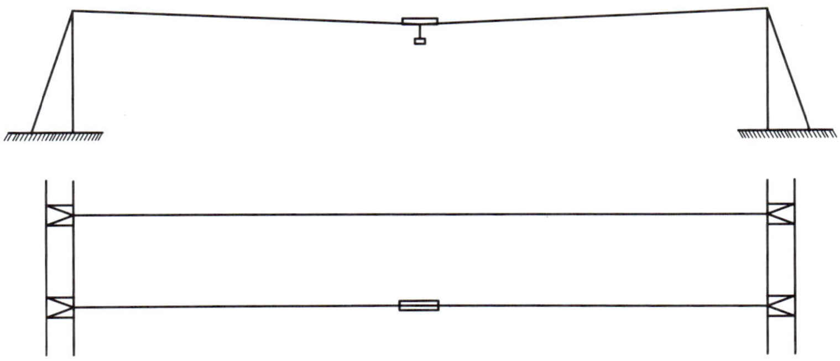

图 4-3　平移式缆索吊机示意

平移式缆索吊机在各种缆索吊机中轨道基础的工程量最大，其本身的构造相对比较复杂，造价也较高。

通常意义上的平移式缆索吊机主要是指缆索系统随塔架一起平移，同时可以重载平移，这样的设计造成基础、塔架及走行机构设计较为复杂，不经济。

四、辐射式缆索吊机

辐射式缆索吊机分为单弧动式和双弧动式两种型式。

单弧动式缆索吊机型式相当于一半是固定式，一半是平移式。在一岸设有固定的支架，另一岸设弧形轨道上运行的支承车，主要机电设备及机房一般设置在固定支架附近的地面上。辐射式缆索吊机工作的覆盖范围为一扇形，如图 4-4 所示。

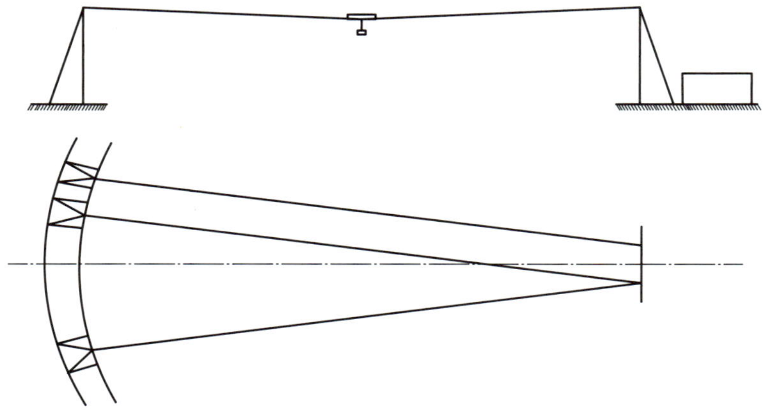

图 4-4　单弧动式缆索吊机示意

双弧动式缆索吊机实质上是平移结合辐射式的缆索吊机，只不过主、副车分别在两岸同圆心的轨道上运行，在一岸布置较长的弧形轨道，而在另一岸布置较短的弧形轨道，工作覆盖范围为宽的扇形减省部分基础工程量，如图 4-5 所示。

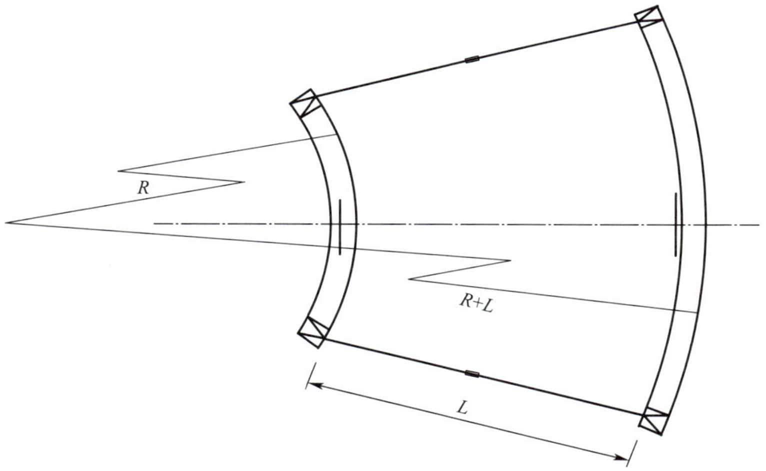

R—扇形内弧半径；L—扇形内外弧距离。

图 4-5　双弧动式缆索吊机示意

辐射式缆索吊机适用于扇形区域吊装施工，不适合本桥的 X 形劲性骨架吊装施工。

五、缆索吊机选型

综上所述，唯有平移式缆索吊机能够满足夜郎河特大桥 X 形劲性骨架的吊装施工，若采用缆索系统随塔架一起平移，缆索吊机塔架设计较为复杂，施工安全风险较高，同时平移周期较长，不能满足项目工期要求。

经过多次反复研讨，确定缆索吊机采用承重索横移的方式覆盖横桥向工作范围，即在缆塔顶设横向滑道，索鞍沿滑道横移从而带动缆索系统依据劲性骨架平面位置逐段进行空载横移，然后竖直起吊，纵向移动就位。索鞍横移布置如图 4-6 所示，现场施工如图 4-7 所示。

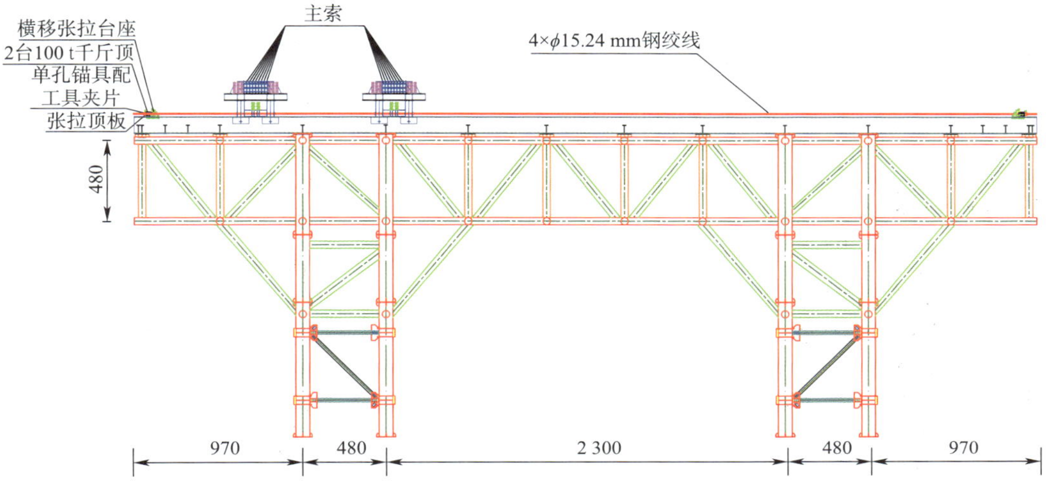

图 4-6　索鞍横移布置示意(单位:cm)

图 4-7　索鞍现场施工图

第二节　缆索吊设计

本桥设计缆索吊机为 4×50 t 缆索吊机，净吊重为 200 t，采用跨径组合为 124.2 m+548.46 m+150.21 m，其结构主要由缆索系统（承重索、牵引索、起重索）、起重小车、锚碇、塔架（含索鞍、滑道）及风缆、动力系统（牵引卷扬机、起重卷扬机、横移机构）等部分组成。

本桥为满足后续外包混凝土施工时的钢筋等小构件吊装的速度，缆索吊机设计除考虑有 200 t 的主吊外，还设计有两组 10 t 的辅吊，如图 4-8 所示。

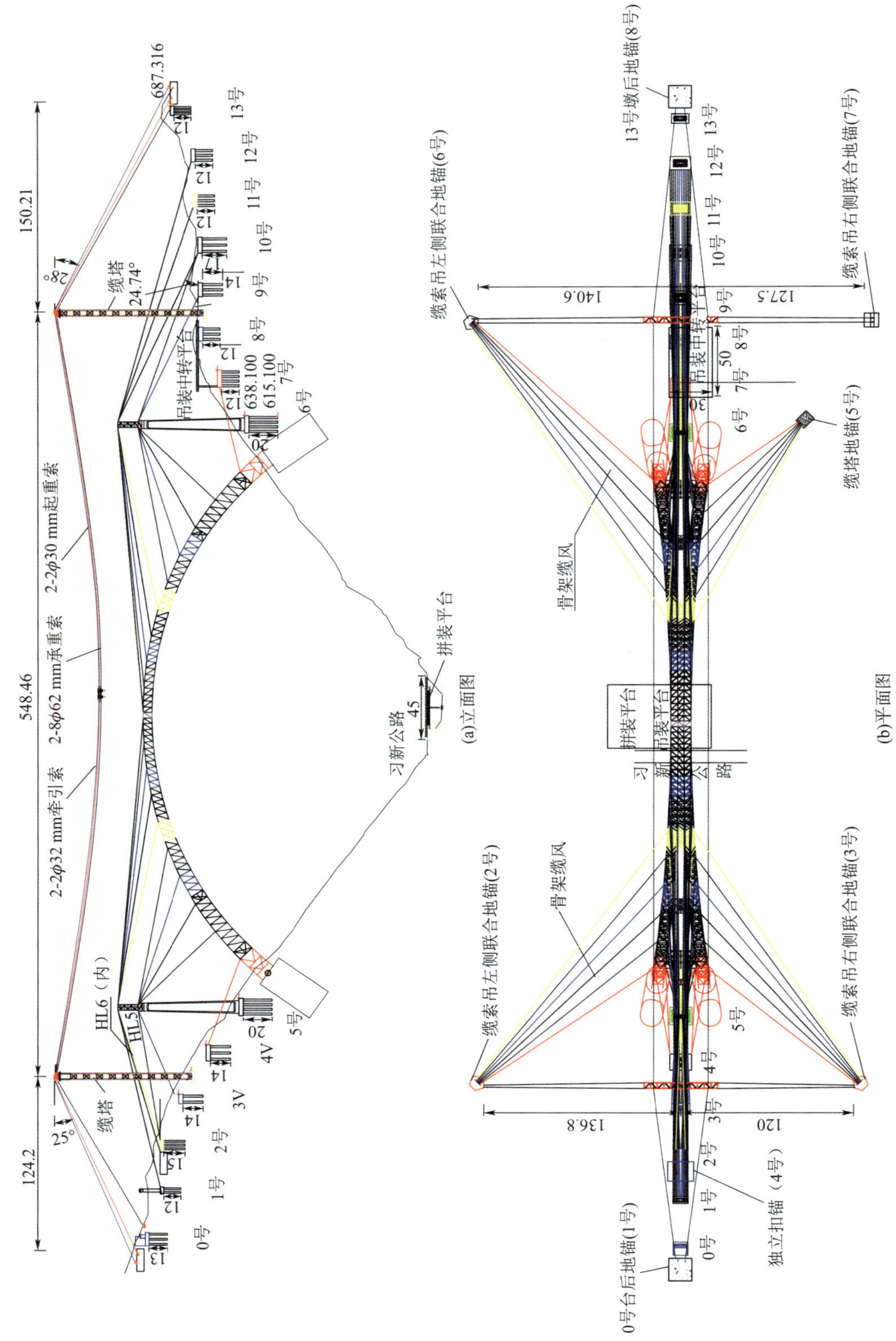

图 4-8 缆索吊总体布置(单位:m)

一、缆索吊机主要技术性能表

缆索吊机主要技术性能见表 4-1。

表 4-1 缆索吊机主要技术性能

主要项目	参数
单台小车额定起重量	最大吊重 50 t(不含吊具),合计 200 t
起升高度	204 m
起升速度	0～3 m/min
牵引速度	0～15 m/min
承重索跨度	548.46 m
承重索	16 根 ϕ62 mm
起重索	4 根 ϕ30 mm
牵引索	4 根 ϕ32 mm
起重卷扬机参数	拉力 100 kN,速度 15/30 m/min, 钢丝绳 ϕ30 mm
牵引卷扬机参数	拉力 250 kN,速度 15/30 m/min,钢丝绳 ϕ32 mm

二、200 t 缆索系统计算

承重索为缆索吊机的主要受力构件,由两组钢丝绳组成,每组由 8 根 ϕ62 mm 的钢丝绳组成,每组承重索下设两个主吊钩,单钩净吊重 50 t;单根承重索长度约为 864.7 m,垂跨比 8.11%,最大垂度为 44.5 m,每组索最大横移距离为 32 m。承重索通过索鞍将力传递于索塔上。承重索采用 ϕ62 mm 的钢丝绳,单根最小破断拉力约为 2 560 kN,经计算单根承重索张力为 707 kN,安全系数约为 3.6,保证起重机的安全。

承重索布置如图 4-9 所示,设计参数见表 4-2。

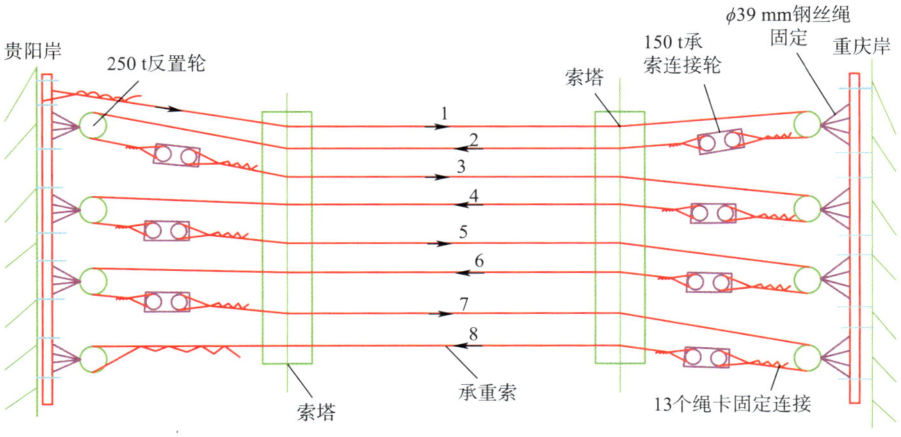

图 4-9 承重索平面布置示意

表 4-2 200 t 缆索系统设计参数

名称	型号	根数-直径(mm)	单位质量(kg/m)	面积(每根,mm^2)	抗拉强度(MPa)	钢丝绳直径(mm)	单根钢丝绳最小破断拉力(kN)
承重索	6×37+IWR	16-ϕ62	16.1	1 808	1 870	3	2 560
起重索	6×37+FC	4-ϕ30	3.42	364	1 770	1.4	526
牵引索	6×37+FC	4-ϕ32	3.89	414	1 770	1.5	598

(一)承重索计算

承重索立面布置如图 4-10 所示。

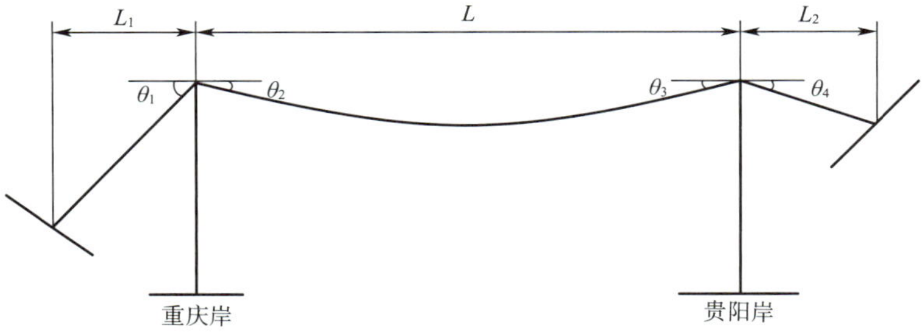

图 4-10 承重索立面布置示意

图中,$L_1=124$ m,$L=548.4$ m,$L_2=150$ m。根据系统总体布置图知,$\theta_1=25°$,$\theta_4=28°$。预设垂度$f_{主}=44.5$ m,则跨中缆索实长$L_{中}=L+\dfrac{8\cdot f_{主}^2}{3\cdot L}=558$ m。

由此可求得缆索总长$L_{总}=\dfrac{L_1}{\cos\theta_1}+L_{中}+\dfrac{L_2}{\cos\theta_4}=864.7$ m。

1. 承重索张力验算

$T_{P主}$为单根主索最小破断力，单根主索采用 ϕ62 mm(6×37+IWR)钢丝绳,其值为$T_{P主}=2\ 560$ kN。单根主索钢丝绳安全系数$K_{主}=3$,主索数量$n_{主}=16$,起升高度$H_{主}=204$ m。

(1)主索荷载

单根主索集中荷载$Q_{主}$=跑车自重+下挂架+最大吊重+起重索(升降部分)+牵引索(循环式牵引,不过分索器跨中集中荷载)

①跑车自重Q_1

跑车数量$n_{跑}=4$,单个跑车重力$G_{跑}=50$ kN,则$Q_1=n_{跑}\cdot G_{跑}=200$ kN。

②下挂架自重Q_2

下挂架$n_{下挂架}=4$,单个下挂架重力$G_{下挂架}=20$ kN,则$Q_2=n_{下挂架}\cdot G_{下挂架}=80$ kN。

③最大吊重Q_3

拱肋节段四吊钩起吊,最大吊重 195.8 t,按 200 t 计算,即$Q_3=2\ 200$ kN(考虑 1.1 动载系数)。

④起重索(起升部分)自重Q_4

起升倍率$n_{起}=10$,起重索钢丝绳的单位质量$S_{起}=3.42$ kg/m,则$Q_4=277$ kN。

⑤牵引索自重Q_5

牵引索倍率$n_{牵}=4$,牵引索钢丝绳的单位质量$S_{牵}=3.89$ kg/m,则$Q_5=43$ kN。

因此,单根主索集中荷载$Q_{主}=\dfrac{Q_1+Q_2+Q_3+Q_4+Q_5}{n_{主}}=175$ kN。

(2)单根主索均布载荷

单根主索均布载荷$q_{主}$=主索自重+起重索自重+支索器自重。

①主索自重q_1

主索数量$n_{主}=16$,主索单位质量$S_{主}=16.1$ kg/m,则$q_1=2.576$ kN/m。

②起重索均布自重q_2

起重索数量$n_{起}=4$,则$q_2=0.1$ kN/m。

③支索器自重q_3

支索器数量$n_{支}=36$,单个支索器质量$m_{支}=100$ kg,支索器牵引绳数量$n_{支索}=2$,支索器单位质量$S_{支索}=1.52$ kg/m,则$q_3=0.095$ kN/m。

因此,单根主索均布载荷$q_{主}=2.77$ kN/m。

通过上述计算可知,单根主索所受最大水平力$H_{max}=688$ kN,单根主索所受最大竖直力$V=163$ kN,单根主索最大拉力$T_{主}=\sqrt{(H_{max})^2+V^2}=707$ kN,安全系数$K=\dfrac{T_{P主}}{T_{主}}=3.62>K_{主}=3$。

由上述计算可知,主索破断安全系数满足要求。

(3)主索应力验算

主索除受最大拉力作用下产生的拉应力能满足强度要求外,还要求主索与行车轮接触处因弯曲作用所产生的弯曲应力或在索鞍与平滚接触处的接触应力一起作用下满足强度要求。

①拉应力

主索钢丝绳断面面积$A_K=1\ 808\ mm^2$,弹性模量$E_K=120\ 000$ MPa,单根主索上部车轮数量$n_{轮}=4$。

因此,可求得破断应力$\sigma_{P主max}=1\ 860$ MPa,主索拉应力$\sigma_{主}=803.6$ MPa,安全系数$n=\dfrac{\sigma_{P主max}}{\sigma_{主}}=2.31>K=2$。

②接触应力

主索钢丝绳直径为3 mm,主索经过索鞍最小曲率直径$D=660$ mm,主索接触应力$\sigma_{主接}=929$ MPa,安全系数$n=\dfrac{\sigma_{P主max}}{\sigma_{主接}}=2.002>K=2$。

综上所述，主索应力满足要求。

2. 分工况计算主索张力与垂度

(1)架设空缆时主索张力与垂度

若主索最大水平张力为 H_{max}，主索空载时重量为 $G_0=88.3$kN。主索水平张力H_0 计算公式为$H_0^3+A\cdot H_0^2-B=0$，式中 A 和 B 分别计算方式如下

$$A=\left[\frac{E_{主}\cdot A_K}{24\cdot H_{max}{}^2}\cdot[(3Q\cdot(Q+G))+G^2]-H_{max}\right]\times\frac{1}{G}$$

$$B=\left[\frac{1}{8}\cdot P_0\cdot(P_0+G)\cdot(E_{主}\cdot A_K)+\frac{[G_0^2\cdot(E_{主}\cdot A_K)]}{24}\right]\cdot\frac{1}{G^3}$$

式中，$E_{主}=\frac{L}{L_1+L+L_2}\cdot E_K=8\times10^4$ MPa(三跨钢丝绳换算 E)；架设空缆时跨中的重量 $P_0=0$ kN；吊装时单根主索最大集中力 $Q=Q_{主}=175$ kN；跨中主索长度为 L 中，跨中单根主索重量 $G=L_{中}\cdot S_{主}\approx90$ kN。将数值代入公式可求得 $A_{空载}=110.4$，$B_{空载}=5\times10^4$，$H_0=195$ kN。

因此，初始与装时的跨中垂度$f_0=\frac{G\cdot L}{8H_0}+\frac{P_0\cdot L}{4H_0}=31.5$ m。

(2)跑车安装后主索张力和垂度

跑车安装后主索张力 H_1 和垂度的计算方法与架设空缆时相同。

跑车安装后单根主索跨中的重量$P_1=Q_{主}-\frac{2\ 200\text{ kN}}{16}\approx38$ kN，$A_{安装小车}=117.5$，$B_{安装小车}=1.5\times10^5$，代入公式可求得 $H_1=320$ kN。

跑车安后的跨中垂度$f_1=\frac{G\cdot L}{8H_1}+\frac{P_1\cdot L}{4H_1}=35.6$ m。

(3)塔前最不利吊装计算

安装节段梁一，小车运行至塔前 71.5 m 时，牵引索受力最大，此时荷载为 P_2。此时主索水平张力公式为与架设空缆时相同，A 的计算方式与上述相同，取 117.5，而 B 的计算方式如下

$$B=\left[P_2\cdot(P_2+G)\cdot(E_{主}\cdot A_K)\cdot\frac{L_x\cdot(L-L_x)}{2L^2}+\frac{G^2\cdot(E_{主}\cdot A_K)}{24}\right]\cdot\frac{1}{G^3}$$

式中，安装节段梁一距塔的距离$L_x=71.5$ m，求得 $B=4.6\times10^5$，$H_2=520$ kN，主索开角 $\theta=10.9°$。

(二)起重索计算

起重系统共设置两组，每组由两根 $\phi30$ mm 钢丝绳起重索和两台 10 t 卷扬机组成，卷扬机设置于重庆岸，如图 4-11 所示。卷扬机采用电动慢速卷扬机，容绳量为 2 500 m，相关

参数见表 4-3。起升钢丝绳由贵阳岸出发，固定端均在贵阳岸，经过塔顶索鞍，再穿过天车，上下挂架按“Z”法走“10”穿绳，再过重庆岸索鞍，经地锚转向最终进卷扬机固定。每线起重小车起升吊重时，通过起升卷扬机的松放或收紧来完成。

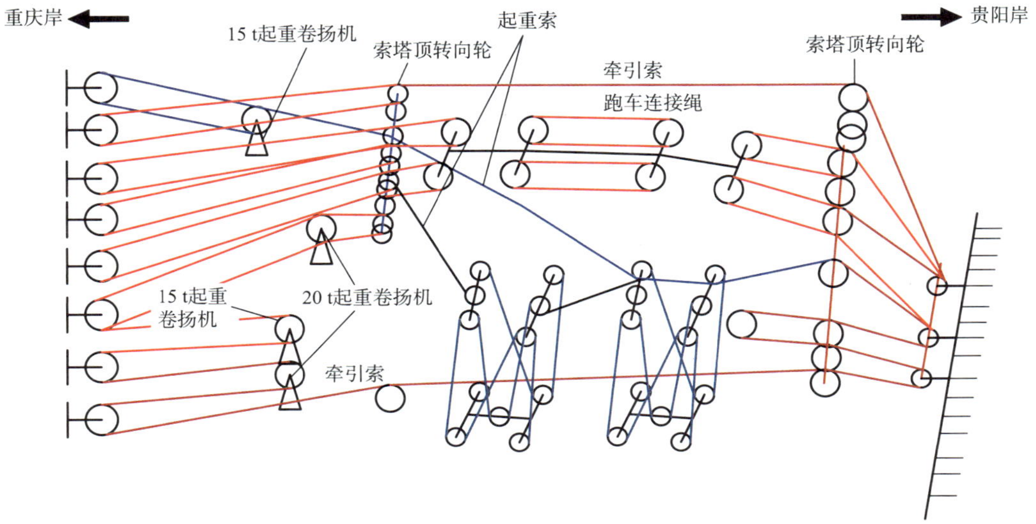

图 4-11 起重索系统布置示意

表 4-3 200 t 起重索设计参数

名称	型号	根数-直径(mm)	单位质量(kg/m)	面积(每根，mm^2)	抗拉强度(MPa)	钢丝绳直径(mm)	单根钢丝绳最小破断拉力(kN)
起重索	6×37+FC	4-ϕ30	3.42	364	1 770	1.4	526

起重索配置 ϕ30 mm(6×37+FC)钢丝绳，抗拉强度 1 770 MPa，起重采用 10 t 卷扬机作为动力。单个缆索系统采用双点起吊，滑车采用走“10”布置。起重索单位质量$S_{起}$=3.42 kg/m，$H_{起}$=204 m，$n_{起}$=10，起升导向滑轮个数$t_{起}$=4 个，起升卷扬机额定拉力$F_{起}$=100 kN。

1. 两小车额载起升计算

单个跑车下的重量$G_{下挂}$=20 kN，$G_{下起}$=70 kN。

吊装节段单吊点受力$P_{吊}=\dfrac{2\ 200\ \text{kN}}{4}$=550 kN。

额载起升重量$P_{起}=G_{下挂}+G_{下起}+P_{吊}$=640 kN。

(1)卷扬机选型计算

滑轮组阻力系数 k=1.02，$T_{起max}$=76 kN，安全系数 $K_{卷}=\dfrac{F_{起}}{T_{起max}}$=1.3。

由上述计算可知，卷扬机满足要求。

(2)起重索应力验算

起升钢丝绳的破断拉力$T_{P起}=526\ \text{kN}$，起升钢丝绳弹性模量$E_{起}=98\ 000\ \text{MPa}$，起升滑轮绳槽底径$D_{起}=600\ \text{mm}$，起升钢丝绳截面金属面积$A_{起}=414\ \text{mm}^2$，起升钢丝绳外层钢丝外径为1.5 mm，破断应力$\sigma_{P起}=1\ 770\ \text{MPa}$。

①拉力安全系数

拉力安全系数$K_1=\dfrac{T_{P起}}{T_{起\max}}\approx 7\geqslant 5$。

②应力安全系数

$\sigma_{起}=380\ \text{MPa}$，应力安全系数$K_2=\dfrac{\sigma_{P起}}{\sigma_{起}}\approx 4.7>3$。

由上所述，额载下起重索安全系数满足要求。

2. 小车偏载工况验算

当起升钢丝绳的拉力用足卷扬机的额定拉力时，$T_{偏起\max}=F_{起}$。偏载起升荷载$P_{偏起}=846\ \text{kN}$，吊具重量$G_F=20\ \text{kN}$钢丝绳重量$G_{绳}=69.2\ \text{kN}$。则单钩最大偏载吊重为

$$P_{偏吊}=\frac{P_{偏起}-G_F-G_{绳}}{1.1}=688\ \text{kN}$$

(1)拉力安全系数

拉力安全系数$K_1=\dfrac{T_{P起}}{T_{偏起\max}}\approx 5.3>5$。

(2)应力安全系数

$\sigma_{偏起}=445\ \text{MPa}$，应力安全系数 $K=\dfrac{\sigma_{P起}}{\sigma_{偏起}}\approx 4>3$。

由上所述，偏载工况下起重索安全系数满足要求。

3. 空载工况下的起升验算

空载起升载荷$P_{起空}=90\ \text{kN}$，滑轮组阻力系数 $k=1.02$，$T_{起空}=11\ \text{kN}<T_{P起}=526\ \text{kN}$。

由上所述，空载下起重索安全系数满足要求。

4. 空载下钩复核

当小车运行至塔前 x m，且下挂架空载开至最高位，设定下挂架最高可升至距离上挂架 $a=5$ m(上下挂架分离)。设起重索单位重力为$\delta_{起}$，此时下挂架配重$G_{配}=0\ \text{kN}$；起升载荷$P_{起空1}=G_F+\delta_{起}\cdot a\cdot n_{起}+G_{配}$。

滑车效率 $\varphi=0.98$；$T_{起空1}=2\ \text{kN}$；塔架边跨起重钢丝自重$G_{边起}=5.06\ \text{kN}$；

当小车运行至塔前 x m时，塔架中跨小车至索鞍段起重钢丝绳自重 $G_{中起(x)}$，空载时起重钢丝绳拉力为 $F_{起空}$。设滑车效率为 φ，索鞍左右侧起重钢丝绳拉力差值为

$$F_{差(x)}=F_{起空}+G_{中起(x)}-\frac{G_{边起}}{\varphi}$$

当$F_{差(x)}=0$时，$x=81.6$ m，故跑车在距索塔 81.6 m 外运行可不做配重。

设下挂架配重$G_{配}=y$，则起升计算载荷

$$P_{起空2}=G_{F}+\delta_{起}\cdot a\cdot n_{起}+y$$

$$T_{起空1y}=2\ \text{kN}+0.091y$$

因为$G_{边起}=5.06$ kN，$G_{中起(y)}=0(x=0)$，则

$$F_{差(y)}=T_{起空1(y)}+G_{中起}-\frac{G_{边起}}{\varphi}=0$$

当$F_{差(y)}=0$时，$y=30$ kN，故小车在距离塔架 81.6 m 以内运行，需配置 30 kN 的配重。

(1)两小车额载起升计算

单个跑车下的起重量 $T_{起max}=76$ kN，$F_{起}/T_{起max}=13$，因此卷扬机选型合适。

起重索的应力验算：

拉力安全系数 $k_{1起}\geqslant5$ 应力安全系数 $k_{2起}\geqslant3$，因此起重索的安全系数满足要求。

(2)两小车偏载工况验算

拉力安全系数 $k_{1起}\geqslant5$ 应力安全系数 $k_{2起}\geqslant3$，因此两小车偏载工况下起重索的安全系数满足要求。

小车在距离索塔 81.6 m 以外运行 ，可不用配置临时配重；小车在距离索塔 81.6 m 以内运行 ，需配置约 3 t 的临时配重。

(3)空载工况的起升验算

$$T_{起空}=1.1\ \text{kN}，满足要求$$

(4)空载下钩复核

当小车运行至塔前 x m，且下挂架空载升至最高位时，设定下挂架最高可升高至距离上挂架 $a=5$ m。

①当下挂架所加配重 $G_{配重}=0$ kN 时，Find(x)= 81.6 m。

因此小车在距离索塔 81.6 m 以外运行，可不用配置临时配重。

②当下挂架所加配重 $y=0$ kN，1 kN，…，10 kN。

因此小车在距离索塔 81.6 m 以内运行，需配置约 3 t 的临时配重。

(三)牵引索计算

本缆索吊机牵引机构主要由 4 台 250 kN 卷扬机作为动力，设置于重庆岸。卷扬机采用摩擦型卷扬机，采用 $\phi32$ mm 的钢丝绳，相关参数见表 4-4。牵引钢丝绳由贵阳岸出发，经过塔顶索鞍，再穿过天车，走“4”穿绳，2 个绳头过重庆岸索鞍，经地锚转向进卷扬

机再上重庆岸索鞍走“4”穿绳，调至设计垂度（承重索最重垂度位置）然后绳头大插在一起。

表 4-4　牵引索设计参数

名称	型号	根数-直径 (mm)	单位质量 (kg/m)	面积 (每根，mm^2)	抗拉强度 (MPa)	钢丝绳直径 (mm)	单根钢丝绳最小破断拉力(kN)
牵引索	6×37+FC	4-ϕ32	3.89	414	1 770	1.5	598

(1)当安装第一节段时，即小车运行至塔前 71.5 m 处，牵引索受力最大，承重索升角也最大，此时小车处于承重索的升角 $\theta_x=\gamma$。

两台小车以下的计算吊量 $P_{台吊}=128$ kN；两台小车重量 $G_{车}=2.5$ kN，该工况下，该牵引系统的牵引重量 $P_{引}=P_{台吊}+G_{车}$，$P_{引}=130.5$ kN。

小车运行阻力 $W_{阻1}=26.8$ kN，起重索运行使牵引索产生的阻力 $W_{阻2}=7.2$ kN，后牵引索的自然松弛张力 $T_{起max}=14.8$ kN，$F_{起}/T_{起max}=6.76$；因此卷扬机选型合适。

拉力安全系数 $k_{1引}\geqslant4$，因此牵引索的安全系数满足要求。

应力安全系数 $k_{2引}\geqslant3$，因此牵引索的安全系数满足要求。

(2)空载工况下，该牵引系统的牵引重量 $T_{引空}=4.6$ kN。

三、10 t 辅助缆索系统设计

辅助缆索系统设计参数见表 4-5，其布置如图 4-12 所示。

表 4-5　辅助缆索系统设计参数

名称	型号	根数-直径 (mm)	单位质量 (kg/m)	面积 (每根，mm^2)	抗拉强度 (MPa)	钢丝绳直径 (mm)	单根钢丝绳最小破断拉力(kN)
承重索	6×37+FC	2-ϕ56	11.9	1 268	1 770	2.8	1 830
起重索	6×37+FC	1-ϕ22	1.84	196	1 770	1	283
牵引索	6×37+FC	2-ϕ22	1.84	196	1 770	1	283

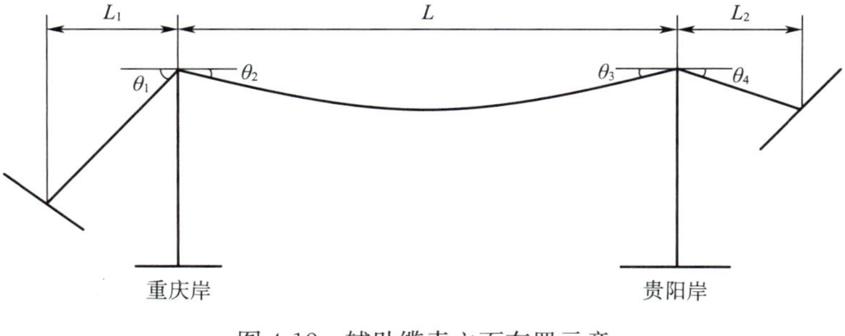

图 4-12　辅助缆索立面布置示意

1. 辅助承重索张力验算

单根承重索所受最大水平拉力 $H_{辅max}=37.9$ kN,单根承重索所受最大竖直拉力 $V_{辅}=10.5$ kN,单根承重索所受最大拉力 $T_{辅}=39.3$ kN,$T_{辅}<T_{辅max}=1\ 830$ kN,因此承重索满足要求。

2. 辅助索应力验算

辅助索除受最大拉力作用下产生的拉应力 $\sigma_{主接触}$ 能满足强度要求外,还要求辅助索与行车车轮接触处因弯曲作用所产生的弯曲应力或在索鞍与平滚接触处的接触应力 $\sigma_{主接触}$ 一起作用下满足强度要求。

(1)承重索主拉应力

$\sigma_{主接触}<\sigma_{P主max}=1\ 770$ MPa,因此辅助索主拉应力满足要求。

(2)辅助索接触应力

$\sigma_{辅接触}<\sigma_{P辅max}=1$ MPa,因此辅助索接触应力满足要求。

3. 辅助索张力和垂度计算

(1) 架设空缆时的初始张力和垂度

架设空缆单根承重索初始水平张力 $H_{辅0}=15.6$ kN,初始安装时的跨中垂度 $f_{辅0}=29.2$ m。

(2)跑车安装后承重索张力和垂度

跑车安装后单根承重索水平张力 $H_{辅1}=26.3$ kN,初始安装时的跨中垂度 $f_{辅1}=38.4$ m。

(3)安装节段梁一时小车运行至塔前 30 m 时牵引索受力最大,计算此时承重索升角 $\gamma=13.5°$。

四、索鞍设计

索鞍由底部分配梁、底部连接横梁、承重索导向结构、起重索导向结构、牵引索过渡滑轮、起重索过渡滑轮以及索鞍 Ha 、Hb 、Hc 组成。

(一)缆索系统对索鞍的荷载分析

当安装节段一时,索鞍移至一侧,主索形成水平夹角,对塔架产生横向荷载,其荷载作用如图 4-13 所示。

各参数根据缆索系统布置图取大值,$\beta=7°$,$L_1=124$ m,$K_{重}=61.1$ m,$L_2=124$ m,$K_{贯}=82.8$ m,因此 $\varepsilon_{重}=\arctan^{-1}\left(\dfrac{L_1}{\cos\beta\cdot K_{重}}\right)=63.9°$,同理计算得到 $\varepsilon_{贯}=61.3°$。

缆索系统对索鞍作用如图 4-14 所示。

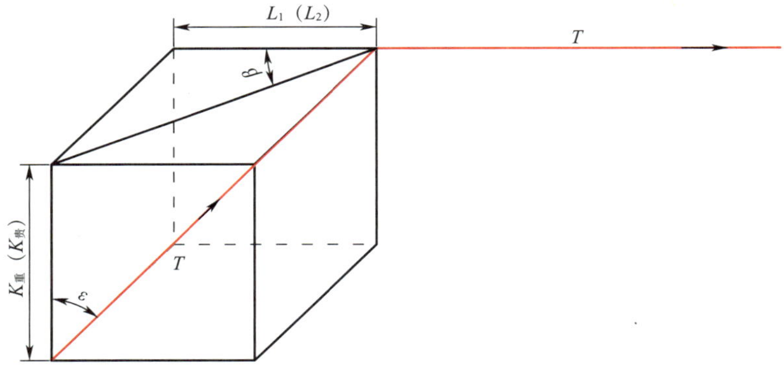

图 4-13　缆索系统对索鞍的空间位置关系

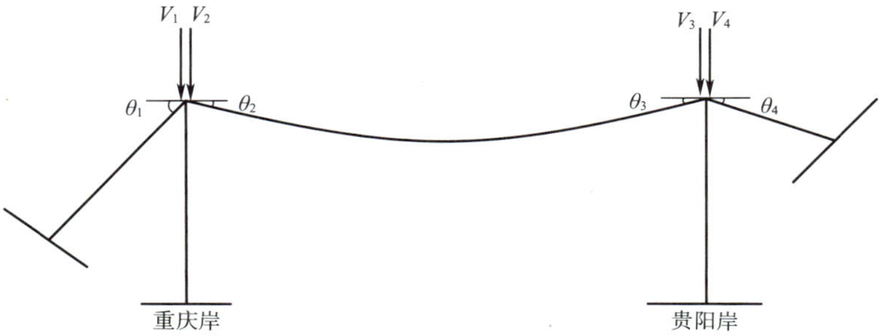

V_1—重庆岸外侧竖向荷载；V_2—重庆岸内侧竖向荷载；

V_3—贵阳岸内侧竖向荷载；岸 V_4—贵阳岸外侧竖向荷载。

图 4-14　缆索系统对索鞍作用示意

1. 200 t 缆索吊机空载工况对索鞍的荷载

空载时，当最大荷载作用于跨中时，缆索拉力最大，即缆索对索鞍产生最大载荷。此时 $\theta_1=25°$，$\theta_4=28°$，$\theta_2=\theta_3=\arctan^{-1}\left(\dfrac{V_{空}}{H_{空}}\right)=16.5°$。

单个索鞍主索数量$n_{主}=8$，单个索鞍起重索数量$n_{起}=2$，单个索鞍牵引索数量$n_{牵}=6$，空载工况下缆索张力$T_{主空}=334$ kN，起重索张力$T_{起空}=11$ kN，牵引索张力$T_{牵空}=46$ kN。

(1)重庆岸

主索对索鞍的正压力$V_{主重空}=n_{主}\cdot T_{主空}\cdot(\sin\theta_1+\sin\theta_2)=1\ 888$ kN；主索对索鞍的水平力$H_{主重空}=n_{主}\cdot T_{主空}\cdot(\cos\theta_2-\cos\theta_1)=140$ kN；主索对索鞍的横向力$T_{主横重空}=n_{主}\cdot T_{主空}\cdot\sin(\varepsilon_{重})\cdot\sin\beta=292$ kN；起重索对索鞍的正压力$V_{起重空}=n_{起}\cdot T_{起空}\cdot(\sin\theta_1+\sin\theta_2)=16$ kN；起重索对索鞍的水平力$H_{起重空}=n_{起}\cdot T_{起空}\cdot(\cos\theta_2-\cos\theta_1)=1$ kN；起重索对索鞍的横向力$T_{起横重空}=n_{起}\cdot T_{起空}\cdot\sin(\varepsilon_{重})\cdot\sin\beta=2$ kN；牵引索对索鞍的正压力$V_{牵重空}=n_{牵}\cdot T_{牵空}\cdot(\sin\theta_1+\sin\theta_2)=195$ kN；牵引索对索鞍的水平力$H_{牵重空}=$

$n_{牵} \cdot T_{牵空} \cdot (\cos\theta_2 - \cos\theta_1) = 14$ kN；牵引对索鞍的横向力 $T_{牵重空} = n_{牵} \cdot T_{牵空} \cdot \sin(\varepsilon_{重}) \cdot \sin\beta = 30$ kN。

(2)贵州岸

同理可计算贵阳岸的载荷：主索对索鞍的正压力 $V_{主贵空} = 2\ 011$ kN，主索对索鞍的水平力 $H_{主贵空} = 203$ kN，主索对索鞍的横向力 $T_{主横贵空} = 285$ kN，起重索对索鞍的正压力 $V_{起贵空} = 16$ kN，起重索对索鞍的水平力 $H_{起贵空} = 2$ kN，起重索对索鞍的横向力 $T_{起横贵空} = 2$ kN，牵引索对索鞍的正压力 $V_{牵贵空} = 208$ kN，牵引索对索鞍的水平力 $H_{牵贵空} = 21$ kN，牵引对索鞍的横向力 $T_{牵横贵空} = 29$ kN。

由上述计算整理得到，空载工况下对单个索鞍的外力合计见表 4-6。

表 4-6　200 t 缆索系统空载工况对单个索鞍外力载荷表

项　目		重庆岸			贵阳岸		
		竖直力(kN)	水平力(kN)	横向力(kN)	竖直力(kN)	水平力(kN)	横向力(kN)
200 t 缆索系统	主　索	1 888	140	292	2 011	203	285
	起重索	16	1	2	16	2	2
	牵引索	195	14	30	208	21	29
总　计		2 099	155	324	2 235	226	316

2. 200 t 缆索吊机重载工况下对索鞍的荷载

重载时，当最大荷载作用于跨中时缆索拉力最大，即缆索对索鞍产生最大载荷。此时，$\theta_1 = 25°, \theta_4 = 28°, \theta_2 = \theta_3 = \arctan^{-1}\left(\frac{V_{max}}{H_{max}}\right) = 13.4°$。

重载工况下缆索张力 $T_{主} = 707$ kN，起重索张力 $T_{起max} = 76$ kN，牵引索张力 $T_{牵max} = 148$ kN。

利用与空载工况相同的计算方法可整理得到重载工况下对单个索鞍的外力合计，见表 4-7。

表 4-7　200 t 缆索系统重载工况对单个索鞍外力载荷表

项　目		重庆岸			贵阳岸		
		竖直力(kN)	水平力(kN)	横向力(kN)	竖直力(kN)	水平力(kN)	横向力(kN)
200 t 缆索系统	主　索	3 698	377	619	3 963	509	605
	起重索	99	10	17	106	14	16
	牵引索	582	59	97	623	80	95
总　计		4 379	446	733	4 692	603	716

3. 10 t 辅助缆索吊机空载工况对索鞍的外力

当最大荷载作用于跨中时，缆索拉力最大，即缆索对索鞍产生最大载荷。此时，$\theta_1 =$

25°,θ_4=28°,θ_2=θ_3=16.89°。

单个索鞍主索数量$n_{辅主}$=2,单个索鞍起重索数量$n_{辅起}$=1,单个索鞍牵引索数量$n_{辅牵}$=4,空载工况下缆索张力$T_{辅主空}$=275 kN,起重索张力$T_{辅起空}$=3 kN,牵引索张力$T_{辅牵空}$=23 kN。

利用前文所述的计算方法可整理得到,空载工况下对单个索鞍的外力合计,见表 4-8。

表 4-8　10 t 缆索系统空载工况对单个索鞍外力载荷表

项　目		重庆岸			贵阳岸		
		竖直力(kN)	水平力(kN)	横向力(kN)	竖直力(kN)	水平力(kN)	横向力(kN)
10 t 缆索系统	主　索	392	28	60	417	41	59
	起重索	2	0.2	0.3	2	0.3	0.3
	牵引索	67	5	10	71	7	10
总　计		461	33.2	70.3	490	48.3	69.3

4. 10 t 辅助缆索吊机重载工况对索鞍的外力

当最大荷载作用于跨中时,缆索拉力最大,即缆索对索鞍产生最大载荷。此时,θ_1=25°,θ_4=28°,θ_2=θ_3=16.89°。重载工况下缆索张力$T_{辅主}$=393 kN,起重索张力$T_{辅起max}$=37 kN,牵引索张力$T_{辅牵max}$=52 kN。

利用前文所述的计算方法可整理得到空载工况下对单个索鞍的外力合计,见表 4-9。

表 4-9　10 t 缆索系统重载工况对单个索鞍外力载荷表

项　目		重庆岸			贵阳岸		
		竖直力(kN)	水平力(kN)	横向力(kN)	竖直力(kN)	水平力(kN)	横向力(kN)
10 t 缆索系统	主　索	542	45	86	578	64	84
	起重索	26	2.1	4.1	2	3	4
	牵引索	143	12	23	153	17	22
总　计		711	59.1	113.1	733	84	110

(二)索鞍几何模型

几何模型既关系到有限元模型的成功与否,也关系到计算结果的合理性,因此在计算机计算能力可承受的条件下,尽量使几何模型和实际结构相符;另外,建立模型时要对结构进行简化,保证结构刚度和质量不发生变化的同时,忽略细微部件,从而得到索鞍整体结构几何模型,如图 4-15 所示。

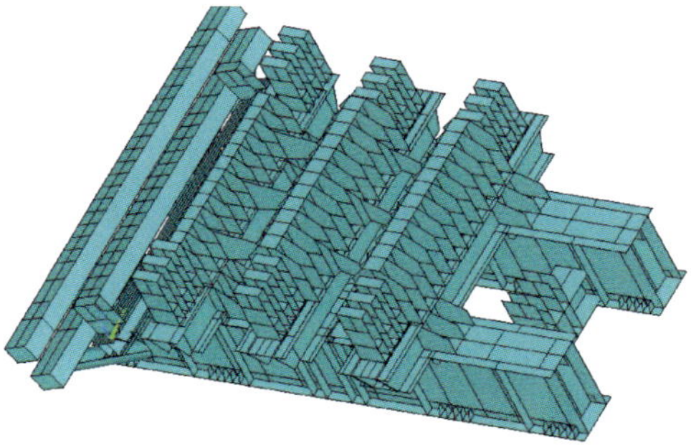

图 4-15　索鞍几何模型

(三)索鞍的有限元模型及约束条件

由于结构大部分为薄板，所以主要采用板壳单元。索鞍整体结构的有限元模型如图 4-16 所示。材料参数为 EX＝2E11，PRXY＝0.3，DENS＝7 850×1.5。

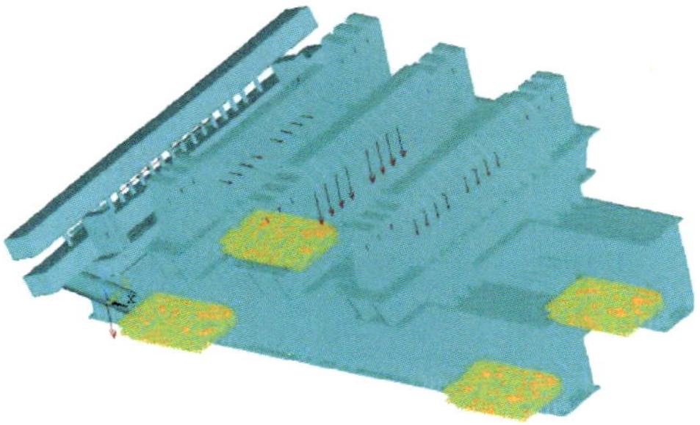

图 4-16　索鞍有限元模型及约束加载

对索鞍底部分配梁与滑移横梁接触的部分所有节点进行全约束。加载过程中，认为承重索导向滚轮组承受承重索载荷的横向分力，承重索滑轮组承受承重索载荷的水平分力和垂向分力，假定横向分力沿承重索导向轴两个箱梁之间的梁上平均分布，其余载荷均认为是集中载荷。各载荷按照钢丝绳的角度确定，具体值见表 4-10。

表 4-10　索鞍各部件载荷情况

受力部件	水平方向(kN)	横向(kN)	铅垂方向(kN)
承重索导向结构	0	67.5	0
索鞍(Ha)	57.6	0	−167.2
索鞍(Hb)	6.4	0	−166.4
索鞍(Hc)	−13.6	0	−81.6
牵引索过渡(Ha)	9	0	−26.4
牵引索过渡(Hb)	1.6	0	−7.8
牵引索过渡(Hc)	−2.4	0	−16.8
牵引索过渡(导向)	0	9.7	0

(四)有限元分析结果

索鞍整体受力如图 4-17 所示。索鞍所受最大应力为 257 MPa,最大应力出现在承重索导向轴上,承重索导向轴材料为 45 号钢,45 号钢调质处理后强度为 375 MPa,安全系数 1.34,因此承重索导向轴是安全的。除去承重索导向轴其他部件的最大应力为 137 MPa,Q235 材料能满足要求,所以索鞍整体强度是能满足要求的。

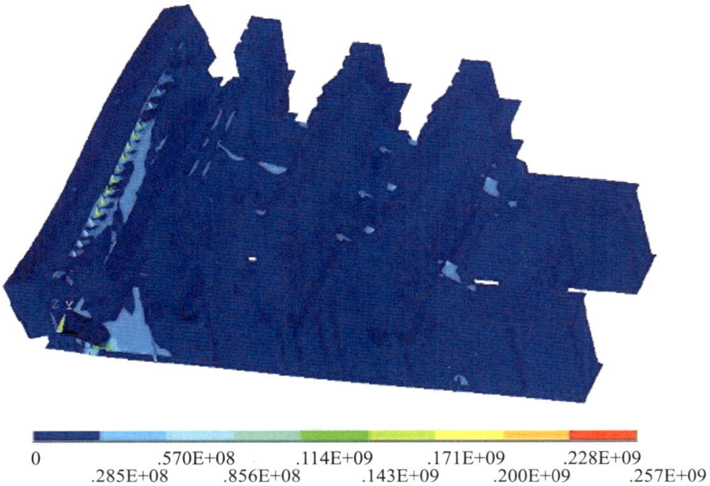

图 4-17 索鞍整体受力

五、索塔设计

支撑承重索的塔架是缆索吊的重要组成部分。根据缆索吊跨度布置及现场地形情况,索塔布置在 3 号～4 号墩之间(重庆岸)和 8 号～9 号墩之间(贵阳岸)。夜郎河特大桥桥面钢筋混凝土梁顶面高程 713.877 m,主索最大垂度 44.5 m,起重小车及吊具高度 10 m,安全距离预留 1.7 m,所以索鞍顶面高程为 770.1 m。重庆岸根据实际地形,左右线塔基高程为 673.94 m,贵阳岸左右塔基高程为 669.14 m。因此重庆岸索塔高确定为 93.06 m,贵阳岸索塔高确定为 97.86 m。

索塔立柱采用 ϕ800 mm×16 mm 钢管,立柱之间为双拼[200 mm 槽钢,设计抱箍型节点板,栓接,如图 4-18 所示。立柱竖向设置三道平联,平联平杆采用 ϕ426 mm×10 mm 钢管,平联也为桁架结构,节间连接同立柱采用单拼[200 mm 槽钢;顶部横梁也采用桁架结构,全部用 ϕ426×16 mm 钢管焊接而成,桁架高度 4.8 m,横向节间除立柱范围间距为 4.8 m,立柱两侧为 4.75 m 外,其余为 4.5 m;纵向节间间距立柱部分为 4.8 m,顶部横梁为 4 m。桁架横梁顶面设置两根 1 000 mm×800 mm 的钢梁滑道,滑道间焊接 HN500×200 mm 的 H 形钢。

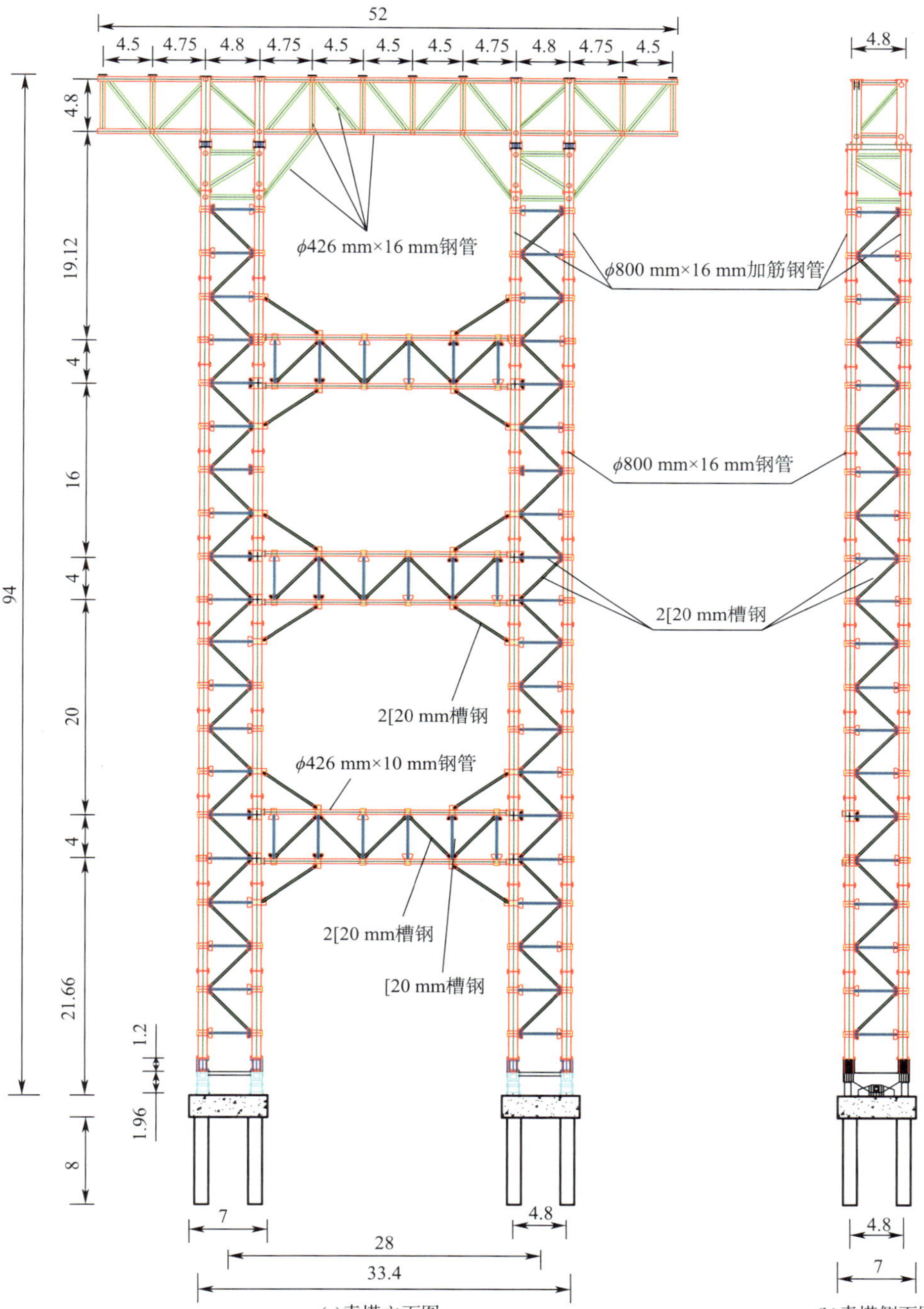

(a)索塔立面图　　(b)索塔侧面图

图 4-18　塔架结构设计示意(单位:m)

(一)主塔受力工况分析

缆索吊机设计有主吊机和辅助吊机,根据现场工况分析,在主吊机工作时,辅助吊机不工作。即塔架计算最不利工况为:主吊机处于额载工况+辅助吊机处于空载工况。

1. 200 t 缆索吊机索鞍重载工况对塔架的荷载

索鞍自重 $V_{索鞍}=100$ kN，单个塔架上的索鞍数量$n_{索鞍}=2$。

（1）重庆岸

索鞍对塔架的正压力$V_{索塔重}=8\ 957$ kN，索鞍对塔架的水平力$H_{索塔重}=892$ kN，索鞍对塔架的横向力$T_{索塔重}=1\ 466$ kN。

（2）贵阳岸

同理可计算贵阳岸索鞍对塔架的正压力$V_{索塔贵}=9\ 584$ kN，索鞍对塔架的水平力$H_{索塔贵}=1\ 205$ kN，索鞍对塔架的横向力$T_{索塔贵}=1\ 432$ kN。

2. 10 t 辅助吊机空载工况对塔架的荷载

$V_{辅索鞍}=200$ kN，单个塔架上的索鞍数量$n_{辅索鞍}=2$。

（1）重庆岸

索鞍对塔架的正压力$V_{辅索塔重}=962$ kN，索鞍对塔架的水平力$H_{辅索塔重}=65$ kN，索鞍对塔架的横向力$T_{辅索塔重}=141$ kN。

（2）贵阳岸

同理可计算贵阳岸索鞍对塔架的正压力$V_{辅索塔贵}=1\ 022$ kN，索鞍对塔架的水平力$H_{辅索塔贵}=96$ kN，索鞍对塔架的横向力$T_{辅索塔贵}=138$ kN。

3. 缆风系统对塔架的荷载

（1）横向风缆初始预紧力计算

①重庆岸

4 个索鞍空载时的横向力$F_{空重}=791$ kN，4 个索鞍重载时的横向力$F_{重重}=1\ 607.5$ kN，则预设横向平衡荷载$T_{横重}=F_{空重}+\dfrac{F_{重重}-F_{空重}}{2}\approx 1\ 199$ kN。

②贵阳岸

4 个索鞍空载时的横向力$F_{空贵}=772$ kN，4 个索鞍重载时的横向力$F_{重贵}=1\ 570$ kN，则预设横向平衡荷载$T_{横贵}=1\ 171$ kN。

综上对比发现重庆岸横向力略大于贵阳岸，预设横向平衡荷载取二者的较大值，即

$$T_{横}=\mathrm{Max}(T_{横重},T_{横贵})=1\ 199\ \mathrm{kN}$$

横向风缆数量$n_{横}=2$，横向风缆与塔架角度 $\alpha_1=45°$、$\alpha_2=38°$。考虑塔架及横向缆风一起承担横向荷载，根据设计经验可知，预设横向缆风预紧力考虑横向荷载的 0.7，能保证塔架及缆风受力均匀最好。

45°横向风缆预紧力$F_{横预紧力1max}=\dfrac{0.7\times T_{横}}{n_{横}\cdot\sin\alpha_1}=593$ kN；

38°横向风缆预紧力$F_{横预紧力2Max}=\dfrac{0.7\times T_{横}}{n_{横}\cdot\sin\alpha_2}=682$ kN。

(2)纵桥向缆风索初始预紧力

中间通风缆数量$n_2=2$,后侧后风缆数量$n_3=8$,重庆岸后风缆与水平向夹角$\theta_1=25°$,贵阳岸后风缆与水平向夹角$\theta_4=28°$。

①重庆岸

4个索鞍空载时的水平力$F_{H空重}=377$ kN;

4个索鞍重载时的水平力$F_{H重重}=957$ kN。

则预设纵向平衡荷载$H_{水平重}=F_{H空重}+\dfrac{F_{H重重}-F_{H空重}}{2}=667$ kN。

②贵阳岸

同理可求得预设纵向平衡荷载$H_{水平贵}=923$ kN。

预设纵向平衡荷载取二者的较大值$H_{水平}=\mathrm{Max}(H_{水平重},T_{水平贵})=923$ kN。

后风缆与水平的最大夹角$\eta=\beta=7°$,重庆岸后风缆预紧力$F_{后预重}=\dfrac{H_{水平}}{n_3\times\cos\theta_1\cos\eta}=128$ kN,贵阳岸后风缆预紧力$F_{后预贵}=\dfrac{H_{水平}}{n_3\times\cos\theta_4\cos\eta}=132$ kN,通风缆预紧力$F_{中预}=\dfrac{H_{水平}}{n_2}=462$ kN。

(3)缆风索最大受力

横向缆风索最大承载$T_{横max}=\mathrm{Max}(F_{重重},F_{重贵})\approx1\ 608$ kN,横向风缆不均匀系数$\varepsilon_1=0.8$。45°横向缆风最大承载力$F_{横1max}=\dfrac{T_{横max}}{n_{横}\times\sin\alpha_1\times\varepsilon_1}=1\ 421$ kN,38°横向缆风最大承载力$F_{横2max}=\dfrac{T_{横max}}{n_{横}\times\sin\alpha_2\times\varepsilon_1}=1\ 632$ kN,纵向缆风索最大承载索鞍的纵向载荷$H_{水平max}=\mathrm{Max}(F_{H重重},F_{H重贵})=1\ 301$ kN。

纵向风缆不均匀系数$\varepsilon_2=\dfrac{3}{8}$,则重庆岸后风缆$F_{后重max}=\dfrac{H_{水平max}}{n_3\times\cos\theta_1\cos\eta\times\varepsilon_2}=482$ kN,贵阳岸后风缆$F_{后贵max}=\dfrac{H_{水平max}}{n_3\times\cos\theta_4\cos\eta\times\varepsilon_2}=495$ kN,通风缆$F_{中max}=\dfrac{H_{水平max}}{n_2\times\varepsilon_1}=813$ kN。

综上所述计算缆风系统对塔架荷载,整理得到表4-11。

表4-11　缆索吊机缆风索受力明细

览风索	规　格	初始预紧力(万N)		最大承载力(万N)	
		贵阳岸	重庆岸	贵阳岸	重庆岸
横向风载1(36°)	15×ϕ15.24 mm钢绞线	68.2		163.2	
横向风载1(38°)	15×ϕ15.24 mm钢绞线	68.2		163.2	
横向风载1(45°)	15×ϕ15.24 mm钢绞线	59.4		142.1	

续表

览风索	规　　格	初始预紧力(万 N)		最大承载力(万 N)	
		贵阳岸	重庆岸	贵阳岸	重庆岸
横向风载 1(45°)	15×ϕ15.24 mm 钢绞线	59.4		142.1	
后风载 1	9×ϕ15.24 mm 钢绞线	13.2	12.8	49.5	48.2
后风载 2	9×ϕ15.24 mm 钢绞线	13.2	12.8	49.5	48.2
后风载 3	9×ϕ15.24 mm 钢绞线	13.2	12.8	49.5	48.2
后风载 4	9×ϕ15.24 mm 钢绞线	13.2	12.8	49.5	48.2
后风载 5	9×ϕ15.24 mm 钢绞线	13.2	12.8	49.5	48.2
后风载 6	9×ϕ15.24 mm 钢绞线	13.2	12.8	49.5	48.2
后风载 7	9×ϕ15.24 mm 钢绞线	13.2	12.8	49.5	48.2
后风载 8	9×ϕ15.24 mm 钢绞线	13.2	12.8	49.5	48.2
通风载 1	4×ϕ38 mm 钢丝绳(6×37YS+FC)	46.2		81.3	
通风载 2	4×ϕ38 mm 钢丝绳(6×37YS+FC)	46.2		81.3	

(二)索塔计算分析

根据实际地形，重庆岸索塔低于贵阳岸索塔，但两侧索塔设计形式一致，同时由前文计算分析，索塔计算按照贵阳岸索塔高度计算。索塔塔架为大型桁架体系，计算采用ANSYS2.0 软件建模分析，模型中钢材材料参数见表 4-12。

表 4-12　钢材材料参数

材料	等级分类厚度	屈服点 σ_s(MPa)	抗拉强度 σ_b(MPa)	许用应力	
				安全系数	许用应力(MPa)
Q345	≤16	不小于 345	470～630	1.22	282.8
				1.34	257.5
				1.48	233.1
	>16;≤35	不小于 325	470～630	1.22	266.4
				1.34	242.5
				1.48	219.6
Q235	≤16	不小于 235	470～630	1.22	192.6
				1.34	175.4
				1.48	158.8

1. 计算模型

立柱结构为钢管和型钢组成的桁架结构，立柱间距 4.8 m，高度方向节间间距 4 m，计算建模高度 98 m（桁架顶面滑到部分高度未计入塔架总高度）。索塔中间设置三道横联，横联净间距 20 m。顶部设置钢管桁架横梁，横梁高度 4.8 m。

所有杆件均采用梁单元 BEAM188 模拟，横向缆风绳、通风缆、后风缆均采用 LINk10 单元模拟。模型共计 11 312 个单元、14 126 个节点。索塔模型如图 4-19～图 4-21 所示。

2. 边界条件

塔架下部设置铰座，在模型中约束立柱底部铰座四个铰点，设置为铰接约束（$U_X=U_Y=U_Z=0$），各缆风绳的锚固端添加约束（$U_X=U_Y=U_Z=0$），如图 4-22 所示。

图 4-19　贵阳岸索塔模型

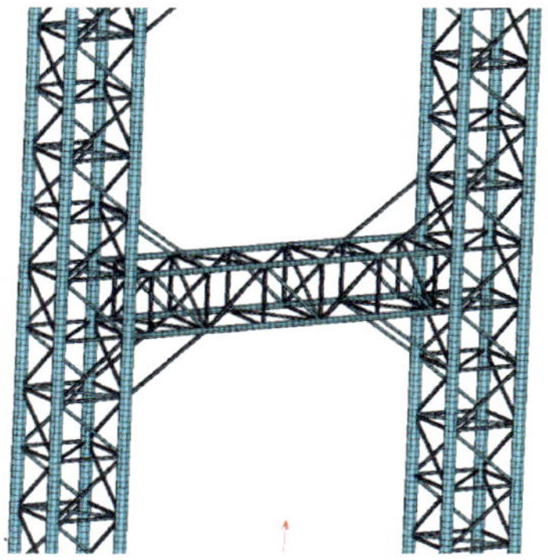

图 4-20　贵阳岸索塔横联模型

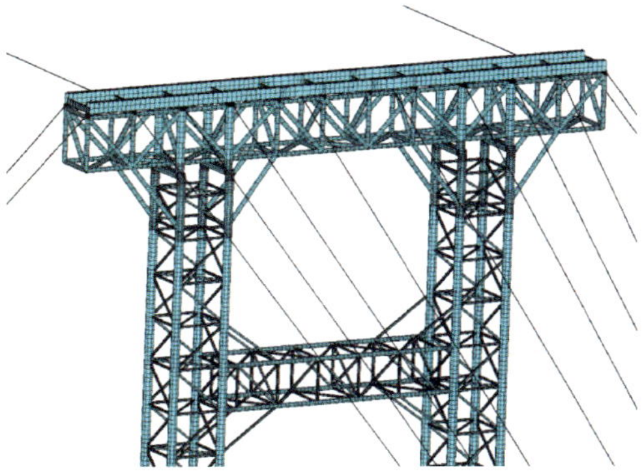

图 4-21　贵阳岸索塔横梁模型

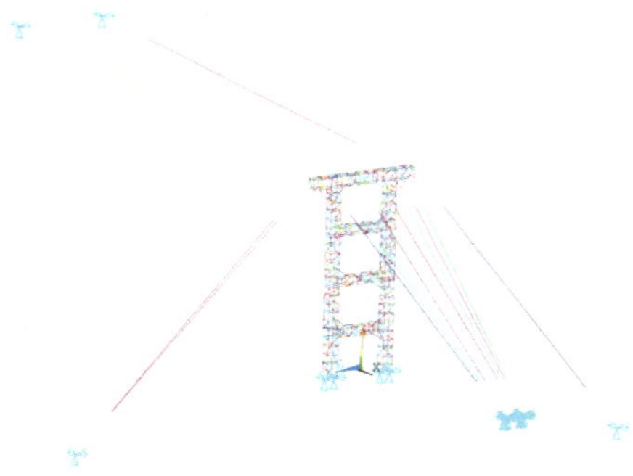

图 4-22　贵阳岸索塔边界条件模型

3. 工况分析

（1）工况一：索鞍移至 2 号节段吊装工位，跨中取节段重 200 t

缆索系统的单个主索鞍对索塔的竖向力为 4 692 kN、水平力为 602 kN、横向力为 716 kN，每个主索鞍分四个点加载至索塔顶部横梁；10 t 辅助缆索系统的单个辅助索鞍对索塔的竖向力为 491 kN、水平力为 48 kN、横向力为 69 kN，每个辅助索鞍分两个点加载至索塔顶部横梁，如图 4-23 所示。

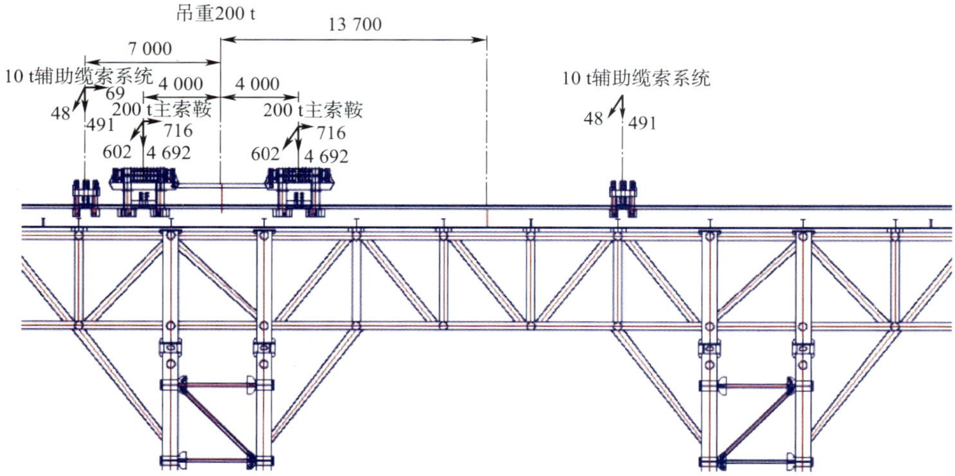

图 4-23　工况一荷载加载示意(力的单位为 kN，长度单位为 cm)

(2)工况二：索鞍移至 1 号节段吊装工位，跨中取节段重 160 t

缆索系统的单个主索鞍对索塔的竖向力为 4 231 kN、水平力为 522 kN、横向力为 637 kN，每个主索鞍分四个点加载至索塔顶部横梁；10 t 辅助缆索系统的单个辅助索鞍对索塔的竖向力为 491 kN、水平力为 48 kN、横向力为 69 kN，每个辅助索鞍分两个点加载至索塔顶部横梁，如图 4-24 所示。

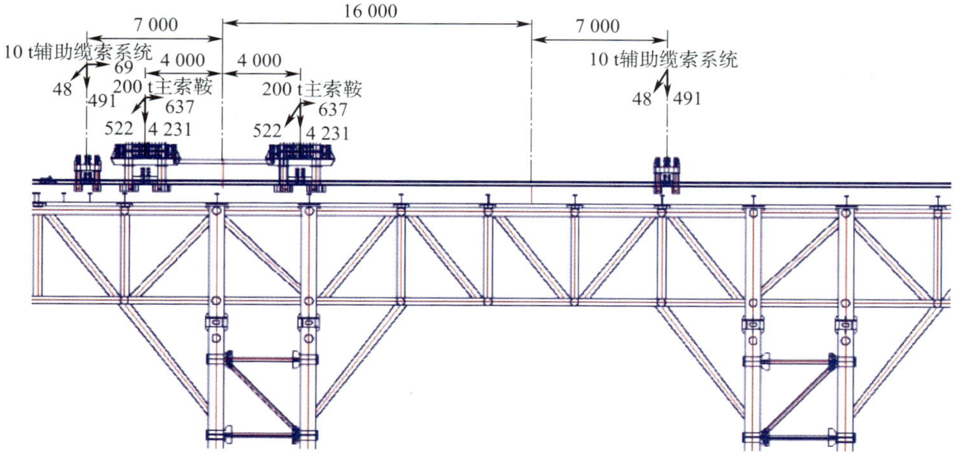

图 4-24　工况二荷载加载示意(力的单位为 kN，长度单位为 cm)

(3)工况三:索鞍移至索塔中间吊装工位,跨中取节段重 180 t

缆索系统的单个主索鞍对索塔的竖向力为 4 461 kN、水平力为 562 kN、横向力为 0 kN,每个主索鞍分四个点加载至索塔顶部横梁;10 t 辅助缆索系统的单个辅助索鞍对索塔的竖向力为 491 kN、水平力为 48 kN、横向力为 69 kN,每个辅助索鞍分两个点加载至索塔顶部横梁,如图 4-25 所示。

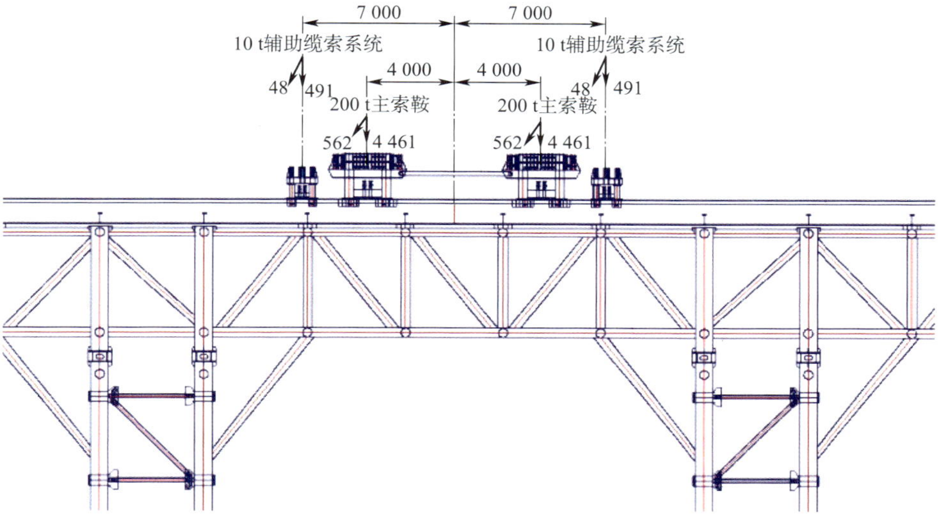

图 4-25 工况三荷载加载示意(力的单位为 kN,长度单位为 cm)

(4)风荷载

建模时索塔自重是通过密度来调节,达到桁架各部件模型重量与图纸重量基本吻合,索塔自重为 688 t。

六级风风速 $V_{风}=20$ m/s,计算风压 $P_{风}=250$ Pa,风力系数 $c=1.6$,结构充实系数 $\varphi=0.4$,遮挡折减系数 $\eta=0.4$,纵向风荷载计算 $F_{纵风}=375.2$ kN,横向风荷载计算 $F_{横风}=141.85$ kN。

为均匀加载各处的风荷载,将风荷载转化为结构自重在纵向和横向等效加速度的作用下产生的荷载。塔架自重 $G_{塔}=6\ 880$ kN,风荷载的等效加速度为 $\alpha_{纵}=0.535$ m/s^2,$a_{横}=0.202$ m/s^2。

4. 塔架应力计算结果

索塔整体结构分析分为应力计算和整体稳定性验算,支腿主管、中部横联主管、顶部桁架为 Q345 材料,支腿间连接系和横移滑道梁为 Q235 材料。

(1)应力计算

工况一应力计算结果如图 4-26～图 4-30 所示。工况二应力计算结果如图 4-31～图 4-35 所示。工况三应力计算结果如图 4-36～图 4-40 所示。

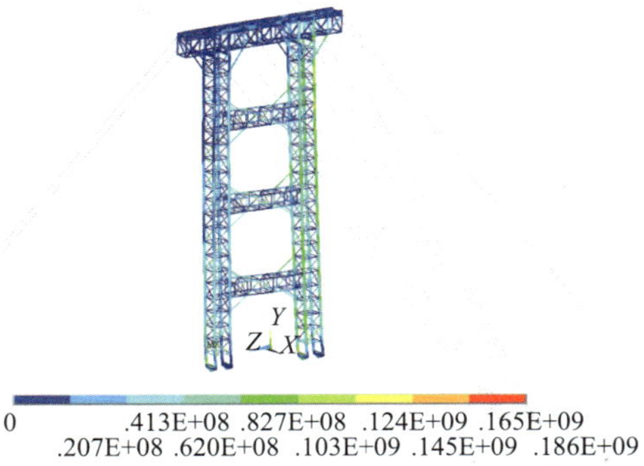

图 4-26　工况一整体应力

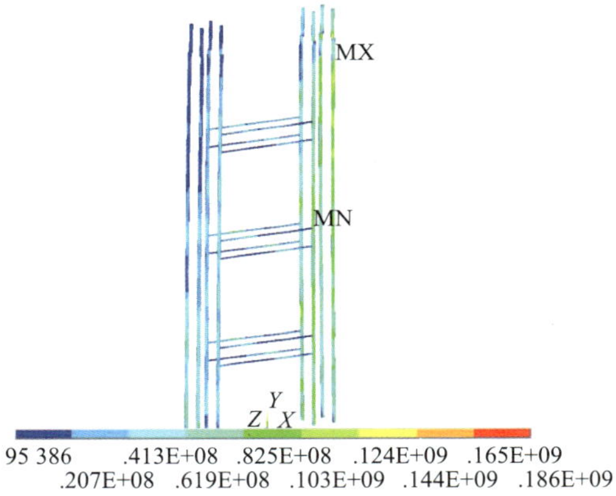

图 4-27　工况一立柱及中部横联主管应力

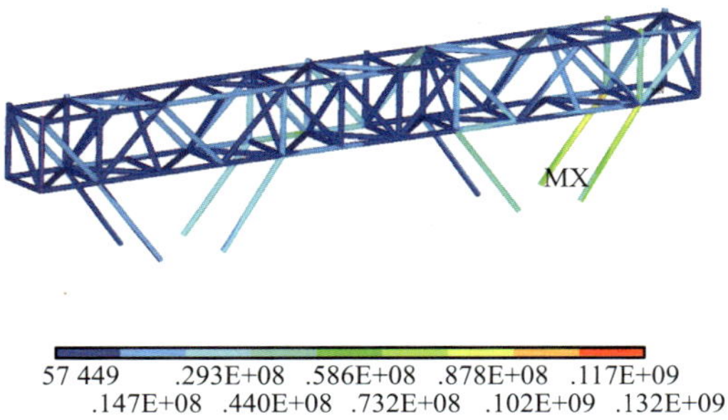

图 4-28　工况一索塔顶部桁架应力

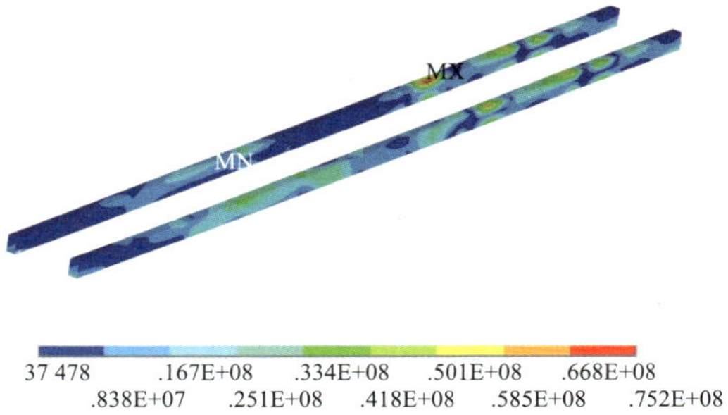

图 4-29　工况一索塔滑道梁应力

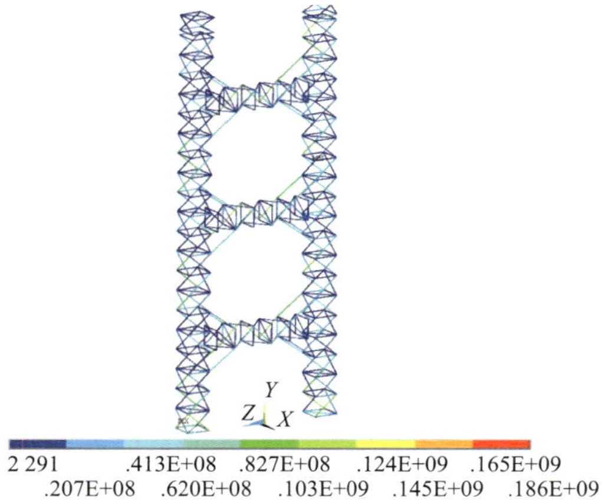

图 4-30　工况一支腿间连接系应力

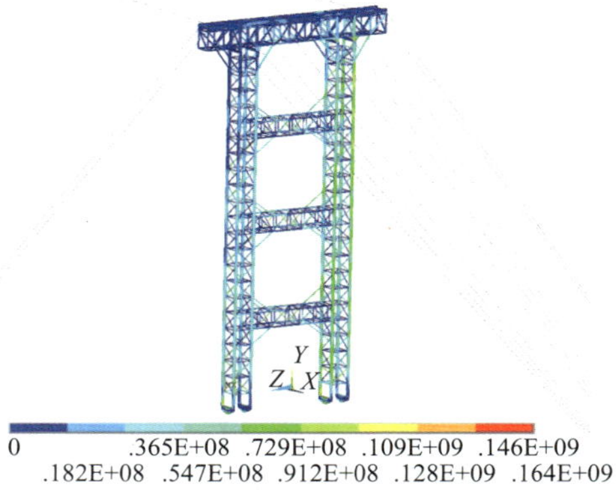

图 4-31　工况二整体应力云图

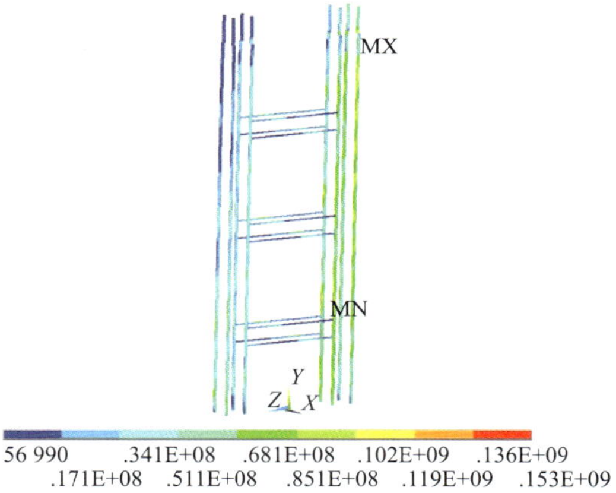

图 4-32　工况二立柱及中部横联主管应力云图

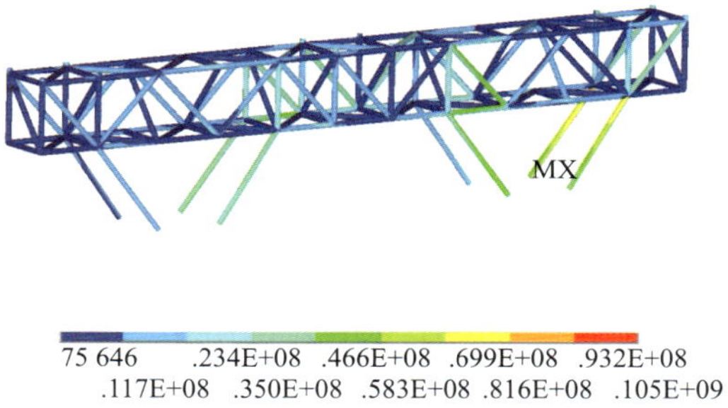

图 4-33　工况二索塔顶部桁架应力云图

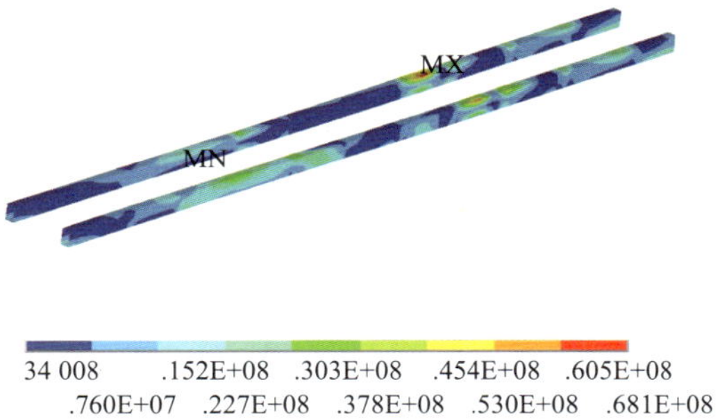

图 4-34　工况二索塔滑道梁应力云图

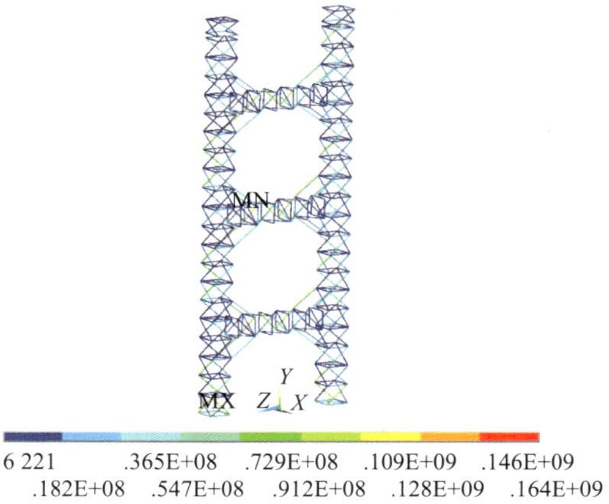

图 4-35　工况二支腿间连接系应力云图

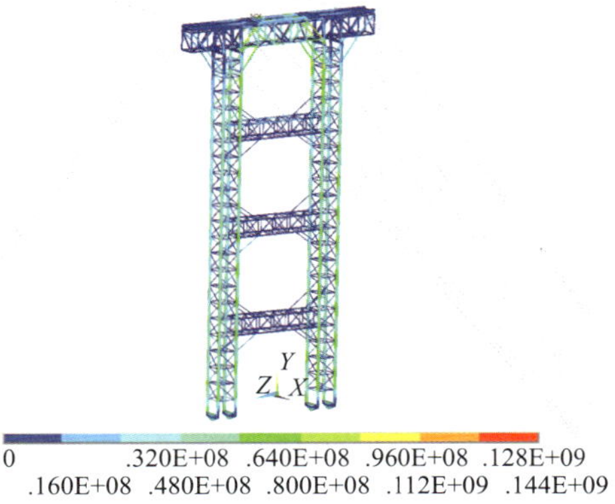

图 4-36　工况三整体应力云图

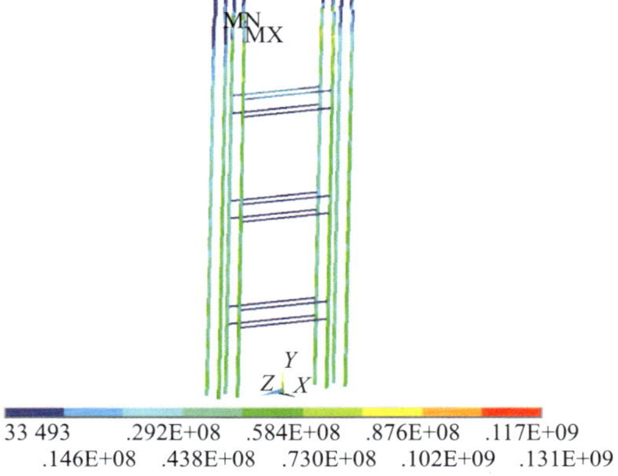

图 4-37　工况三立柱及中部横联主管应力云图

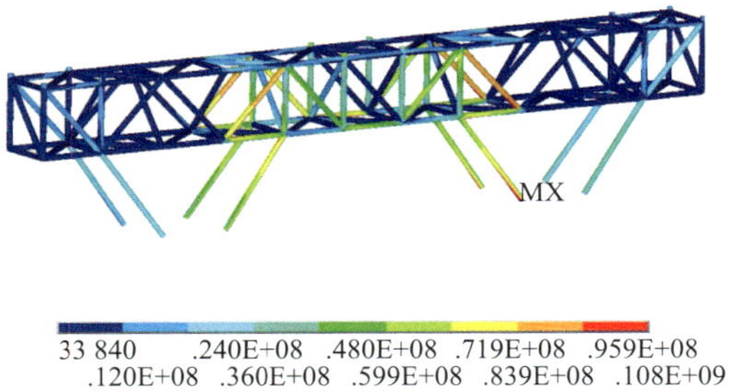

图 4-38 工况三索塔顶部桁架应力云图

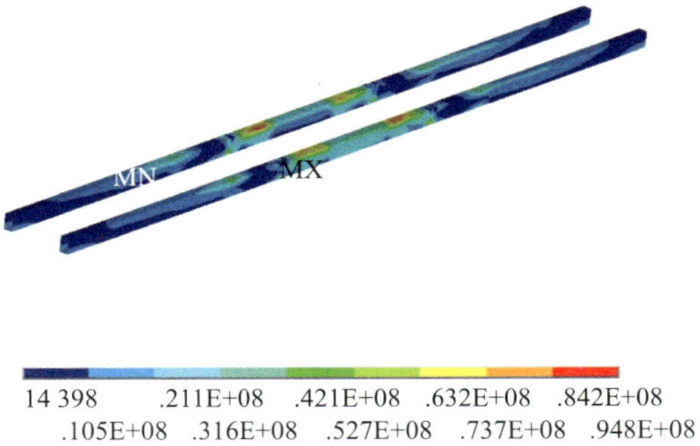

图 4-39 工况三索塔滑道梁应力云图

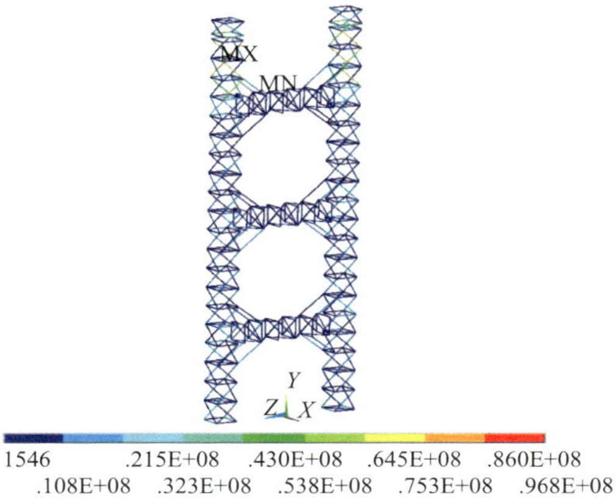

图 4-40 工况三支腿间连接系应力云图

通过上述计算结果可得到以下结论：

①工况一支腿主管、中部横联主管、顶部桁架的构件最大应力为 186 MPa，在其材质 Q345 材料的许用应力范围内；索塔横移滑道梁最大应力为 75.2 MPa，在其 Q235 材质的许用应力范围内；支腿间连接系最大应力为 186 MPa，超过其材质 Q235 材料的许用应力，方案优化为双槁槽 20 mm 连接系上增加双面钢板撑箱型截面，最大应力为 100 MPa，在其 Q235 材料的许用应力范围内。索塔顶部的最大变形为 378 mm。

②工况二支腿主管、中部横联主管、顶部桁架的构件最大应力为 153 MPa，在其材质 Q345 材料的许用应力范围内；索塔横移滑道梁最大应力为 68.1 MPa，在其材质 Q235 材料的许用应力范围内；支腿间连接系最大应力为 164 MPa，在其材质 Q235 材料的许用应力范围内。索塔顶部的最大变形为 318 mm。

③工况三支腿主管、中部横联主管、顶部桁架的构件最大应力为 131 MPa，在其材质 Q345 材料的许用应力范围内；索塔横移滑道梁最大应力为 94.8 MPa，在其材质 Q235 材料

的许用应力范围内;支腿间连接系最大应力为 96.8 MPa,在其材质 Q235 材料的许用应力范围内。索塔顶部的最大变形为 174 mm。

(2)铰座支反力

铰座铰点编号如图 4-41 所示。

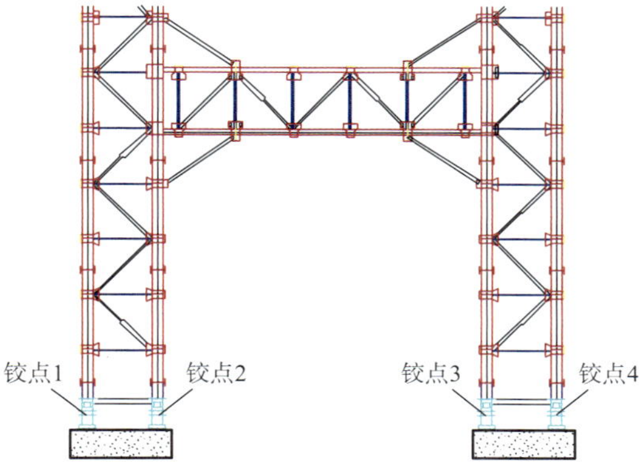

图 4-41　贵阳岸索塔铰点编号示意

贵阳岸索塔铰座约束点支反力列表见表 4-13。

表 4-13　铰座约束点支反力表(kN)

铰座点	工况一				工况二				工况三			
	F_X	F_Y	F_Z	$F_合$	F_X	F_Y	F_Z	$F_合$	F_X	F_Y	F_Z	$F_合$
铰点 1	−17.2	648.3	−38.0	649.6	−12.6	625.5	−33.5	626.5	2.5	507.4	−4.8	507.4
铰点 2	17.6	186.2	−37.0	190.6	14.7	213.1	−32.8	216.1	4.3	477.8	−4.6	477.9
铰点 3	−10.5	832.4	−30.7	833.0	−7.1	756.1	−27.3	756.6	3.7	520.8	−1.3	520.8
铰点 4	22.8	368.2	−35.3	370.6	18.5	341.3	−30.8	343.2	3.5	486.2	−1.3	486.2

注:Y 轴正向为索塔垂直方向;X 轴正向为索塔指向后风缆方向;Z 轴正向根据 Y 轴和 X 轴按右手法则确定。

(3)整体稳定性计算

由塔架主管连接可知,将横向两支支腿视为四管格构进行整体稳定性验算。由上述计算可知,立柱所受竖向压力 N=14 413 kN,安全系数 n=1.48,钢管截面积 A=1 579.24 cm^2,最小稳定性系数 $\varphi_{\min}$=0.839。

弯曲许用应力$[\sigma]=\dfrac{\sigma_s}{n}=233.1$ MPa,$[\tau]=\dfrac{[\sigma]}{\sqrt{3}}=134.6$ MPa。

整体稳定性计算,$\sigma=\dfrac{N}{\varphi_{\min}\cdot A}=108.8$ MPa$<[\sigma]=233.1$ MPa。

由上述计算可知,整体稳定性满足要求。

5. 索塔铰座计算

索塔铰座安装在索塔底部，用于支撑索塔，将索塔的荷载传递至锚碇基础上，由上铰座、下铰座以及连接销轴组成。

铰座主要承受索塔传递的荷载，根据索塔有限元分析结果可知，铰座在工况一时处于最不利状态，铰座水平力 105 kN、竖直力 8 324 kN、横向力 307 kN。将荷载分解成两侧加载，加载如图 4-42 所示。

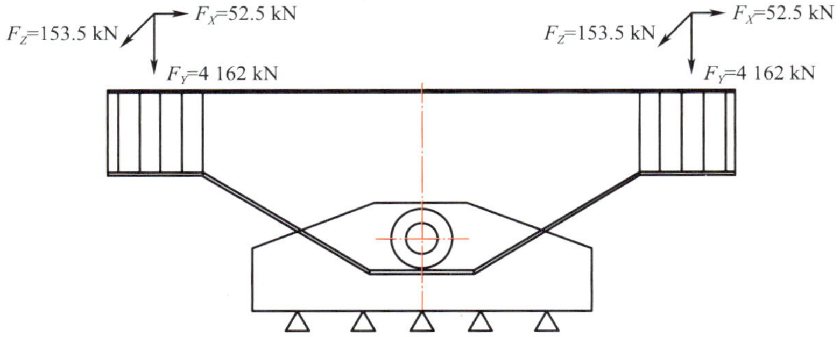

图 4-42 铰座荷载示意

由上述结构可知，受力最不利为销轴轴孔板处，在设计加工时将此处轴孔板采用 3 cm 厚钢板补强。

(1)铰座计算模型

采用 ANSYS 有限元进行模拟计算，轴采用 BEAM188 单元，拉板采用 SHELL63，如图 4-43 所示。

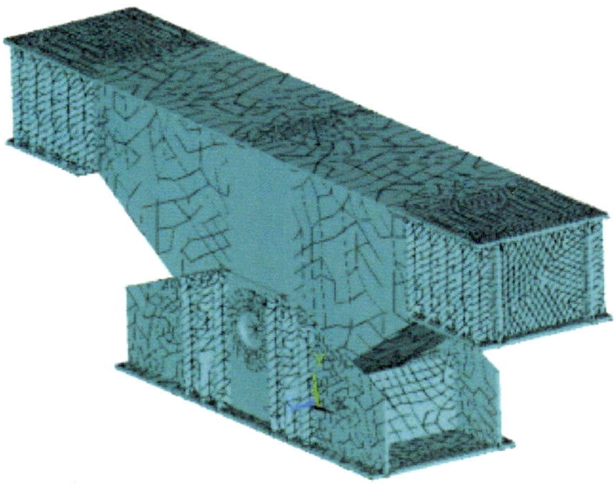

图 4-43 铰座计算模型

(2)计算结果

计算结果如图 4-44～图 4-47 所示。

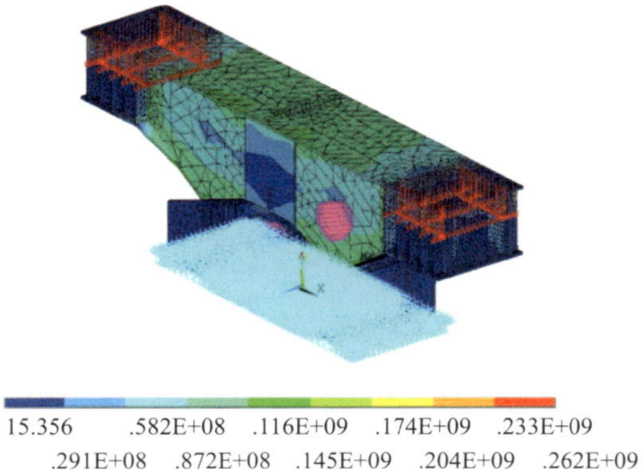

图 4-44　铰座整体应力云图

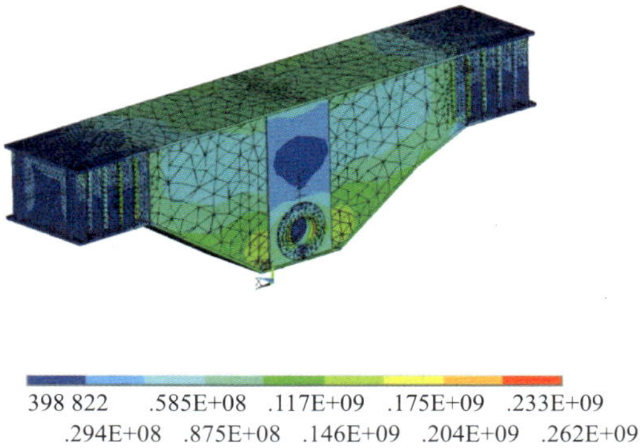

图 4-45　上铰座应力云图

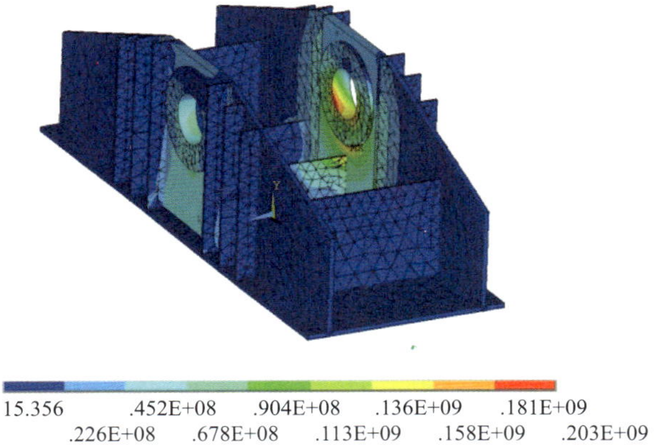

图 4-46　下铰座应力云图

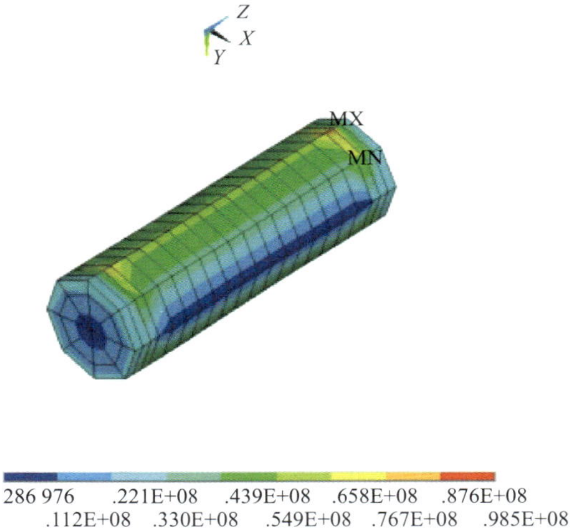

图 4-47　联接销轴应力云图

铰座均采用材质为 Q345 的材料，销轴采用 40Cr，计算可知，上铰座最大应力为 262 MPa；下铰座最大应力为 203 MPa；销轴最大应力为 98.5 MPa，均能满足材料使用要求。

根据缆索吊设计计算，贵阳岸承重索、起重索、牵引索、风缆及索鞍对索塔产生的竖向荷载大于重庆岸。

(三)索鞍横移滑道计算

贵阳岸单个索鞍传递竖向力为 4 692 kN，两根滑道梁，单个索鞍支腿中心间距 1.74 m，滑道支点间距最大 4.8 m。计算索鞍滑道时，假定索鞍传递荷载为集中荷载，滑道为单跨简支梁，所以单个集中荷载 $P=4\ 692\ \text{kN}/4=1\ 173\ \text{kN}$。

(四)立柱分配梁计算

索鞍支垫中心间距 4 m,索鞍滑道中心间距也是 4 m,但是索塔下部立柱中心间距 4.8 m,将索塔顶部横梁调整为纵向间距 4 m,所以在索塔立柱顶面设置一组分配梁传递荷载。荷载最不利情况为两承重索鞍承载与单侧支腿,荷载布置如图 4-48 所示。承重索鞍的正压力为 4 692 kN,辅助索鞍的正压力为 491 kN。

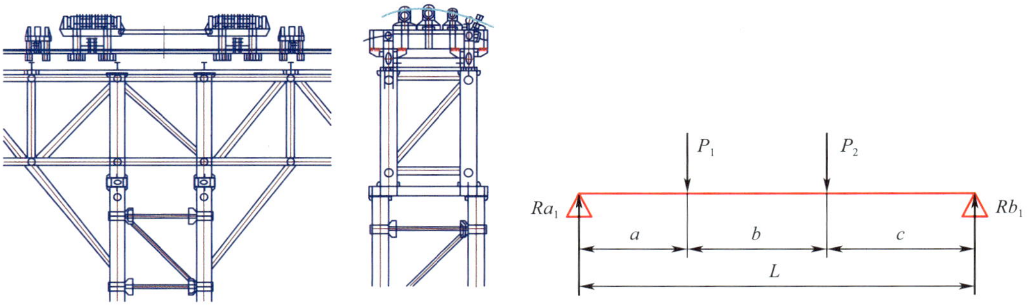

(a) 分配梁布置　　(b) 荷载分配简化

图 4-48　立柱分配梁荷载布置示意

采用 Q235 材料 屈服强度 $\sigma_s=235$ MPa,安全系数 $n=1.48$,弯曲许用应力$[\sigma]=\sigma_s/n=158.8$ MPa;剪切许用应力$[\tau]=[\sigma]/\sqrt{3}=91.7$ MPa。

立柱分配梁截面所受剪切应力 $\tau=54.771$ MPa,$\tau<[\tau]$,满足要求。

(五)支腿间联杆接系螺栓计算

根据索塔整体有限元计算结果,支腿间联杆接系为扣焊槽钢加强处,轴向载荷均大于螺栓孔群承载极值,须采用焊缝承载。

(六)索塔抱箍计算

根据索塔整体有限元计算结果,当某个抱箍点上部斜杆([20 mm 槽钢)对该抱箍点的力是推力(或拉力),且下部斜杆([20 mm 槽钢)对该抱箍点的力是拉力(或推力)时,该抱箍点所受的轴向力为推力和拉力的和值。

因此不能通过设置抱箍螺栓预紧力来满足塔架使用要求,考虑到索塔作业工况复杂,在塔架上所有抱箍点设置上下挡座,将抱箍与钢管通过挡座的焊接固定,从而克服抱箍所受的轴向力。

六、起重小车设计

起重小车由牵引轮、起重轮、承重轮等组成,如图 4-49 所示。

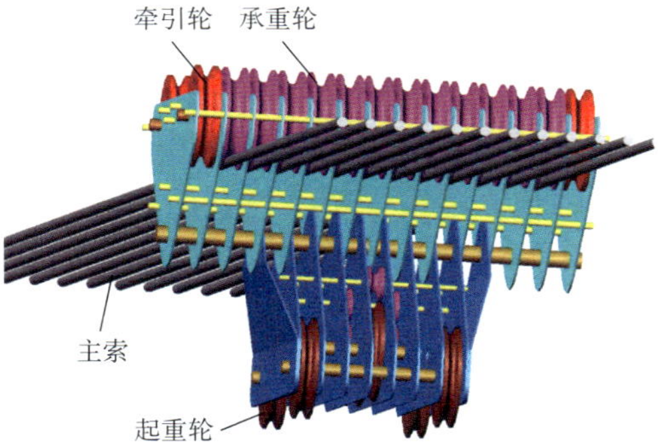

图 4-49　吊点系统构造示意

本缆索起重机采用双线吊重，每线有两台起重小车，双线共四台起重小车分别支承在承重索上，如图 4-50 所示。每线上起重小车之间的中心间距为 13.5 m，牵引机构由一片滑轮牵引主结构组成，倍率为 2。起升滑轮组由上挂架及 6 个定滑轮、下挂架及 5 个动滑轮组成，倍率为 10。走行机构由走行滑轮和轮架组成，每台小车有 16 个走行滑轮，分成两组支承在 8 根 ϕ62 mm 的钢丝绳（承重索）上。所有走行滑轮均采用尼龙制造，大大减轻了起重小车的重量以及对承重索的磨损。

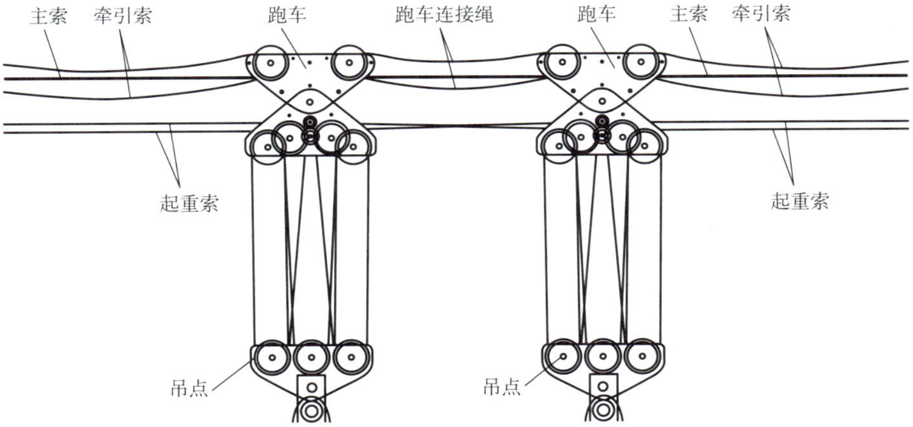

图 4-50　吊点系统布置示意

（一）跑车有限元计算

跑车主要由 12 片拉板、16 片走形滑轮、滑轮轴、下拉轴、牵引机构组成，其中滑轮轴直径为 70 mm，下拉轴直径为 100 mm，滑轮轴承受重力垂直分力，牵引机构承受下滑力，计算采用 ANSYS12.0 软件建模分析。

1. 计算模型

根据小车起重索计算书，单个小车的起升载荷为 64 kN，牵引钢丝绳的拉力为 15 kN，所以对单个小车来说，其所受载荷分为垂直力和牵引力两部分：垂直力 $G=64$ kN，牵引力为吊重物水平分力和另一台跑车牵引力，采用 ANSYS 有限元进行模拟计算，轴采用 beam188 单元，拉板采用 shell63，beam 单元与 shell 采用耦合方式进行传力处理，如图 4-51 所示。

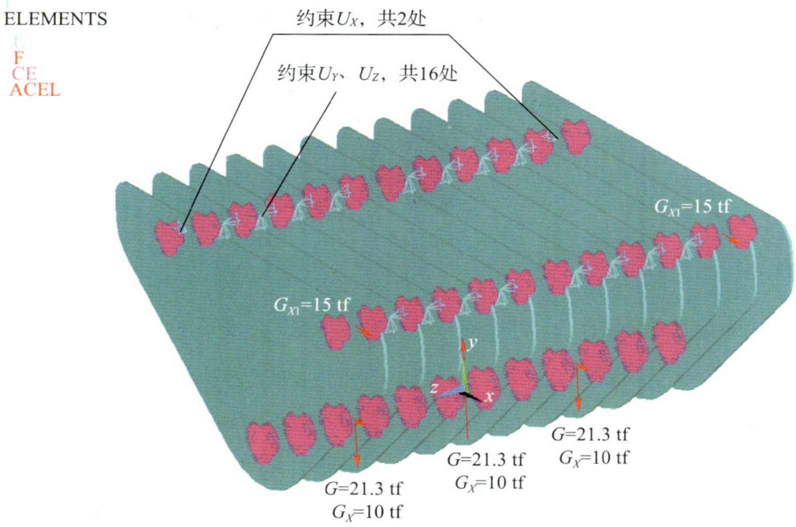

图 4-51　跑车受力分布①

2. 边界条件

跑车共计 16 个支撑走行轮，每个走行轮处均约束 U_Y、U_Z，牵引滑轮连接处约束 U_X，如图 4-52 所示。

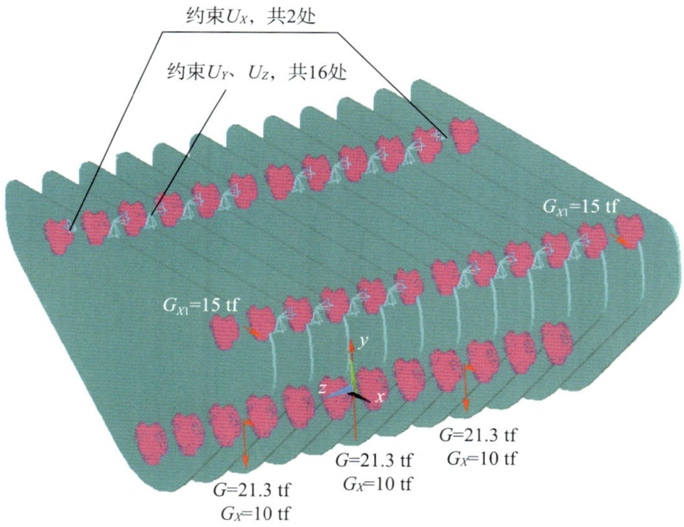

图 4-52　跑车约束示意

①本书为真实反映有限元模拟结果，未对力的单位进行修改，1 tf≈10 kN。

3. 加载模拟

跑车载荷分布：垂直力 G 加载到与小车上挂架连接的三处连接轴上，每处加载力为 640 kN/3＝213 kN；水平力①（吊重物水平分力 G_X）加载到与小车上挂架连接的三处连接轴上，每处加载力 300 kN/3＝100 kN，水平力②（另一台跑车的拉力 G_{X1}）加载到与小车连接钢丝绳的滑轮轴上，每处加载力 300 kN/3＝100 kN，每处加载力 300 kN/3＝100 kN。

4. 计算结果

建模后的计算结果如图 4-53～图 4-56 所示。

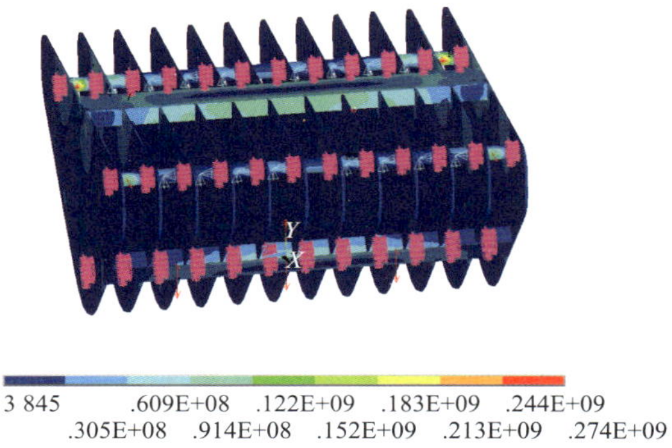

图 4-53　跑车整体应力云图

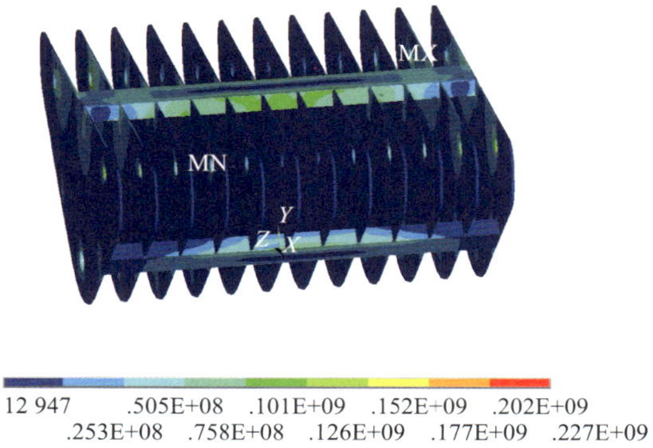

图 4-54　跑车拉板应力云图

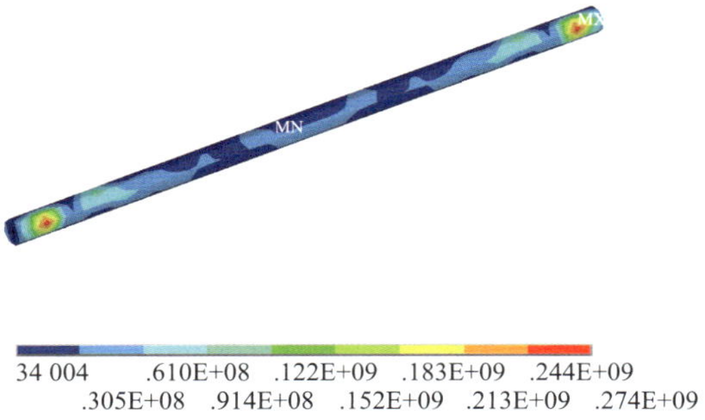

图 4-55　跑车走行轮轴应力云图

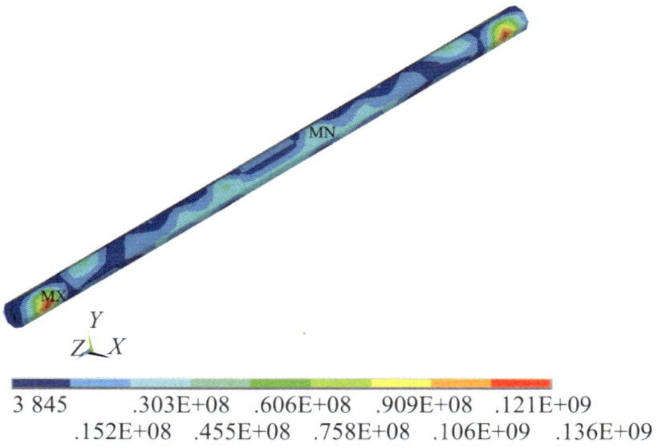

图 4-56　跑车下拉轴应力云图

跑车最大应力为 174 MPa，最大变形为 2 mm。跑车拉板材料采用 Q235，屈服强度 δ＝235 MPa；走行轮轴最大应力为 274 MPa，轴材料采用 45 号钢，屈服强度 δ＝370 MPa，满足材料许用应力，安全系数 n＝1.34。

(二)上挂架有限元计算

上挂架主要由 8 片拉板、5 片起重滑轮、滑轮轴、上拉轴组成,其中滑轮轴直径为 70 mm,下拉轴直径为 100 mm。滑轮轴承受吊重物重力,计算采用 ANSYS12.0 软件建模分析。

1. 计算模型

上挂架用 ANSYS 有限元进行模拟计算,轴采用 beam188 单元,拉板采用 shell63,beam 单元与 shell 采用耦合方式进行传力处理,如图 4-57 所示。

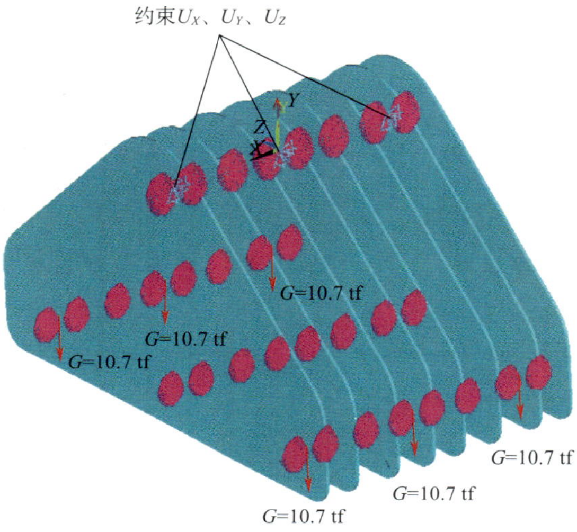

图 4-57　上挂架计算模型

2. 边界条件

上挂架与小车连接的三处上拉轴约束位移 U_X、U_Y、U_Z。

3. 加载模拟

上挂架载荷为 64 kN,加载至于下挂架连接的六个滑轮轴处,每处加载力为 64 kN/6=10.7 kN。

4. 计算结果

建模后的计算结果如图 4-58～图 4-61 所示。

上拉轴最大应力为 61.3 MPa,满足要求。拉板最大应力为 44.9 MPa,满足要求。起重轮轴最大应力为 876 MPa,满足要求。

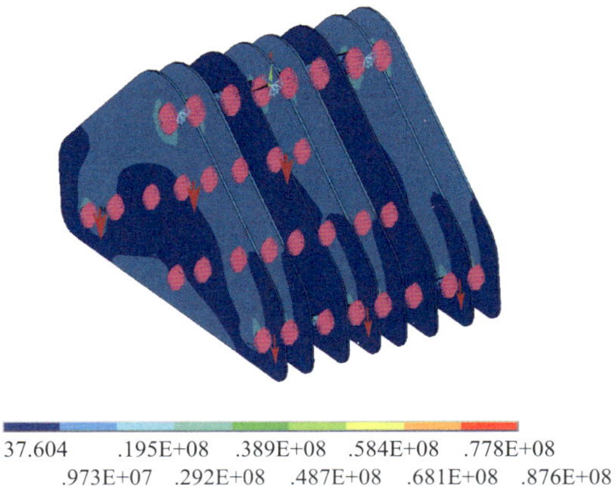

图 4-58　上挂架整体应力云图

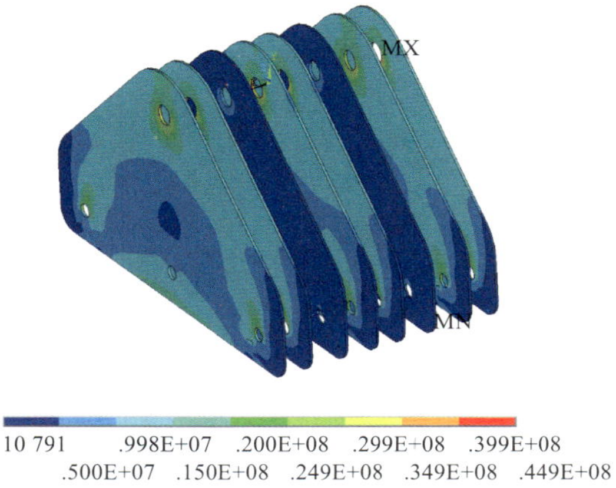

图 4-59　上挂架拉板应力云图

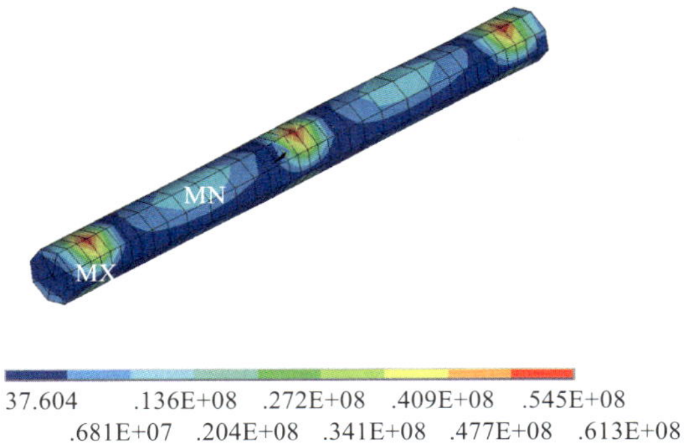

图 4-60　上挂架上拉轴应力云图

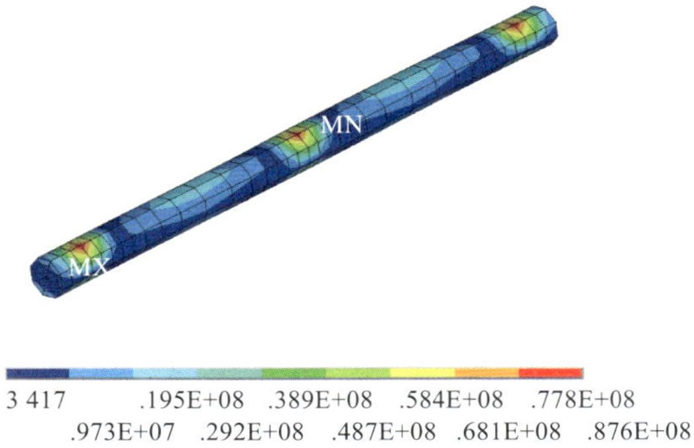

图 4-61　上挂架中部起重轮轴应力云图

(三)下挂架有限元计算

下挂架主要由 6 片拉板、5 片起重滑轮、滑轮轴、上拉轴组成，其中滑轮轴直径为 470 mm，上拉轴直径为 1 150 mm。滑轮轴承受吊重物重力，计算采用 ANSYS12.0 软件建模分析。

1. 计算模型

下挂架用 ANSYS 有限元进行模拟计算，轴采用 beam188 单元，拉板采用 shell63，beam 单元与 shell 采用耦合方式进行传力处理，如图 4-62 所示。

2. 边界条件

下挂架与上挂架车连接的五处滑轮轴约束位移 U_X、U_Y、U_Z。

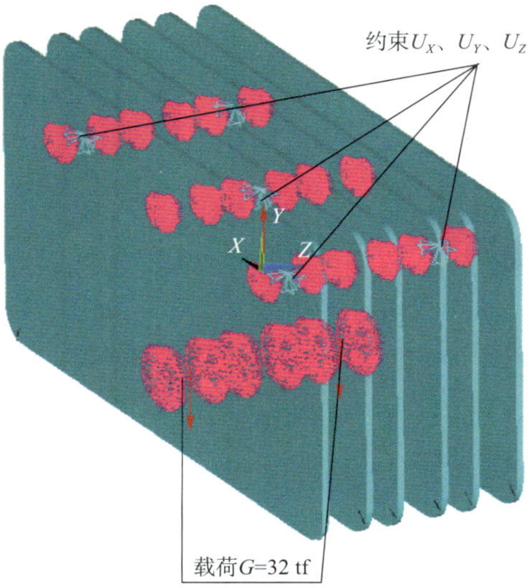

图 4-62　下挂架计算模型

3. 加载模拟

下挂架载荷为 64 kN,加载于下挂架连接的两处拉板轴处,每处加载力为 64 kN/2＝32 kN。

4. 计算结果

建模后的计算结果如图 4-63～图 4-66 所示。

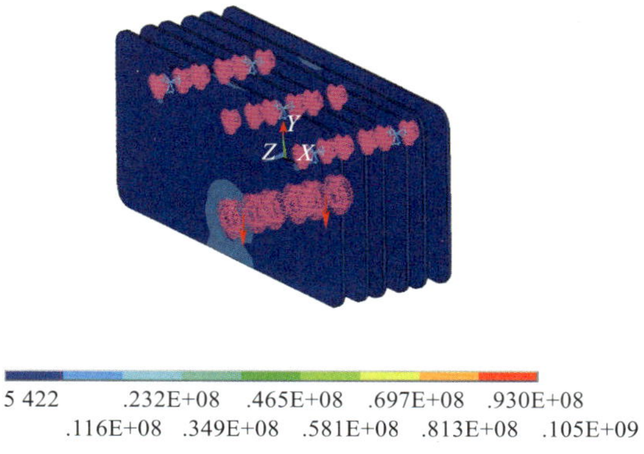

图 4-63　下挂架整体应力云图

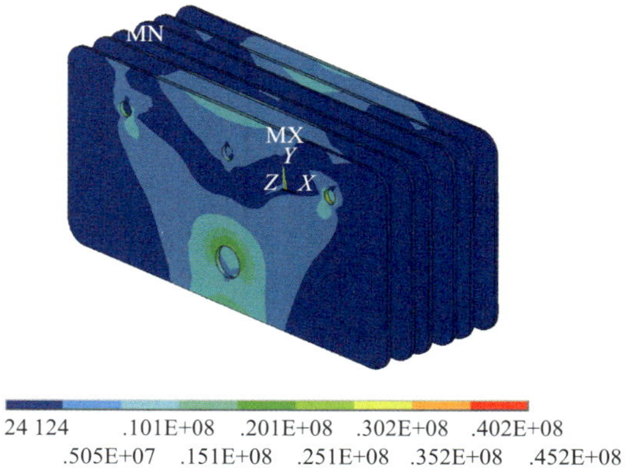

图 4-64　下挂架拉板应力云图

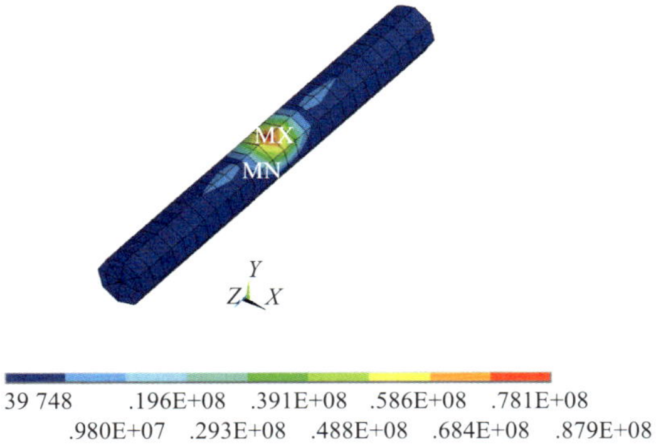

图 4-65 下挂架中部起重轮轴应力云图

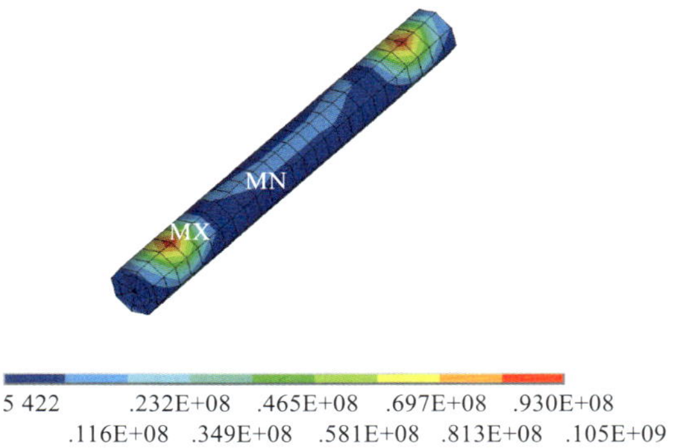

图 4-66 下挂架两侧轮轴应力云图

下挂架最大应力为 105 MPa，最大压变形约为 0.3 mm。下挂架拉板材料采用 Q235，屈服强度为 235 MPa，轴材料采用 45 号钢，屈服强度 370 MPa。

安全系数 $n=1.34$，拉板最大应力为 45.2 MPa，满足要求。

起重轮轴最大应力为 105 MPa，满足要求。

第三节 锚碇系统设计

缆索吊系统共有 5 种锚碇，可分为主索锚碇、水平风缆锚碇两类。

缆索吊主索锚碇采用钢筋混凝土重力式地锚，重庆岸主索锚碇设在 0 号桥台后，结构尺寸为 6 m×18 m×17 m，锚碇靠近 0 号台侧设置 2 根 2 m×2 m，10 m 长抗滑桩增加锚碇水平抵抗力，如图 4-67 所示；贵阳岸锚碇在 13 号墩大里程侧后，结构尺寸为 10.5 m×10.5 m×15 m，如图 4-68 所示；主索锚碇锚梁采用 ϕ426 mm×16 mm 无缝钢管制造，钢管内填充混凝土，锚梁与锚碇之间连接采用预应力钢绞线张拉锚固，如图 4-69 所示。

为保证塔架横向稳定性在塔架左右侧设置水平风缆，风缆锚固于左右侧单个重力式联合地锚上，单个地锚为不规则五边形，结构混凝土量为 360 m^3（除贵阳岸右侧联合地锚为 295 m^3），钢绞线风缆通过精轧螺纹钢转换锚固于型钢上，型钢预埋在锚碇内，如图 4-70 所示。

两组承重索锚碇分别布置于索塔后方 237 m 及 325 m 处的悬索桥主缆锚碇上，在浇筑主缆锚碇钢筋混凝土时预埋必要的预埋件，承重索通过连接装置与锚碇相连，调节端承重索与地锚连接采用千斤绳分别和滑车组相连，滑车组通过调节钢丝绳连接，地锚连接千斤绳套于地锚锚固钢管上，固定端承重索直接捆于地锚锚固钢管上，具体连接方式如图 4-71 所示。

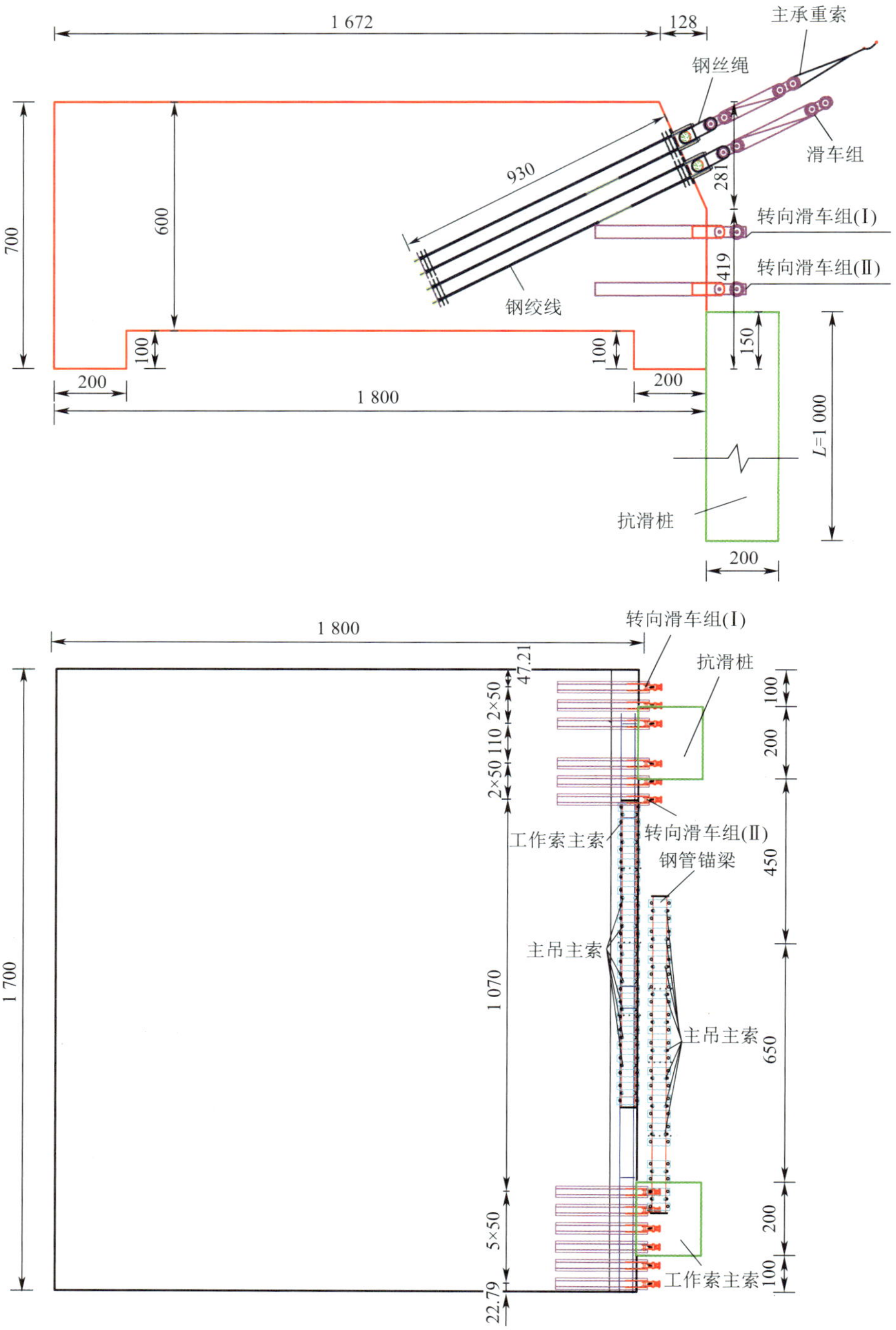

图 4-67　重庆岸锚碇结构示意(单位:cm)

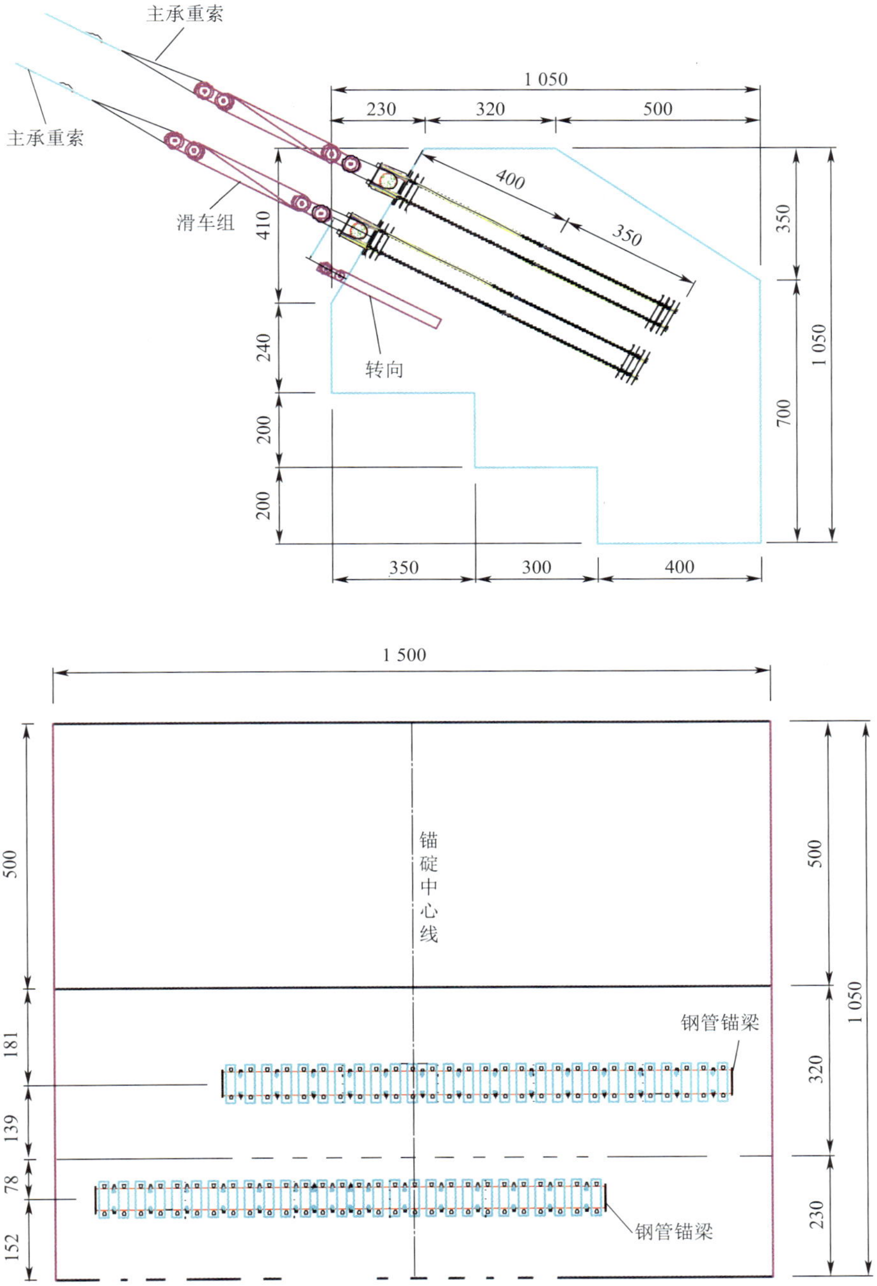

图 4-68　贵阳岸锚碇结构示意图(单位:cm)

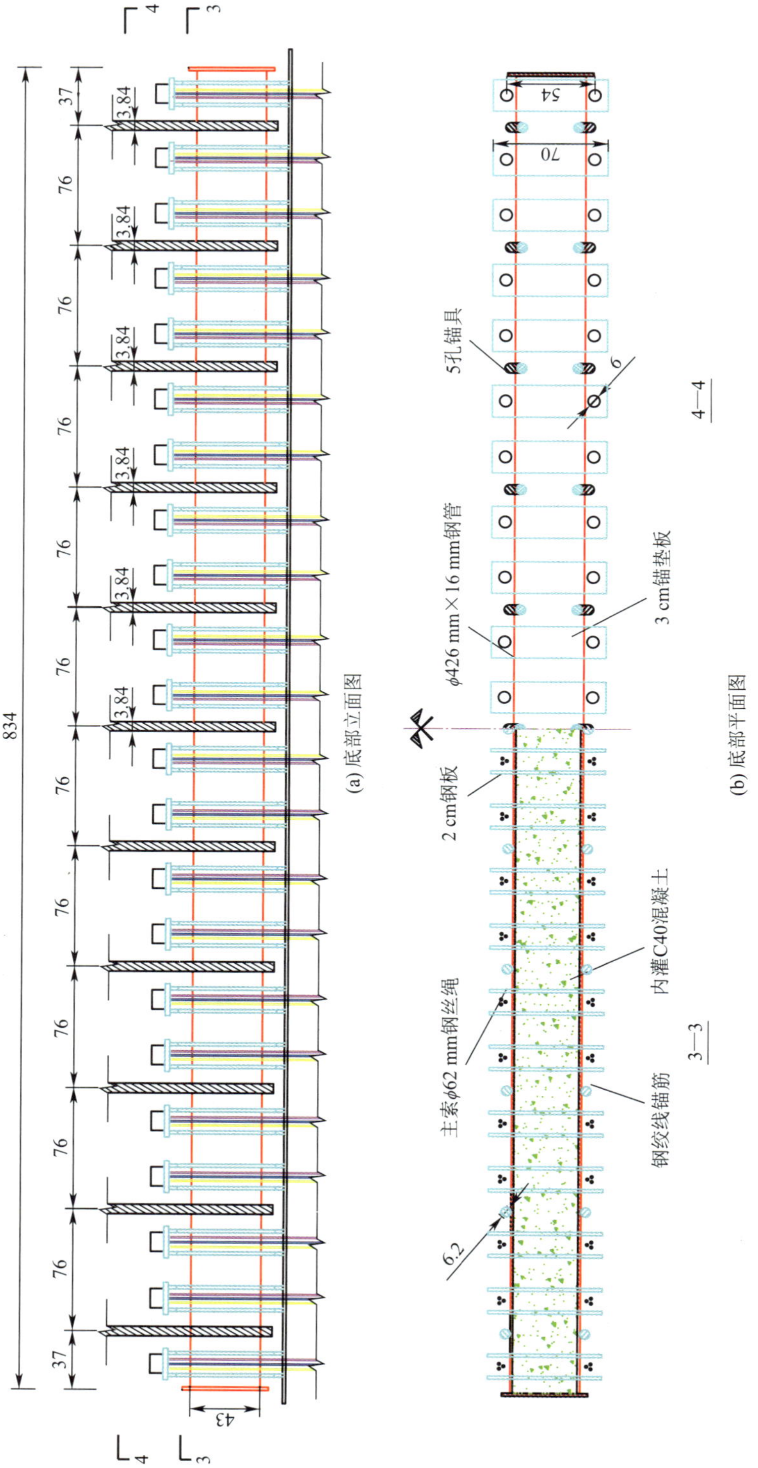

图 4-69　下锚梁结构示意(单位:cm)

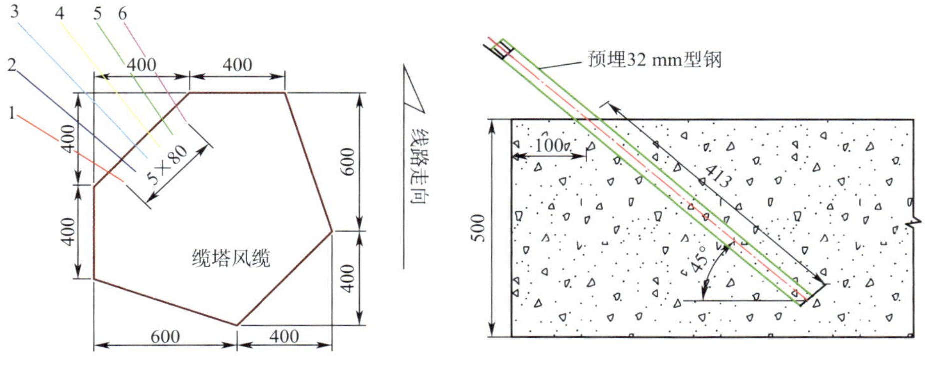

(a) 联合地锚平面布置图　　(b) 联合地锚侧面布置图

图 4-70　联合地锚结构示意(单位:cm)

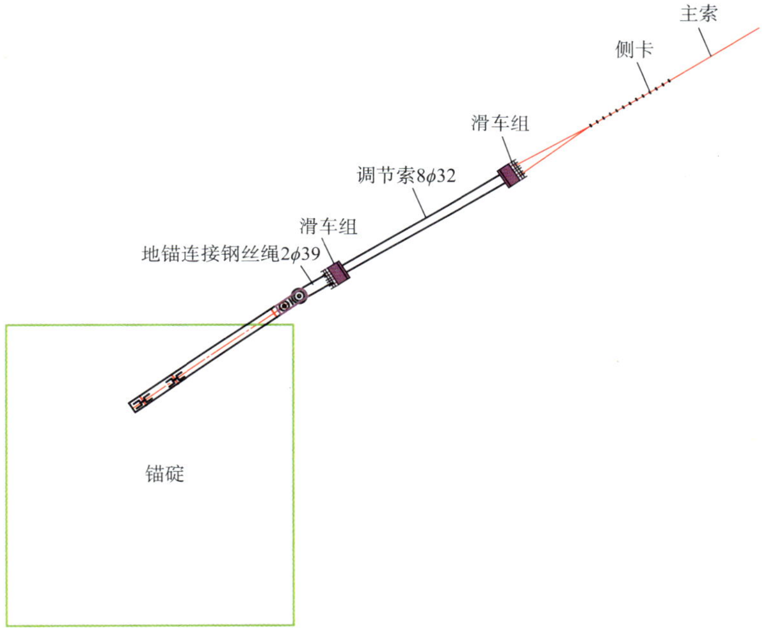

图 4-71　调节端承重索与锚碇连接示意(单位:mm)

一、主索锚固系统受力

(一)锚头构造设计

主缆锚碇采用预埋钢绞线锚固钢管混凝土结构,结构布置如图 4-72 和图 4-73 所示。

根据缆索吊机计算可知,单根主吊主索拉力为 707 kN;单根工作吊主索拉力为 393 kN。故取主吊主索拉力计算,主索 ϕ62 mm,索间距 76 cm,槽口钢管跨度为 41 cm。单根主吊主索最大轴力为 707 kN;现场钢丝绳缠绕钢管一圈,则钢管受力为 707 kN。

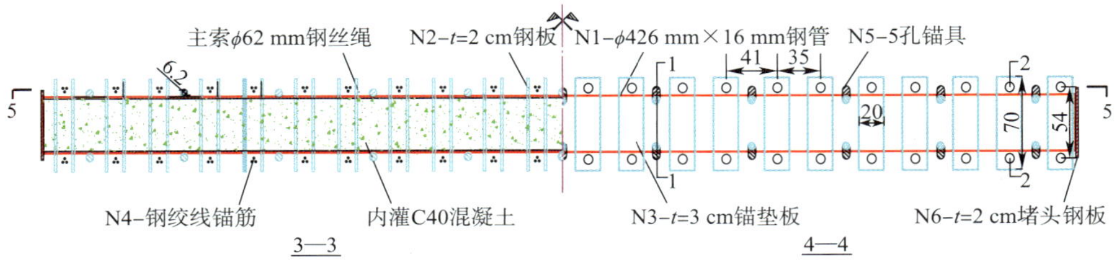

图 4-72 主缆锚头布置示意(单位:cm)

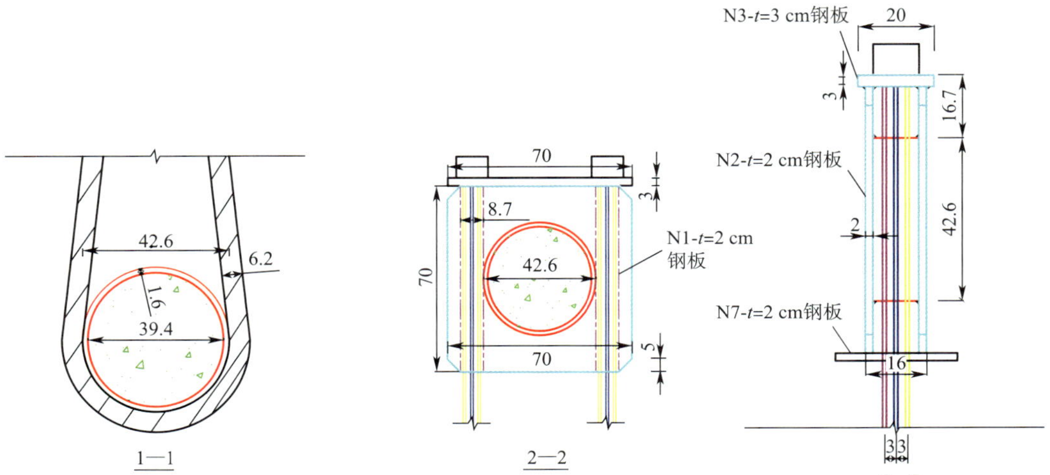

图 4-73 主缆锚头细部示意(单位:cm)

(二)钢管混凝土设计

钢管选用 Q345 钢,外径为 42.6 cm,内径为 39.4 cm,内填充 C40 碎石混凝土,如图 4-74 所示。

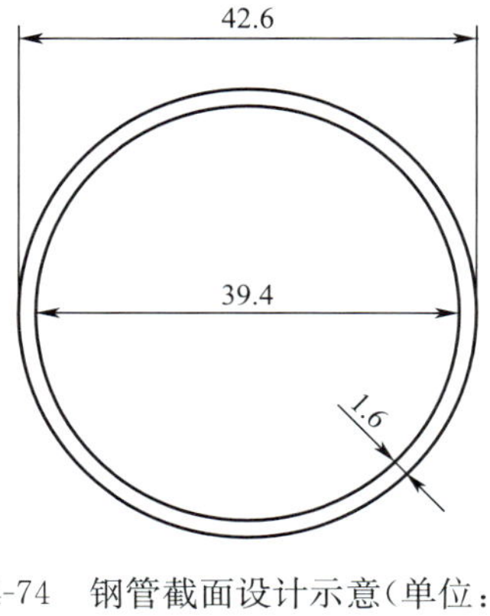

图 4-74 钢管截面设计示意(单位:cm)

钢管混凝土构件拉弯承载力计算公式为

$$\frac{N}{1.1A_s}+\frac{Mf}{\gamma_m W_{sc} f_{sc}}\leqslant f$$

式中 N——钢管混凝土集中荷载，$N=707$ kN；

γ_m——构件截面抗弯塑性系数，当 $\xi\geqslant 0.85$ 时，$\gamma_m=1.4$；

A_s——钢管截面积，$A_s=206\ \text{cm}^2$；

M——弯矩；

f_{sc}——钢管混凝土组合轴压强度设计值，$f_{sc}=0.96\times 73.7\ \text{MPa}=70.75\ \text{MPa}$；

W_{sc}——构件截面抵抗矩，$W_{sc}=\dfrac{\pi D^3}{32}=7\ 585.9\ \text{cm}^3$。

主索钢丝绳跨中集中荷载 $2N=1\ 414$ kN，跨度 $L=41$ cm，$\gamma_m=1.4$，计算得到弯矩

$$M=\frac{NL}{4}=72.47\ \text{kN}\cdot\text{m}$$

代入上式计算得到

$$\frac{N}{1.1A_s}+\frac{Mf}{\gamma_m W_{sc} f_{sc}}=61.1\ \text{MPa}\leqslant f=310\ \text{MPa}$$

因此，选用 Q345 钢，外径 42.6 cm，内径 39.4 cm；内填充 C40 碎石混凝土的钢管混凝土能够满足设计要求。安全系数为

$$n=\frac{310\ \text{MPa}}{61.1\ \text{MPa}}=5.1$$

(三)锚索设计

由图 4-71 可知，钢管混凝土结构采用 $\phi 15.2$ mm 钢绞线锚固于锚碇混凝土。

由图 4-72 可知，钢绞线三根一组，一个槽口主缆钢丝绳轴力由四组钢绞线提供锚固力。锚碇采用 C30 混凝土，选用 $\phi 15.2$ mm 钢绞线，极限强度标准值 $f_{ptk}=1\ 860$ MPa。

由规范可知，预应力钢筋锚固长度的计算方法为

$$l_{ab}=\frac{\alpha d f_{py}}{f_t}$$

式中 f_{py}——钢绞线抗拉强度设计值，$f_{py}=1\ 320$ MPa；

f_t——混凝土轴心抗拉强度设计值，锚碇为 C30 混凝土，$f_t=1.43$ MPa；

α——钢绞线钢筋外形系数，$\alpha=0.17$。

计算得到，基本锚固长度为 $l_{ab}=239$ cm。现场施工实际锚固长度为 350 cm，满足要求。

钢绞线的控制应力为

$$\sigma_{con}\leqslant 0.75 f_{ptk}$$

为了设计安全，此处设计考虑控制应力为

$$\sigma_{con}\leqslant 0.5 f_{ptk}=0.5\times 1\ 860\ \text{MPa}=930\ \text{MPa}$$

单根 ϕ15.24 mm 钢绞线的截面积为 $A=181.4\ mm^2$。

单根钢绞线锚固力为$N_{con}=A\sigma_{con}=167.4$ kN，取单根钢绞线张拉力为$N_{con}=100$ kN，则 12 根钢绞线锚固力为 12 $N_{con}=1\ 200$ kN$>N=707$ kN，且实际施工锚固长度较长，故钢绞线预埋能够满足要求。

由此计算可知，单根钢绞线张拉 150 kN 能够满足设计要求。

(四)垫板设计

1. N2 竖板计算

竖板材质为 Q345 钢，竖板大样如图 4-75 所示。

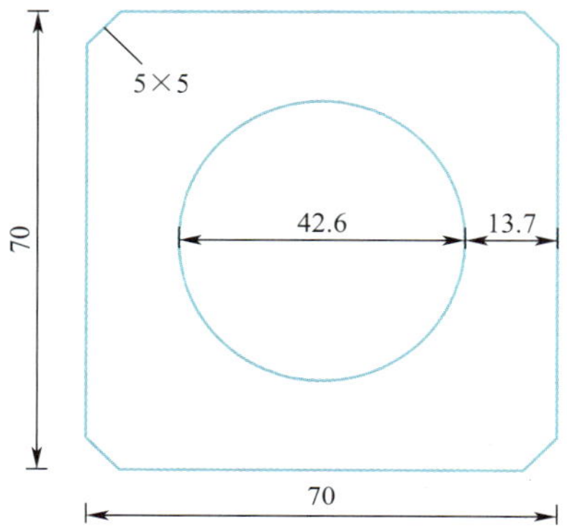

图 4-75 N2 竖板大样示意(单位：cm)

两块竖板承担 6 根钢绞线的锚固力，即单块竖板的正压力为 $N_{竖}=3\ N_{con}=450$ kN，竖板板厚$t=2$ cm，最不利承压面长度为 $l=13.7$ cm，则压应力为

$$\sigma=\frac{N_{竖}}{2tl}=82.12\ \text{MPa}<[\sigma]=200\ \text{MPa}$$

满足设计要求。

2. N3 盖板与 N2 竖板焊缝计算

钢板材质为 Q345 钢，采用 E50 型焊条，手工焊。盖板厚度$t_1=3$ cm；竖板厚度$t_2=2$ cm；则焊脚尺寸为

$$1.2t_2>h_f>1.5\sqrt{t_1}$$

计算得到 24 mm$>h_f>$8.2 mm，取焊脚尺寸$h_f=10$ mm，则焊缝计算尺寸$h_e=0.7\ h_f=$ 7 mm。

盖板与两块竖板考虑两条焊缝，焊缝长度$L_w=60$ cm；焊缝计算长度$l_w=60$ cm$-2\times$1 cm$=58$ cm；焊缝设计强度值$f_f^W=200$ MPa；正面角焊缝的强度设计值增大系数$\beta_f=$1.22；每条焊缝受正压力 $N_{焊}=3\ N_{con}=450$ kN。

由规范可知

$$\sigma_f=\frac{N_{焊}}{h_e l_w}=110.85\ \text{MPa}\leqslant\beta_f f_f^w=1.22\times200\ \text{MPa}=244\ \text{MPa}$$

故竖板与盖板满焊，且焊缝高度不小于 10 mm 时，能够满足设计要求。

综上所述，主索锚固系统设计能够满足设计要求。

二、重庆岸锚碇设计

重庆岸采用重力式地锚，单个锚碇受双幅主索拉力 T=19 394 kN，水平角为25°。软岩地质摩擦系数取 0.6，重力式锚碇抗滑移安全系数取 1.4。

在重庆岸主索锚碇处有 16 根主吊主索预埋机构+4 根工作吊主索预埋机构，而转向滑轮组为主吊起重索转向及牵引索转向各 2 个+工作吊起重索转向及牵引索转向各 2 个。根据缆索吊操作规程可知，当主吊工作时，工作吊只能有一边工作，即重庆岸主索锚碇最不利受力为 16 根主吊主索+2 根工作吊主索+主吊起重索转向及牵引索转向各 2 个+工作吊起重索转向及牵引索转向各 1 个。

重庆侧锚碇所受荷载为：

1. 主吊主索及工作吊主索合计拉力 $T=T_{cz}+T_{cf}=707\ \text{kN}\times16+393\ \text{kN}\times2=12\ 098\ \text{kN}$；

2. 水平分力$H_T=T\times\cos25°=10\ 964.5\ \text{kN}$；

3. 竖直分力$V_T=T\times\sin25°=5\ 112.8\ \text{kN}$。

起重索及牵引索额定水平力（此处默认卷扬机水平作用）：

$$H=(100\ \text{kN}+250\ \text{kN})\times4+(50\ \text{kN}+50\ \text{kN})\times2=1\ 600\ \text{kN}$$

（一）抗滑桩验算

重庆岸地锚为重力式锚碇，为保证安全，在地锚前端设置 2 根 2×2 m 抗滑桩，桩长 10 m。

当桩的水平承载力由水平位移控制时，桩身配筋率不小于 0.65%的灌注桩单桩水平承载力特征值的计算公式为

$$R_{ha}=0.75\frac{\alpha^3 EI}{v_x}x_{0a}$$

式中　EI——桩身抗弯刚度，对于钢筋混凝土桩，$EI=0.85E_c I_0=3.4\times10^7\ \text{kN}\cdot\text{m}^2$；

x_{0a}——桩顶允许水平位移，取 3 mm；

α——桩的水平变形系数，其值为 0.388(1/m)；

v_x——桩顶水平位移系数，$v_x=2.441$。

抗滑桩纵向配筋如图 4-76 所示，配筋率为 0.687%。其水平承载力特征值为

$$R_{ha}=0.75\frac{\alpha^3 EI}{v_x}x_{0a}=0.75\times\frac{0.388^3\times3.4\times10^7\times0.003\ \text{kN}}{2.441}=1\ 830.58\ \text{kN}$$

因此单桩抵抗水平力为 1 830.58 kN，则两根抗滑桩合计抵抗水平力 H_H = 1 830.58 kN × 2 = 3 661.16 kN。

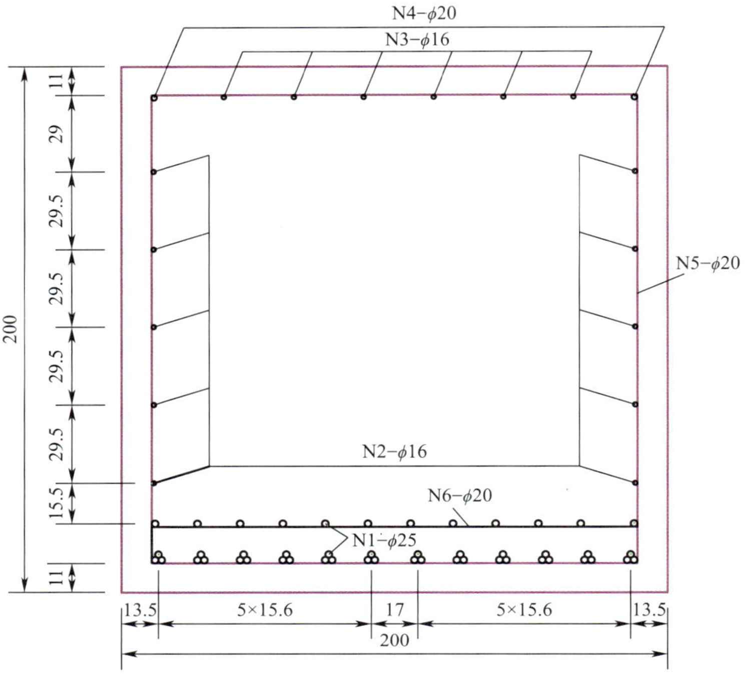

图 4-76 抗滑桩配筋截面图(单位:钢筋直径单位为 mm,其余为 cm)

(二)锚碇尺寸计算

1. 抗滑移计算

根据设计地质勘探报告及现场开挖情况，基坑底部为砂岩、泥夹砂岩等软质岩，且掺杂有碎石土，锚碇与基底摩阻系数取 μ = 0.4，锚碇安全系数取 1.4，则重庆岸主索锚碇自重应满足

$$\frac{\mu(G_{重主锚}-V_T)}{H_T+H-H_H/1.4}>1.4$$

得到，$G_{重主锚}$ > 39 935.65 kN。

2. 抗拔计算

抗拔计算考虑取安全系数 2.0，则重庆岸主索锚碇自重应满足

$$G_{重主锚}>2\times V_T=10\ 225.6\ \text{kN}$$

由上述计算可知，重庆岸主索锚碇自重不可小于 10 225.6 kN。

3. 尺寸确定

经过以上部分计算，取钢筋混凝土重度 25 kN/m³，重庆岸主索锚碇体积为

$$V=\frac{39\ 935.75\ \mathrm{kN}}{25\ \mathrm{kN/m^3}}=1\ 597.43\ \mathrm{m^3}$$

故暂定尺寸为 6 m×17 m×18 m，设计方量为 1 836 m^3>1 597.43 m^3，且在锚碇前端设计两根 2×2 m 抗滑桩，桩长 10 m。

4. 考虑地基承载力计算

重庆岸主索锚碇自重 $G_{重主锚}$=6 m×17 m×18 m×26 kN/m^3=47 736 kN，底面积 A=17 m×18 m=306 m^2，则基底承载力应满足

$$\sigma \geqslant 1.4\times\frac{G_{重主锚}}{A}=218.4\ \mathrm{kPa}$$

由重庆岸主索锚碇“地基承载报告”可知，此处地基承载力为 400 kPa>218.4 kPa。

(三)配筋计算

由上部计算可知，重庆岸主索锚碇上部水平拉力总和及竖向拉力总和为 $H_{合}=H_T+H=$ 10 964.5 kN+1 600 kN=12 564.5 kN，$V_T=T\times\sin25°$=5 112.8 kN。

1. 纵向配筋计算

正截面轴心受拉承载力应满足

$$N_{拉}\leqslant f_y A_s$$

纵向主筋采用 HPB300 材质，ϕ16 mm 钢筋，抗拉强度设计值 f_y=270 MPa，单根钢筋面积 A_s=200.96 mm^2。单根钢筋提供的拉力 $[T]=f_y A_s$=54.26 kN，故纵向主筋根数为

$$n\geqslant\frac{H_{合}}{[T]}=232\ 根$$

锚碇高度 6 m，主索方向宽度 17 m，竖向设置三层水平钢筋网片，取钢筋间距 15 cm，纵向筋分布长度 L=17 m×3=51 m，则钢筋根数 $n'=\frac{51\ \mathrm{m}}{0.15\ \mathrm{m}}$=340 根>232 根，故锚碇配筋能够满足设计要求。

2. 竖直配筋计算

正截面轴心受拉承载力应满足

$$N_{拉}\leqslant f_y A_s$$

竖向向主筋采用 HPB300 材质，ϕ12 mm 钢筋，抗拉强度设计值 f_y=270 MPa，单根钢筋面积 A_s=113.04 mm^2。单根钢筋提供的拉力 $[T]=f_y A_s$=30.52 kN，故纵向主筋根数为

$$n\geqslant\frac{V_T}{[T]}=168\ 根$$

锚碇高度 6 m，主索方向长度 18 m，在锚头位置设置五排竖向钢筋，取钢筋间距 15 cm，排距 20 cm，考虑三排竖向钢筋受力，则竖向筋分布长度 L=18 m×3=54 m，故钢筋根数

$n'=\dfrac{54\ \text{m}}{0.15\ \text{m}}=360$ 根>168 根，因此锚碇配筋能够满足设计要求。

(四)配筋方案

1. 纵向主筋在竖向设三层水平钢筋网，主筋采用 HPB300 材质，ϕ16 mm 钢筋；横向及竖向钢筋均采用 HPB300 材质，ϕ12 mm。

2. 侧向四周均设钢筋网，横桥向两侧面水平筋采用 ϕ16 mm 钢筋，其余采用 ϕ12 mm。

3. 锚头下方设 3 层间距 1 m 钢筋网，均采用 ϕ16 mm 钢筋，钢筋网之间设 ϕ8 mm 钢筋挂钩筋，间距 50 cm，梅花形布置。

4. 锚碇内锚筋端部及锚头下方设 3 层间距 15 cm 钢筋网，均采用 ϕ12 mm 钢筋。

5. 锚碇内三层水平钢筋网间设 ϕ8 mm 钢筋挂钩筋，间距 117 cm，梅花形布置。

三、贵阳岸锚碇设计

(一)设计说明

根据最后一次索力调整后，缆索吊厂家提供贵阳岸索力 $T_{贵}=19\ 647$ kN，水平倾角 28°。采用双幅 9 索主缆，单根索拉力 1 091.5 kN，地锚中预埋 12 根钢绞线提供拉力，分为三根一组，组间距 40 cm，四组锚固一根主缆，一组拉力取 300 kN。

贵阳岸采用山体背侧设置地锚的方式，如图 4-77 所示。

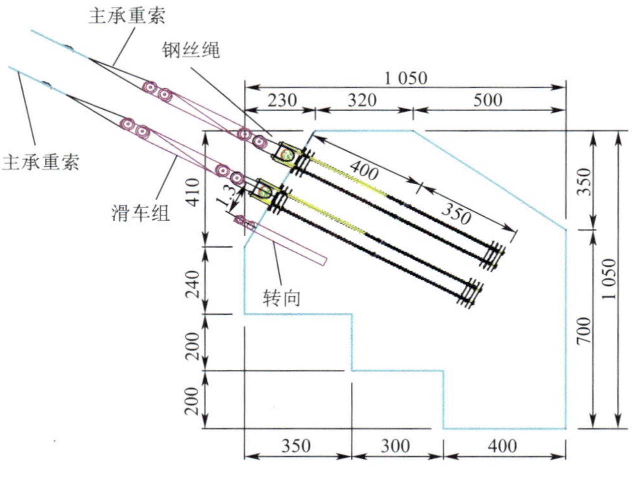

图 4-77　贵阳岸山体背侧地锚设计示意(单位:cm)

宽度方向 16 m，横断面面积 64.5 m^2，总方量 1 032 m^3。

(二)结构的检算

1. 抗拔安全系数

贵阳岸山体背侧地锚总重 $G=25\ 800$ kN，上拔力 $T_V=T_{贵}\times\sin 28°=19\ 647\ \text{kN}\times$

0.469 5=9 224.27 kN。因此抗拔安全系数为

$$k=\frac{G}{T_{\mathrm{V}}}=\frac{25\ 800\ \mathrm{kN}}{9\ 224.27\ \mathrm{kN}}=2.79$$

2. 基岩强度验证

水平分力 $T_{\mathrm{H}}=T_{\text{贯}}\times\cos28°=19\ 647\ \mathrm{kN}\times0.883=17\ 348.3\ \mathrm{kN}$。

采用 Midas Civil 建模如图 4-78～图 4-85 所示。

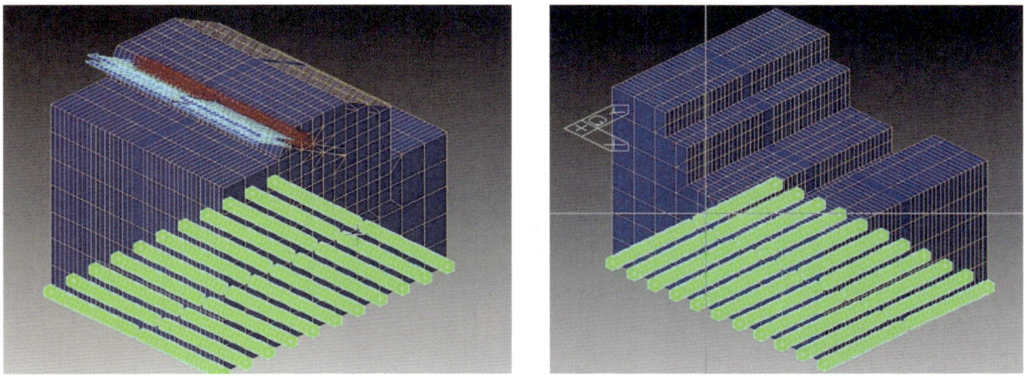

图 4-78　地锚模型约束

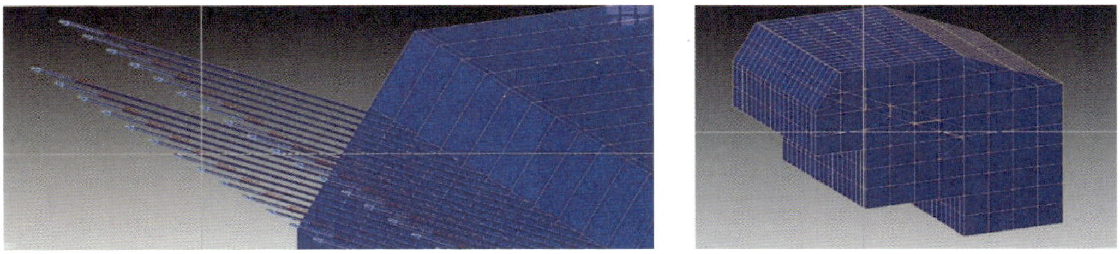

图 4-79　地锚模型边界条件

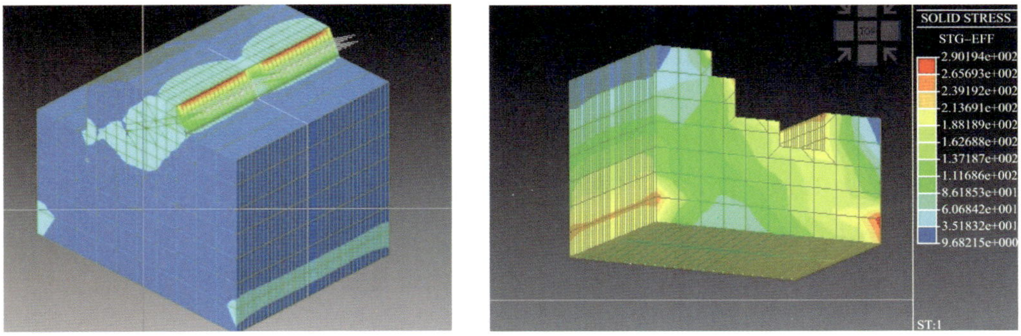

图 4-80　地锚模型应力分布(1)

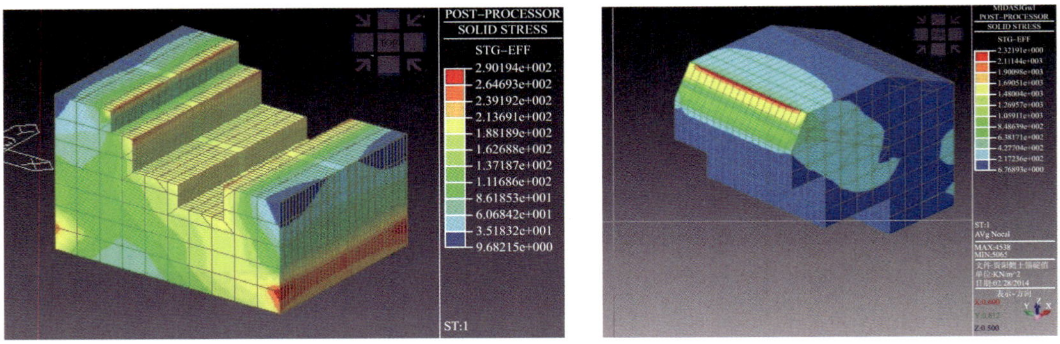

图 4-81　地锚模型应力分布(2)

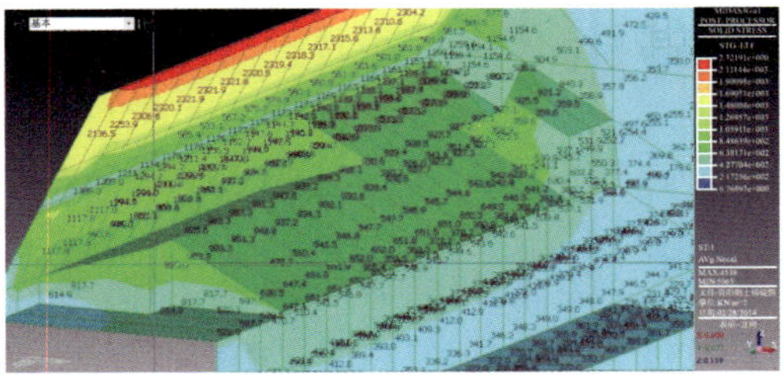

图 4-82　地锚模型应力分布(3)

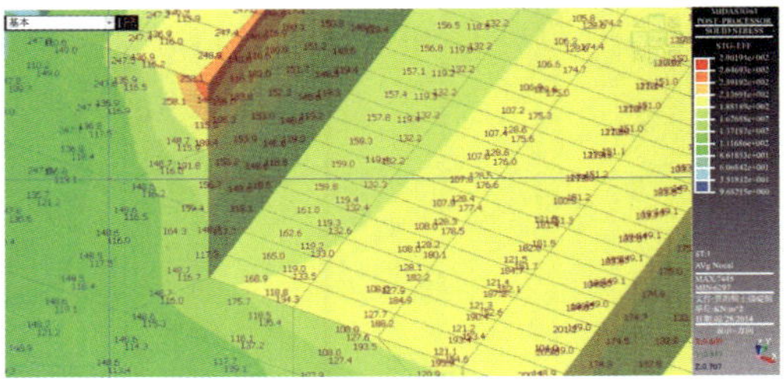

图 4-83　地锚模型应力分布(4)

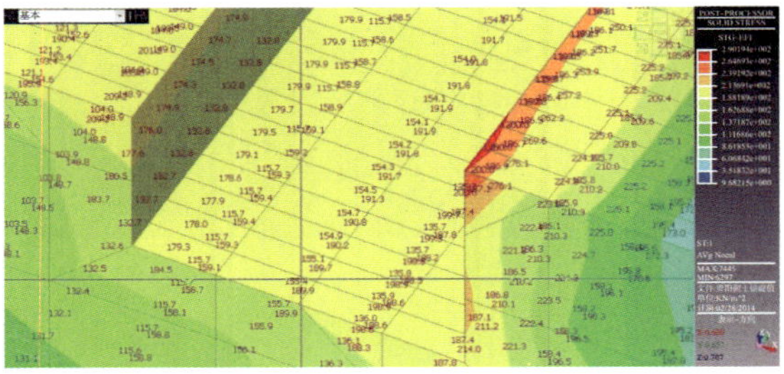

图 4-84　地锚模型应力分布(5)

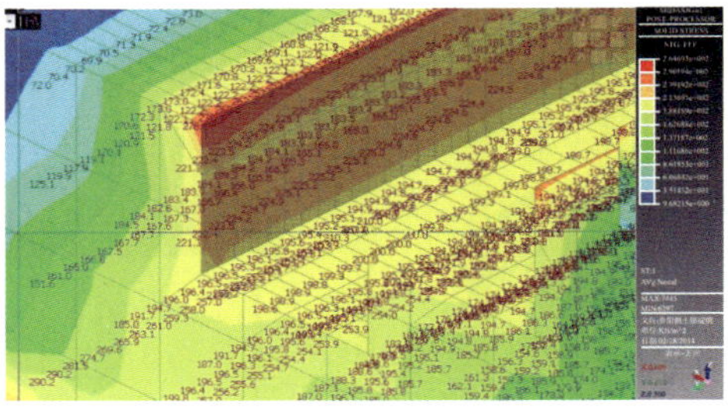

图 4-85　地锚模型应力分布(6)

(1)基岩

在锚碇台阶折角处应力集中，压强约 270 kPa，台阶立面断裂强度为 110～170 kPa，台阶底面断裂强度为 108～247 kPa 范围内，下侧断裂面强度为 260～290 kPa。总体要求基岩强度在 350 kPa 以上，岩体可以抵消主缆长生的水平力。贵阳岸实际地质为 3 m 覆盖层，有 250 kPa 考虑清掉，下部是 500 kPa 砂岩，施工中应确保基岩完整少扰动。

(2)锚碇

产生最大拉应力 2.318 MPa，需针对局部应力较大处设置钢筋。

(三)配筋计算

总拉力 19 647 kN,共有 2×9×4=72 组锚索,单组拉力 273 kN。每组间距 41 cm,分上下两层布置。每隔 2 m 设置一层结构受力筋,承担锚碇产生的拉应力和剪切应力,如图 4-86 所示。

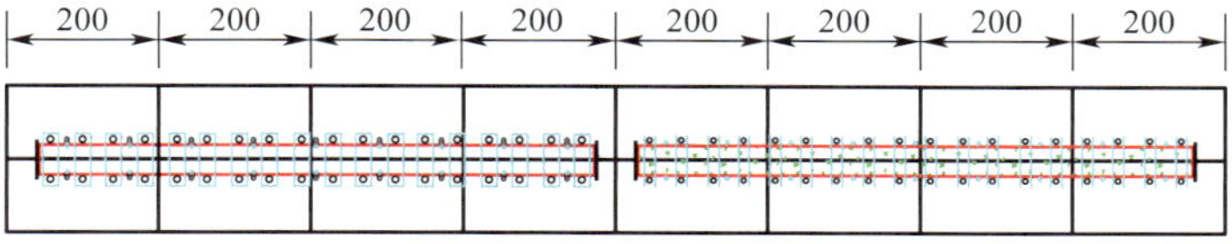

图 4-86 地锚锚固端配筋示意(单位:cm)

单层受力钢筋网承受的总拉力 $T_{单}$=19 647 kN÷9=2 183 kN。根据 28°水平倾角,产生拉应力的分力 $T_{V单}$=2 183 kN×sin28°=1 024.86 kN,产生剪切应力的分力 $T_{H单}$=2 183 kN×cos28°=1 927.48 kN。

1. 竖向抗拉计算

暂定间距 20 cm,共 50 根,$A_s = T_{V单}$÷300 MPa÷50=68.26 mm^2,取 ϕ12 mmHRB335 级钢筋。

2. 水平抗剪计算

锚筋固定区域内设置两层钢筋网片,纵向主受力筋间距暂定 20 cm,共 160 根,A_s=19 647 kN×cos28°÷160÷300 MPa=361 mm^2,取 ϕ22 mmHRB335 级钢筋。

(四)配筋方案

1. 竖向设七层水平钢筋网,顺桥向设七层钢筋网,横桥向设九层钢筋网。
2. 内部钢筋间距 20 cm,面层钢筋间距 15 cm。
3. 横桥向九层钢筋网的竖向筋采用 HRB335ϕ22 mm 钢筋,锚筋锚固区域内的水平钢筋网中的纵向筋采用 HRB335ϕ12 mm 钢筋,其余均采用 HPB300ϕ12 mm 钢筋。
4. 锚碇内锚筋端部及锚头下方设 3 层间距 15 cm 钢筋网,均采用 ϕ12 mm 钢筋。
5. 锚碇内三层水平钢筋网间设 ϕ8 mm 钢筋挂钩筋,间距 117 cm,梅花形布置。

四、塔架后缆风锚碇计算

(一)后风缆设计概况

缆索吊后风缆设计为 9×ϕ15.24 mm 钢绞线锚固,重庆岸后风缆锚固系统在 0 号桥台处,贵阳岸后风缆锚固系统在 13 号墩处。锚固系统均采用预埋钢绞线+钢管混凝土结构,如图 4-87~图 4-90 所示(括号中参数为贵阳岸)。

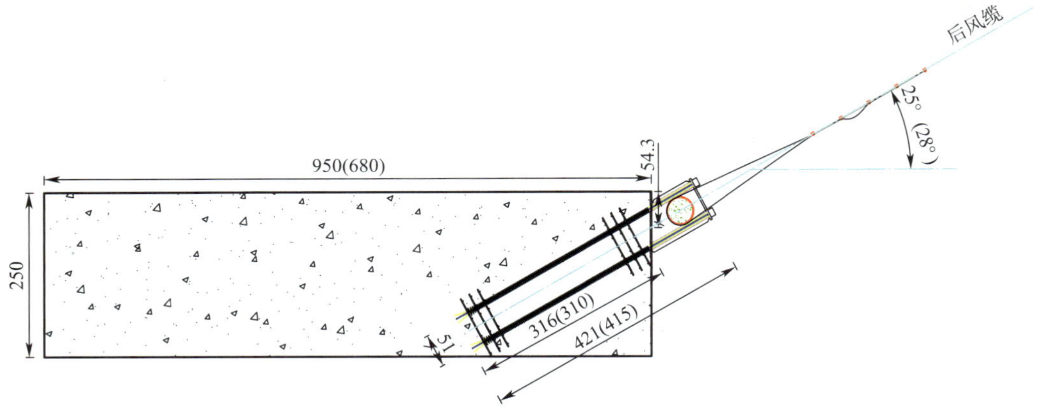

图 4-87　重庆岸后风缆锚固系统(0 号桥台)立面示意(单位:cm)

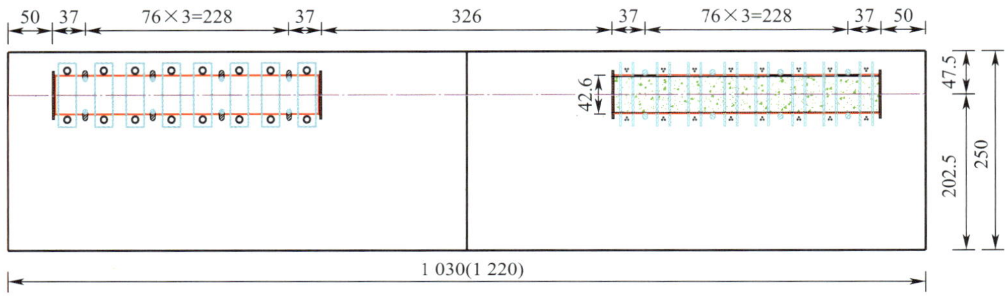

图 4-88　重庆岸后风缆锚固系统(0 号桥台)平面示意(单位:cm)

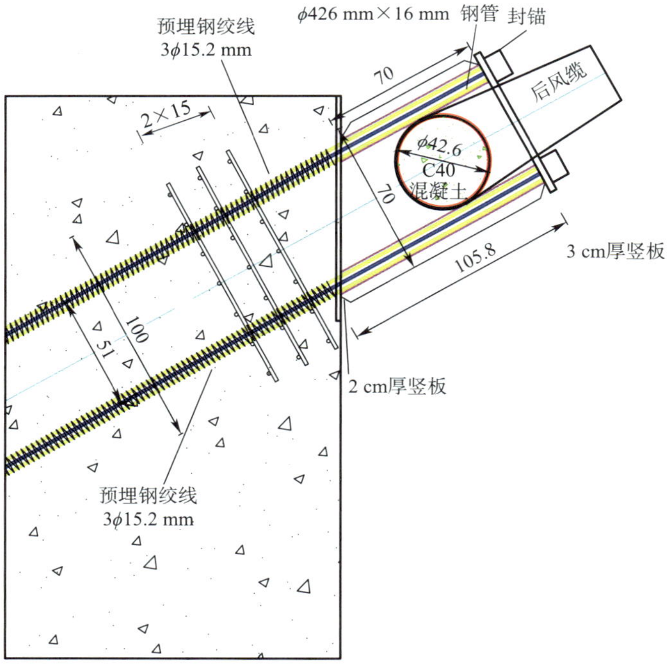

图 4-89　后风缆锚头立面细部示意(单位:cm)

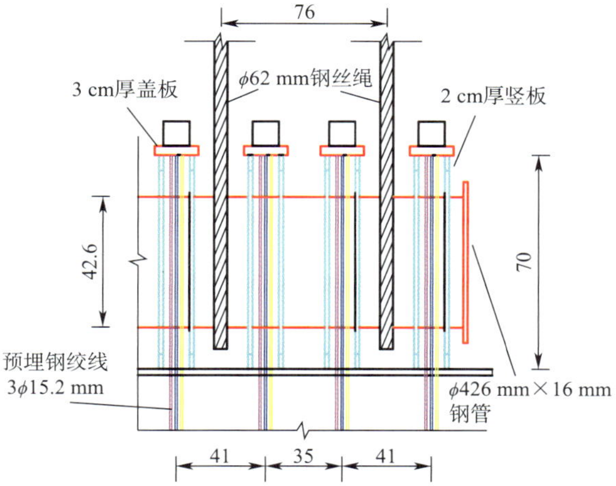

图 4-90　后风缆锚头平面细部示意(单位:cm)

(二)设计计算依据

重庆岸后风缆按照 3 根同时受力计算,单根后风缆设计拉力 482 kN,竖角 25°;贵阳岸后风缆按照 3 根同时受力计算,单根后风缆设计拉力为 495 kN,竖角 28°;分别计算重庆岸和贵阳岸风缆系统。

(三)重庆岸后缆风锚固系统设计验算

重庆岸后缆风锚固在 0 号桥台,桥台自重 $P_{后缆重}$ 为 5 871 kN,桩基提供的抗水平滑移力 $[T_{后缆重}]$ 为 4 994.24 kN。重庆岸后风缆按照 3 根同时受力计算,单根后风缆设计拉力 482 kN,竖角 25°,则后风缆荷载总和 $T_{缆重}=482\ \text{kN}\times 3=1\ 446\ \text{kN}$。水平分力 $H_{T后缆重}=1\ 446\ \text{kN}\times\cos 25°=1\ 310.52\ \text{kN}$;竖直分力 $V_{T后缆重}=1\ 446\ \text{kN}\times\sin 25°=611.11\ \text{kN}$。

计算模型如图 4-91 所示。

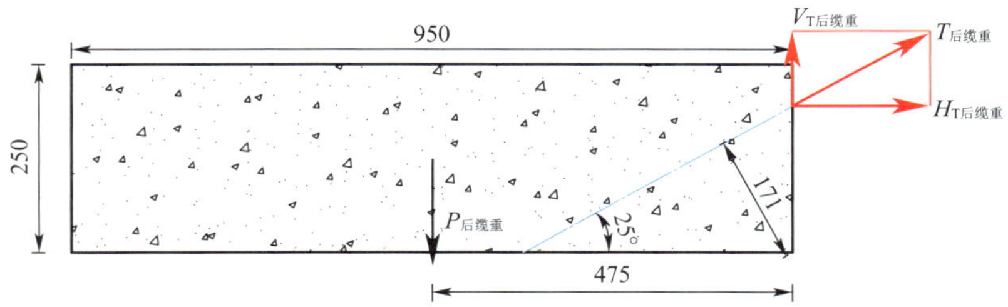

图 4-91　计算简图(单位:cm)

1. 抗拔计算:$K_{V后缆重}=\dfrac{P_{后缆重}}{V_{T后缆重}}=\dfrac{5\ 871\ \text{kN}}{611.11\ \text{kN}}=9.6>2$。

2. 抗倾覆验算:自重力臂 $b_{后缆重}=475\ \text{cm}$,风缆力臂 $l_{后缆重}=171\ \text{cm}$,则$K_{M后缆重}=\dfrac{M_{稳}}{M_{倾}}=$

$\frac{P_{后缆重}\ b_{后缆重}}{T_{后缆重}\ l_{后缆重}}=\frac{5\ 871\ \text{kN}\times 475\ \text{cm}}{1\ 446\ \text{kN}\times 171\ \text{cm}}=11.28>1.4$。

3. 抗滑移验算：

$$K_{H后缆重}=\frac{[T_{后缆重}]}{H_{T后缆重}}=\frac{4\ 994.2\ \text{kN}}{1\ 310.5\ \text{kN}}=3.8>1.4。$$

(四)贵阳岸后缆风锚固系统设计验算

贵阳岸后缆风锚固在13号墩承台，承台自重 $P_{后缆重}$ 为 4 977.6 kN，桩基提供的抗水平滑移力$[T_{后缆重}]$为 5 627 kN。贵阳岸后风缆按照 3 根同时受力计算，单根后风缆设计拉力 495 kN，竖角 28°则后风缆荷载总和 $T_{后缆重}=495\ \text{kN}\times 3=1\ 485\ \text{kN}$。水平分力 $H_{T后缆重}=1\ 485\ \text{kN}\times\cos 28°=1\ 311.18\ \text{kN}$；竖直分力 $V_{T后缆重}=1\ 485\ \text{kN}\times\sin 28°=697.17\ \text{kN}$。

计算模型如图 4-92 所示。

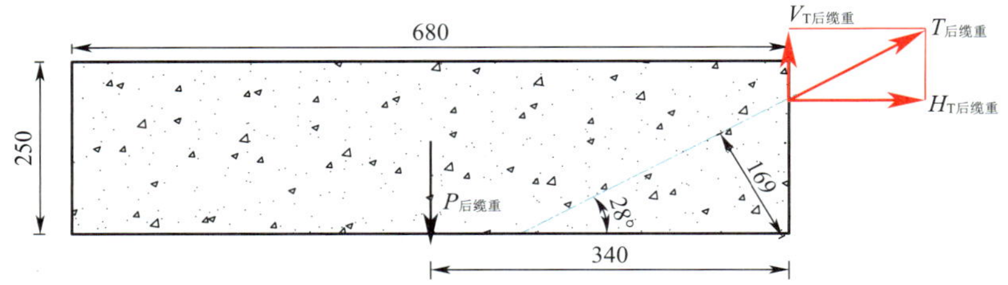

图 4-92 计算简图（单位：cm）

1. 抗拔计算：

$$K_{V后缆重}=\frac{P_{后缆重}}{V_{T后缆重}}=\frac{4\ 977.6\ \text{kN}}{1\ 311.18\ \text{kN}}=3.8>2。$$

2. 抗倾覆验算：自重力臂 $b_{后缆重}=340$ cm，风缆力臂 $l_{后缆重}=169$ cm，则$K_{M后缆重}=\frac{M_{稳}}{M_{倾}}=$
$\frac{P_{后缆重}\ b_{后缆重}}{T_{后缆重}\ l_{后缆重}}=\frac{4\ 977.6\ \text{kN}\times 340\ \text{cm}}{1\ 485\ \text{kN}\times 169\ \text{cm}}=6.7>1.4$。

3. 抗滑移验算：$K_{H后缆重}=\frac{[T_{后缆重}]}{H_{T后缆重}}=\frac{5\ 627\ \text{kN}}{1\ 311.18\ \text{kN}}=4.3>1.4$。

综上所述，缆索吊机后风缆锚固设计满足设计要求。

(五)下锚梁构件设计验算

下锚梁设计采用主缆地锚梁一样的结构，即选用 Q345 钢，外径为 42.6 cm，内径为 39.4 cm 的钢管内填充 C40 碎石混凝土的钢管混凝土结构。每一组后风缆最大轴力为495 kN，即单个槽口承担集中荷载为 495 kN。由前文可知，当钢管混凝土集中荷载为707 kN 时能够满足设计要求，即 707 kN > 495 kN，故后风缆下锚梁满足设计要求。

五、塔架横向风缆锚碇检算

（一）横向风缆地锚分布

线路左右侧角度不一致，两侧横向风缆地锚单独设计。重庆岸左右侧塔架横向风缆地锚为联合地锚，即地锚承受塔架横向风缆力、拱肋吊装节段横向风缆力；贵阳岸左侧塔架横向风缆地锚为联合地锚，右侧地锚为塔架横向风缆地锚仅承受塔架横向风缆力。横向风缆地锚布置如图 4-93 所示（括号内参数为重庆岸数据）。

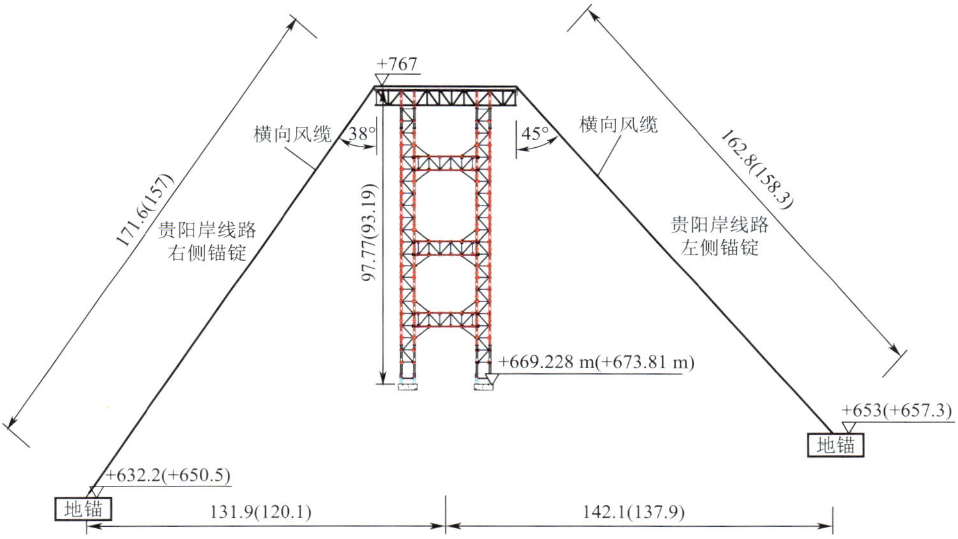

图 4-93　横向风缆地锚布置图（单位：m）

（二）缆索吊横向风缆索力值、拱肋节段风缆索力值

1. 缆索吊塔架横向风缆索力值

线路右侧竖角 52°，单组横向风缆轴力 1 632 kN，横向风缆设计为两组；线路左侧竖角 45°，单组横向风缆轴力 1 421 kN，横向风缆设计为两组。每组横向风缆设计采用 15 束 ϕ15.24 mm 钢绞线。左右幅索力及其分力计算如下。

（1）右幅单个塔架横向风缆轴力 $T_y = 1\ 632\ \text{kN} \times 2 = 3\ 264\ \text{kN}$；

①右幅单个塔架横向风缆水平分力 $H_{T_y} = T_y \times \cos 52° = 2\ 009.52\ \text{kN}$；

②右幅单个塔架横向风缆竖直分力 $V_{T_y} = T_y \times \sin 52° = 2\ 572.07\ \text{kN}$；

（2）左幅单个塔架横向风缆轴力 $T_z = 1\ 421\ \text{kN} \times 2 = 2\ 842\ \text{kN}$；

①左幅单个塔架横向风缆轴力水平分力 $H_{T_z} = T_z \times \cos 45° = 2\ 009.60\ \text{kN}$；

②左幅单个塔架横向风缆轴力竖直分力 $V_{T_z} = T_z \times \sin 45° = 2\ 009.60\ \text{kN}$。

2. 拱肋吊装节段临时风缆索力值

夜郎河特大桥劲性骨架分为 20 个分叉段+10 个合并段+4 个横撑+1 个合龙段。分叉段拱肋定位时,竖直方向由扣索提供拉力抵抗,水平方向设置临时风缆抵抗拉力。由于节段 1 和节段 2 之间设置一道横撑,节段 3 和节段 4 之间设置一道横撑,故临时风缆顺序为:吊装节段 1,同时安装 1 号临时风缆→吊装节段 2,同时安装 2 号临时风缆→吊装横撑,1 号、2 号临时风缆不变→吊装节段 3,同时拆除 1 号临时风缆,安装 3 号临时风缆→吊装节段 4,同时拆除 2 号临时风缆,安装 4 号临时风缆→吊装横撑,3 号、4 号临时风缆不变→吊装节段 5,同时拆除 3 号临时风缆,安装 5 号临时风缆→吊装节段 6,拆除所有临时风缆。单个拱肋临时风缆均采用 ϕ39 mm 钢丝绳,临时风缆索力计算见表 4-14。

表 4-14　临时风缆索力计算

索号	竖角(°)	拉索轴拉力(kN)	水平分力(kN)	竖直分力(kN)	水平角(°)
1	−11	228.3	224.1	−43.6	33
2	−1	309.5	309.4	−5.4	41
3	6	376.9	374.8	39.4	47
4	10	280.6	276.3	48.7	52
5	12	346.4	338.8	72	56
6	13	267	260.1	60.1	59

安装 3 号风缆时开始拆除 1 号风缆,以此类推,总持力风缆数量为 2 束,故由表 4-14 可知,临时风缆分力为:

(1)总水平力 H_{T_1}=309.4 kN+374.8 kN=684.2 kN;

(2)总竖直力 V_{T_1}=72 kN+60.1 kN=132.1 kN 。

(三)联合地锚设计

联合地锚即为塔架横向风缆及拱肋节段吊装临时风缆共用的地锚。

1. 线路左侧

采用重力式地锚,总设计水平滑移力 $H_{T左}=H_{T_z}+H_{T_1}$=2 009.60 kN+684.2 kN=2 693.80 kN;总设计竖直上拔力 $V_{T左}=V_{T_z}+V_{T_1}$=2 009.60 kN+132.1 kN=2 141.6 kN。

(1)抗滑移计算

根据设计地质勘探报告及现场开挖情况,基坑底部为砂岩、泥夹砂岩等软质岩,锚碇与基底摩阻系数取 0.6,锚碇安全系数取 1.4,则地锚自重应满足

$$\frac{\mu(G_{联左}-V_{T左})}{H_{T左}}>1.4$$

得到:$G_{联左}>8\ 427$ kN。

(2)抗拔计算

抗拔计算考虑取安全系数 2.0,则地锚自重应满足

$$G_{联左}>2\times V_{T左}=4\ 283.2\ kN$$

由上述计算可知，线路左侧横向风缆地锚自重不可小于 8 427 kN。

2. 线路右侧

采用重力式地锚，总设计水平滑移力 $H_{T右}=H_{T_y}+H_{T_l}=2\ 009.60\ kN+684.2\ kN=2\ 693.80\ kN$。

总设计竖直上拔力 $V_{T右}=V_{T_y}+V_{T_l}=2\ 572.07\ kN+132.1\ kN=2\ 704.17\ kN$。

采用与线路左侧相同的计算方式进行抗滑移和抗拔计算，求得线路右侧横向风缆地锚自重不可小于 8 989.52 kN。因此，塔架横向风缆联合地锚设计自重取值为 8 989.52 kN。

3. 尺寸确定

经过以上部分计算，取钢筋混凝土重度 25 kN/m³，锚碇体积为

$$V_{联合}=\frac{8\ 989.52\ kN}{25\ kN/m^3}=359.6\ m^3$$

故暂定尺寸为 5 m×8 m×9 m，设计方量为 360 m³>359.6 m³。

(四)独立地锚设计

独立地锚即为贵阳岸右线横向风缆地锚，与拱肋节段临时风缆地锚分别设置，由上部计算可知：$H_{T_y}=2\ 009.60\ kN$，$V_{T_y}=2\ 572.07\ kN$，$H_{T_l}=684.2\ kN$，$V_{T_l}=132.1\ kN$。

1. 横向风缆独立地锚

(1)抗滑移计算

根据设计地质勘探报告及现场开挖情况，基坑底部为砂岩、泥夹砂岩等软质岩，锚碇与基底摩阻系数取 0.6，锚碇安全系数取 1.4，则地锚自重应满足

$$\frac{\mu(G_{横独}-V_{T_y})}{H_{T_y}}>1.4$$

得到：$G_{横独}>7\ 261.13\ kN$。

(2)抗拔计算

抗拔计算考虑取安全系数 2.0，则地锚自重应满足

$$G_{横独}>2\times V_{T_y}=5\ 144.14\ kN$$

由上述计算可知，贵阳岸右线横向风缆地锚自重不可小于 7 261.13 kN。

(3)尺寸确定

经过以上部分计算，取钢筋混凝土重度 25 kN/m³，贵阳岸右线横向风缆独立锚碇体积为

$$V_{横独}=\frac{7\ 261.13\ kN}{25\ kN/m^3}=290.4\ m^3$$

故暂定尺寸为 4.1 m×8 m×9 m，设计方量为 295.2 m³>290.4 m³。

2. 拱肋吊装临时风缆独立地锚

(1)抗滑移计算

根据设计地质勘探报告及现场开挖情况，基坑底部为砂岩、泥夹砂岩等软质岩，锚碇与基底摩阻系数取 0.6，锚碇安全系数取 1.4，则地锚自重应满足

$$\frac{\mu(G_{拱独}-V_{T_1})}{H_{T_1}}>1.4$$

得到，$G_{拱独}>1\ 728.6\ \text{kN}$。

(2)抗拔计算

抗拔计算考虑取安全系数 2.0，则地锚自重应满足

$$G_{拱独}>2\times V_{T_1}=264.2\ \text{kN}$$

由上述计算可知，临时风缆独立地锚自重不可小于 1 728.6 kN。

(3)尺寸确定

经过以上部分计算，取钢筋混凝土重度 25 kN/m^3，临时风缆独立锚碇体积为

$$V_{拱独}=\frac{1\ 728.6\ \text{kN}}{25\ \text{kN/m}^3}=69.1\ \text{m}^3$$

故暂定尺寸为 3 m×5 m×5 m，设计方量为 75 m^3>69.1 m^3。

(五)截面等效转化

上部计算锚碇尺寸均为设计理论尺寸，在现场施工中为了确保风缆预埋部分截面，故在保证面积及体积不变的前提下，对锚碇尺寸根据拉索方向对锚碇进行如图 4-94 所示的调整。

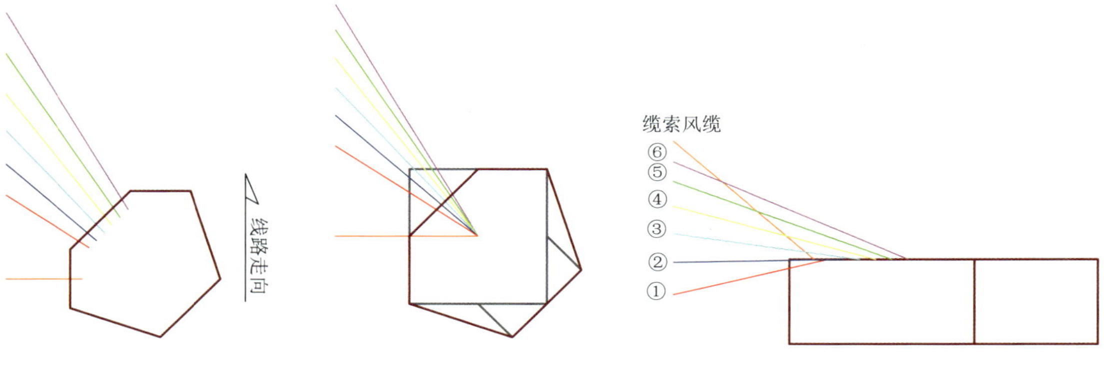

(a) 锚碇结构调整前　(b) 锚碇结构截面等效转化　(c) 锚碇结构调整后

图 4-94　锚碇结构调整

图 4-94 为锚碇等效截面的方法，尽量保证风缆预埋截面尺寸。现场实际施工中，各锚碇根据现场地形进行适当的调整。

(六)横向风缆预埋件设计验算

一组横向风缆设计采用 15 束 ϕ15.24 mm 钢绞线，与锚碇连接处设置 ϕ32 mm 精扎螺纹钢筋转换连接钢绞线与锚碇预埋件。单组横向风缆采用双榀 I32a 预埋，预埋长度 400 cm，外露长度 152.5 cm，在预埋件端头采用 2 cm 与 3 cm 厚钢板焊接锚头，型钢及板材材质均为 Q235 钢。其中一个锚头上布置 5 个精扎螺纹钢筋螺孔，一根精扎螺纹钢筋对应转换 3 根钢绞线。预埋件构造如图 4-95 和图 4-96 所示。

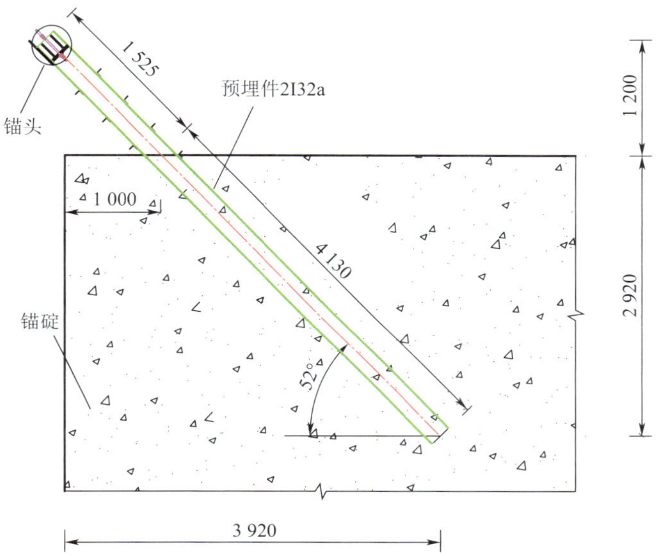

图 4-95 双榀 I32a 预埋件立面示意(单位:mm)

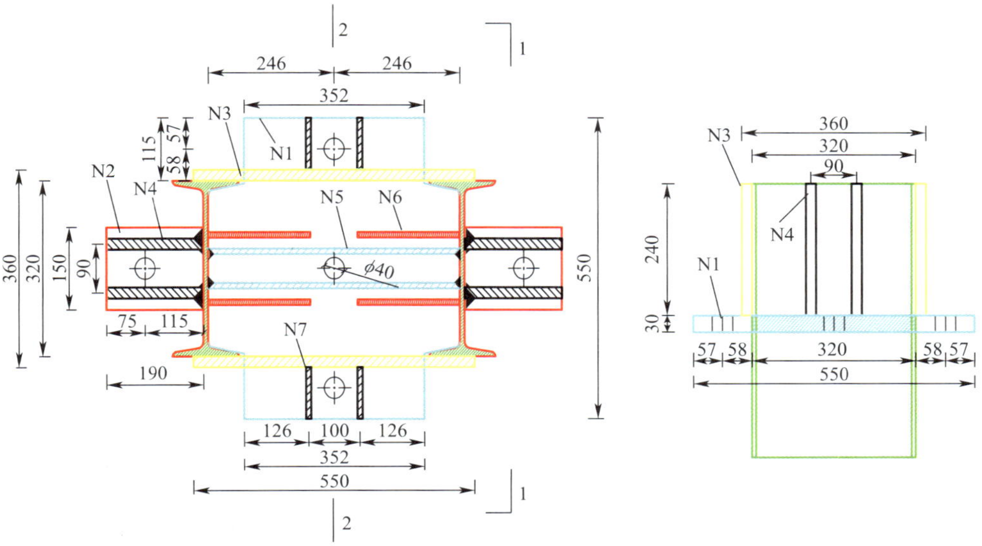

(a)断面图

(b)1—1剖面

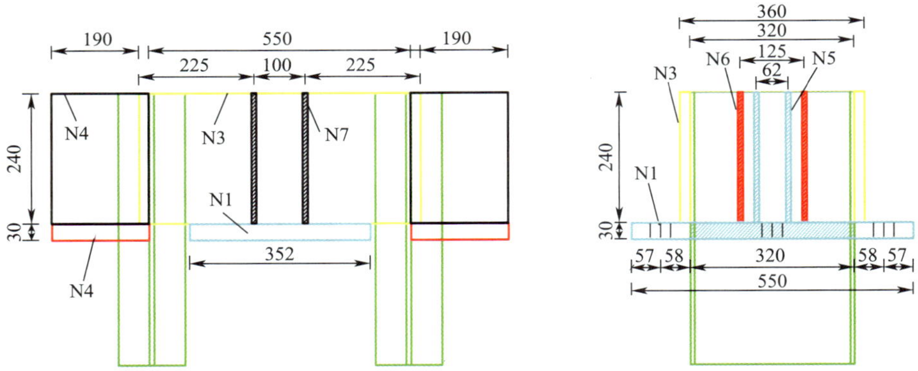

(c)侧面图　　(d)2—2

图 4-96　双榀 I32a 锚头细部示意(单位:mm)

线路右侧竖角 52°,单组横向风缆轴力 1 632 kN,横向风缆设计为 2 组。

1. 双榀 I32a 锚固长度计算

光圆钢筋锚固长度为

$$l_{ab}=\frac{\alpha f_y\times\frac{\pi d^2}{4}\times 4}{f_t\times\pi d}=\frac{4\alpha f_y A_s}{S f_t}$$

式中　f_y——型钢抗拉强度设计值,$f_y=215$ MPa;

f_t——混凝土轴心抗拉强度设计值,锚碇为 C30 混凝土,$f_t=1.43$ MPa;

α——光圆钢筋外形系数,$\alpha=0.16$。

单根 I32a 型钢横截面积$A_s=67.05\ \text{cm}^2$;长度 $S=108.2$ cm,计算得到基本锚固长度为 $l_{ab}=60$ cm。

现场施工实际锚固长度为 400 cm,满足要求。锚固力为 $N_{锚}=f_t\times S\times l_{ab}=928.4$ kN,两根 I32a 型钢锚固力为 $2N_{锚}=1\ 856.8\ \text{kN}>1\ 632$ kN,且实际施工锚固长度较长,型钢焊接有角钢抗剪块,故双拼 I32a 型钢预埋能够满足要求。

2. 双榀 I32a 计算

双榀 I32a 型钢按照横向风缆设计角度预埋,故双榀 I32a 型钢只受轴向拉力 $F=1\ 632$ kN;双榀 I32a 只在端头焊接钢板锚头,其余焊接角钢连接,故考虑单根 I32a 型钢截面参数为$A=67.05\ \text{cm}^2$,$W_x=692.2\ \text{cm}^3$,$W_y=70.76\ \text{cm}^3$。

单根 I32a 所受拉力为 $N_{单}=\frac{F}{2}=816$ kN。

故轴向拉应力

$$\sigma=\frac{N_{单}}{A}=121.7\ \text{MPa}<[\sigma]=130\ \text{MPa}$$

满足设计要求。为了保证设计安全，考虑预埋双榀 I32a 型钢两种不利工况。工况一：竖向偏拉，角度 5°。工况二：横向偏拉，角度 5°。

由此可知，在工况一和工况二下，横向风缆的分力完全一样，只是对应的 I32a 型钢的抵抗矩不一样，故计算时工况一和工况二一起计算。

钢绞线 5°偏拉，计算简图如图 4-97 所示。

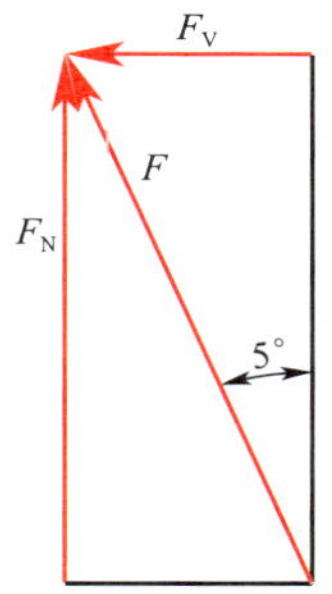

图 4-97　双榀 I32a 计算简图

设计荷载 $F=1\ 632$ kN，$\alpha=5°$则水平分力 $F_N=1\ 632$ kN×cos5°=1 625.79 kN；竖直分力 $F_V=1\ 632$ kN×sin5°=142.24 kN。

预埋双榀 I32a 外露长度 $L=1.53$ m，双榀 I32a 只在端头焊接钢板锚头，其余焊接角钢连接，故考虑单根 I32a 计算。

Q235 钢板厚小于 16 mm，设计强度为 $f=215$ MPa，考虑 1.34 安全系数，则

$$[\sigma]=\frac{f}{1.34}=160.5\ \text{MPa}$$

$$[\tau]=\frac{[\sigma]}{\sqrt{3}}=93\ \text{MPa}$$

合成应力 $[\sigma_{cp}]=1.1[\sigma]=176.55$ MPa。

弯矩为

$$M=\frac{1}{2}F_V\cdot L=108.81\ \text{kN}\cdot\text{m}$$

应力为

$$\sigma=\frac{F_N}{2A}=121.24\ \text{MPa}<[\sigma]=160.5\ \text{MPa}$$

$$\tau=\frac{F_V}{2A}=10.6\ \text{MPa}<[\tau]=93\ \text{MPa}$$

竖向偏拉弯应力为

$$\sigma_{wx}=\frac{M}{W_x}=157.19\ \text{MPa}<[\sigma]=160.5\ \text{MPa}$$

横向偏拉弯应力为

$$\sigma'_{wy}=\frac{M}{W_y}=1\ 537.38\ \text{MPa}>[\sigma]=160.5\ \text{MPa}（不满足要求）$$

竖向偏拉合成应力为

$$\sigma_{cp}=\sqrt{\sigma_{wx}^2+3\tau^2}<[\sigma_{cp}]=176.55\ \text{MPa}$$

同上计算，考虑横向偏拉 1°，则竖直分力 $F_{V1}=1\ 632$ kN×sin1°=28.48 kN，弯矩为 $M_1=9.3$ kN·m。

横向偏拉弯应力为

$$\sigma_w'=\frac{M_1}{W_y}=131.43\ \text{MPa}<[\sigma]=160.5\ \text{MPa}$$

由上述计算可知，横向风缆竖向偏拉最大角度不得大于5°；横向偏拉不得大于1°。现场施工过程中，如果偏拉角度超过设计许可，须立即上报，并整改。

第四节　缆索吊安装

一、缆索系统安装

（一）主索安装

缆索吊机主索采用ϕ62 mm钢丝绳（6×37＋IWR），共16根（单套8根），单根长度900 m左右，主索横跨两侧索塔后，锚固于两侧锚碇锚固梁上，主索采用卷扬机一端收紧，临时收紧装置在重庆岸、贵阳岸锚碇位置均布置。

主索安装施工工序流程为：安装牵引索循环系统→安装承重索→将主索放入索架中→将主索的一个端头放出→把放出的主索端头与牵引循环索用绳卡固定→启动卷扬机将主索往重庆岸牵引→牵引至塔前50 m停止牵引同时在地面10 t卷扬机ϕ26 mm钢丝绳打保险（防止向跨中溜绳）→牵引启动时10 t保险卷扬机同步放绳，牵引至重庆岸主锚处→将主索端头穿过反置转向轮→主索的另一端头固定于贵阳岸锚梁上→重庆岸安装收紧装置→将主索的端头与收紧装置连接→收紧至主索的垂度接近安装垂度→将主索的端头用ϕ32 mm临时固定（至单侧系统安装完成后拆除）→解除临时收紧装置。

1. 牵引循环索的安装

先在两岸各安装一台25 t卷扬机，人工将两根ϕ8 mm的钢丝绳由两岸山顶往山下牵引，到达山脚处将两根钢丝绳的端头连接，另一端分别进两岸卷扬机，然后将连接处牵引至贵阳岸；将一根ϕ15.5 mm钢丝绳的一端固定在ϕ8 mm钢丝绳上，并将ϕ15.5 mm钢丝绳牵引至重庆岸，把ϕ8 mm钢丝绳从两岸的卷扬机中退出，再将ϕ15.5 mm的钢丝绳进入两岸的卷扬机；用同样的方法将ϕ21.5 mm、ϕ32 mm的钢丝绳牵引到重庆岸，将ϕ8 mm、ϕ15.5 mm、ϕ21.5 mm的钢丝绳收回到贵阳岸，最后利用ϕ32 mm的钢丝绳作为牵引主索的牵引索循环索。

2. 主索过河

主索利用过河牵引索循环系统牵引过河，考虑到现场施工场地限制，所有主索均由贵阳岸往重庆岸牵引过河，具体操作步骤如下：

（1）将单根主索盘于卷盘上，放置在贵阳岸锚碇处，并放置一个放索架。

(2)在贵阳岸、重庆岸锚碇处各布置安装一台 25 t 卷扬机。

(3)利用汽车吊机将主索卷盘放置于放索架上,放索架布置于 25 t 卷扬机侧向 5 m 左右。

(4)循环绳头过 25 t 卷扬机绳盘,缠绕至少 5 圈,并将绳头与过河牵引索临时连接,绳头连接前端留有足够长度可跨越两岸主索索鞍和天车。

(5)启动两岸对应的过河牵引循环系统 25 t 卷扬机,主索由贵阳岸锚碇处牵引至贵阳岸塔顶。

(6)人工辅助主索绳头穿过主索索鞍和起重小车,并在靠河侧将主索绳头再次与过河牵引索临时连接,解除后侧主索与过河牵引索间临时连接。

(7)主索由贵阳岸塔顶往重庆岸牵引 80 m 后,在塔顶过河承重索下方安装一个承重滑轮,并将主索穿过承重滑轮,主索牵引过程中,承重滑轮将承担部分主索自重。

(8)再次启动两岸对应过河牵引索循环系统 25 t 卷扬机,牵引主索继续往重庆岸塔顶移动。

(9)主索再次行进 80 m 后,在塔顶过河承重索下方安装一个承重滑轮,并将主索穿过承重滑轮。

(10)再次启动两侧对应过河牵引索循环系统 25 t 卷扬机,牵引主索继续往重庆岸塔顶移动,牵引过程中,承重索垂度控制在 30 m,主索中间段垂度控制在 40 m。

(11)主索牵引至重庆岸塔顶索鞍前端,人工辅助主索穿过索鞍,并在靠前侧将主索与过河牵引索连接,解除后侧主索与过河牵引索连接。

(12)主索牵引过河过程中,需要控制放索卷扬机、过河牵引索卷扬机的运行速度,控制主索过河垂度。

(13)继续牵引主索至重庆岸锚碇处,拆除主索与过河牵引索连接,并将绳头绕过重庆岸主索地锚梁,同时将收紧装置安装好。

(14)将贵阳岸放索架上的主索全部放出,绳头与收紧装置连接。

(15)继续将主索往重庆岸牵引,使主索的垂度接近设计值。

(16)将重庆岸主索绳头用 ϕ32 mm 临时固定,过河牵引索反向运行,将承重滑轮牵引至贵阳岸塔顶附近拆除。

重复上述操作步骤,完成剩余主索过河。

3. 主索安装注意事项

(1)主索与牵引循环索须牢固连接,避免在牵引的过程中主索坠入河中,造成安全事故。

(2)主索在往前牵引的过程中,主索的另一端须设置保险装置。

(3)在牵引的过程中须保持两岸的卷扬机同步运行。

4. 主索调整(初调)

将收紧装置钢丝绳的活头进入卷扬机→拉紧钢丝绳→解除钢丝绳活头固定装置→拉紧

钢丝绳的活头→使主索接近安装垂度→用 ϕ32 mm 钢丝绳临时固定→把收紧装置的钢丝绳从卷扬机内退出。

具体主索收紧步骤如下。

(1)步骤 1:重庆岸调节承重索垂度

用 ϕ39 mm 钢丝绳临时将 50 t 滑车组分别固定于主索长绳端和穿过反置轮的绳头端。ϕ22 mm 钢丝绳走"12"作为调节绳,穿好滑车组后一端用绳卡固定于滑车组端,另一端进 5 t 卷扬机,收紧调节至比设计高程高 20 cm,如图 4-98 所示。

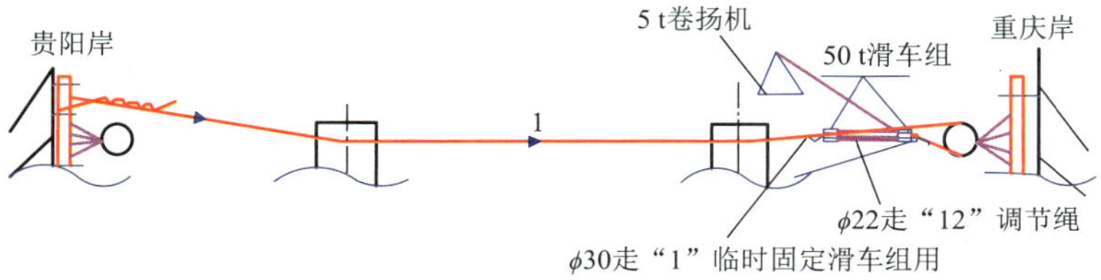

图 4-98 步骤 1:重庆岸调节承重索垂度示意(单位:mm)

(2)步骤 2:临时固定

调节至比设计高程高 20 cm 后用 ϕ32 mm 钢丝绳走"2"临时固定于主地锚上,此绳直至单侧系统安装完成后才能拆除,如图 4-99 所示。

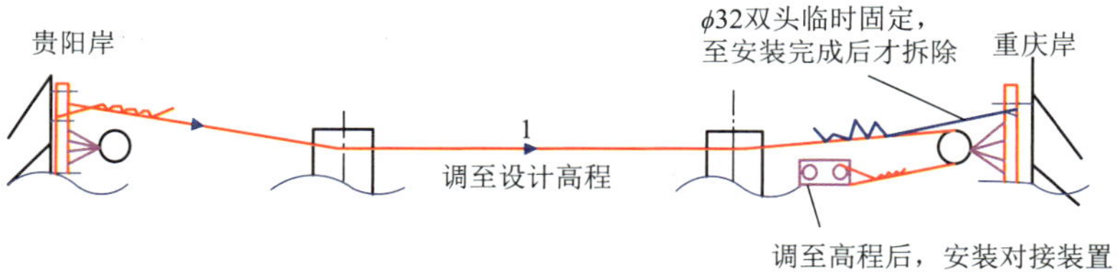

图 4-99 步骤 2:临时固定示意

(3)步骤 3:贵阳岸调节承重索垂度

第一根承重索临时固定好后,第二根承重索按上述拉索步骤由贵阳岸牵引至重庆岸,牵引至重庆岸后,两根绳头用绳卡固定于 150 t 连接装置上,在贵阳岸同上述图示步骤调节承重索垂度至比设计高程高 20 cm,如图 4-100 所示。

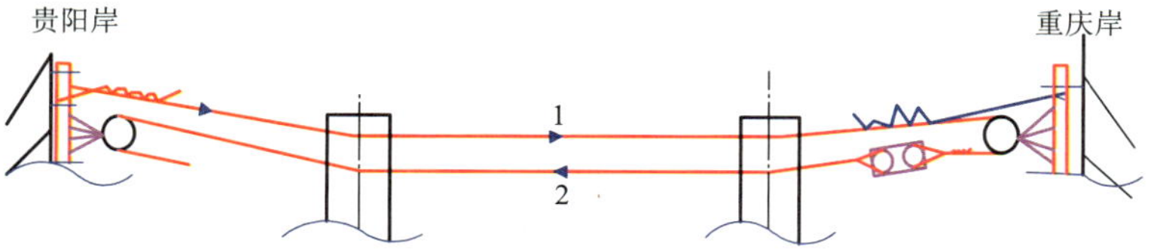

图 4-100 步骤 3:贵阳岸调节承重索垂度示意

5. 主索调整(终调)

终调主索垂度分两次进行，首先将主索垂度调整至设计垂度，然后调整至所有主索垂度一致，相对误差不大于 5 cm。

将起重小车牵引到缆索的跨中，按照初调的施工方法调整主索的垂度与设计垂度一致，把所有主索调整完成后，使起重小车全跨来回运行一个回合，然后将起重小车牵引至塔前进行第二次调整，按照初调的施工方法进行调整，在同一个横断面使一组主索基本在一个水平面。

6. 垂度测量

通过交会法，采用两台全站仪，在左右两岸设观测站，对主索垂度进行实时测量。通过理论计算，确定每根空索跨中最大垂度位置，用两台全站仪观测并相互进行复核，确保安装垂度与设计垂度一致。同时同一组主索的安装垂度误差小于 5 cm。

(二)牵引索安装

牵引索采用两根 ϕ32 mm 钢丝绳(6×37W+FC)，每根牵引索走“4”布置，主索空载调整完成后，可安装起重小车牵引索。

1. 牵引索安装工艺流程

贵阳岸将牵引索的一端头穿过主地锚的一个转向轮→向前穿过索鞍下的一个转向轮→再向前穿过起重小车上的牵引轮→绕回穿过索鞍下的一个转向轮→向前穿过主地锚上的一个转向轮→绕回穿过索鞍下的一个转向轮→向前穿过起重小车上的牵引轮→绕回到索鞍下的一个转向轮→向前穿过到主地锚上的一个转向轮→向前穿过索鞍下的一个过转向轮→向前穿过重庆岸索鞍下的一个过转向轮→向前穿过到主地锚上的一个转向轮→牵引索的另一端进入卷扬机打好保险→另一端贵阳岸向前穿过索鞍下的一个转向轮→重庆岸向前穿过索鞍下的一个转向轮→向前穿过主地锚上的一个转向轮→(起重小车牵引至重庆岸)穿过索鞍下的一个转向轮→再向前穿过起重小车上的牵引轮→绕回穿过索鞍下的一个转向轮→向前穿过主地锚梁上的一个转向轮→牵引索的另一端进入卷扬机→向前穿过到主地锚梁上的一个转向轮→绕回穿过索鞍下的一个转向轮→向前穿过起重小车上的牵引轮→绕回到索鞍下的一个转向轮→向前穿过到主地锚梁上的一个转向轮→绳头对接。

2. 牵引索安装步骤

(1)在重庆岸布置 4 台 25 t 摩擦式卷扬机及地锚转向滑轮并将卷扬机固定，如图 4-101 所示。

(2)在重庆岸用人工将牵引绳一端头经地锚转向滑轮至塔架底。

(3)塔吊提升牵引钢丝绳绳头至塔顶转向处，临时打梢。

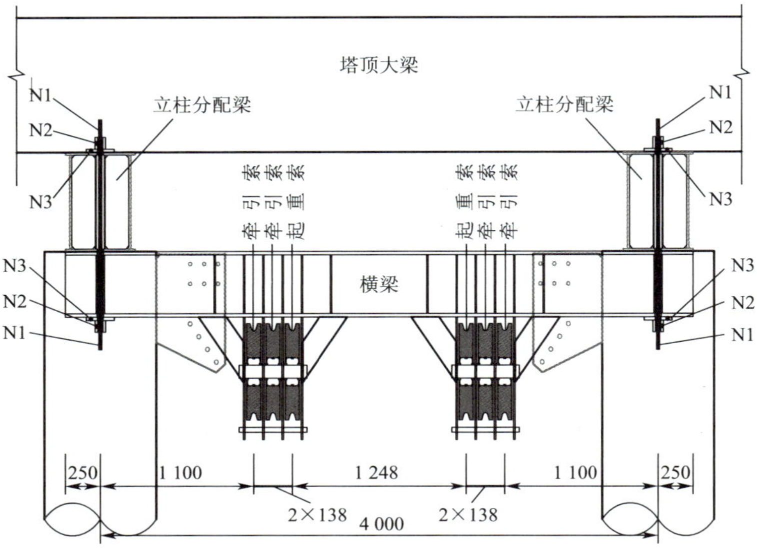

图 4-101　牵引转向轮布置示意(单位:cm)

(4)人工辅助牵引索穿过主索索鞍一侧牵引索转向轮和起重小车牵引轮,导向后,再次穿过主索索鞍同侧牵引索转向轮。

(5)牵引索向下牵引至主地锚梁转向。

(6)人工牵引到塔架底,用塔吊提升牵引钢丝绳绳头至塔顶转向处,临时打梢。

(7)人工辅助牵引索穿过主索索鞍一侧牵引索转向轮和起重小车牵引轮,导向后,再次穿过主索索鞍同侧牵引索转向轮。

(8)牵引索向下捆绑至主地锚梁上。

(9)另一端绳头进入 25 t 卷扬机。

重复上述安装步骤,完成剩余 1 根牵引索安装。

3. 牵引安装注意事项

(1)牵引索在穿索过程中一定要按顺序进行,索与索之间不能交叉。

(2)牵引索绳卡数量按照规范要求安装,按设计要求进行紧固。

(三)起重索安装

起重索采用 4 根 ϕ30 mm 钢丝绳(6×37+FC),每根起重索走"10"布置,牵引索安装完成后可进行起重索安装,起重索安装前需将下吊点进行临时放置。

1. 起重索安装工艺流程

卷扬机垂直运输下吊点→下吊点临时就位在起重小车的下面→下吊点固定→将起重索的一端穿过主索地锚梁的转向轮→向前穿过索鞍下的转向轮→向前穿过上吊点的滑

轮→向下穿过下吊点的滑轮→共上、下穿绕10次→绳头从上吊点穿出至对岸索鞍下的转向轮→向前捆绑至主地锚梁上→另一端进入起重卷扬机→提升下吊点→解除上、下吊点之间的连接绳。

2. 牵引索安装步骤

(1)下吊点用塔吊运输至起重小车的正下方,离上吊点位置约2.5 m左右时,应慢速提升,在离上吊点1.5 m左右时应立即停止提升。

(2)用已经准备好的千斤绳将上吊点进行临时连接。

(3)解除起吊吊钩。

(4)在重庆岸布置4台10 t卷扬机和相应的地锚转向滑轮。

(5)人工牵引起重索一端的绳头经地锚转向滑轮至塔架底。

(6)利用卷扬机提升起重索钢丝绳绳头至塔顶转向处,临时打梢。

(7)人工辅助起重索钢丝绳穿过主索索鞍一侧转向轮后,穿绕上吊点和下吊点间滑轮组,穿绕10次后将绳头从上吊点牵出,牵入前面一台起重小车的上吊点的导向轮,从导向轮牵出后与牵引循环索连接。

(8)利用牵引循环索将起重索绳头牵引至对岸索鞍附近。

(9)人工辅助起重索钢丝绳穿过对岸索鞍下的转向轮后固定在主地锚梁上。

(10)将起重索的另一端头进入10 t的卷扬机。

(11)将启动卷扬机使下吊点上升30 cm,解除上、下吊点之间的连接千斤绳。

重复上述安装步骤,完成另外3根起重索安装。

3. 起重索安装注意事项

(1)上、下吊点之间的距离要控制在1.7～2.0 m。

(2)穿索过程中应注意绳索不得交叉,严格按设计的顺序进行穿索。

(3)起重索绳卡数量按照规范要求安装,按设计要求进行紧固。

二、起重小车安装

缆索吊起重小车由主索索轮、牵引索轮、起重索轮及吊点下挂架组成。主索索轮由16-ϕ600 mm滑轮组成;牵引索轮由4-ϕ600 mm滑轮组成;起重索轮由6-ϕ590 mm、2-ϕ280 mm、4-ϕ200 mm滑轮组成;小车下吊点由5-ϕ590 mm组成;滑轮间通过轴承及连接板组合成整体。缆索吊总共4台小车。

起重小车装配图如图4-102所示。

在缆塔拼装完成后,选择贵阳岸缆塔,在其顶部索鞍的前方搭设一工作平台,该平台必须具有能够支撑起重小车重量、吊点重量的强度及刚度,将小车安放在工作平台上并确保其稳定,等主索安装完毕后再安装下挂架,如图4-103所示。下挂架用塔吊将其提升至离小车

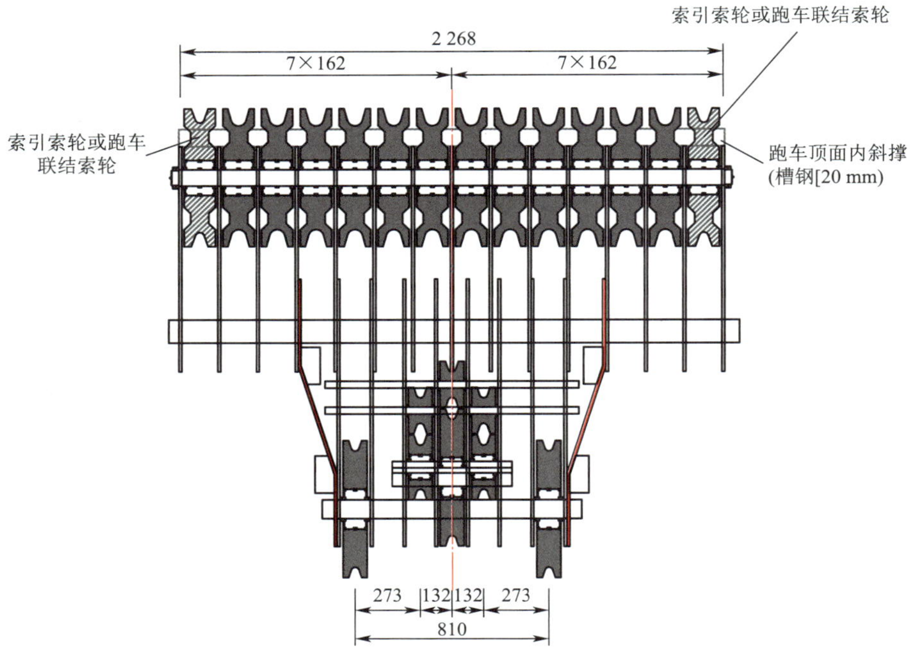

图 4-102 起重小车装配示意(单位:cm)

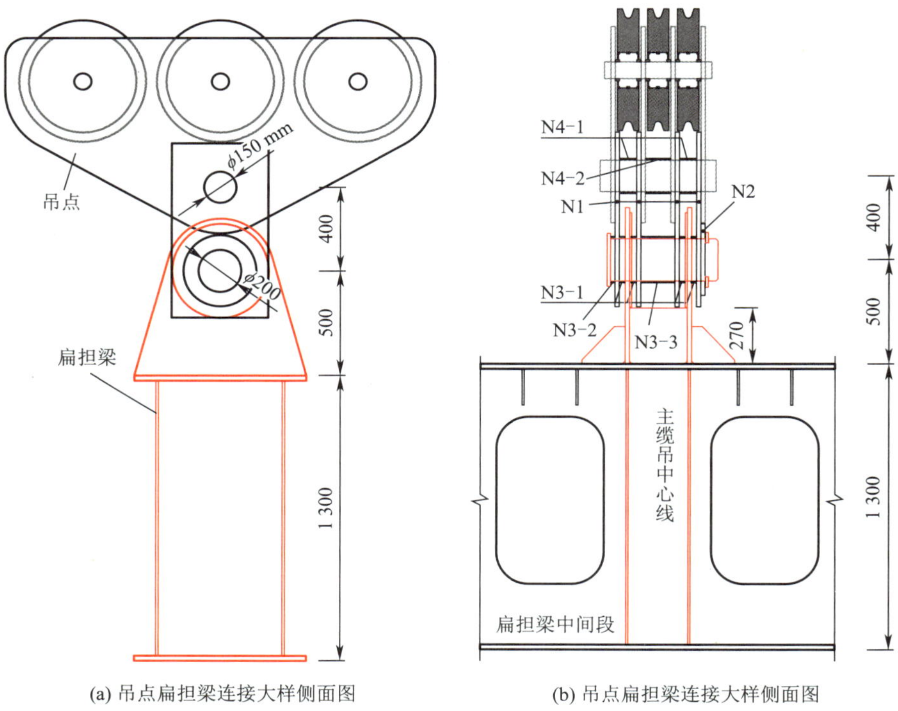

图 4-103 小车吊点下挂架装配示意(单位:cm)

底部 1.7～1.8 m 距离时，用千斤绳把其与天车进行连接为整体。扁担梁在起重索安装好后再与下挂架进行连接。

在牵引索和起重索安装完成后进行起重小车连接。

1. 施工工艺流程

起重小车连接施工工艺流程为：带紧靠主塔侧起重小车的牵引索→用临时索带紧靠跨中的起重小车→用连接索把两起重小车连接→解除前起重小车固定装置→放松临时索使靠跨中的起重小车向跨中移动→使连接索受力、临时索不受力→解除临时索→解除后起重小车固定装置→放松牵引索，使起重小车前移 20 m 左右。

(1)启动靠主塔边的起重小车的牵引卷扬机，使牵引索刚好带紧即可。

(2)人工拉一根临时钢丝绳，使其一端与靠跨中边的起重小车连接，另一端通过塔顶转向轮后进入一台临时卷扬机。

(3)启动临时卷扬机、使绳索拉紧刚好受力即可。

(4)用两组定长的连接索把两台起重小车连接。

(5)解除靠跨中起重小车的固定装置。

(6)启动临时卷扬机，使绳索慢慢放松至起重小车连接索完全受力为止。

(7)解除临时钢丝绳与前起重小车的连接。

(8)解除后起重小车的固定装置。

(9)启动牵引索卷扬机，慢慢放松卷扬机使两台起重小车一起往跨中移动。

重复上述操作步骤，完成另一侧起重小车连接。

2. 连接索安装注意事项

(1)卷扬机带紧牵引索或临时牵引索时，卷扬机的速度要缓慢，使起重小车刚好受力即可。

(2)小车连接索按照设计要求进行安装，确保吊装间距满足要求。

三、锚碇施工

(一)后地锚施工

重庆岸后地锚采用钢筋混凝土重力式地锚，软岩地质摩擦系数取 0.4，重力式锚碇抗滑移安全系数取 1.4。为保证安全，在地锚靠近 0 号台侧设置 2 根 2 m×2 m、长 10 m 的抗滑桩增加水平抵抗力。地锚钢筋配置：竖向设三层水平钢筋网，顺桥向钢筋采用 ϕ16 mm 钢筋，横桥向采用 ϕ12 mm，侧向四周均设钢筋网，横桥向两侧面水平筋采用 ϕ16 mm 钢筋，其余采用 ϕ12 mm，锚头下方设 3 层间距 1 m 钢筋网，均采用 ϕ16 mm 钢筋，钢筋网之间设 ϕ8 mm 钢筋挂钩筋，间距 50 cm，梅花形布置。锚碇内锚筋端部及锚头下方设 3 层间距

15 cm 钢筋网，均采用 ϕ12 mm 钢筋。锚碇内三层水平钢筋网间设 ϕ8 mm 钢筋挂钩筋，间距 117 cm。钢筋在加工厂制作，钢筋安装时严格按照施工图位置安装，地锚主梁通过钢绞线与地锚连接固定，锚梁采用 ϕ426 mm×16 mm 无缝钢管内灌注混凝土制成，先将管内混凝土灌注密实，等强后再利用吊车将其安装固定在地锚上；地锚上共 88 束 ϕ15.2 mm 钢绞线，每束三根钢绞线，钢绞线埋入地锚长度为 9.3 m，锚固 4 m，自由段外穿 ϕ20 mmPVC 管保护。重庆岸地锚一般构造如图 4-104 所示。

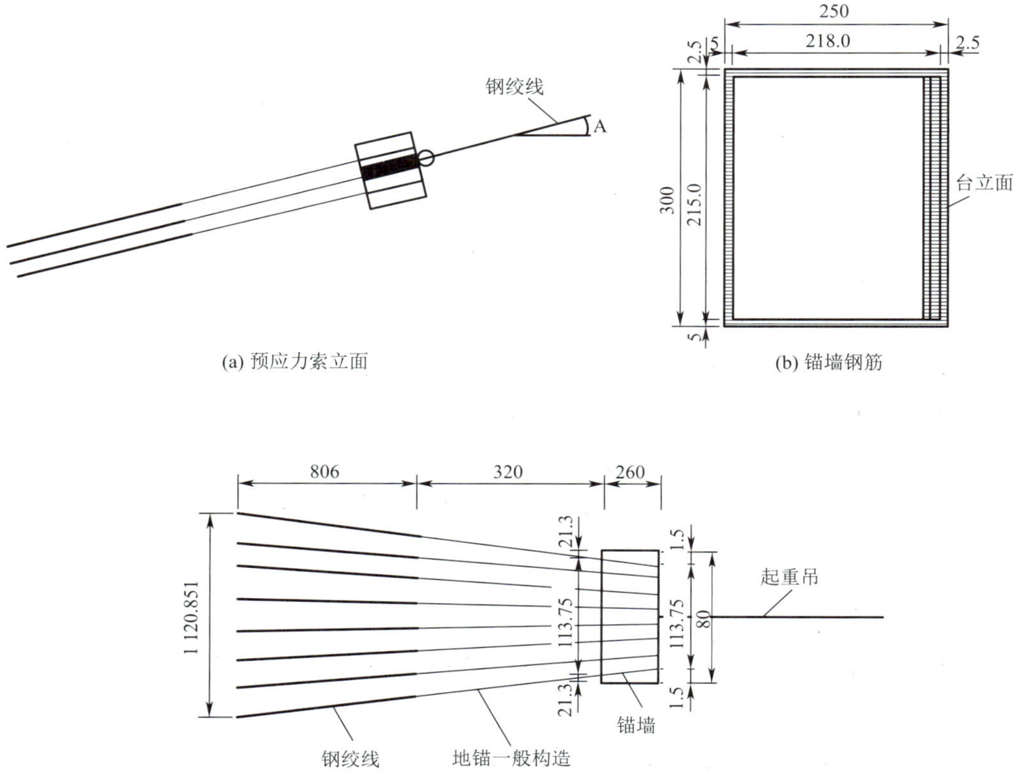

(a) 预应力索立面　(b) 锚墙钢筋

(c) 预应力锚索平面

图 4-104　重庆岸地锚一般构造示意(单位：cm)

贵阳岸后地锚采用钢筋混凝土重力式地锚，先将地锚处覆盖层、软弱层清除，然后按设计结构台阶进行场地平整，清除虚渣，试验室测试地基承载力值看是否满足要求，合格后开始钢筋绑扎，钢绞线安装，混凝土浇筑工序施工。地锚长 17 m，宽 8.7 m，为了确保吊带位置混凝土完整性，C30 混凝土一次性浇筑完成，浇筑过程必须控制好混凝土坍落度，避免出现离析；浇筑完成后加强覆盖养护，避免出现温度裂缝。为了增加混凝土的抗拉性能，在混凝土中添加聚丙烯纤维。贵阳岸地锚如图 4-105 所示。

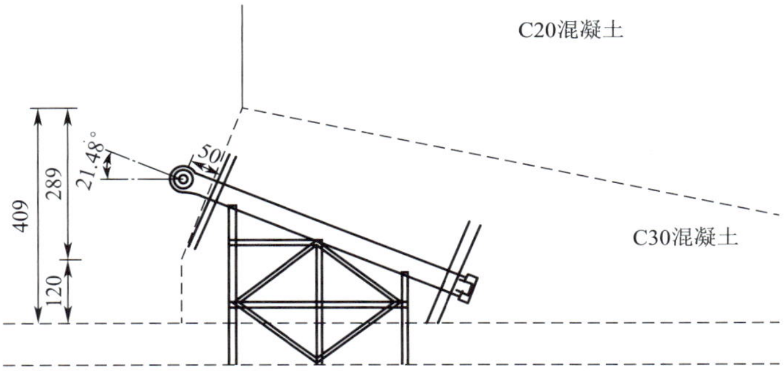

图 4-105　贵阳岸地锚一般构造示意(单位:cm)

(二)联合地锚施工

联合地锚采用钢筋混凝土重力式地锚,单个地锚上设置两组水平风缆,风缆采用每组 15 根 ϕ15.2 mm 钢绞线,钢绞线与 ϕ32 mm 精轧螺纹钢连接,螺纹钢通过卡板与预埋在地锚上的 2I32a 型钢连接固定。钢筋混凝土部分施工同上,型钢预埋进入混凝土 4.13 m,外露 1.7 m,型钢竖直面夹角为 45°,利用全站仪精确放样确定型钢预埋平面位置,注意控制预埋角度。

四、塔架及风缆施工

(一)钢管立柱加工

钢管立柱为 ϕ800×16 mm,Q345 焊接钢管,法兰连接,主焊缝均为熔透焊缝,法兰与钢管磨光顶紧,法兰表面机加工刨平。重点控制焊缝质量、磨光顶紧质量,管节椭圆度,与轴线重合率和法兰表面平整度。螺栓孔加工等级需达到 C 级。

1. 螺栓孔的允许偏差应符合表 4-15 的规定。

表 4-15　螺栓孔允许偏差

孔径(mm)	允许值(mm)	圆　　度	垂 直 度
28	+1,0	2.0	0.03 t 且不大于 2.0

2. 螺栓孔距的允许偏差应符合表 4-16 的规定。

表 4-16　螺栓孔距允许偏差

项　　目	允许值(mm)
两孔邻孔距	±0.4
两端孔群中心距	±0.8

3. 钢管管节外形尺寸的允许偏差,应符合表 4-17 的规定。

表 4-17　管节外形尺寸允许偏差

偏差部位	允许值(mm)
直　　径	D/500,且±5
管口圆度	D/500,且≤5
管端平整度	≤2
管面对管轴的垂直度	D/800,且≤3
钢管桩长度	±3.0
弯曲矢高	L/1 500 且≤5.0

4. 管节对口拼装时,相邻管节的焊缝必须错开 1/8 周长以上。相邻管节的管径偏差应符合表 4-18 的规定。

表 4-18　相邻管径允许偏差

管径(mm)	允许值(mm)
>700	≤3

5. 焊接应符合下列规定:

(1)焊接前应将焊缝上下 30 mm 范围内铁锈、油污、水气和杂物清除干净。

(2)焊条等使用前烘干,对于不同材质的材料应采取符合焊接规范的焊接材料。

(3)应采用多层焊,焊完每层焊缝后应及时清除焊渣,并做外观检查。

(4)所有焊缝除有特殊要求外,均应满足钢结构工程施工质量验收规范中二级焊缝要求。

(5)焊缝处外观允许偏差应符合表 4-19 规定。

表 4-19　焊缝外观允许偏差

缺陷名称	允许偏差
咬　　边	深度≤0.5 mm,累计总长不超过焊缝长度的 10%
超　　高	3 mm
表面裂缝、未熔合、未焊透	不允许
弧坑、表面气孔、夹渣、焊瘤	不允许

(二)铰座加工

铰座是主要的连接与传力构件。施工时重点控制焊缝质量(一级焊缝标准)、栓(铰)孔重合率、孔壁光洁度,具体要求如下:

1. 所有构件均按照图纸中的材质、尺寸加工。

2. 磨光顶紧部位顶紧传力面的粗糙度 Ra 不得大于 25 μm;顶紧加工面与板面垂直度偏差应小于板厚的 1%且不得大于 0.3 mm。磨光顶紧处应有 75%以上的面积密贴,用 0.2 mm 塞尺检查,其塞入面积不得超过 25%。

(三)铰轴加工

铰轴采用 ϕ300 mm,40Cr 钢是重要的承力构件。施工时,应严格控制构件质量,确保其化学成份及机械性能满足规范要求。

(四)铰座安装

1. 铰座安装前，检查铰梁铰孔尺寸、光洁度、孔轴重合率和加工质量。

2. 为保证铰轴能顺利通过，在加工场将铰梁、铰轴和节点一起预拼，确保加工精度。

3. 单个铰轴重 0.67 t，单个铰梁重达 6.87 t。铰梁由一台 25 t 吊车吊装到位，调整铰梁平面位置、水平度和索塔立柱的重合率，确保索塔立柱竖直度满足要求。

(五)塔架安装

索塔立柱采用 ϕ800 mm×16 mm 钢管，立柱之间为双拼[200 mm 槽钢，设计抱箍型节点板，栓接。立柱竖向设置三道平联，平联平杆采用 ϕ426 mm×10 mm 钢管，平联也为桁架结构，节间连接同立柱采用单拼[200 mm 槽钢；顶部横梁也采用桁架结构，全部用 ϕ426 mm×16 mm 钢管焊接而成，桁架高度 4.8 m，横向节间除立柱范围间距为 4.8 m、立柱两侧为 4.75 m 外，其余为 4.5 m；纵向节间间距立柱部分为 4.8 m，顶部横梁为 4 m。桁架横梁顶面设置两根 1 000 mm×800 mm 的钢梁滑道，滑道间焊接 HN500×200H 型钢。塔架及塔架缆风索安装如图 4-106 和图 4-107 所示。

图 4-106　塔架安装

图 4-107　塔架缆风索安装

缆索吊机塔架的结构型式考虑到钢结构的多次倒用、节约成本，塔架设计为可拆卸式结构，包括钢管立柱、横联杆及连接耳板均为螺栓联结的可拆卸结构。立柱标准节结构如图 4-108 所示。

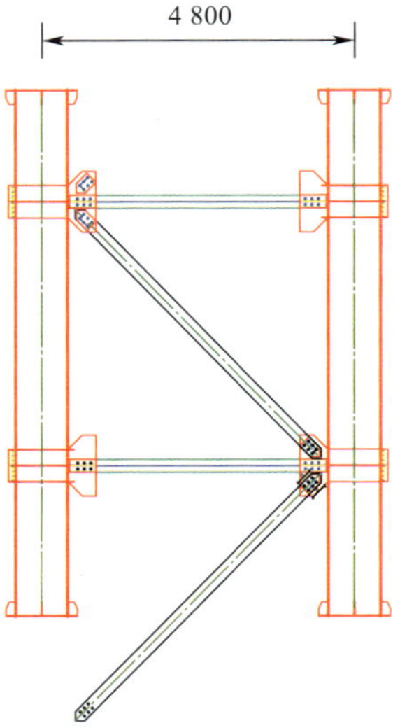

(a) 立柱标准节立面

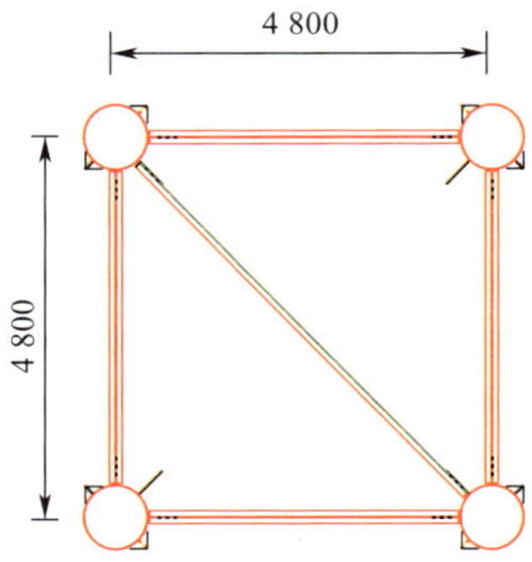

(b) 立柱标准节平面

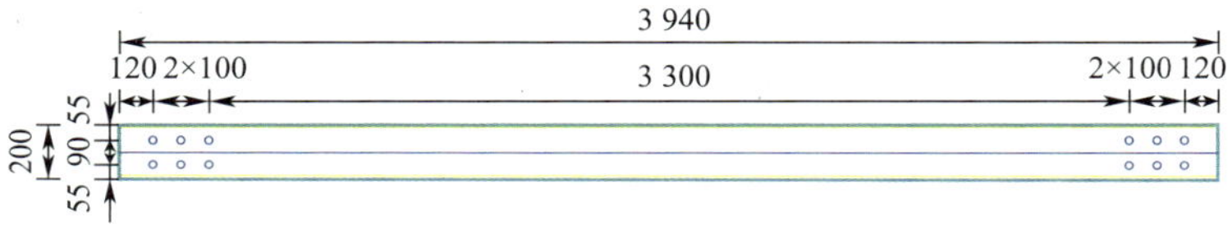

(c) N2大样图

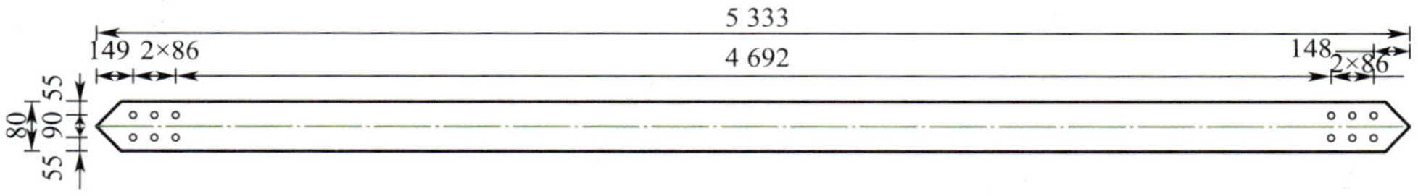

(d) N3大样图

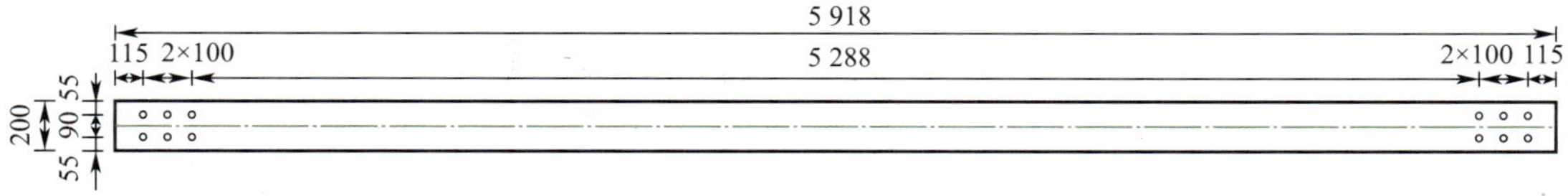

(e) N1大样图

图 4-108　立柱标准节结构示意(单位:mm)

1. 钢管立柱栓接设计

塔架设计为双支腿结构,每个支腿由四个钢管格构组成。考虑钢管加工机械、运输汽车不超限长度、塔吊的吊装等情况,钢管设计为 8 m 一节(含法兰盘),采用法兰盘利用螺栓联结,如图 4-109 所示。单根钢管立柱重约 2.8 t,能够很好地适应各种起重设备的吊装施工。

图 4-109　钢管立柱栓接安装

2. 立柱横联杆栓接设计

横联杆的栓接主要需要解决钢管格构设计的三向连接，创造性地设计了抱箍＋横联杆的结构，满足了钢管格构的三向连接。常规连接抱箍设计如图 4-110～图 4-112。抱箍栓接安装如图 4-113 所示。

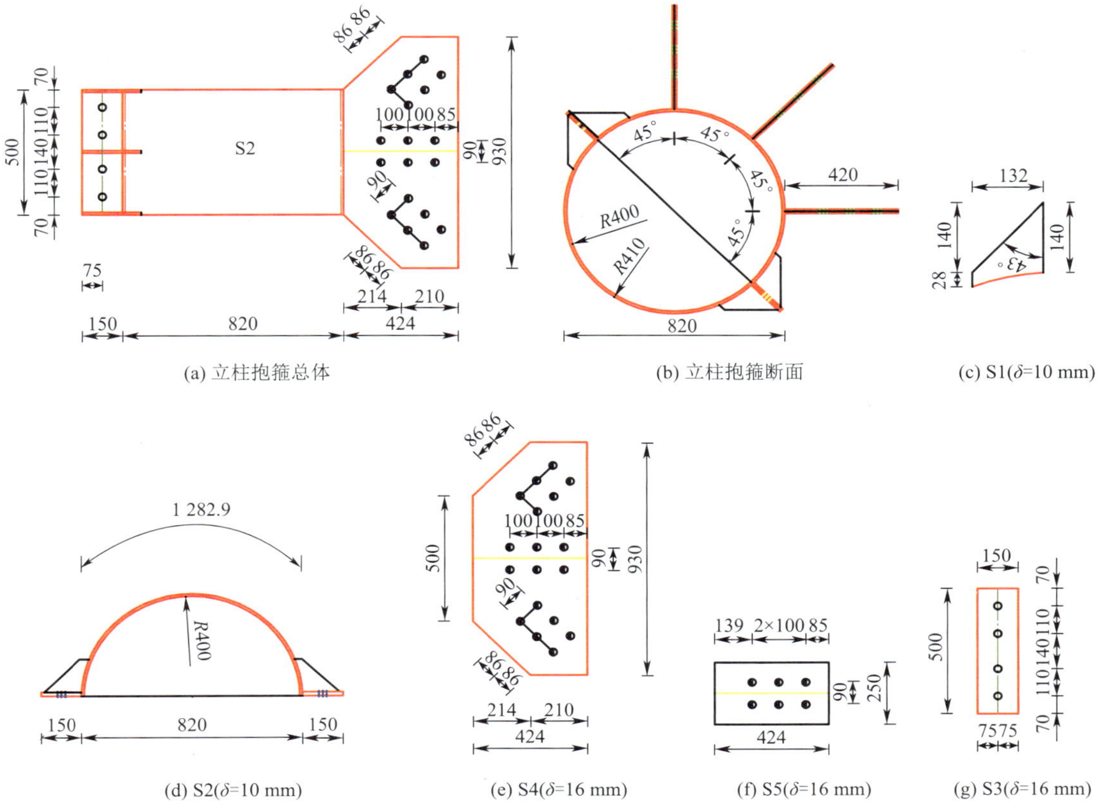

图 4-110　常规连接抱箍设计示意(单位:cm)

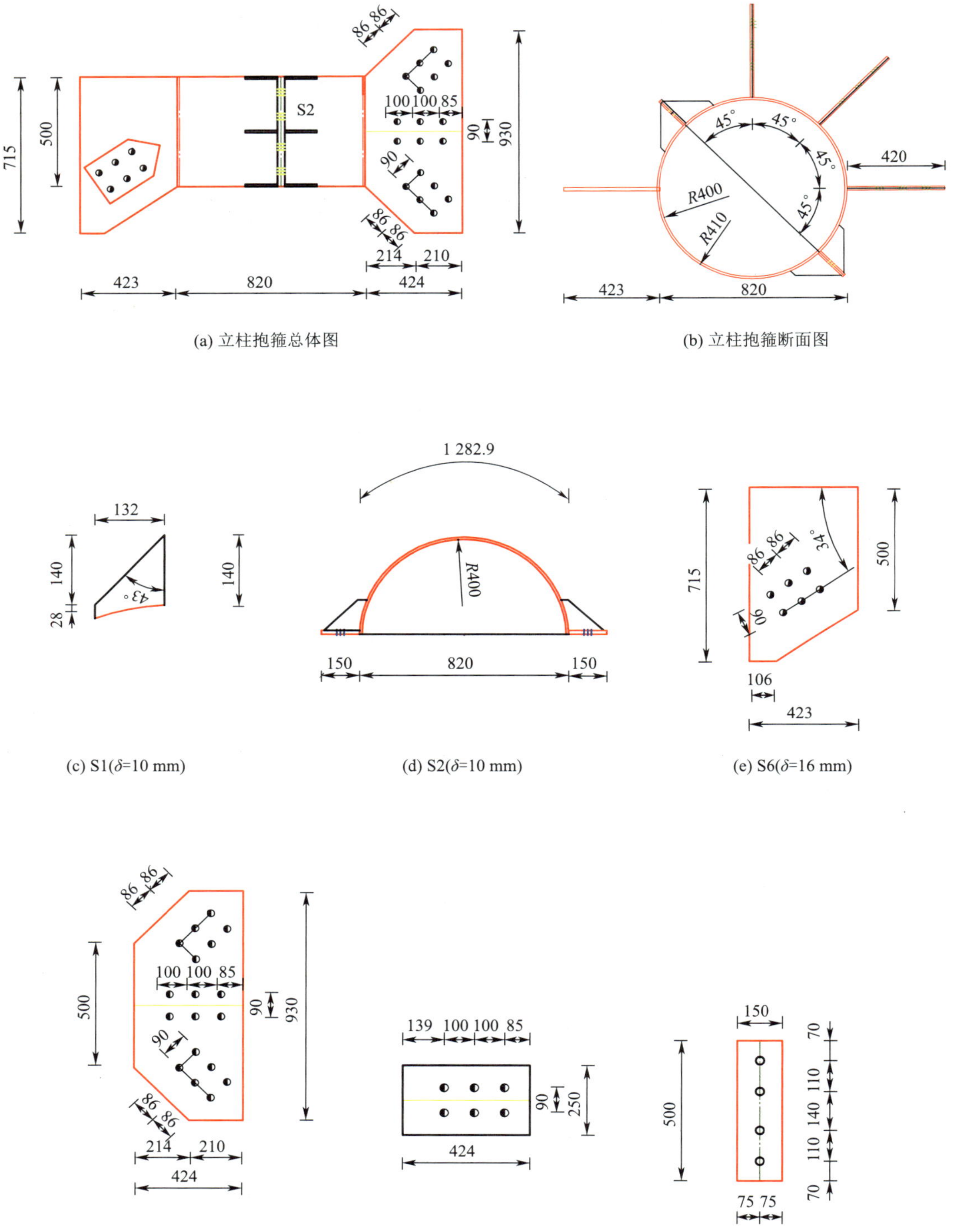

(a) 立柱抱箍总体图　(b) 立柱抱箍断面图

(c) S1(δ=10 mm)　(d) S2(δ=10 mm)　(e) S6(δ=16 mm)

(f) S4(δ=16 mm)　(g) S5(δ=16 mm)　(h) S3(δ=16 mm)

图 4-111　平联处抱箍设计图(单位:cm)

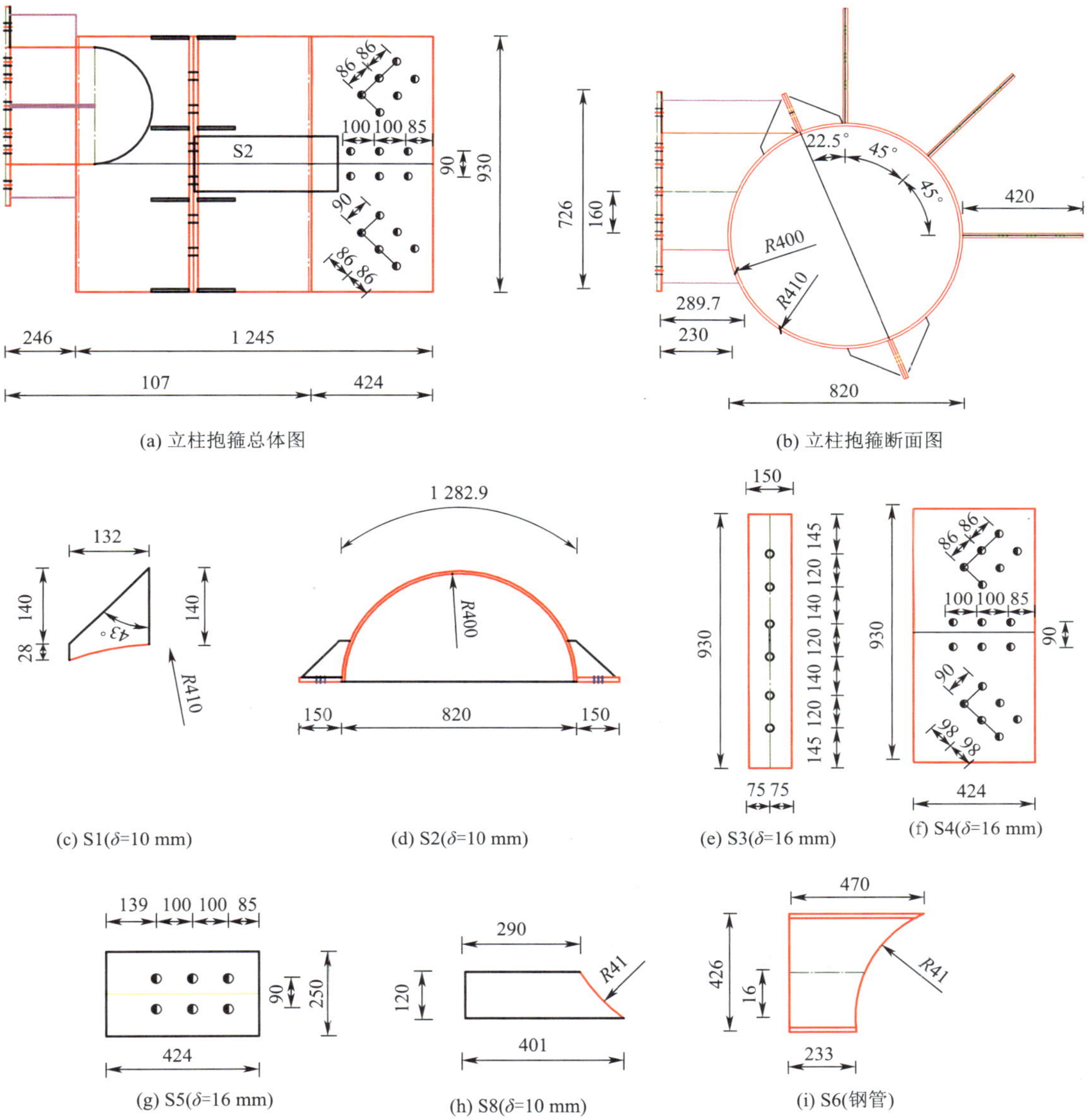

(a) 立柱抱箍总体图

(b) 立柱抱箍断面图

(c) S1(δ=10 mm)

(d) S2(δ=10 mm)

(e) S3(δ=16 mm)

(f) S4(δ=16 mm)

(g) S5(δ=16 mm)

(h) S8(δ=10 mm)

(i) S6(钢管)

图 4-112 平联处抱箍设计图(二)(连接平联主管)(单位:cm)

图 4-113 抱箍栓接安装

3. 风缆设计

塔架稳定系统由主塔通风缆(也叫前风缆)、主塔后风缆、侧风缆组成。缆塔侧向风缆设置缆塔横向轴线上,横向风缆设置角度 45°、38°,锚固于左右侧联合地锚上,如图 4-114 所示。

图 4-114 塔架通风缆安装图

通风缆索为 2×4ϕ39 mm 钢丝绳(6×37WS+FC),侧风缆为 2×15ϕ15.2 mm 钢绞线,缆塔后风缆为 8×9ϕ15.2 mm 钢绞线,如图 4-115 所示。

图 4-115 塔架地锚安装

(1)铰座安装完成后,用 25 t 吊车安装塔底 2 节钢管及平联。再采用吊车安装 TC5013 型塔吊,利用塔吊安装剩余节段立柱、平联件。

(2)塔间横梁安装。

塔间横梁由 ϕ426 mm×10 mm 钢管及[20 mm 等组成的全栓接桁架结构,在索塔开始施工时即可在索塔附件进行拼装,最后另外用两套滑车组抬吊安装,横梁与索塔钢管之间用哈夫结构头进行连接,哈夫结构采用 ϕ426 mm×10 mm 钢管,由于哈夫结构可能与索塔钢管的连接法兰冲突,现场需要对哈夫结构进行修割,注意修割时不得损伤索塔钢管、法兰及加劲板,焊接后根据现场技术员要求进行补强,然后用红丹酚醛一底一面涂装防腐。塔架横联吊装如图 4-116 所示。

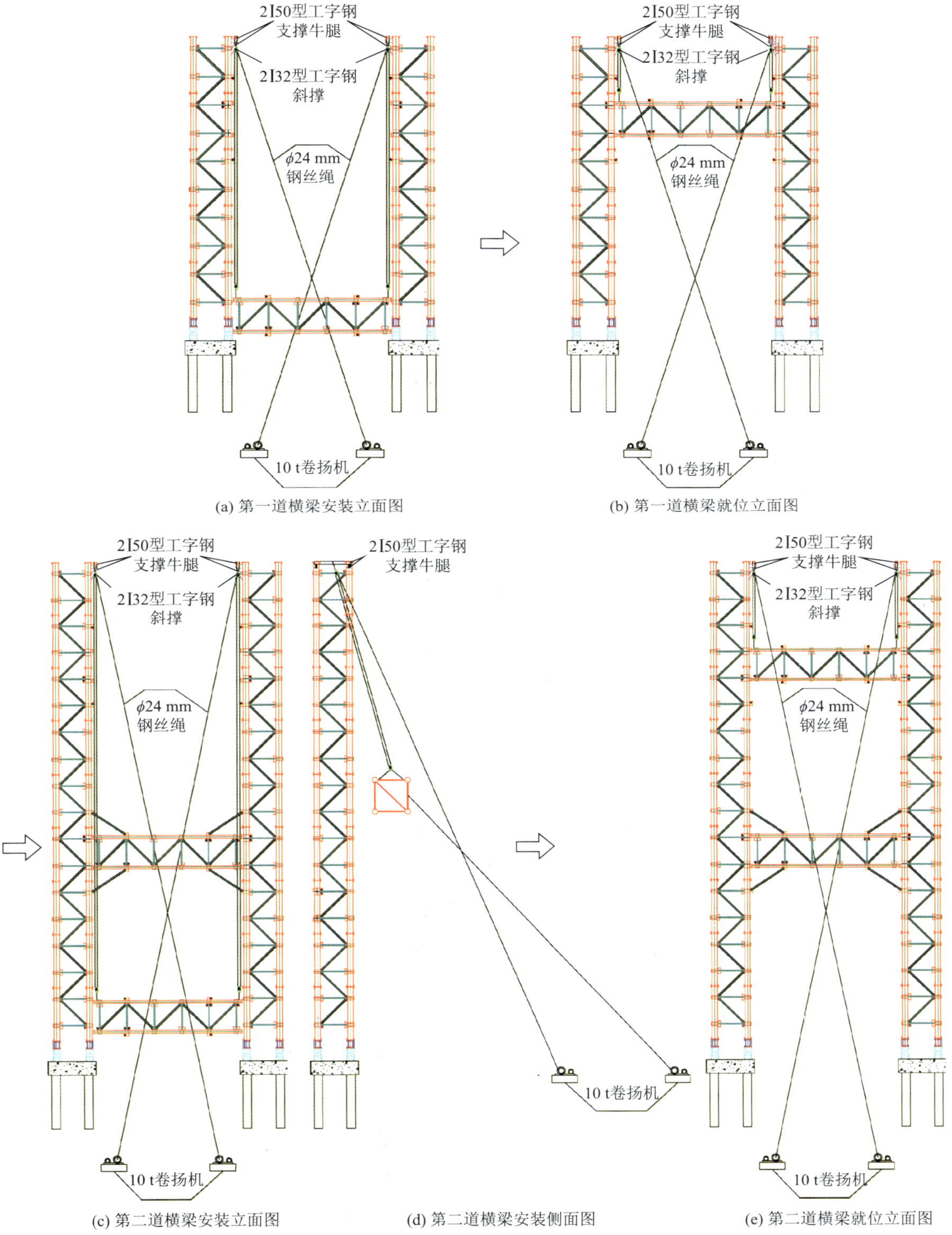

(a) 第一道横梁安装立面图　(b) 第一道横梁就位立面图

(c) 第二道横梁安装立面图　(d) 第二道横梁安装侧面图　(e) 第二道横梁就位立面图

图 4-116　塔架横联吊装示意图

(3)索塔塔顶横梁、吊装系统安装。

塔身施工完成后,立即进行塔顶横梁安装,由于塔顶横梁长度比两塔身边界宽、塔身自身无法作为支撑体系来提升塔顶整体横梁,先利用塔吊安装分配梁,再安装主钢管立柱;继续利用塔吊安装斜撑与顶横梁底部钢管,后安装剩余管节完成索塔主桁架的安装。利用塔吊安装滑道梁、上部吊装系统,完成整个缆索吊安装。塔顶横梁、吊装系统安装如图 4-117 所示。

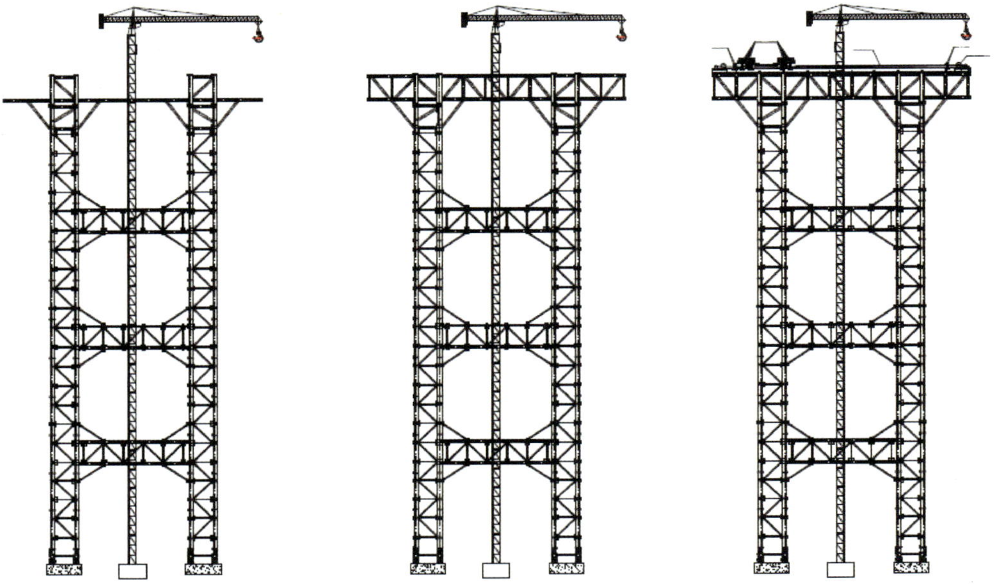

(a) 塔吊安装主钢管、斜梯、横梁底管立面

(b) 塔吊安装顶部其余钢管立面

(c) 塔吊安装滑道梁、上部吊装立面

图 4-117 塔顶横梁安装

(4)索塔钢管立柱在工厂加工制作,标准长度 8 m 一节,采用法兰接头连接,钢管中心间距 4.8 m,各钢管之间用槽钢和节点板连接成格构形式,钢管之间用 M27 mm8.8 级普通螺栓联结,钢管和槽钢之间用 8.8 级 M27 mm 的普通螺栓联结。

(5)上下游索塔中心间距 28 m,用钢管桁架设置一道水平联系梁,以提高塔架的整体稳定性。

(6)重庆岸整个塔架共设 3 道联系梁,贵阳岸共设 3 道横系梁,横系梁高 4.8 m。

(7)为保证索塔质量,所有进场钢管必须经过严格检验,其长度、焊接质量、端面平整度、垂直度、栓孔间距等应符合相关规范要求,验收合格后方能使用。

(8)首节钢管立柱安装时用厚 1～2 mm 的薄钢板将其底部调整在同一高程,钢管安装由下向上逐节分层进行,用十字交叉法控制立柱的垂直度,上下两个法兰盘之间用薄钢板调整,待垂直度达到设计要求后,用螺栓旋紧,复核钢管立柱垂直度。

(9)每层钢管立柱安装完成后,即安装槽钢联结。

(10)索塔塔架的垂直度控制在 1/1 000 以内。索塔首层横梁高度离索塔基础顶面 21.66 m。钢管法兰联结螺栓采用 8.8 级精制普通螺栓。在索塔钢管间设一个爬梯,爬梯宽 60 mm,用槽钢、角钢、钢板加工,塔架钢管每安装完一节就安装一段爬梯,作为施工和检查通道,每道横梁作为一个临时平台。

(六)风缆安装

塔架稳定系统由主塔前风缆、主塔后风缆、侧风缆组成。缆塔侧向风缆设置缆塔横向轴线上,横向风缆设置角度 45°、38°;通风缆索为 2×4ϕ39 mm 钢丝绳(6×37WS+FC),侧风缆为 4×15ϕ15.2 mm 钢绞线,缆塔后风缆为 8×9ϕ15.2 mm 钢绞线。

1. 缆塔安装纵向临时风缆分两次设置,风缆设置位置:第一层在第一道平联处,第二层在第二道平联处,第三层设置在索塔顶部,第三层为永久风缆,为主塔前风缆和后风缆。

2. 设计拉力为:中下层临时风缆拉力 100 kN,侧向风缆拉力 100 kN/束,通风缆拉力 200 kN/根。

3. 风缆与缆塔的连接方式:塔架上风缆锚点通过销轴及锚箱与塔架顶面滑道梁连接。

4. 风缆采用单根挂索调整后锚固,整体张拉调整索力。临时风缆顶端均为锚固端,与锚锭连接端为张拉端。

5. 当索塔安装至 35.36 m,当索塔完成第一道平联后,安装索塔下层风缆,调整扣塔的垂直度。

6. 当索塔安装至 59.36 m,当索塔完成第二道平联后,安装索塔中层风缆,解除下层风缆,调整扣塔的垂直度。

7. 安装索塔到 93 m 处(贵阳岸 97.86 m),安装上层风缆并完成张拉,解除中层风缆。

五、动力系统施工

缆索吊机动力系统由牵引机构、起升机构、自动化控制系统组成。牵引机构为 4 台 25 t 摩擦型卷扬机,钢丝绳采用 ϕ32 mm;起升机构为 4 台 10 t 普通卷扬机,钢丝绳采用 ϕ32 mm;卷扬机转向均通过预埋在重庆岸、贵阳岸后地锚转向、0 号台上转向实现。8 台主卷扬机均安装在重庆岸,其中 1 号墩前卷扬机基础放置牵引卷扬机、起重卷扬机各两台,独立扣锚上放置牵引卷扬机、起重卷扬机各两台,单台起重卷扬机两侧采用 2 组 2[20 mm 型钢预埋在混凝土基础内固定,单台牵引卷扬机两侧采用 3 组 2[20 mm 型钢预埋在混凝土基础内固定,预埋深度均为 0.7 m,外露 0.3 m。

(一)牵引系统

牵引系统缆索吊机牵引机构主要由 4 台 250 kN 卷扬机作为动力,设置于重庆岸。卷扬机采用摩擦型卷扬机,采用直径为 32 mm 的钢丝绳。牵引钢丝绳由贵阳岸出发,经过塔顶索鞍,再穿过天车,走“4”穿绳,两个绳头过重庆岸索鞍,经地锚转向进卷扬机再上重庆岸索鞍走“4”穿绳，调至设计垂度(承重索最终垂度位置)然后绳头插在一起。

(二)起重系统

起重系统缆索吊机起升机构主要由4台100 kN卷扬机作为动力，设置于重庆岸。卷扬机采用电动慢速卷扬机，容绳量为2 500 m，采用直径为30 mm的钢丝绳。起升钢丝绳由贵阳岸出发，固定端均在贵阳岸，经过塔顶索鞍，再穿过天车，上下挂架按“Z”法走“10”穿绳，再过重庆岸索鞍，经地锚转向最终进卷扬机固定，如图4-118所示。

图4-118 起重卷扬机

(三)自动化控制系统

自动化控制系统由PLC程序控制和手动控制组成，以PLC控制为主，当PLC程序控制系统需维修养护时，可临时手动控制操作，保证系统设备正常运行工作。

PLC程序控制系统采用PLC程序控制器、主令开关、交流接触器、中间继电器、按钮等来共同控制。电机使用专用YZR绕线式起重电动机，转子采用频敏变阻器，用交流接触器短接各级电阻来进行启动与调速，采用电力液压推动器制动。

PLC程序控制系统通过总操作台控制所有起重、牵引卷扬机，既可单动也可联动。

(四)电气控制系统

电气控制系统具有多重保护功能，可将吊装过程中的安全风险降低为零。

1. 零位保护功能。断电后必须重新启动电源控制才能工作。防止停电后，重新来电卷扬机自动运行。

2. 电机过流、过载保护。当负载过大，电流超过设定值时过热继电器常闭触点断开，自动切断控制电源而停机。

3. 超速保护。当重物下放时的速度超过电动机的额定转速时，超速开关常闭触的断开，切断控制电源而停机。

4. 荷载过载保护。当负载超过设定值，控制器常闭触点断开，切断控制电源而停机。

5. 行程限位保护。当行程达到设定值时，行程指示开关常闭触点断开，切断控制电源停机。

6. 防触电及欠压保护。总电源采用DW系列万能式断路器及漏电空气开关，柜体和设备统一独立接地，电气线路按国家规定，采用最完善的三相五线制。

第五节 缆索吊使用前验收与安全测控

一、试验方法及规则

(一)目测检查

试吊前各种安全防护工作必须全面到位,试吊期间缆索系统 20 m 范围内严禁其他人员走动、车辆通行及施工作业,卷扬机地锚、主索地锚、压轮地锚、塔架偏位,侧向风缆地锚处的人员及时到位,并配备对讲机。

缆索吊机安装完成后,进行牵引系统、起重系统、电气控制系统、限位系统等调试及试运行。通过调试、试运行检查仪表、指示灯、控制按钮、各安全控制装置反应是否灵敏,是否正常工作;卷扬机安装方向是否准确,卷扬机制动系统是否有效工作;高速轮是否发热;变速箱声音是否正常;各转向轮是否正常工作;位置是否准确;各工作索相互是否摩擦或与他物是否摩擦,各下吊点升降是否正常等。只有以上检查内容都正常时方可进行试吊,否则需对有问题的部位进行维修、调试、更换、处理等,详细内容见表 4-20 和表 4-21。

表 4-20 夜郎河双线特大桥缆索起重机吊装检查记录表(一)

施工单位:				
吊装部位: 检查负责人: 检查日期:				
检查项目	检查要求及标准	检查方法	检查结果	检查人签名
准备工作	(1)牵引、起重卷扬机操作人员已到达指定地点	观察、目测		
	(2)对讲机、口哨等通信指挥工具到位,完好,运行正常	观察、目测		
	(3)缆塔顶各部位的运行正常(含起重、牵引绳在塔顶运行与其他部件无摩擦)	观察		
	(4)吊装作业人员全部到位,安全防护符合要求	观察、目测		
吊运物件	(1)起吊物件与所需吊运物件相符,确认无误	观察、目测		
	(2)位置姿势与设计相符,起吊受力后物件有无变形情况,符合起吊条件	观察、目测		
吊具卡环	(1)起吊前拱肋重量明确,使用吊带、钢丝绳无断丝,无扭曲、锈蚀、变形等现象,长度一致,外观质量良好,重量不明且未经计算吊具强度情况下严禁起吊	观察、目测		
	(2)卡环大小合适、位置准确,使用长度方向受力;抽销卡环应预防销子滑脱,有缺陷的卡环严禁使用	敲击检查		
	(3)下吊点焊缝外观良好,附近无脱漆或受力斑纹,与扁担梁的连接处无变形裂纹,钢丝绳无断丝,无扭曲、锈蚀、变形等现象	观察、目测		
	(4)扁担梁无变形、焊缝脱落现象,质量合格	观察、目测		
	(5)吊架无变形焊缝无脱落现象,质量合格,在扁担梁上位置准确,固定销轴无变形开裂现象,有保险销	观察、目测		

续表

检查项目	检查要求及标准	检查方法	检查结果	检查人签名
安全措施	(1)拱肋节段吊装溜绳已按要求设置	观察、目测		
	(2)作业人员安全防护措施到位,无关闲杂人员已撤离	观察、目测		
	(3)吊作业指挥人员已到位、指挥员站立位置安全,视野开阔	观察、目测		
	(4)拱肋上杂物机械设备已全部清理干净,达到起吊条件	观察、目测		

表 4-21　夜郎河双线特大桥缆索起重机吊装检查记录表(二)

施工单位:				
吊装部位:　　　检查负责人:　　　检查日期:				
检查项目	检查要求及标准	检查方法	检查结果	检查人签名
锚锭系统	(1)锚锭体位移无异常现象	观察、目测		
	(2)锚锭体混凝土外观无受力裂纹	观察、目测		
风缆系统	(1)风缆钢丝绳绳夹无滑移现象,全部拧紧固定牢靠	观察、目测		
	(2)风缆锚固梁钢管未发生变形情况,焊缝无开裂现象	敲击检查		
	(3)风缆系统无与地面及其他缆索相摩擦现象	观察、目测		
牵引、起重系统	(1)卷扬机后锚固定牢靠,受力均匀,后锚固焊接处无裂纹、滑移现象,卷扬机摆放平稳,卷筒与出绳方向夹角小于 7.5°,排绳要整齐,符合规范要求	观察、目测		
	(2)卷扬机刹车制动装置灵敏有效,运行一切正常,无带病作业,齿轮油、黄油符合要求	观察、目测		
	(3)牵引起重绳完好,无断丝现象,无与地面及其他绳索摩擦现象,经常打油润滑	观察、目测		
	(4)起吊前试运转牵引起重滑轮运转正常,无异常现象	观察、目测		
	(5)卷扬机的防雨、防水、防潮符合要求	观察、目测		
电控系统	(1)线路及设计符合要求,有灭火装置	观察、目测		
	(2)绝缘良好,通风效果好	观察、目测		
	(3)操作室视线良好,防雨防潮。安全操作制度齐全醒目	观察、目测		
	(4)电控柜、电阻箱摆放符合要求,排水符合要求。起重、牵引限位装置良好,接地符合要求	观察、目测		
	(5)控制系统装置运行正常,无带病作业	观察、目测		

(二)绝缘试验

1. 绝缘试验在缆机整机装配完毕后、电源接通前进行。

2. 测量主回路、控制电路、所有电气设备的相间绝缘电阻和对地绝缘电阻。

(三)结构强度试验

对索塔塔顶主横梁、滑道梁焊接接头进行无损探伤检测,对于不合格处利用钢板进行补强焊接处理。

（四）空载试验

1. 缆机在空载状态下分别开动各机构，进行操作试验并进行起升高度的测量，空载试验在空缆状态和天车位于跨中状态下进行，主要是检查缆索吊装系统安装误差、观测牵引设备和跑车运行状况是否正常及主索受力是否均匀，并作为后续试验的参考。

2. 空载试验按三个完整工作循环进行，每个工作循环中各机构制动不少于两次，一个工作循环为：从地面起升试验载荷至起升高度后，小车从跨中横移至贵阳岸制动一次，再横移至重庆岸制动一次，然后回到跨中起吊位置载荷起升前状态。

3. 试验缆机间四个起重小车间联动动作及联动保护。

（五）额定荷载试验

试吊方法采用逐级加载全工况运行的方法。加载程序按两级进行，即设计荷载（70%、100%），两级荷载需完成全高度的垂直运输和全跨度的水平运输三个工作循环。

1. 工况一：索鞍移至2号段吊装工位时（索鞍横向移至距离塔架中心9.7 m、17.7 m处）进行额定荷载试验。按照设计荷载的70%、100%配重物试吊。操作程序流程为：

（1）准备相应级别的试吊配重物140 t、200 t。

（2）挂钩后，启动起重卷扬机使配重物提升，检查各转向轮、卷扬机、工作索运行情况，测试小车起重速度。

（3）当配重物离开地面1 m左右时停止起重卷扬机，停留检查各转向轮、卷扬机制动装置、工作索等部位受力情况。

（4）启动起重卷扬机继续提升配重物到一定高度，停止起重卷扬机，启动牵引卷扬机向重庆岸牵引，牵引至重庆岸构件安装时最不利位置（拱座安装处：距离塔前84.8 m）并测试小车横移速度，停止牵引卷扬机，配重物空中停留10 min，检查测量各转向轮、卷扬机制动装置、工作索等部位受力情况。

（5）启动牵引卷扬机使配重物向贵阳岸方向运行，运行过程中时刻关注检查承重索锚碇、索塔焊接及基础、转向轮、卷扬机及锚碇、工作索运行情况，牵引至贵阳岸构件安装时最不利位置（拱座处：距离塔前117.2 m），停止牵引卷扬机，配重物空中停留10 min，检查测量各转向轮、卷扬机制动装置、工作索等部位受力情况；在上述过程中试验四台起重小车间联动动作及联动保护情况是否正常。

（6）启动牵引卷扬机使配重物向跨中位置方向运行，到跨中位置时停止牵引卷扬机完成一个工作循环，重复完成三个工作循环后，启动起重卷扬机使配重物下降，配重物到达地面，解开挂钩换200 t配重重复上述过程三个循环并测试记录数据。

2. 工况二：索鞍移至1号段吊装工位时（索鞍横向移至距离塔架中心12 m、20 m处）进行额定荷载试验。按照设计荷载的70%、100%配重物试吊，操作程序流程为：准备相应级别的试吊配重物112 t、160 t。后续试吊方法参照工况一进行。

3. 工况三：索鞍移至中间吊装工位时(索鞍横向移至距离塔架中心左右 4 m 处)进行额定荷载试验。按照设计荷载的 70%、100%配重物试吊，操作程序流程为：准备相应级别的试吊配重物 126 t、180 t。后续试吊方法参照工况一进行。

(六)动载试验

动载试验按额定起重量的 110%(220 t)进行试吊，即按工况一：索鞍移至 2 号段吊装工位时(索鞍横向移至距离塔架中心 9.7 m、17.7 m)进行试吊。试验时四台跑车位于缆机正常工作时承受最大荷载位置即贵阳岸拱脚 2 号段位置、重庆岸拱脚 2 号段位置、跨中，试验方法参照额定载荷试验进行，对每种动作在其整个运动范围内做反复启动和制动，包括对悬吊空中启动、制动动作试验。

(七)静载试验

静载试验加载重量为 250 t，试吊操作程序流程为：在贵阳岸拱脚处准备试吊配置物 250 t→挂钩→启动起重卷扬机使配重物提升→当配重物离开地面 0.5 m 左右时停止起重卷扬机(下降 5 cm 停止，检测卷扬机制动，下降制动重复 3 次)→离地面 20 cm 配重物空中停留 15 min→检查项目：承重索锚碇、索塔焊接及基础、转向轮、卷扬机及锚碇、工作索运行等受力部位情况，观测塔顶位移、应力、地锚位移。

(八)试吊监测

采用全站仪测量，在塔顶设置控制点，测量其坐标位置。在各种试验荷载工况下，观测塔身垂度、塔顶平面位置，每个塔柱设置四个观测点，并做到不易破坏。锚碇位移观测通过磁力式百分表进行。

试吊监测项目：每个试验阶段具体监测内容见表 4-22。

表 4-22　荷载试验内容记录

步骤	试验内容	吊重(kN)	试验行走路线	检测参数
1	空载试验	跑车、起重索自重	跨中提升→贵阳岸→重庆岸→跨中→下降	跨中垂度、跨中两岸索塔偏位值、跨中两岸索塔下沉值、承重索索力值、起重索索力值、风缆索力值、塔架应力
2	下游 70%额定荷载试验	1 400/1 120/1 260	跨中提升→贵阳岸→重庆岸→跨中→下降→卸载	跨中垂度、跨中两岸索塔偏位值、跨中两岸索塔下沉值、承重索索力值
3	下游 100%额定荷载试验	2 000/1 600/1 800	跨中提升→贵阳岸→重庆岸→跨中→下降→卸载	跨中垂度、跨中两岸索塔偏位值、跨中两岸索塔下沉值、承重索索力值、起重索索力值、风缆索力值：塔架应力
4	下游 110%动载试验	2 200	跨中提升→贵阳岸→重庆岸→跨中→下降→卸载	跨中垂度、跨中两岸索塔偏位值、跨中两岸索塔下沉值、承重索索力值、起重索索力值、风缆索力值、塔架应力
5	下游 125%静载试验	2 500	跨中提升离地 0.5 m，持荷 15 min→卸载	跨中垂度、跨中两岸索塔偏位值、跨中两岸索塔下沉值、承重索索力值、起重索索力值、风缆索力值、塔架应力

续表

步骤	试验内容	吊重(kN)	试验行走路线	检测参数
6	上游 70%额定荷载试验	1 400/1 120/1 260	跨中提升→贵阳岸→重庆岸→跨中→下降→卸载	跨中垂度、跨中两岸索塔偏位值、跨中两岸索塔下沉值、承重索索力值、起重索索力值
7	上游 100%额定荷载试验	2 000/1 600/1 800	跨中提升→贵阳岸→重庆岸→跨中→下降→卸载	跨中垂度、跨中两岸索塔偏位值、跨中两岸索塔下沉值、承重索索力值、起重索索力值、风缆索力值、塔架应力
8	上游 110%动载试验	2 200	跨中提升→贵阳岸→重庆岸→跨中→下降→卸载	跨中垂度、跨中两岸索塔偏位值、跨中两岸索塔下沉值、承重索索力值、起重索索力值、风缆索力值、塔架应力
9	上游 125%静载试验	2 500	跨中提升离地 0.5 m,持荷 15 min→卸载	跨中垂度、跨中两岸索塔偏位值、跨中两岸索塔下沉值、承重索索力值、起重索索力值、风缆索力值、塔架应力

(九)试验应注意的有关事项

1. 承重索地锚,地锚梁、转向轮、索鞍、卷扬机每个地方必须安排专人观察、检查。
2. 发现问题须立即通知机手停止所有动作。
3. 发现的问题必须处理合格后才能进行下道工序。
4. 试吊完成后检查主索同一断面是否在同一个平面,否则需微调承重索垂度。

二、缆索吊系统监测

(一)监测方法原理

1. 主缆承重索及主塔缆风索力监测

主缆承重索及缆风索力的检测以柔性索振动方程为基础,其振动方程为

$$EI\frac{\partial^4\eta}{\partial x^4}-T\frac{\partial^2\eta}{\partial x^2}-\Delta T\frac{\partial^2 y}{\partial x^2}+m\frac{\partial^2\eta}{\partial t^2}=0$$

式中 EI——拉索的抗弯刚度;

$\eta(x,y)$——拉索的振动位移;

T——拉索索力;

ΔT——拉索振动产生的索力增量。

若拉索两端是铰支,拉索作微幅自由振动时,经过分离变量等一系列变换之后得其拉力与第 n 阶固有频率间的关系为

$$T=\frac{4mL^2f_n^2}{n^2g}-\frac{n^2EI}{L^2}$$

式中 T——拉索的内力;

L——索的计算长度;

EI——索的抗弯刚度;

m——单位索长的质量；

f_n——索的第 n 阶固有频率。

对于一般的细长比极小的拉索，拉索抗弯刚度对索力测试的影响不大，故可以直接采用下式计算

$$T=\frac{4mL^2f_n^2}{n^2g}$$

通常采用基频($n=1$)进行索力计算，上式可改写为

$$T=\frac{4mL^2f_1^2}{g}$$

通过对索进行人工激励或环境随机激振，获得振动信号，对测试信号进行处理和分析后，识别出被测索股的振动频率，即可进行索力的分析计算。

2. 主塔应力监测

主塔控制截面施工环境恶劣、温湿度影响大，检测周期较长，现场应力检测选用高质量的弦式智能数码钢筋应力计(图 4-119)和配套的振弦检测仪作为二次仪表。

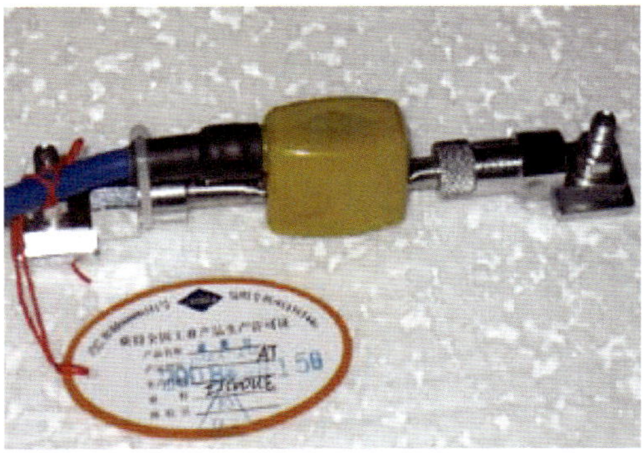

图 4-119 弦式智能数码钢筋应力计

弦式智能数码应力计采用薄壁圆管形结构，用钢弦作为传感元件与导电线圈组成电磁感应电路，当钢结构计沿轴向受力时使钢弦发生松紧变化，钢弦在激励脉冲作用下又会在磁场中产生振动，于是感应出与自振频率相对应的频率变化的正弦波电信号供给仪表测量，钢弦被激发后在磁场中微幅自振频率与钢弦所受应力之间的关系为

$$f=\frac{1}{2L\sqrt{E\varepsilon/\rho}}$$

式中 f——钢弦自振频率；

L——钢弦长度；

E——钢弦弹性模量；

ε——钢弦应变；

ρ——质量密度。

弦式智能数码钢筋应力计内置智能芯片，全数字检测，信号长距离传输不失真，抗干扰能力强。应力计内置存贮芯片，具有智能记忆功能，出厂时将传感器型号、编号、标定系数等参数永久存储在传感器中，并可在测量时自动保存 800 次所需的测量参数，如测量时间、测点温度(温度型)、绝对应力值、相对应力值、零点参数及温度修正值等，能够保证工程现场检测的需要。主要性能指标为量程±3 000 $\mu\varepsilon$，灵敏度 1 $\mu\varepsilon$，分辨率<0.2% FS，稳定性：3～5 Hz(0.1～0.16 MPa)/3 个月、3～4 Hz(0.1～0.13 MPa)/10 ℃。

钢弦应变计应变与钢弦丝自振频率间的对应关系可近似看作自振频率 f 的二次函数，即

$$\varepsilon = A \cdot f^2 + B \cdot f + C$$

式中　ε——被测对象应变($\mu\varepsilon$)；

f——弦丝自振频率(Hz)；

A,B,C——待定系数，由设备厂家标定给出。

在应力监测中，将所测量的钢弦频率值代入公式，通过专用软件计算即得到结构的应变值，进而可得到结构的名义应力值。结构的应力通过应变测量，即

$$\sigma_{弹} = E\varepsilon_{弹}$$

式中　$\sigma_{弹}$——载荷作用下结构的弹性应力(MPa)；

E——被测结构弹性模量(MPa)；

$\varepsilon_{弹}$——载荷作用下被测结构的弹性应变。

对于钢管而言，材料均匀，弹性模量稳定，通过应变换算得到的钢管应力能够较准确反应结构的受力情况，但要考虑日照温度的影响。

3. 地锚变形监测

地锚承受主缆拉力，容易产生滑移，需要加以监测，考虑到测量精度和量程的需要，拟通过布置百分表加以实现。百分表结构简单，安装方便，适合地锚在主缆试运行期间的滑移观测。

(二)监测实施方法

1. 主缆承重索及主塔缆风索力监测方法

根据主缆索和缆风采用钢绞线，其长细比极小，可视为两端铰支。采用单个加速度传感器测量振动时域信号，经傅里叶变换在频域进行频率识别。将加速度传感器固定在索上，通过环境随机振动激振，采用时域信号。数据采集和分析使用了 SLDC 桥梁索力动测及数据管理软件。实测时，为了克服基频难于识别的难题并提高测试精度，SLDC 桥梁索力计算采用相邻四阶固有频率差计算索力。由于 $f_n = nf_i$，则有 $f_n - f_{n-1} = \Delta f = f_1$，因此索力的计算公式为

$$T = \frac{4mL^2(\Delta f)^2}{g}$$

采取三个相邻固有频率差的均值来计算索力。SLDC 桥梁索力动测及数据管理软件的界面如图 4-120 所示。

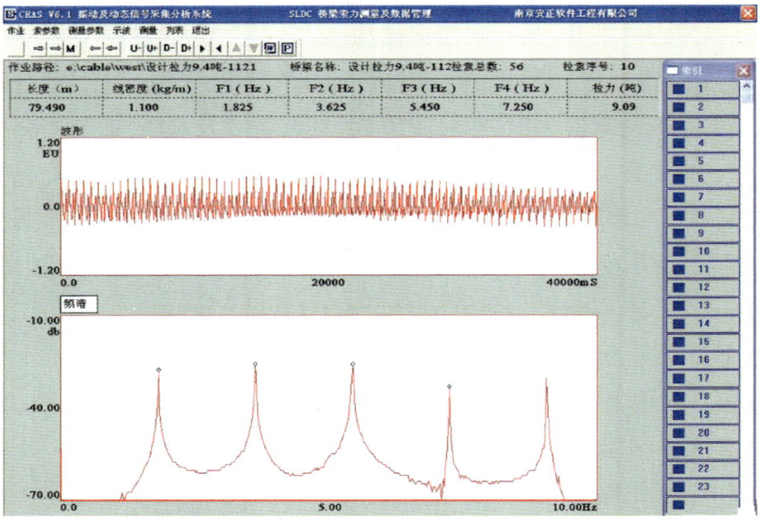

图 4-120　SLDC 索力动测过程演示

索力监测的时机在每节段缆索吊装就位的同时进行，根据索力监测情况及时反馈施工单位进行必要的调整。为便于检测，索力测试传感器布置于主索锚碇或缆风锚定附近索上，逐根测试各索索力在空缆和最不利承重索受力下的索力，如图 4-121 所示。

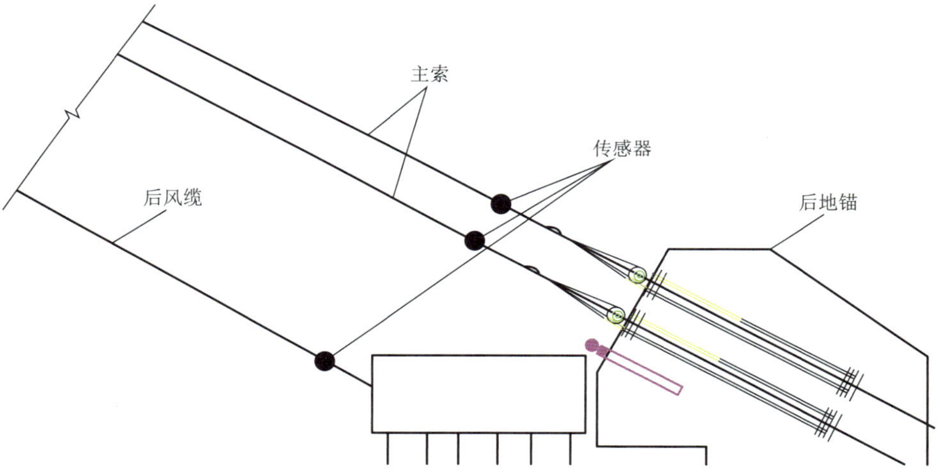

图 4-121　缆索测试点传感器布置示意

2. 主塔控制截面应力监测方法

在不考虑主缆和缆风的约束情况下，主塔为竖向悬臂梁，其最大受力控制截面为根部与基础相接部位，如图 4-122 中 A-A 断面所示。

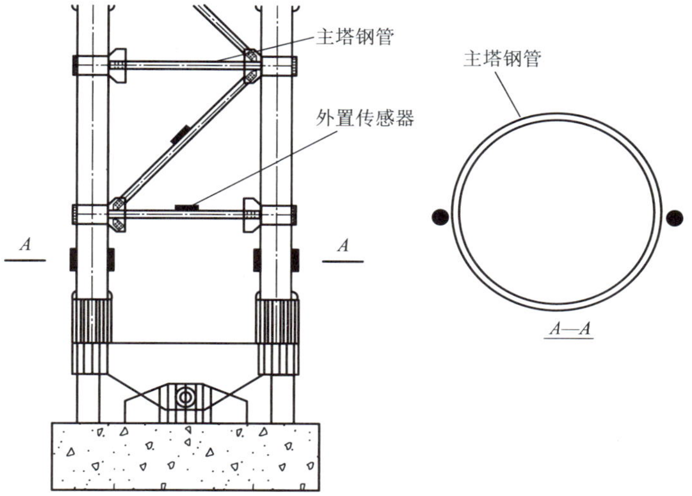

图 4-122　主塔控制断面应变传感器布置示意

由于现场检测持续时间较长，环境条件比较恶劣，要求传感器埋设与布线时充分考虑施工期间可能造成传感器破坏的各种因素。应力传感器安装与布线应做到以下几点：

(1)传感器是精密仪器，不能受到撞击、振动。

(2)应力传感器应该预埋或外贴于结构表面进行安装。

(3)应力传感器埋设按方案要求安装，与需要测试的受力方向一致。

(4)虽然传感器内置芯片可存储传感器编号等信息，但为便于快速找到相应导线，仍需要在导线引出端给每根导线制作标签。

(5)登记好每个测点安装的传感器编号，并保存好记录资料。记录安装前后的初频，即进行清零，消除零飘和安装应力的影响。

(6)施工单位在施工到监测点节段时，应事先通知监控人员安装传感器。在传感器及导线附近，应谨慎施工，以免改变传感器方向或将其损坏。桥面施工人员应谨慎防止铲断导线。若发现传感器及导线损坏，应尽快通知监控人员，以便采取补救措施。

(7)传感器导线插头的防水保护十分重要。每次测量完毕，都要把防水套筒套上，以免插头被雨水淋湿造成短路而无法正确测得数据。如果插头不慎被水浸泡，擦干后也无法测量到正确数据时，可将插头取下，改用鳄鱼夹分别联结电缆线各点，再接入钢弦频率测定仪，即可测得正确数据。

3. 地锚位移监测方法

地锚滑移的监测拟通过在地锚后端两侧布置百分表，在地锚两侧 2 m 以外安装 80 mm×80 mm 角钢地桩，插入地面以下 1 m，并以 80 mm×80 mm 角钢横梁，作为百分表安装支点，平面布置如图 4-123 所示。

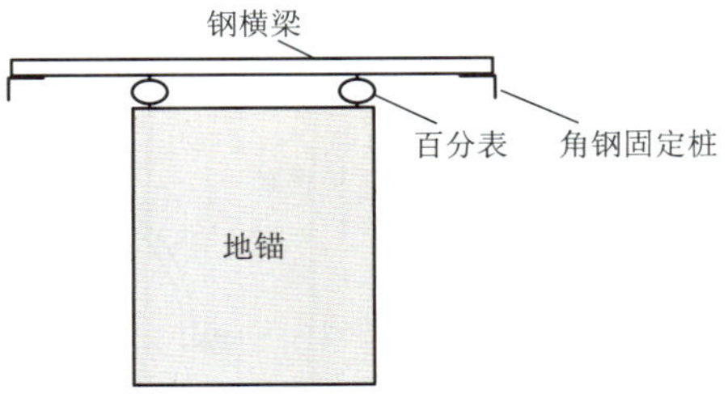

图 4-123　地锚滑移监测平面布置示意

(三)监测工况

本监测工况包括缆索吊加载前初始(空缆)状态、缆索吊初始加载和分级加载以及在吊具位于重庆、贵阳两岸和跨中多个位置下的加载工况。

初始加载拟按照设计荷载 10%取定,最大荷载按照 2 500 kN,各分级加载根据现场挂重情况、按照 3 级加载制定各分级荷载大小。

三、缆索起重机安全监控

缆索吊安全监控系统是一种新型的设备安全监控手段,通过传感器、数据采集、自动闭锁方式实现设备运行状态的自动化控制。

缆索吊采用安全监控系统,利用自动化数据采集系统进行行程限位、起升高度限位、起重量限制、索力监测、风速测量并预警;全桥设置视频监控,利用视频设备观察设备运行状态。

1. 行程限位。通过测量牵引钢丝绳运行状态,控制天车运行位置,可以有效地限制天车运行范围,避免司机操作失误,天车运行超过极限范围,造成事故。

2. 起升高度限位。通过测量起重钢丝绳运行状态,控制吊钩运行高度,可以有效地限制吊钩运行范围,避免司机操作失误或指挥失误,天车运行超过极限范围,造成事故。

3. 起重量限制。通过测量独立吊钩的吊重,可以控制起重量是否超载,单钩吊重是否超载,或者起重量偏斜是否超限。

4. 索力监测。在缆索吊主缆上安设传感器,通过主缆弦振实时测量主缆索力,可以优先监控主缆索力状态,避免索力超限造成事故。

5. 风速测量。通过在索塔顶部安装风速仪,实时测量风速,当超过 6 级以上风力时,停止吊装作业。

6. 视频监控系统。在全桥地锚、索塔顶部、操作室安装视频监控系统,可以对地锚部位钢丝绳状态,全桥总体及天车、吊钩、索鞍运行状态进行全过程监控,操作人员可以实时查看各部位状态,及时发现问题并停止设备运行;可以避免人工高处作业、实时检查设备运行、观察吊钩下方情况,降低安全风险。操作室监控视频,可以记录操作室内司机工作状态,对事故分析有帮助作用。

第五章 扣锚系统设计与施工

夜郎河特大桥拱肋为提篮式钢管拱,拱肋底宽 41 m,顶宽 15.42 m。拱圈用钢量大,最重节段重 190 t,最长节段 25.8 m,吊装高度 210 m,拱肋安装采用缆索吊吊装,斜拉扣挂法施工,缆索吊跨度大,吊重大,索鞍横移距离 35 m。钢管拱全桥共计 5 500 t,分为 44 个节段,节段长度为 15.3～25.8 m,全桥钢管共分为 4 肢,每肢分为 10 个节段,前 6 个为分叉段,其余 4 个为合并段,前 6 个安装侧向缆风抵抗钢拱架水平力,如图 5-1 所示。

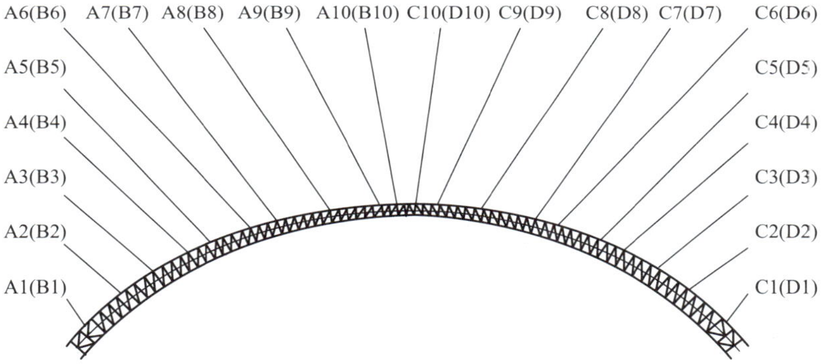

图 5-1 夜郎河特大桥拱肋节段划分示意

第一节 扣挂系统设计

夜郎河特大桥劲性骨架采用缆索吊加斜拉扣挂法施工,起吊采用缆索吊垂直起吊,安装就位后,采用斜拉钢绞线临时锚固劲性骨架,劲性骨架和背索锚点均为锚固固定端,张拉端设置在中间的扣塔上(1 号节段除外)。根据现场施工条件,利用 5、6 号交接墩及设置在交接墩帽梁上的门形钢结构塔作为扣塔。扣塔锚点分上下两层,第一层在墩顶以上 0.8 m,设置 16 组锚梁,作为 2～5 号节段的扣挂锚点;第二层设在扣塔顶面,锚点距离墩顶 20.65 m,第二层设置 20 组锚梁,作为 6～10 号节段的扣挂锚点。

一、扣索索力计算

(一)斜拉扣挂模型介绍

在计算扣索索力时,按照实际施工顺序将劲性骨架单元及扣索建立模型,全桥共计3 566个单元,如图5-2所示。劲性骨架设置为梁单元,扣索设置为只受拉桁架单元。按照设计,拱桥劲性骨架共计10种单元截面类型,其中9种钢管截面,1种角钢截面。

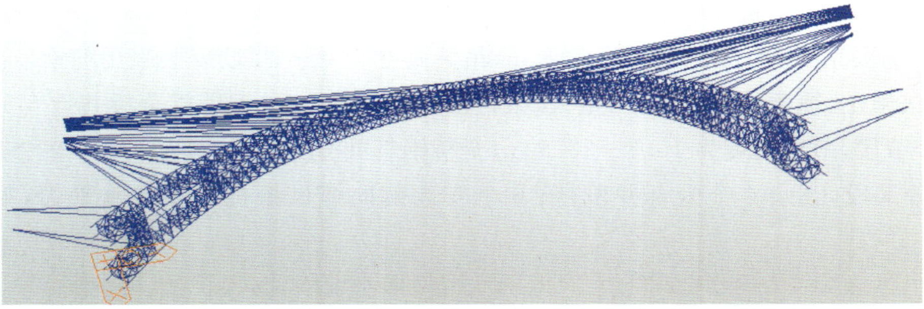

图5-2 劲性骨架整体模型

(二)施工阶段设置

根据设计,劲性骨架全桥共计分20个阶段,其中1~5阶段为分叉段,6~10号节段为合并段,节段参数见表5-1。

表5-1 劲性骨架节段参数

节段编号	长度(m)	单侧底模板重量(t)	节段重量(t)	起吊总重量(t)	备注
1	21.63	3.9	144.8	148.7	拱脚分叉,两部分单独吊装
2	24.67	24.2	159.5	183.7	拱脚分叉,两部分单独吊装
3	22.71	20.7	140.7	161.4	拱脚分叉,两部分单独吊装
4	21.32	20.6	117.5	138.1	拱脚分叉,两部分单独吊装
5	20.35	18.3	109.5	127.8	拱脚分叉,两部分单独吊装
6	19.69	18.9	106.2	125.1	合并段,两部分单独吊装
7	19.26	16.9	97.9	114.8	合并段,两部分单独吊装
8	18.98	15.7	95.5	111.2	合并段,两部分单独吊装
9	18.83	15.5	93.8	109.3	合并段,两部分单独吊装
10	14.92	14.5	85.05	99.55	合并段,两部分单独吊装
1号横撑	6.679	13.08	73.1	86.18	整体吊装
2号横撑	5.484	6.44	38.6	45.04	整体吊装

计算时,模型参照施工实际,将施工过程分17个施工阶段。模型中利用Midas Civil软件激活功能,分阶段激活施工节段单元,分析分阶段吊装的各个阶段扣索索力大小。

(三)分析控制

分析时以节段竖向“0”位移控制索力大小,即:每个节段在分析时,实际控制中按照当前节段竖向位移小于 1 mm 控制。

(四)计算结果

1. 扣索索力

经过计算,各个阶段扣索索力见表 5-2。

表 5-2　夜郎河特大桥扣索索力表(kN)

扣索编号	施工阶段	阶段 1	阶段 2	阶段 3	阶段 4	阶段 5	阶段 6	阶段 7	阶段 8	阶段 9	阶段 10	阶段 11	阶段 12	阶段 13	阶段 14	阶段 15	阶段 16	阶段 17
	扣索编号	右一	左一	右二	左二	1 号横撑	右三	左三	右四	左四	2 号横撑	右五	左五	节段 6	节段 7	节段 8	节段 9	节段 10
1	L1W	334	334	334	334	337	336	337	336	336	338	336	335	332	328	321	313	303
2	L2W	0	0	435	435	439	437	439	438	437	442	439	439	434	425	413	395	375
3	L3W	0	0	0	0	0	502	504	502	502	509	505	506	501	491	475	451	422
4	L4W	0	0	0	0	0	0	0	529	528	536	533	534	530	522	508	485	456
5	L5W	0	0	0	0	0	0	0	0	0	0	700	702	700	694	683	664	640
6	L6ZW	0	0	0	0	0	0	0	0	0	0	0	0	708	704	695	680	659
7	L6W	0	0	0	0	0	0	0	0	0	0	0	0	708	704	696	680	658
8	L7W	0	0	0	0	0	0	0	0	0	0	0	0	0	765	759	747	730
9	L7ZW	0	0	0	0	0	0	0	0	0	0	0	0	0	765	759	747	730
10	L8ZW	0	0	0	0	0	0	0	0	0	0	0	0	0	0	891	881	868
11	L8W	0	0	0	0	0	0	0	0	0	0	0	0	0	0	891	881	867
12	L9ZW	0	0	0	0	0	0	0	0	0	0	0	0	0	0	0	1 063	1 052
13	L9W	0	0	0	0	0	0	0	0	0	0	0	0	0	0	0	1 063	1 051
14	L10W	0	0	0	0	0	0	0	0	0	0	0	0	0	0	0	0	1 085
15	L10ZW	0	0	0	0	0	0	0	0	0	0	0	0	0	0	0	0	1 086
16	L1N	343	343	344	344	346	346	346	345	345	347	345	344	341	336	330	321	311
17	L2N	0	0	449	449	452	452	453	451	451	456	453	452	447	439	426	408	387
18	L3N	0	0	0	0	0	510	512	510	509	517	513	514	509	499	482	458	428
19	L4N	0	0	0	0	0	0	0	532	532	540	536	537	534	525	511	488	459
20	L5N	0	0	0	0	0	0	0	0	0	0	702	703	701	695	684	666	641
21	L6ZN	0	0	0	0	0	0	0	0	0	0	0	0	710	706	698	682	661
22	L6N	0	0	0	0	0	0	0	0	0	0	0	0	710	706	698	682	661
23	L7ZN	0	0	0	0	0	0	0	0	0	0	0	0	0	767	760	748	731
24	L7N	0	0	0	0	0	0	0	0	0	0	0	0	0	767	760	748	731

续表

扣索编号	施工阶段	阶段1	阶段2	阶段3	阶段4	阶段5	阶段6	阶段7	阶段8	阶段9	阶段10	阶段11	阶段12	阶段13	阶段14	阶段15	阶段16	阶段17
	扣索编号	右一	左一	右二	左二	1号横撑	右三	左三	右四	左四	2号横撑	右五	左五	节段6	节段7	节段8	节段9	节段10
25	L8ZN	0	0	0	0	0	0	0	0	0	0	0	0	0	0	891	882	868
26	L8N	0	0	0	0	0	0	0	0	0	0	0	0	0	0	891	882	868
27	L9ZN	0	0	0	0	0	0	0	0	0	0	0	0	0	0	0	1 063	1 052
28	L9N	0	0	0	0	0	0	0	0	0	0	0	0	0	0	0	1 063	1 052
29	L10ZN	0	0	0	0	0	0	0	0	0	0	0	0	0	0	0	0	1 086
30	L10N	0	0	0	0	0	0	0	0	0	0	0	0	0	0	0	0	1 086
31	LS1W	350	350	350	351	353	353	353	353	353	354	353	352	349	344	338	329	320
32	LS1N	362	362	362	362	365	365	365	364	363	365	364	362	359	354	348	339	329
33	LS2W	0	0	0	435	439	438	439	438	438	442	441	439	434	425	413	395	374
34	LS2N	0	0	0	449	452	452	453	452	451	456	454	452	447	438	425	407	386
35	LS3W	0	0	0	0	0	0	504	504	503	510	508	507	501	491	475	451	421
36	LS3N	0	0	0	0	0	0	512	511	510	518	515	514	509	498	482	457	427
37	LS4W	0	0	0	0	0	0	0	0	520	527	525	524	521	513	498	475	446
38	LS4N	0	0	0	0	0	0	0	0	523	531	528	527	524	516	501	478	449
39	LS5W	0	0	0	0	0	0	0	0	0	0	0	690	687	682	670	652	627
40	LS5N	0	0	0	0	0	0	0	0	0	0	0	691	689	683	672	653	629
41	LS6ZW	0	0	0	0	0	0	0	0	0	0	0	0	709	705	696	681	659
42	LS6W	0	0	0	0	0	0	0	0	0	0	0	0	709	705	696	680	659
43	LS6ZN	0	0	0	0	0	0	0	0	0	0	0	0	711	707	698	683	661
44	LS6N	0	0	0	0	0	0	0	0	0	0	0	0	711	707	699	683	661
45	LS7W	0	0	0	0	0	0	0	0	0	0	0	0	0	766	760	748	730
46	LS7ZW	0	0	0	0	0	0	0	0	0	0	0	0	0	766	760	748	730
47	LS7ZN	0	0	0	0	0	0	0	0	0	0	0	0	0	767	761	749	732
48	LS7N	0	0	0	0	0	0	0	0	0	0	0	0	0	767	761	749	732
49	LS8ZW	0	0	0	0	0	0	0	0	0	0	0	0	0	0	891	882	868
50	LS8W	0	0	0	0	0	0	0	0	0	0	0	0	0	0	891	882	868
51	LS8ZN	0	0	0	0	0	0	0	0	0	0	0	0	0	0	892	883	869
52	LS8N	0	0	0	0	0	0	0	0	0	0	0	0	0	0	892	883	869
53	LS9ZW	0	0	0	0	0	0	0	0	0	0	0	0	0	0	0	1 064	1 052
54	LS9W	0	0	0	0	0	0	0	0	0	0	0	0	0	0	0	1 064	1 052
55	LS9ZN	0	0	0	0	0	0	0	0	0	0	0	0	0	0	0	1 064	1 053

续表

扣索编号	施工阶段	阶段1	阶段2	阶段3	阶段4	阶段5	阶段6	阶段7	阶段8	阶段9	阶段10	阶段11	阶段12	阶段13	阶段14	阶段15	阶段16	阶段17
	扣索编号	右一	左一	右二	左二	1号横撑	右三	左三	右四	左四	2号横撑	右五	左五	节段6	节段7	节段8	节段9	节段10
56	LS9N	0	0	0	0	0	0	0	0	0	0	0	0	0	0	0	1 064	1 053
57	LS10W	0	0	0	0	0	0	0	0	0	0	0	0	0	0	0	0	1 086
58	LS10ZW	0	0	0	0	0	0	0	0	0	0	0	0	0	0	0	0	1 087
59	LS10ZN	0	0	0	0	0	0	0	0	0	0	0	0	0	0	0	0	1 087
60	LS10N	0	0	0	0	0	0	0	0	0	0	0	0	0	0	0	0	1 087
61	ZXL1W	334	334	334	334	337	337	337	337	336	338	337	336	332	328	321	313	303
62	ZXL1N	343	343	343	344	346	346	346	346	345	347	346	344	341	336	330	321	311
63	ZXL2N	0	0	0	449	452	452	453	452	451	456	454	452	447	439	426	408	387
64	ZXL2W	0	0	0	436	439	439	439	438	438	442	441	439	434	425	413	395	375
65	ZXL3N	0	0	0	0	0	0	511	510	509	517	514	513	508	498	482	457	427
66	ZXL4N	0	0	0	0	0	0	0	0	533	541	538	538	534	526	512	489	460
67	ZXL5N	0	0	0	0	0	0	0	0	0	0	0	705	703	697	686	667	643
68	ZXL4W	0	0	0	0	0	0	0	0	529	537	535	535	531	523	509	486	457
69	ZXL5W	0	0	0	0	0	0	0	0	0	0	0	703	701	695	684	666	641
70	ZXL3W	0	0	0	0	0	0	503	503	502	509	507	506	501	491	475	451	421
71	ZDL1N	362	362	362	362	365	364	365	364	363	365	363	362	359	354	348	339	329
72	ZDL1W	350	350	351	351	353	353	353	353	353	354	352	352	349	344	338	329	320
73	ZDL2N	0	0	449	449	452	452	453	452	451	456	453	452	447	438	425	407	387
74	ZDL2W	0	0	435	435	439	437	439	438	438	442	439	438	433	425	412	395	374
75	ZDL3N	0	0	0	0	0	511	513	511	511	518	514	514	509	499	482	458	428
76	ZDL3W	0	0	0	0	0	503	504	504	503	511	506	507	502	492	475	451	422
77	ZDL4N	0	0	0	0	0	0	0	523	523	531	526	527	523	515	500	477	448
78	ZDL4W	0	0	0	0	0	0	0	520	519	527	523	524	520	512	497	474	446
79	ZDL5N	0	0	0	0	0	0	0	0	0	0	688	689	687	681	670	651	626
80	ZDL5W	0	0	0	0	0	0	0	0	0	0	686	687	685	680	668	650	625

2. 劲性骨架应力

如图 5-3 所示，劲性骨架最大应力出现在节段 10 吊装完成后，在骨架节段 1 靠近拱脚预埋段位置出现杆件最大压应力为 183.1 MPa，最大拉应力为 159.2 MPa，最大拉压应力均出现在骨架节段 1 靠近拱脚预埋段位置，应力满足要求。

图 5-3　劲性骨架应力(单位:MPa)

二、背索索力计算

背索与扣索通过扣塔对称设置,背索一端与预埋于承台中的钢绞线相连,一端锚固在扣塔的锚梁上,背索主要用于平衡扣索索力,避免扣塔产生水平力。背索为空间结构,计算采用 Midas Civil 软件建模分析。

(一)背索模型介绍

背索一端锚固在引桥承台上,另外一端锚固在扣塔锚梁上。背索与扣索是一一对应的,因此共计有 72 组背索(节段 1 没有背索)。背索计算时将扣索、背索、扣塔一起建立模型,模型总计 790 个单元,438 个节点,如图 5-4 所示。

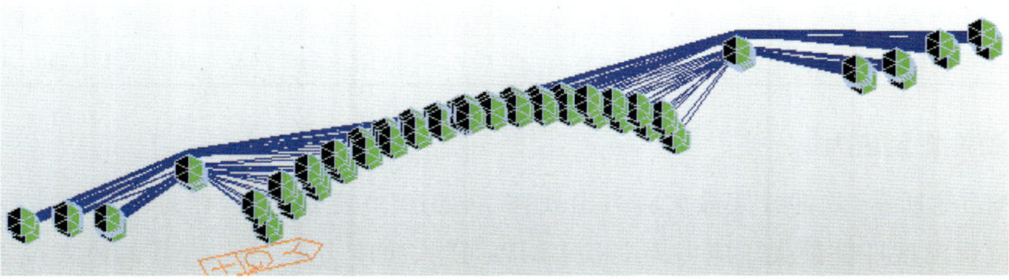

图 5-4　扣索及背索模型

（二）边界条件

根据背索特性，将背索设置成只受拉的桁架单元，计算背索主要用扣索的索力，通过扣塔传递到背索。所以假定背索和扣索的锚固端为固定端，设置成铰接体系。为了减小约束对结果的影响，对扣塔底部结构进行了调整，将底部设置成铰接体系，以塔顶“0”位移来控制分析结果，如图 5-5 所示。

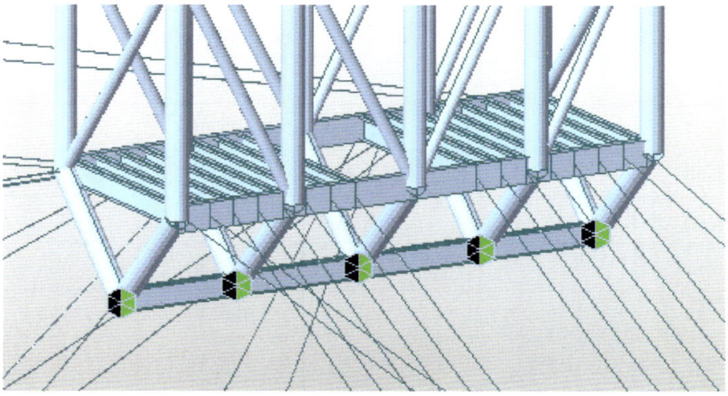

图 5-5　扣塔底部约束及调整结构形式模型

（三）背索计算结果

经过计算，各背索最大索力见表 5-3。

表 5-3　背索最大索力表

背索编号	最大索力(kN)	钢绞线数(根)	锚具类型	拉索长度(m)	伸长量(mm)	锚固位置
HL2W	475.30	4	15-4	67.10	294	3 号
HL2N	475.11	4	15-4	67.10	294	3 号
ZXHL2N	475.28	4	15-4	67.10	294	3 号
ZXHL2W	475.44	4	15-4	67.10	294	3 号
HL3W	528.58	5	15-5	67.10	262	3 号
HL3N	528.81	5	15-5	67.10	262	3 号
ZXHL3N	528.90	5	15-5	67.10	262	3 号
ZXHL3W	528.65	5	15-5	67.10	262	3 号
HL4W	514.10	5	15-5	67.10	255	3 号
HL4N	514.54	5	15-5	67.10	255	3 号
ZXHL4N	514.98	5	15-5	67.10	255	3 号
ZXHL4W	514.54	5	15-5	67.10	255	3 号
HL5W	692.44	7	15-7	93.98	343	2 号
HL5N	692.25	7	15-7	93.98	343	2 号
ZXHL5N	690.84	7	15-7	93.98	342	2 号

续表

背索编号	最大索力(kN)	钢绞线数(根)	锚具类型	拉索长度(m)	伸长量(mm)	锚固位置
ZXHL5W	691.00	7	15-7	93.98	342	2 号
HL6W	725.07	7	15-7	105.38	403	地锚
HL6W	725.06	7	15-7	105.38	403	地锚
HL6N	725.21	7	15-7	99.02	378	2 号
HL6N	725.20	7	15-7	99.02	378	2 号
HL7W	818.20	8	15-8	105.40	398	地锚
HL7W	818.24	8	15-8	105.40	398	地锚
HL7N	818.33	8	15-8	105.40	398	地锚
HL7N	818.30	8	15-8	105.40	398	地锚
HL8W	940.33	9	15-9	105.40	406	地锚
HL8W	940.45	9	15-9	105.40	406	地锚
HL8N	940.10	9	15-9	105.40	406	地锚
HL8N	940.21	9	15-9	105.40	406	地锚
HL9W	953.11	10	15-10	130.50	459	1 号
HL9W	953.40	10	15-10	130.50	459	1 号
HL9N	952.91	10	15-10	130.50	459	1 号
HL9N	953.16	10	15-10	130.50	459	1 号
HL10W	1 044.77	11	15-11	105.40	369	地锚
HL10W	1 044.75	11	15-11	105.40	369	地锚
HL10N	1 044.68	11	15-11	105.40	369	地锚
HL10N	1 044.70	11	15-11	105.40	369	地锚
hls2w	468.19	5	15-5	99.94	345	9 号
hls2n	468.13	5	15-5	99.94	345	9 号
ZDHL2N	467.98	5	15-5	99.94	345	9 号
ZDHL2W	468.12	5	15-5	99.94	345	9 号
hls3w	521.58	5	15-5	99.94	385	9 号
hls3n	521.68	5	15-5	99.94	385	9 号
ZDHL3N	521.65	5	15-5	99.94	385	9 号
ZDHL3W	521.62	5	15-5	99.94	385	9 号
hls4w	495.50	5	15-5	99.95	365	9 号
hls4n	495.61	5	15-5	99.95	366	9 号
ZDHL4N	495.74	5	15-5	99.95	366	9 号

续表

背索编号	最大索力(kN)	钢绞线数(根)	锚具类型	拉索长度(m)	伸长量(mm)	锚固位置
ZDHL4W	495.70	5	15-5	99.95	366	9 号
hls5w	611.01	6	15-6	129.76	488	10 号
hls5n	611.02	6	15-6	129.76	488	10 号
ZDHL5N	611.93	6	15-6	129.76	488	10 号
ZDHL5W	611.99	6	15-6	129.76	488	10 号
hls6w	766.63	7	15-7	137.25	555	10 号
hls6w	766.33	7	15-7	137.25	554	10 号
hls6n	766.70	7	15-7	137.25	555	10 号
hls6n	766.45	7	15-7	137.25	554	10 号
hls7w	827.84	8	15-8	137.27	524	10 号
hls7w	828.74	8	15-8	137.27	525	10 号
hls7n	828.89	8	15-8	137.27	525	10 号
hls7n	828.33	8	15-8	137.27	524	10 号
hls8w	906.66	9	15-9	164.13	610	11 号
hls8w	906.69	9	15-9	164.13	610	11 号
hls8n	906.61	9	15-9	164.13	610	11 号
hls8n	906.72	9	15-9	164.13	610	11 号
hls9w	1 027.51	10	15-10	194.10	736	12 号
hls9w	1 027.64	10	15-10	194.10	736	12 号
hls9n	1 027.27	10	15-10	164.13	622	11 号
hls9n	1 027.55	10	15-10	164.13	622	11 号
hls10w	1 051.83	11	15-11	194.10	685	12 号
hls10w	1 051.92	11	15-11	194.10	685	12 号
hls10n	1 051.89	11	15-11	194.10	685	12 号
hls10n	1 051.90	11	15-11	194.10	685	12 号

三、扣塔计算

(一)设计说明

根据现场施工条件,利用 5、6 号交接墩及设置在交接墩帽梁上的门型钢结构塔作为扣塔。扣塔锚点分上下两层,第一层在墩顶以上 0.8 m,设置 16 组锚梁,作为 2～5 号节段的扣挂锚点。第二层设在扣塔顶面,锚点距离墩顶 20.65 m,第二层设置 20 组锚梁,作为 6～10 号节段的扣挂锚点,如图 5-6 所示。

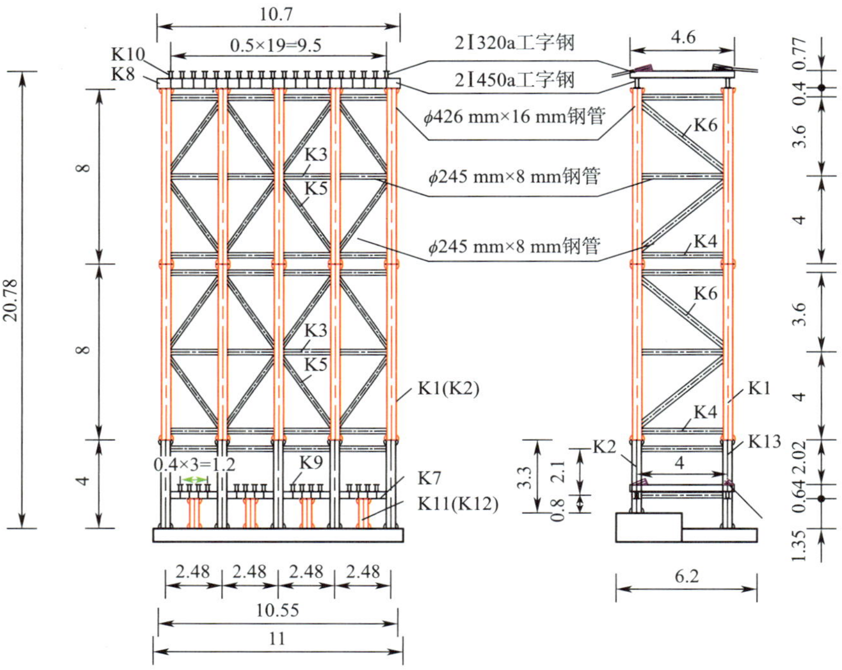

图 5-6 门型钢结构塔布置示意(单位:m)

(二)扣塔塔架计算

1. 塔顶分配梁计算

塔顶分配梁最多有 5 组锚梁作用在分配梁上，竖向力最大在锚固节段 7 的背索时，假定一跨内承载 2 组 HLS7、2 组 HLS8 及 1 组 HLS6 的竖向荷载，荷载为 346.45 kN+346.83 kN+346.89 kN+346.66 kN+320.76 kN=1 707.59 kN。一跨净跨径 2.05 m，假定荷载均匀分布，即 $q_{顶}=1\ 707.59\ \text{kN}/2.05\ \text{m}=833\ \text{kN/m}$。弯矩为

$$M_{顶}=\frac{q_{顶}\ l_{顶}^2}{8}=\frac{833\times 2.05^2}{8}\text{kN}\cdot\text{m}=437.6\ \text{kN}\cdot\text{m}$$

分配梁为 2 拼 I450a 工字钢，I450a 工字钢截面参数为截面面积 $A=10\ 240\ \text{mm}^2$，惯性矩 $I_x=322\ 410\ 000\ \text{mm}^4$，截面模量 $W_x=1\ 432\ 933\ \text{mm}^3$。

因此截面正应力为

$$\sigma_M=\frac{M_{顶}}{W_{顶}}=\frac{437.6\times 10^6\ \text{N}\cdot\text{mm}}{2\times 1\ 432\ 933\ \text{mm}^3}=152.7\ \text{MPa}<175\ \text{MPa}$$

2. 塔底分配梁计算

塔底分配梁最多有 4 组锚梁作用在分配梁上，竖向力最大在锚固贵阳岸扣索节段 2 和节段 3 时，一跨内承载 2 组 LS2 和 2 组 LS3 的竖向荷载，荷载为 328.54 kN+318.55 kN+248.91 kN+252.61 kN=1 148.61 kN。一跨钢管立柱之间的净距为 2.05 m，假定荷载均匀

分布，即 $q_{底}$=1 148.61/2.05=560.3 kN/m。分配梁跨中有一个垫凳，实际分配梁的跨径为 1.025 m，因此弯矩为

$$M_{底}=\frac{q_{底}\,l_{底}^2}{8}=\frac{560.3\times1.025^2}{8}\text{kN·m}=73.6\text{ kN·m。}$$

分配为 2 拼 I320a 工字钢，I320a 工字钢截面参数为：截面面积 A=6 712 mm^2；惯性矩 I_x=110 800 000 mm^4；截面模量 W_x=692 500 mm^3。

因此截面正应力为

$$\sigma_M=\frac{M_{底}}{W_{底}}=\frac{73.6\times10^6\text{ N·mm}}{2\times692\ 500\text{ mm}^3}=53.14\text{ MPa}<175\text{ MPa}$$

因此，I320a 工字钢能满足要求。

3. 扣塔塔架整体计算

根据扣挂系统计算，贵阳岸竖向荷载较大，所以采用贵阳岸荷载设计计算扣塔塔架。扣塔塔架为桁架体系，计算采用 Midas Civil 软件建模分析。

(1)结构

立柱结构为 ϕ426×16 mm 钢管和 ϕ245×8 mm 钢管组成的桁架结构，立柱间距 4.48 m，高度方向节间间距 3.6 m，计算建模高度 20 m(桁架顶面分配梁部分高度未计入总高度)。扣塔中间节间平联均为 ϕ245×8 mm 钢管。顶部设置 2I450 mm 工字钢横梁，扣索及背索锚固在锚梁上，锚梁用 2I320 mm 工字钢焊接而成。构件详细布置如图 5-7 所示。模型总计 790 个单元，438 个节点。

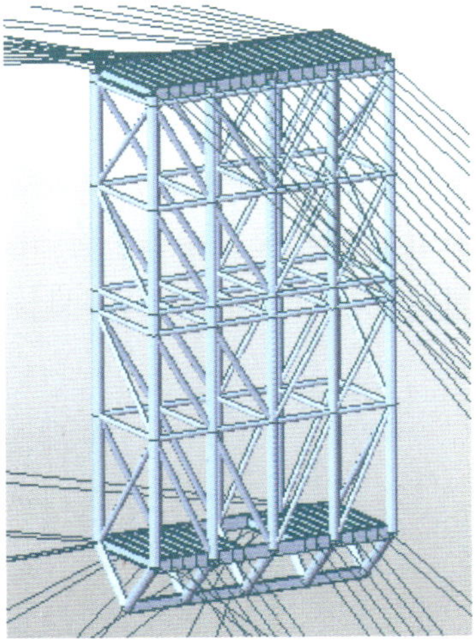

图 5-7　扣塔模型图

(2)边界条件

结构节间采用焊接的连接方式，节间传递弯矩，所以结构采用梁单元构件，为了减小约束对结果的影响，所以对底部结构进行了调整，将底部设置成铰接体系，以塔顶“0”位移来控制分析结果，如图 5-8 所示。

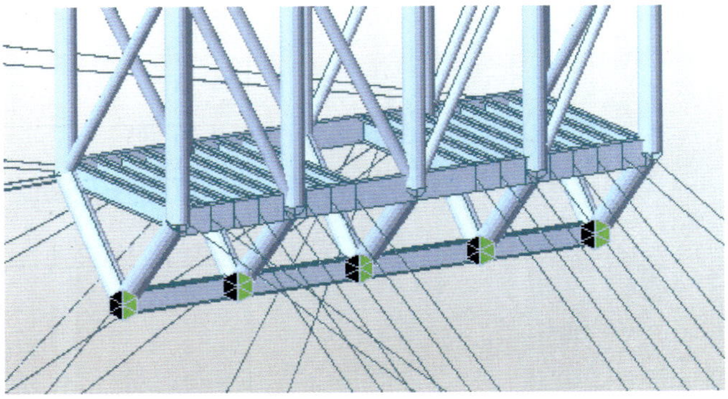

图 5-8　扣塔底部约束及调整结构形式模型

(3)荷载布置

扣塔的荷载全部为扣索及背索传递，建模时，为了荷载更加真实体现实际情况，将扣索及背索按照实际建立在模型中，扣索索力按照节段分析得出的索力值，按照初拉力方式添加到对应扣索中，如图 5-9 所示。

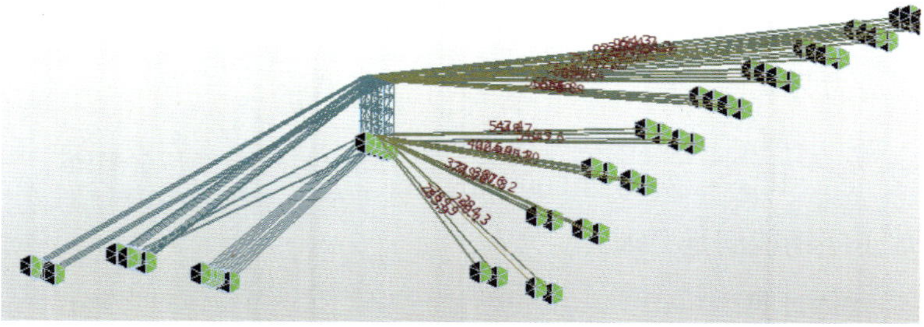

图 5-9 荷载布置总体模型(单位：MPa)

4. 扣塔塔架计算结果

(1)杆件应力

经过计算，杆件最大拉应力为 147.2 MPa，最大压应力为 201.4 MPa，最大压应力出现在立柱底部调节杆中，在实际中立柱杆件锚固在交界墩墩顶，杆件为竖直受力，所以该部分杆件应力比计算结果小，并且该杆件材质为 Q345 钢管，应力满足要求，如图 5-10 所示。

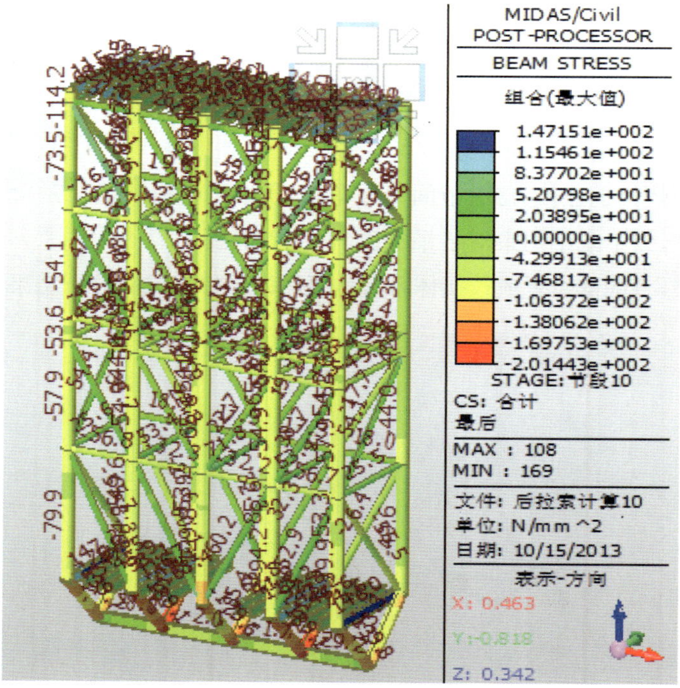

图 5-10 结构应力结果(单位：MPa)

(2)支座反力

扣塔在节段十吊装完成锚固后，产生竖向力最大值，五点的竖向力分别为 2 128.1 kN、3 425.9 kN、1 405.6 kN、3 424.7 kN、2 128.6 kN，竖向力总计 12 512.9 kN，如图 5-11 所示。

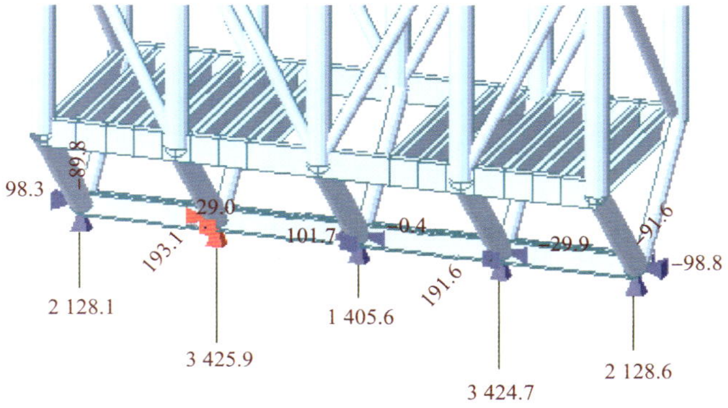

图 5-11　支座反力结果(单位:kN)

第二节　锚碇设计

一、背索锚碇设计

考虑永临结合，合理利用设计承台作为背索锚碇，减小工序、节约成本、缩减工期，如图 5-12 和图 5-13 所示。

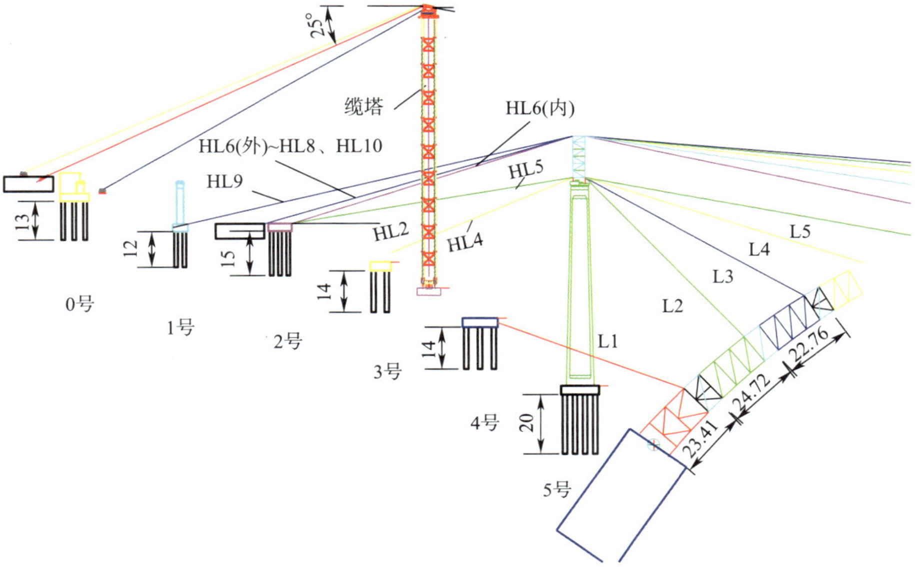

图 5-12　重庆岸背索锚碇布置(单位:m)

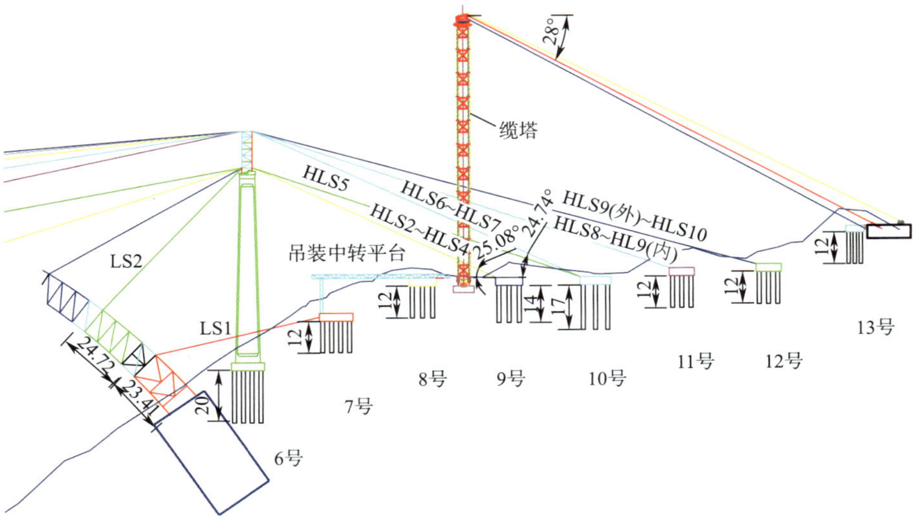

图 5-13　贵阳岸背索锚碇布置(单位:m)

根据背索布置图明确背索与锚碇的角度,由上述背索斜拉扣挂法施工计算得到背索索力值,具体背索索力、角度及承台分配见表 5-4。

表 5-4　背索索力及设计锚固位置

重庆岸				贵阳岸			
扣挂节段	钢绞线参数		锚固位置	扣挂节段	钢绞线参数		锚固位置
	竖向角度(°)	索力(kN)			竖向角度(°)	索力(kN)	
节段 1	18.19	338	4 号承台	节段 1	13.11	365	7 号承台
节段 2	26.85	475	3 号承台	节段 2	25.08	468	9 号承台
节段 3	26.85	529	3 号承台	节段 3	25.08	522	9 号承台
节段 4	26.85	515	3 号承台	节段 4	25.08	496	9 号承台
节段 5	9.43	692	2 号承台	节段 5	19.04	611	10 号承台
节段 6(内侧)	21.51	725	2 号承台	节段 6	24.74	767	10 号承台
节段 6(外侧)	17.65	725	扣索地锚	节段 7	24.74	829	10 号承台
节段 7	17.65	818	扣索地锚	节段 8	20.13	907	11 号承台
节段 8	17.65	940	扣索地锚	节段 9(内侧)	20.13	1 027	11 号承台
节段 9	14.83	953	1 号承台	节段 9(外侧)	16.51	1 027	12 号承台
节段 10	17.65	1 045	扣索地锚	节段 10	16.51	1 052	12 号承台

各承台自重统计见表 5-5。

表 5-5　设计承台自重统计

位置	长(m)	宽(m)	高(m)	体积(m^3)	自重(kN)
0 号桥台	10.3	9.5	2.5	244.625	5 871
1 号承台	10.4	5	2.5	130	3 120
2 号承台	10.4	7.7	2.5	200.2	4 804.8
3 号承台	12.7	6.8	3	259.08	6 217.92
4 号承台	15.1	11.5	3	520.95	12 502.8
5 号承台	15.4	12.4	3	572.88	13 749.12
6 号承台	15.4	12.4	3	572.88	13 749.12
7 号承台	11.26	12.4	3	418.872	10 052.928
8 号承台	14.5	10	3	435	10 440
9 号承台	14.5	10	3	435	10 440
10 号承台	15.1	11.5	3	520.95	12 502.8
11 号承台	14.5	9.3	3	404.55	9 709.2
12 号承台	14.5	9.3	3	404.55	9 709.2
13 号承台	12.2	6.8	2.5	207.4	4 977.6

二、各锚碇稳定性计算

各承台作为背索锚碇时，以重力式锚碇进行复核验算，同时考虑台下桩基进行必要的抗滑移计算。

(一)1 号承台作为锚碇的计算

由设计可知，1 号承台作为重庆岸节段 9 的背索锚碇。根据工期安排，在背索施工前，1 号墩柱须完成，承台与墩柱同步进行节段 9 背索的锚固。1 号承台计算简图如图 5-14 所示。

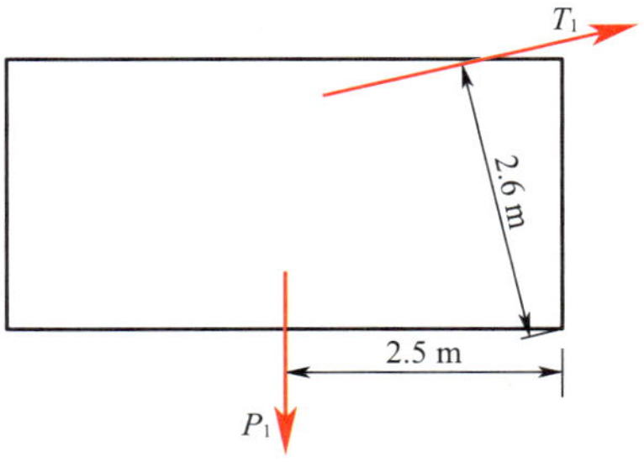

图 5-14　1 号承台计算简图

此时，P_1 = 3 120 kN + 4 944 kN = 8 064 kN，T_1 = 953 kN×4 = 3 812 kN，α = 14.8°，上拔力 $V_{T1} = T_1 \times \sin\alpha$ = 3 812 kN×0.255 = 972.06 kN，水平分力 $H_{T1} = T_1 \times \cos\alpha$ = 3 812 kN×0.967 = 3 686.20 kN。

1. 抗拔验算：$K_{V1} = \dfrac{P_1}{V_{T1}} = \dfrac{8\ 064\ \text{kN}}{972.06\ \text{kN}} = 8.30 > 2$。

2. 抗倾覆验算：$K_{M1} = \dfrac{M_{稳1}}{M_{倾1}} = \dfrac{P_1 b_1}{T_1 l_1} = \dfrac{8\ 064\ \text{kN} \times 2.5\ \text{m}}{3\ 812\ \text{kN} \times 2.6\ \text{m}} = 2.03 > 1.4$。

3. 抗滑稳定性验算：桩基允许水平承载力$[T_1]$=4 938 kN，则

$$K_{H1}=\frac{[T_1]}{H_{T1}}=\frac{4\ 938\ \text{kN}}{3\ 686.20\ \text{kN}}=1.34<1.4$$

由上述计算可知，1 号承台作为重庆岸节段 9 背索锚碇，其抗拔稳定性、抗倾覆稳定性均能满足要求，但抗滑移稳定性不能满足规范要求。为保证主体结构不受破坏及节段吊装施工的安全性，在承台施工时增加预应力锚杆以增强抗滑移稳定性。

(二)2 号承台作为锚碇的计算

由设计可知，2 号承台作为重庆岸节段 5 及半幅节段 6 的背索锚碇，锚头设置在承台顶面以下 20 cm 的承台侧面上。2 号承台计算简图如图 5-15 所示。

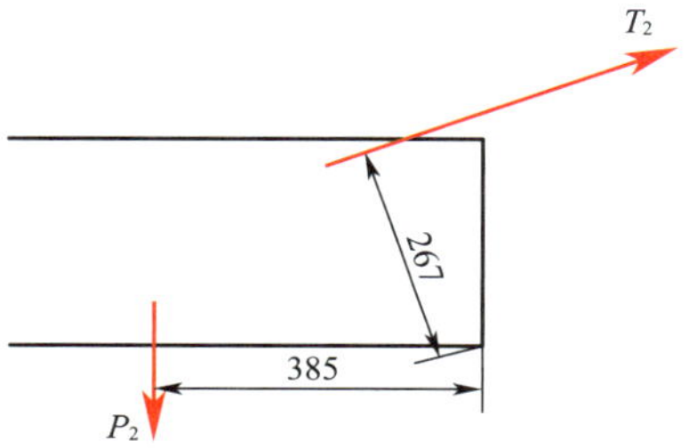

图 5-15　2 号承台计算简图(单位：cm)

此时，P_2=4 804.8 kN，图 5-15 中所显示的 T_2 为 T_5 和 T_6 的合力，T_5=692 kN×4=2 768 kN，α_5=9.43°，T_6=725 kN×2=1 450 kN，α_6=21.5°，上拔力 $V_{T2}=T_5\times\sin\alpha_5+T_6\times\sin\alpha_6$=984.94 kN，水平分力 $H_{T2}=T_5\times\cos\alpha_5+T_6\times\cos\alpha_6$=4 079.70 kN。

1. 抗拔验算：$K_{V2}=\frac{P_2}{V_{T2}}=\frac{4\ 804.8\ \text{kN}}{984.94\ \text{kN}}=4.88>2$。

2. 抗倾覆验算：$K_{M2}=\frac{M_{稳2}}{M_{倾2}}=\frac{P_2b_2}{T_2l_2}=\frac{4\ 804.8\ \text{kN}\times3.85\ \text{m}}{4\ 218\ \text{kN}\times2.67\ \text{m}}=1.64>1.4$。

3. 抗滑稳定性验算：允许桩基水平承载力$[T_2]$=5 478 kN，则

$$K_{H2}=\frac{[T_2]}{H_{T2}}=\frac{5\ 478\ \text{kN}}{4\ 079.7\ \text{kN}}=1.34<1.4$$

由上述计算可知，2 号承台作为重庆岸节段 5 及半幅节段 6 背索锚碇，其抗拔稳定性、抗倾覆稳定性均能满足要求，但抗滑移稳定性不能满足规范要求。为保证主体结构不受破坏及节段吊装施工的安全性，在承台施工时增加预应力锚杆增强抗滑移稳定性。

(三)3 号承台作为锚碇的计算

由设计可知，3 号承台作为重庆岸节段 2、节段 3、节段 4 的背索锚碇。3 号承台计算简图如图 5-16 所示。

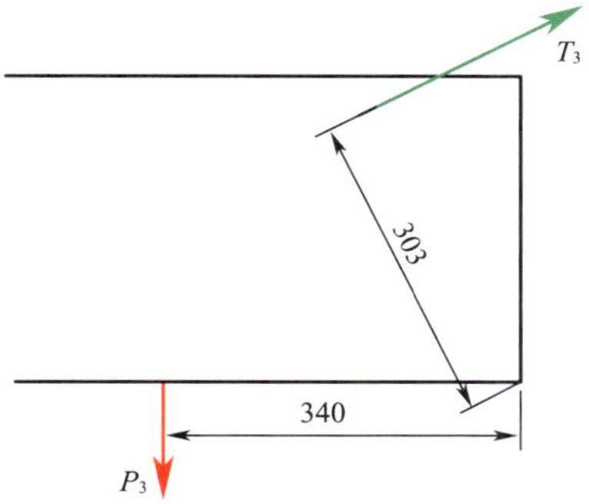

图 5-16 3 号承台计算简图(单位:cm)

此时,P_3 =6 217.92 kN+9 116 kN=15 333.92 kN,α=26.79°,T_3=(475 kN+529 kN+515 kN)×4=6 076 kN,上拔力 $V_{T3}=T_3\times\sin\alpha$=6 076 kN×0.451=2 740.28 kN,水平分力 $H_{T3}=T_3\times\cos\alpha$=6 076 kN×0.893=5 425.87 kN。

1. 抗拔验算:$K_{V3}=\dfrac{P_3}{V_{T3}}=\dfrac{15\ 333.92\ \text{kN}}{2\ 740.28\ \text{kN}}=5.60>2$。

2. 抗倾覆验算:$K_{M3}=\dfrac{M_{稳3}}{M_{倾3}}=\dfrac{P_3 b_3}{T_3 l_3}=\dfrac{15\ 333.92\ \text{kN}\times 3.4\ \text{m}}{6\ 076\ \text{kN}\times 3.03\ \text{m}}=2.83>1.4$。

3. 抗滑稳定性验算:桩基允许水平承载力$[T_3]$=8 738.4 kN,则

$$K_{H3}=\frac{[T_3]}{H_{T3}}=\frac{8\ 738.4\ \text{kN}}{5\ 425.87\ \text{kN}}=1.61>1.4$$

由上述计算可知,3 号承台作为重庆岸节段 2、节段 3、节段 4 背索锚碇,其抗拔稳定性、抗倾覆稳定性、抗滑移稳定性均能满足要求。

(四)9 号承台作为锚碇的计算

由设计可知,9 号承台作为贵阳岸节段 2、节段 3、节段 4 的背索锚碇。9 号承台计算简图如图 5-17 所示。

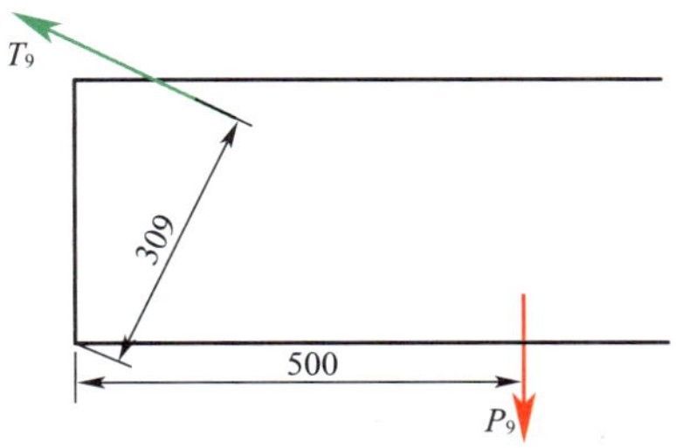

图 5-17 9 号承台计算简图(单位:cm)

此时,P_9=10 440 kN,α=25.08°,T_9=(468 kN+522 kN+496 kN)×4=5 944 kN,上拔力 $V_{T9}=T_9\times\sin\alpha$=5 944 kN×0.424=2 520.26 kN,水平分力 $H_T=T_9\times\cos\alpha$=5 944 kN×

0.906=5 385.26 kN。

1. 抗拔验算：$K_{V9}=\dfrac{P_9}{V_{T9}}=\dfrac{10\ 440\ \text{kN}}{2\ 520.26\ \text{kN}}=4.14>2$。

2. 抗倾覆验算：$K_{M9}=\dfrac{M_{稳}}{M_{倾}}=\dfrac{P_9 b_9}{T_9 l_9}=\dfrac{10\ 440\ \text{kN}\times 5\ \text{m}}{5\ 944\ \text{kN}\times 3\ \text{m}}=2.93>1.4$。

3. 抗滑稳定性验算：桩基允许水平承载力$[T_9]$=9 630 kN，则

$$K_{H9}=\frac{[T_9]}{H_{T9}}=\frac{9\ 630\ \text{kN}}{5\ 385.26\ \text{kN}}=1.79>1.4$$

由上述计算可知，9 号承台作为贵阳岸节段 2、节段 3、节段 4 背索锚碇，其抗拔稳定性、抗倾覆稳定性、抗滑移稳定性均能满足要求。

(五)10 号承台作为锚碇的计算(5 号、6 号、7 号)

由设计可知，10 号承台作为贵阳岸节段 5、节段 6、节段 7 的背索锚碇。10 号承台计算简图如图 5-18 所示。

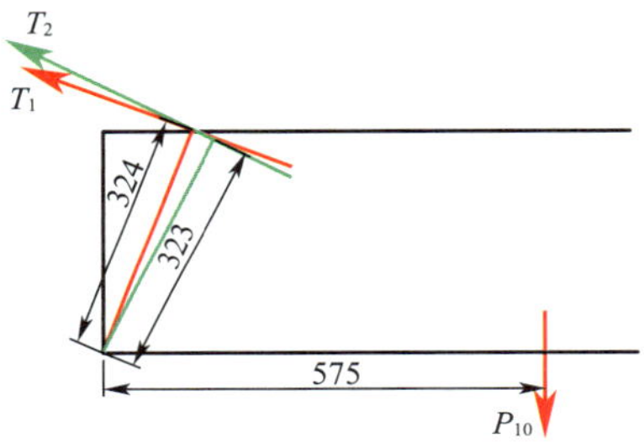

图 5-18　10 号承台计算简图(单位：cm)

此时，P_{10}=12 502.8 kN，T_1=611 kN×4=2 444 kN，α_1=19°，T_2=(767 kN+829 kN)×4=6 384 kN，α_3=24.74°，上拔力 $V_{T10}=\sum T\times\sin\alpha$=2 444 kN×sin α_1+6 384 kN×sin α_2=3 467.4 kN，水平分力 $H_{T10}=\sum T\times\cos\alpha$=2 444 kN×cos α_1+6 384 kN×cos α_2=8 108.9 kN。

1. 抗拔验算：$K_{V10}=\dfrac{P_{10}}{V_{T10}}=\dfrac{12\ 502.8\ \text{kN}}{3\ 467.4\ \text{kN}}=3.61>2$。

2. 抗倾覆验算：$K_{M10}=\dfrac{M_{稳}}{M_{倾}}=\dfrac{P_{10}b_{10}}{\sum Tl}=\dfrac{12\ 502.8\ \text{kN}\times 5.75\ \text{m}}{2\ 444\ \text{kN}\times 3.24\ \text{m}+6\ 384\ \text{kN}\times 3.23\ \text{m}}=2.52>1.4$。

3. 抗滑稳定性验算：桩基允许水平承载力$[T_{10}]$=10 134 kN，则

$$K_{H10}=\frac{[T_{10}]}{H_{T10}}=\frac{10\ 134\ \text{kN}}{8\ 108.9\ \text{kN}}=1.25<1.4$$

由上述计算可知，10 号承台作为贵阳岸节段 5、节段 6、节段 7 背索锚碇，其抗拔稳定性、抗倾覆稳定性均能满足要求，但抗滑移稳定性不能满足规范要求。

为保证主体结构不受破坏及节段吊装施工的安全性，在承台施工时增加预应力锚杆增强抗滑移稳定性。同时施工时在台前填土，并夯实，增加抗滑移稳定性；另外在扣索锚固前

将墩柱底部实心段浇筑，增加锚碇重量，增加抗滑移稳定性。

(六)11 号承台作为锚碇的计算

由设计可知，11 号承台作为贵阳岸节段 8 及半幅节段 9 的背索锚碇。11 号承台计算简图如图 5-19 所示。

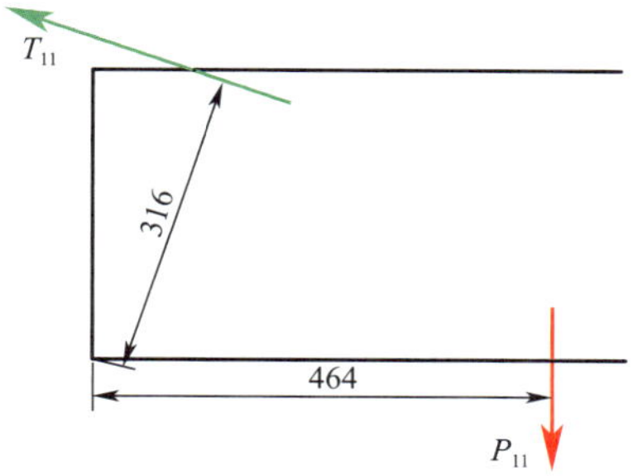

图 5-19　11 号承台计算简图(单位：cm)

此时，$P_{11}=9\ 709.2\ \text{kN}$，$\alpha=20.1°$，$T_{11}=907\ \text{kN}\times4+1\ 027\ \text{kN}\times2=5\ 682\ \text{kN}$，上拔力 $V_{T11}=T_{11}\times\sin\alpha=1\ 952.61\ \text{kN}$，水平分力 $H_{T11}=T_{11}\times\cos\alpha=5\ 335.93\ \text{kN}$。

1. 抗拔验算：$K_{V11}=\dfrac{P_{11}}{V_{T11}}=\dfrac{9\ 709.2\ \text{kN}}{1\ 952.61\ \text{kN}}=4.97>2$。

2. 抗倾覆验算：$K_{M11}=\dfrac{M_{稳}}{M_{倾}}=\dfrac{P_{11}b_{11}}{T_{11}l_{11}}=\dfrac{9\ 709.2\ \text{kN}\times4.64\ \text{m}}{5\ 682\ \text{kN}\times3.16\ \text{m}}=2.5>1.4$。

3. 抗滑稳定性验算：桩基允许水平承载力 $[T_{11}]=9\ 588.86\ \text{kN}$，则

$$K_{H11}=\frac{[T_{11}]}{H_{T11}}=\frac{9\ 588.86\ \text{kN}}{5\ 335.93\ \text{kN}}=1.80>1.4$$

由上述计算可知，11 号承台作为贵阳岸节段 8 及半幅节段 9 背索锚碇抗拔稳定性、抗倾覆稳定性、抗滑移稳定性均能满足要求。

(七)12 号承台作为锚碇计算

由设计可知，12 号承台作为贵阳岸节段 10 及半幅节段 9 的背索锚碇。12 号承台计算简图如图 5-20 所示。

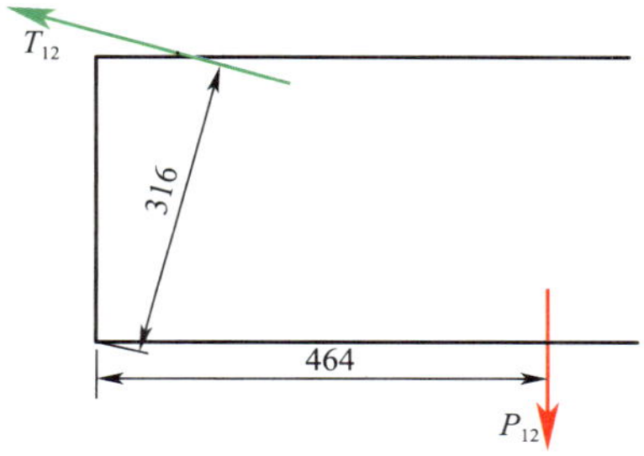

图 5-20　12 号承台计算简图(单位：cm)

此时，P_{12}=9 709.2 kN，α=16.5°，T_{12}=1 027 kN×2+1 052 kN×4=6 262 kN，上拔力 $V_{T12}=T_{12}\times\sin\alpha$=1 778.5 kN，水平分力 $H_{T12}=T_{12}\times\cos\alpha$=6 004.13 kN。

1. 抗拔验算：$K_{V12}=\dfrac{P}{V_T}=\dfrac{9\ 709.2\ \text{kN}}{1\ 778.5\ \text{kN}}=5.46>2$。

2. 抗倾覆验算：$K_{M12}=\dfrac{M_{稳}}{M_{倾}}=\dfrac{P_{12}b_{12}}{T_{12}l_{12}}=\dfrac{9\ 709.2\ \text{kN}\times 4.64\ \text{m}}{6\ 262\ \text{kN}\times 3.16\ \text{m}}=2.28>1.4$。

3. 抗滑稳定性验算：桩基允许水平承载力[T_{12}]=9 640 kN，则

$$K_{H12}=\frac{[T_{12}]}{H_{T12}}=\frac{9\ 640\ \text{kN}}{6\ 004.13\ \text{kN}}=1.61>1.4$$

由上述计算可知，12 号承台作为贵阳岸节段 10 及半幅节段 9 背索锚碇，其抗拔稳定性、抗倾覆稳定性、抗滑移稳定性均能满足要求。

(八)独立锚碇计算

于 2 号墩后方设置一个重力式锚碇用来固定 14 根 6 号、7 号、8 号、10 号斜拉扣挂系统的后背索，设计尺寸为 5 m×16 m×16 m。独立锚碇计算简图如图 5-21 所示。

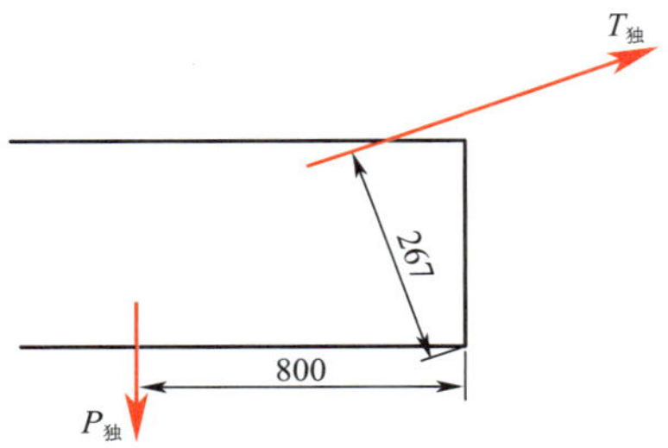

图 5-21　独立锚碇计算简图(单位：cm)

此时，锚碇自身提供的竖向力 $P_{独}$=24 kN/m³×5 m×16 m×16 m=30 720 kN，$T_{独}$=725 kN×2+(818 kN+940 kN+1 045 kN)×4=12 662 kN，α=17.65°，上拔力 $V_{T独}=T_{独}\times\sin\alpha$=3 839.14 kN，水平分力 $H_{T独}=T_{独}\times\cos\alpha$=12 065.95 kN。

1. 抗拔验算：$K_{V独}=\dfrac{P_{独}}{V_{T独}}=\dfrac{30\ 720\ \text{kN}}{3\ 839.14\ \text{kN}}=8>2$。

2. 抗倾覆验算：$K_{M独}=\dfrac{M_{稳}}{M_{倾}}=\dfrac{Pb}{Tl}=\dfrac{30\ 720\ \text{kN}\times 8\ \text{m}}{12\ 662\ \text{kN}\times 2.67\ \text{m}}=7.27>1.4$。

3. 抗滑稳定性验算：$K_{H独}=\dfrac{H_{f独}}{H_{T独}}=\dfrac{30\ 720\ \text{kN}\times 0.6}{12\ 065.95\ \text{kN}}=1.53>1.4$。

由上述计算可知，独立锚碇作为重庆岸节段 7、节段 8、节段 10 及半幅节段 6 背索锚碇，其抗拔稳定性、抗倾覆稳定性、抗滑移稳定性均能满足要求。

(九)预应力锚杆计算

根据承台受力计算，部分墩台的水平抗滑移不能满足条件，拟采用原设计中锚杆提供承

台水平抗滑力。原设计锚杆与水平夹角 20°，单根设计锚固力为 700 kN。锚索采用 1×7 标准型 ϕ15.2 mm、强度 1 860 MPa 的高强度、低松弛普通钢绞线制作，每孔 7 束，长 40 m(锚固段 10 m)，下倾 20°。

单根锚杆能提供的最大水平抗滑力 $[T_{单}]$=700 kN×cos20°=657.78 kN。针对 1 号墩的受力状况，可计算得到的锚杆配置数量。其承受的水平滑移力 $T_{单}$=3 709 kN，桩顶抗滑水平分力 $T_{1单}$=4 938 kN。按 1.4 的安全系数计算锚杆需提供的抗滑水平力 $T_{2单}$=1.4×T−$T_{1单}$=1.4×3 709 kN−4 938 kN=254.6 kN。因此，采用 1 根锚杆加固 1 号承台。

同理计算得到需加固承台的锚杆设计数量见表 5-6。

表 5-6　承台加固锚杆设计数量表

序号	承台编号	锚杆规格	设计锚杆(根)	优化后施作锚杆(根)
1	1 号	7ϕ15.2 mm	1	2
2	2 号	7ϕ15.2 mm	1	2
3	10 号	7ϕ15.2 mm	3	4
4	独立锚碇	7ϕ15.2 mm	3	4

第六章 拱座基础施工

第一节 工 程 概 述

主桥拱座基础为马蹄形嵌岩桩基础，与水平方向夹角 55.188°，平面位置夹角 9.448°，斜向高度 47 m，长 22.5 m，宽 16.39 m，为大体积混凝土基础，设计混凝土共计 51 987.6 m^3，钢筋共计 1 809.8 t，ϕ22 mm 砂浆锚杆共计 34 682 m，HW175 mm×175 mm 热轧型钢共计 953.5 t，如图 6-1 所示。

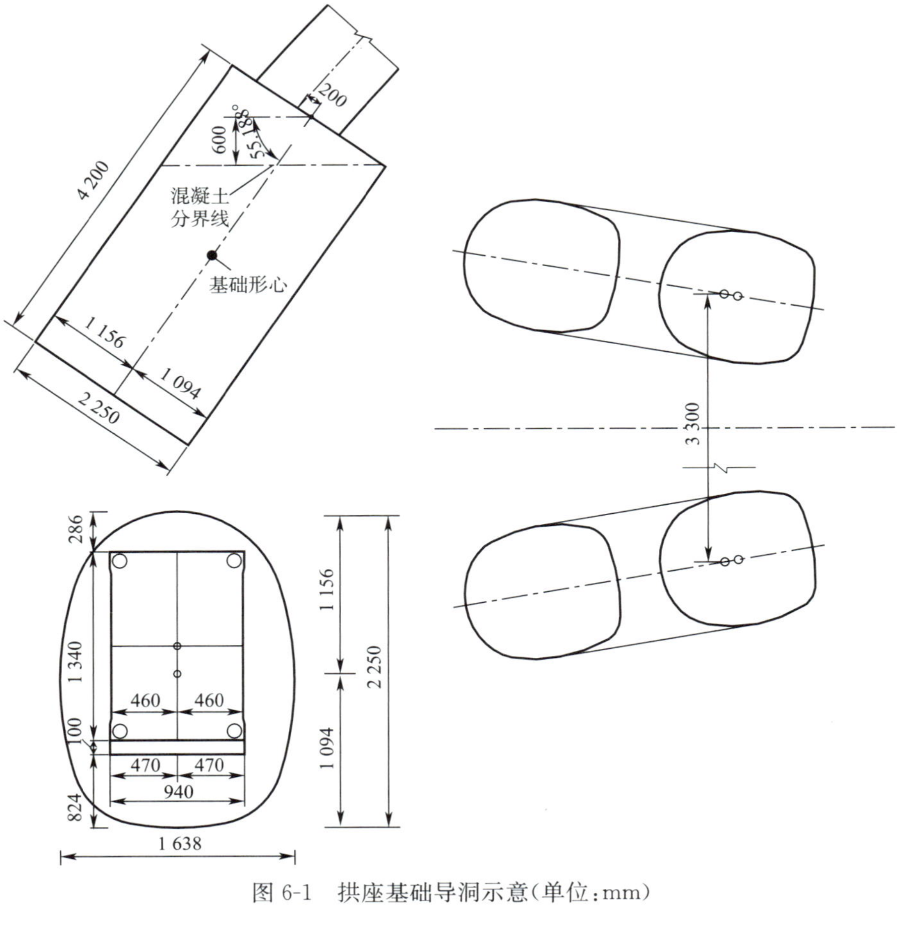

图 6-1 拱座基础导洞示意(单位：mm)

(一)地形地貌

夜郎河特大桥横跨夜郎河沟谷，地面高程 501～829 m，相对高差约 328 m，属低山构造剥蚀沟谷地貌。区内坡面植被较发育，以旱地、乔木与灌木为主；桥址区有新站镇—夜郎的柏油公路(习新公路，8.5 m 宽，二级公路)通过，交通较为方便。

桥位处夜郎河属綦江河水系，不通航，河宽 10～20 m，水位较浅，河道较顺直。桥位处地势较陡，多为密林，植被发育，中间有少许旱地。陆地交通情况一般。G75 兰海高速公路遵崇段及既有渝黔线铁路均在桥位附近经过，夜郎河谷底有 8.5 m 宽新建二级公路(习新公路)，大型施工机具可达桥位谷底附近，但桥位两岸无公路直接到达。从谷底的习新公路至设计的墩位基础位置地势陡峭，给修建施工便道带来一定的难度，岸坡上施工条件略差，如图 6-2 所示。

图 6-2　重庆岸便道及拱座基础位置

(二)工程地质

主拱拱座基础岩性为<9－4>砂岩夹泥岩和<9－6>泥岩夹砂岩，砂岩弱风化层为Ⅴ级次坚石，相对较好，泥岩弱风化层则为Ⅵ级软石，遇水易软化，开挖暴露后易风化，重庆岸斜坡为一顺向坡，稳定性较差，因此夜郎—新站公路开挖形成的该岸坡坡脚临空对岸坡稳定有一定的影响。

1. <9－5>砂岩(J2sn)

灰白、黄灰色，细～中粒结构，中～厚层状构造，局部夹薄层紫红色泥质砂岩及透镜体泥岩，主要分布于重庆端岸坡段。强风化层厚度小，一般厚 1～3 m，为Ⅳ级软石，C 组填料；弱风化层为Ⅴ级次坚石，B 组填料。

2. <9—6>泥岩夹砂岩(J2sn)

紫红色、灰紫色，泥质结构，薄～中厚层状构造；该层夹灰、黄灰色长石石英砂岩，为J2sn组主要岩性，主要分布在DK137+070以南。强风化层一般厚3～5 m，为Ⅵ级软石，填料分级为D组；弱风化层为Ⅳ级软石，泥岩遇水易软化，开挖暴露后易风化，C组填料。

(三)特点

1. 马蹄形、隧道式开挖、大倾角、超大断面、大体积单桩基础属于世界首例。

2. 山体陡峭，便道修建难度大，局部只能通过挡土墙满足便道宽度及坡度。

3. 重庆岸清理危石方量大，离省道水平距离只有160 m，放炮风险大，每次放炮必须封路，放炮完成，立即清理路上石块，放车通行；贵阳岸坡地有通往当地发电厂专用水渠，必须严格控制施工过程，防止石块将渠砸垮塌。

4. 拱座基础、交界墩、吊装平台及缆索吊施工过程中存在上下交叉作业，安全风险高。

5. 拱座基础位于"V"形沟谷坡面上，没有施工平台，只能通过增设挡土墙、抗滑桩等回填施工平台。

第二节　拱座基础开挖

一、开挖方案比选

(一)分部、分台阶法开挖方案

分部、分台阶开挖法即先分台阶开挖基础中部约4.5 m宽(最宽处)，中导洞开挖至设计深度后，灌注中导洞基础混凝土至基础顶面，再分台阶开挖两侧壁导洞至设计深度，灌注侧壁导洞基础混凝土至基础顶面，最终形成整个拱座基础结构，如图6-3所示。

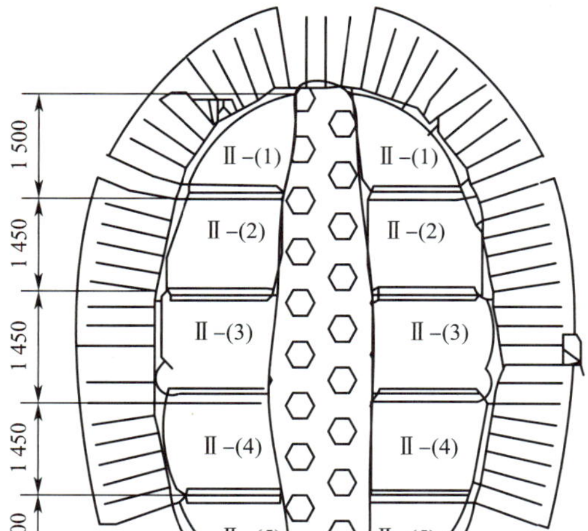

图6-3　分部、分台阶法开挖方案示意(单位：mm)

此方案存在以下缺点：

1. 开挖断面过小，最宽处约4.5 m，常规机械不能施工，不利于出渣。

2. 洞内设横撑、立柱施工难度大，不利于机械施工，挖掘机行走、旋转，空间不足，有可能会撞到立柱，存在安全风险。

3. 拱座基础分块浇筑接缝太多，影响基础整体受力，钢拱架连接也存在很大难度。

4. 现场施工平台太小，便道高程与拱座顶部垂直高度达 18 m，无法分层开挖，费财费时。

5. 施工工艺过于复杂，一般机械不能施工，只能人工开挖，效率低，工期无法满足。

(二)上下导洞法开挖方案

上下导洞法即在上下导洞顶 145°范围均增设导向墙和大管棚，先开挖下导洞至设计深度后，灌筑下导洞基础混凝土至基础顶面，再开挖上导洞至设计深度，灌筑上导洞基础混凝土至基础顶面，最终形成整个拱座基础结构，如图 6-4 所示。

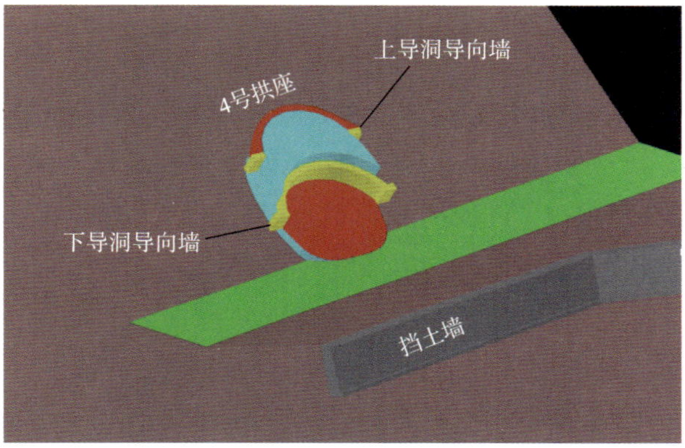

图 6-4　上下导洞法开挖方案效果

此方案存在以下缺点：

1. 通过降低便道，三台挖掘机接力将洞内虚渣导出洞外，最多可进尺 32 m，剩余部分只能人工开挖，效率低，工期难以保证。

2. 上导洞开挖时，必须将下导洞导向墙的钢拱架、喷射混凝土、锚杆全部凿除，施工难度大。

3. 先绑扎下导洞钢筋，在施工上导洞钢筋断点太多，不能连接成整体，影响基础整体受力，钢拱架连接也存在很大难度。

4. 降低便道，超挖方量大，混凝土浪费严重。

5. 钢管拱不能整体预埋，精度很难保证。

(三)全断面分台阶开挖方案

采用预应力锚索与型钢拱架支护体系进行全断面分台阶开挖。在拱座基础导洞顶 145°范围均增设导向墙和大管棚加固，在洞内增加锚索，以锚代撑体系，解决大断面支撑钢材用量大，空间小，无法满足机械操作的问题。出渣采用在洞口安装 30 t 龙门吊，提升渣斗的出渣方式，同时解决了拱座基础与水平方向夹角 55.188°，坡度较陡，挖机无法上下基坑的问题，如图 6-5 所示。

图 6-5　全断面分台阶开挖方案

此方案具有以下优点：

1. 预应力锚索与型钢拱架支护体系以锚代撑体系转换，增大临空面，施工空间大，满足机械化施工、人工配合，可以多作业面平行作业，工作效率高。

2. 减少下导洞导向墙施工，减少拆除大管棚、顶部钢拱架安装、喷射混凝土破除等工序，极大地加快施工进度。

3. 施工灵活、可以及时转换施工工序，加快施工进度。

4. 混凝土、钢筋可一次成型，提高了拱座基础的整体性。

5. 钢管拱预埋件可以整体预埋，预埋件精度高，有利于施工质量控制。

(四)方案比选结论

由上述比选可知，本项目拱座开挖方案选择采用预应力锚索与型钢拱架支护体系进行全断面分台阶开挖的方法，能够满足施工空间，解决出渣难题，快速灵活进行工序转换，同时能够满足基础整体受力要求及首段钢拱架整体预埋精度，利于施工质量控制。

二、拱座基础施工工艺流程

拱座基础施工工艺流程如图 6-6 所示。

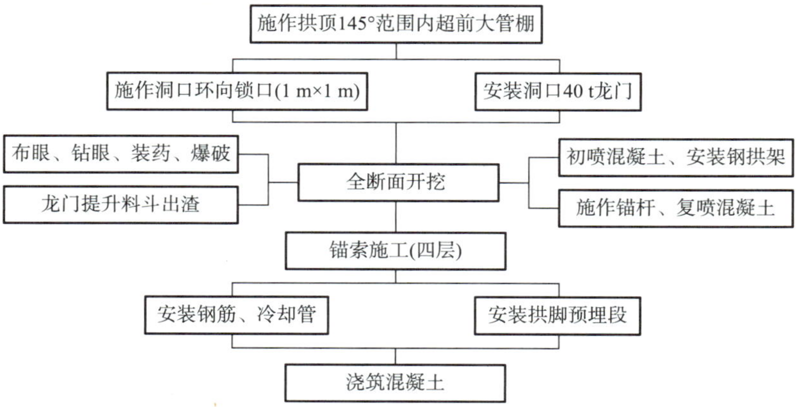

图 6-6　拱座基础施工工艺流程示意

三、管棚施工

1. 拱座基础拱顶 145°范围内设置 ϕ108 mm(壁厚 6.5 mm)、长度 43 m 的超前大管棚,如图 6-7 所示。

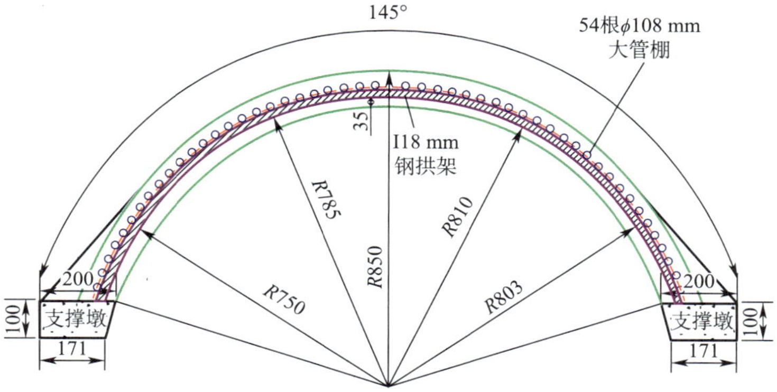

图 6-7　超前大管棚平面示意(单位:cm)

(1)导管规格:热轧无缝钢管,单根管长度 4~6 m,ϕ108 mm 管棚、壁厚 6.5 mm。

(2)钢管接头采用丝扣连接,丝扣螺纹段长度大于 15 cm。相邻两根钢花管的接头要错开,其错接长度不小于 1 m,同一截面内接头数不大于 50%。

(3)钢管上钻注浆孔,孔径 ϕ110~160 mm,孔间距 15~20 cm,呈梅花形布置,钢管套拱露空部分(根据现场实际确定其长度)和尾部(孔底段)2 m 不钻花孔作为止浆段。

(4)管距:环向间距 40 cm。

(5)倾角:根据现场实际情况外插角确定为 3°。

(6)注浆:注浆材料采用水灰比 0.8∶1~1∶1 的水泥砂浆。向管棚钢管内注浆顺序为先下后上,全孔可采用一次注浆,注浆初压 0.8~1 MPa,终压 2 MPa,具体浆液配合比及注浆压力应由现场试验确定。

(7)套拱中预埋 ϕ140 mm×8 mm,长 1.5 m 管棚导向钢管,导向管与钢架之间采用 ϕ22 mm 钢筋焊接牢固,如图 6-8 所示。

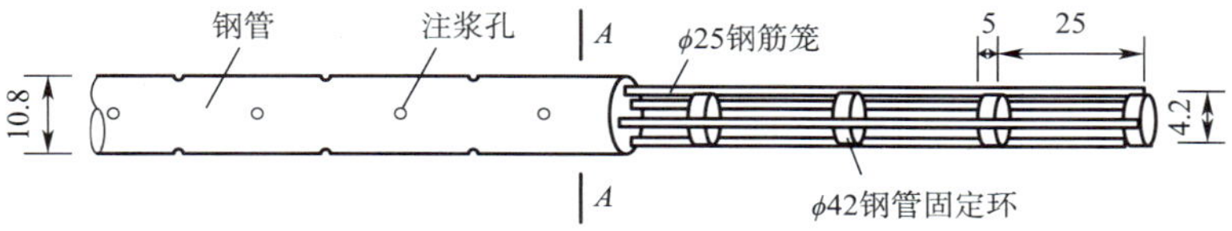

图 6-8　导向管示意(单位:mm)

(8)套拱建筑材料采用 C20 混凝土,截面尺寸为 1 m×1 m(高×宽)。套拱基础承载力应不小于 150 kPa,当不满足要求时可适当扩大基础宽度以保证套拱的稳定性。

(9)套拱钢架采用 I18 热轧型钢,每榀钢架由 3 个单元组成。钢架焊接及螺栓联结应符合现行规范中的相关要求,以保证焊缝及螺栓联结质量。

2. 为防止钢拱架悬空,在拱架下设横向 2 m,纵向 1 m,深度 3 m 的支撑墙,竖向倾角 55.188°,墙体采用 C30 混凝土浇筑,支撑墩箍筋采用 ϕ10 mm 圆钢,竖向间距 15 cm,主筋采用 ϕ20 mm 螺纹钢,间距 10 cm,支撑墩顶面需预埋 2 cm 的钢板(1 m×0.5 m)与钢拱架连接,支撑墩顶面钢板外围预埋 ϕ22 mm 螺纹钢,钢筋伸入支撑墩 1 m,露出地面 50 cm。导向墙剖面如图 6-9 所示。

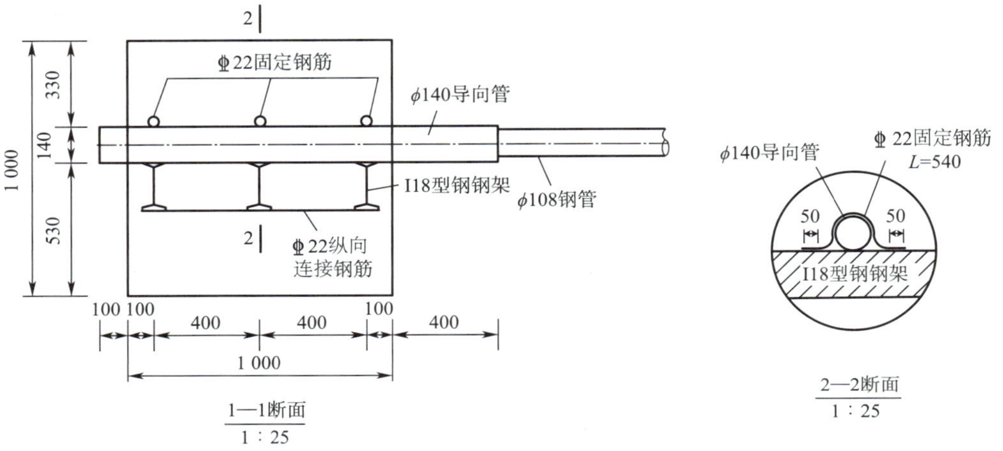

图 6-9 导向墙剖面示意(单位:mm)

(1)安装钢拱架。钢拱架采用 I18 型工字钢,间距 40 cm,相邻两榀钢架间用 ϕ22 mm 纵向钢筋将其连接成整体,纵向连接钢筋交错布置,环向间距 1 m。

(2)安装导向管。导向管采用 ϕ140 mm×8 mm,长 1.5 m 管棚导向钢管,导向管与钢架之间采用 ϕ22 mm 钢筋焊接牢固,如图 6-10 所示。

(3)浇筑导向墙。导向墙(1 m×1 m),采用 C20 混凝土浇筑,如图 6-11 所示。

图 6-10 导向墙安装导向管、立模板

图 6-11 导向墙混凝土浇筑完成

(4)钻进:

①施钻时,钻机大臂必须顶紧在掌子面上,以防止过大颤动,提高施钻精度,如图 6-12 所示。

图 6-12　管棚机钻眼

②钻机开孔时钻速宜低,钻深 20 cm 后转入正常钻速。

③换钻杆时,要注意检查钻杆是否弯曲、有无损伤、中心水孔是否畅通等,不符合要求的应更换以确保正常作业。

④由于软弱围岩的厚度无法准确判定,有时达到了设计深度,可岩质仍然比较差。因此,在钻进过程中应注意对石粉的收集分析,根据钻进深度对石粉取样,作好记录。

(5)管棚安装施工工艺:

①准备工作。管棚安装前,应根据管棚长度对钢管进行下料,保证钢管接入后接头不在同一导洞上。为接管施工方便,应搭设施工台架。根据设计的要求,管内填充水泥浆液时应在探入围岩内部的钢管周围钻成梅花式的小孔,浆液以一定的压力压入管内,并沿梅花孔溢出,渗入破碎岩隙中,这样在浆液凝结硬化后,将钢管周围的岩层与钢管固结成整体,使开挖面上方形成了具有一定强度的薄壳结构,如图 6-13 所示。

图 6-13　安装大管棚

②顶入施工。钢管顶入时,现场借助于挖掘机辅助进行顶入施工。机具顶入作业时,控制顶入速度,缓慢稳妥地送入,并随时掌握好方向,防止硬顶,将管顶弯,致使施工中断。

③连接。管棚连接采用丝扣连接,丝扣螺纹段长度大于 15 cm,相邻两根钢花管接头的错接长度不小于 1 m,同一截面内接头数不大于 50%。

接管完毕后,外露钢管口应用钢板焊接封堵。钢板中间焊接注浆用的八分管,并安装球形止水阀门或其他形式的阀门。

(6)注浆要求。注浆材料采用水灰比 0.8∶1~1∶1 的水泥砂浆。向管棚钢管内注浆顺序为先下后上,全孔可采用一次注浆,注浆初压 0.8~1 MPa,终压 2 MPa,具体浆液配合比及注浆压力应由现场试验确定。

四、拱座基础洞门支护

从导向墙下部支撑墩底面沿拱座基础开挖线方向环向设置 C30 混凝土墙身作为洞门支护结构。环向墙身结构尺寸为 1.0 m×1.0 m,墙身内设置环向抗裂构造钢筋,如图 6-14 所示。

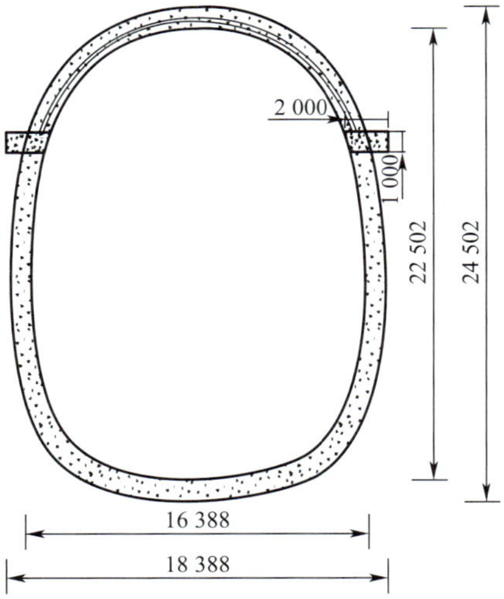

图 6-14 拱座基础洞门防护示意(单位:mm)

洞门环向支护墙身施工时先测量放样确定其平面位置,然后利用挖机配合人工风镐掏槽方式进行,与混凝土接触面位于基岩上以确保稳固,保证墙身支撑于硬岩上以及保证混凝土墙身面与拱座基础面齐平。

钢筋制作严格按照铁路桥涵施工技术指南进行,模板结构采用竹胶板配合方木,混凝土浇筑时注意振捣密实保证混凝土施工质量。

五、拱座基础洞内支护

基础开挖采用C30混凝土喷锚护壁，喷混凝土厚35 cm，内设HW175 mm×175 mm型钢环向钢架闭合成环，拱部锚杆采用ϕ25 mm中空注浆锚杆，锚杆长3.0 m，两侧壁采用ϕ22 mm砂浆锚杆，锚杆长均为3.0 m。型钢钢架按纵向间距0.6 m设置，系统锚杆按1.0 m×0.8 m(纵×环)交错布置，如图6-15所示。

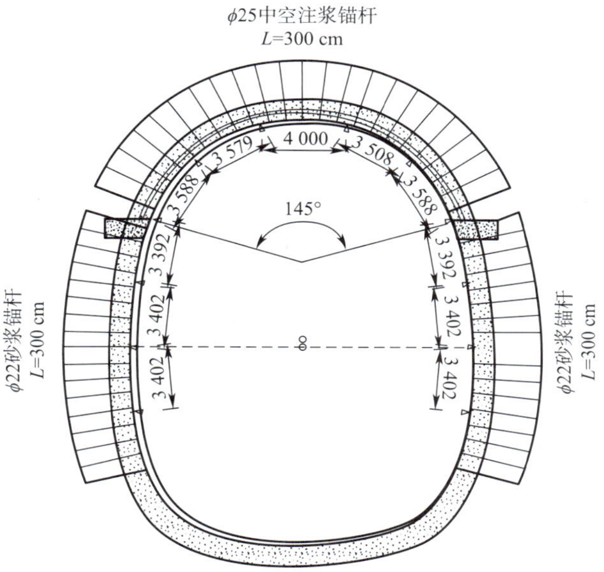

图6-15　洞内支护平面示意(单位：mm)

为稳固山体，沿拱座基础向上倾斜45°角设置4层锚索，每层间距4 m，每个断面设置12孔锚索，间距3～4 m，每孔6束ϕ15.2 mm钢绞线；其中拱顶145°范围内设置6孔锚索，拱顶两孔锚索长40 m，其余4孔锚索长30 m；侧壁总计设置6孔锚索，锚索长15 m，如图6-16所示。锚索采用1×7标准型ϕ15.2 mm、强度1 860 MPa的高强度、低松弛普通钢绞线制作，设计锚固力700 kN。制作锚索时，钢绞线长度应较设计长度增加1.5 m锚头张拉段。锚索涂刷防腐油脂，自由段锚索外套ϕ22 mm聚乙烯塑料套管隔离防护。锚索钻孔采用干钻，孔径130 mm，并采用高压风清孔。注浆前必须做好封孔，注浆采用M35水泥砂浆，注浆压力0.6～0.8 MPa。注浆采用自孔底向上一次有压注浆技术，中途不得停灌，保证浆液饱满密实，必要时对孔口段进行补浆，不得有里空外满的现象，待注浆体强度达到设计强度的70%以上进行张拉锁定。张拉作业前必须对张拉机具和仪器进行标定，调校。为了使钢绞线受力均匀，在成束张拉之前，锚索体顺布平直。宜采用小千斤顶对钢绞线进行单根分别张拉，确保钢绞线平顺和均匀受力。随后应取0.1～0.2倍设计张拉力值对锚索进行1～2次预张拉，确保锚固体各部分接触密贴，最后按设计锁定吨位张拉锁定。锚索张拉分五级进行，即设计张拉力的25%、50%、75%、100%以及110%，除最后一级需要稳定20～30 min外，其余每一级需要稳定2～5 min，并分别记录各种情况（锚头位移、锚座变形、油表读数变化等）。锚固段扩张环与紧箍环间距0.5 m，自由段紧箍环间距1.5 m。洞内支护后现场如图6-17所示。

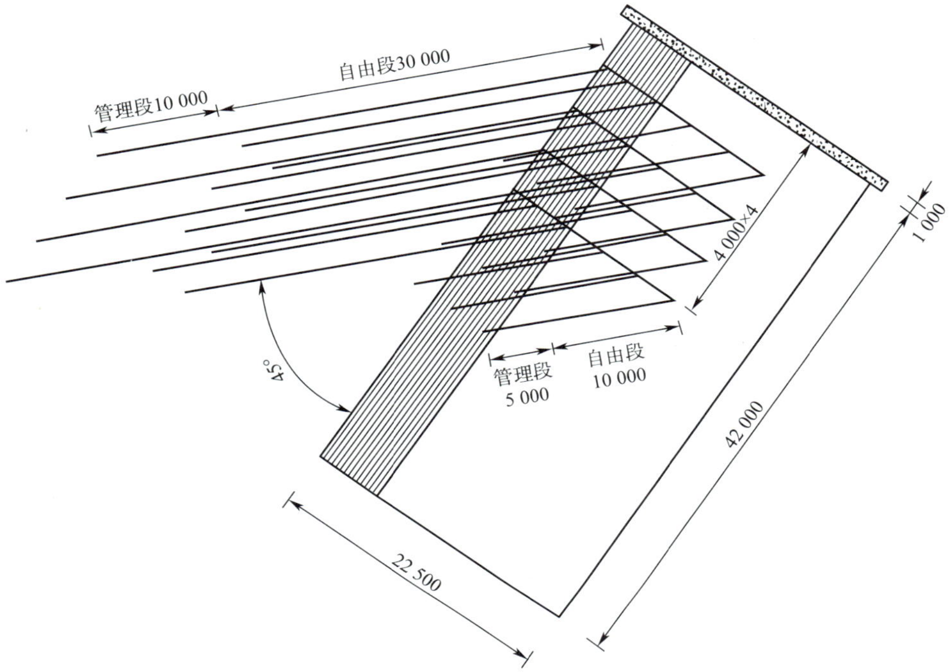

图6-16　洞内支护立面示意（单位：mm）

图6-17　洞内支护后现场

六、锚索施工

1. 每个拱座锚索总计71根，每根长40 m（锚固端10 m），按4.0 m×4.0 m（纵×横，局部可适当调整）布置，锚索施工完毕后，基础洞口边仰坡采用喷锚网防护，具体参数为：喷10 cm

厚 C20 混凝土，22 mm 砂浆锚杆 1.0 m×1.0 m 交错布置，每根锚杆长 3.0 m，挂 ϕ8 mm 钢筋网，网格间距 20 cm×20 cm。

2. 边仰坡坡脚线以外 1 m 设截水沟拦截地表水，沟底纵坡不小于 3%；截水沟建筑材料采用 M10 浆砌片石。

3. 锚索锚具采用 OVM 15-6 型，ϕ90 mm 钢套管配套。

4. 锚索采用 1×7 标准型 ϕ15.2 mm、强度 1 860 MPa 的高强度、低松弛普通钢绞线制作，每孔 6 束，长 40 m(锚固段 10 m)，下倾 20°，设计锚固力 700 kN。

5. 制作锚索时，钢绞线长度应较设计长度增加 1.5 m 锚头张拉段。

6. 锚索应涂刷防腐油脂，自由段锚索外套 ϕ22 mm 聚乙烯塑料套管隔离防护。

7. 锚垫墩采用 C30 钢筋混凝土浇筑，嵌入坡面 40 cm，外露 20 cm，墩底采用 2 cm 厚水泥砂浆调平；锚垫墩顶部采用黏土夯填并设置 10%的坡度以利排水；锚斜托采用 C40 混凝土浇筑，封锚采用 C30 混凝土。

8. 锚索钻孔采用干钻，孔径 130 mm，并采用高压风清孔。

9. 注浆前必须做好封孔，注浆采用 M35 水泥砂浆，注浆压力 0.6～0.8 MPa。注浆采用自孔底向上一次有压注浆技术，中途不得停灌，保证浆液饱满密实，必要时对孔口段进行补浆，不得有里空外满的现象，待注浆体强度达到设计强度的 70%以上时进行张拉锁定。

10. 张拉作业前必须对张拉机具和仪器进行标定，调校。

11. 为了使钢绞线受力均匀，在成束张拉之前，锚索体顺布平直。宜采用小千斤顶对钢绞线进行单根分别张拉，确保钢绞线平顺和均匀受力。随后应取 0.1～0.2 倍设计张拉力值对锚索进行 1～2 次预张拉，确保锚固体各部分接触密贴，最后按设计锁定吨位张拉锁定。

12. 锚索张拉分五级进行，即设计张拉力的 25%、50%、75%、100%以及 110%，除最后一级需要稳定 20～30 min 外，其余每一级需要稳定 2～5 min，并分别记录各种情况(锚头位移、锚座变形、油表读数变化等)。

13. 锚固段扩张环与紧箍环间距 0.5 m，自由段紧箍环间距 1.5 m。

14. 注浆管采用 ϕ22 mmPVC 管。

七、拱座基础出渣

由于主拱基础倾角大，利用一般设备出渣困难，同时由于施工场地限制，为保证施工工期顺利实现选用挖机配合龙门提升料斗出渣的方式进行施工。

(一)提升设备

提升设备采用移动式 30 t 龙门吊，其跨度 22.3 m，竖向提升高度最大 50 m，龙门吊基础采用 1 m×0.8 m×1 mC35 混凝土基础，支腿采用：ϕ426 mm×16 mm 钢管、2I40a 型钢垫梁，龙门吊轨道采用 43 kg/m 轨道，如图 6-18 所示。钢管与混凝土基础连接采用 1 cm 厚预埋钢板焊接形式，钢管与工钢采用焊接连接，桩板墙上竖向钢管沿龙门吊横向侧面采用4根钢丝绳斜向固定于桩板墙上以增加整体稳定性，其余竖向钢管间采用[14型槽钢剪刀撑连接稳固。龙门吊平面位置距离拱顶水平距离最小3 m，在轨道两端设置走形限位装置。龙门吊布置及现场安装如图6-19和图6-20所示。

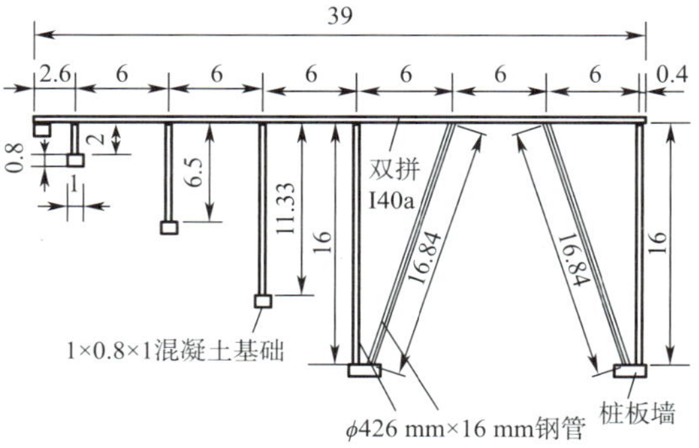

图6-18　龙门吊基础支腿布置示意（单位：m）

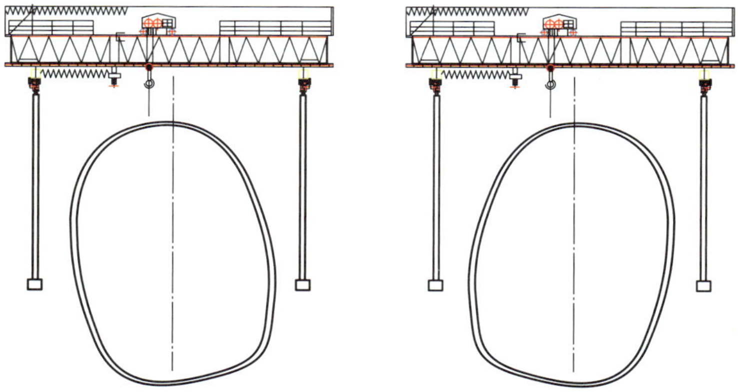

图6-19　龙门布置示意

图6-20　龙门吊现场安装

拱座基础出渣采用的挖掘机斗容量 0.9 m^3，自重 21 t，将四根钢丝绳栓接于挖机底盘上通过龙门吊将其提升下放，如图 6-21 和图 6-22 所示。挖机出渣完毕后放炮前将其提至洞口横移至拱座外侧，待放炮结束后直接吊放至孔底继续装渣、出渣，挖机提升时下方严禁站人，指挥信号畅通保证施工安全。

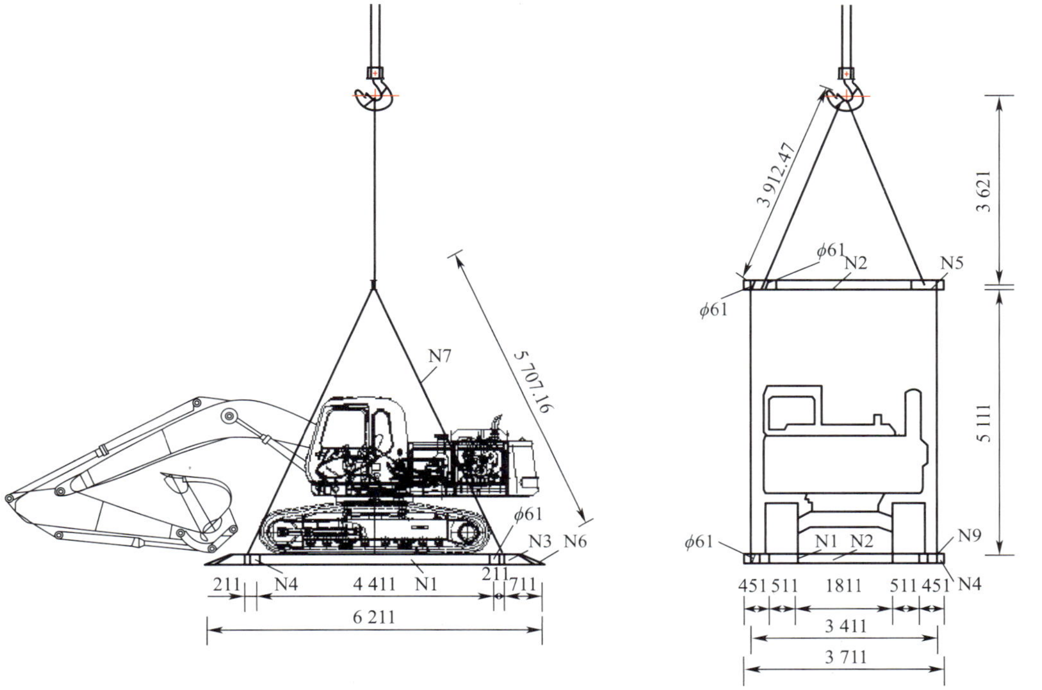

(a) 挖机提升平台侧立面图　　(b) 挖机提升平台正立面图

图 6-21　挖机提升平台示意(单位：mm)

图 6-22　现场挖机下放

(二)出　　渣

单个拱座基础采用两套 16 m^3 钢料斗装渣便于提高施工效率(图 6-23)，渣土通过龙门吊提升出洞口，由于拱座基础实际角度限制可正常利用料斗竖直提升运输斜向高度为 27 m，其余 15 m 高度渣土均采用竖向开槽扩大开挖面方式进行出渣，槽口宽度为 5 m，高度 9 m，对于这部分拱架支护暂时不封闭成环，为保证其整体稳定性，此部分设置大拱脚。料斗卸渣采用其底部安放钢丝绳挂钩改变其重心的方式进行，当料斗提出洞口平移至拱座侧设置岩体溜槽部位时将固定于山体上的钢丝绳挂钩安装在料斗底部（图 6-24），然后继续松钩下放料斗，料斗重心改变侧翻出渣；同时渣土顺着溜槽滑落至下部自卸车上，运输至弃渣场。

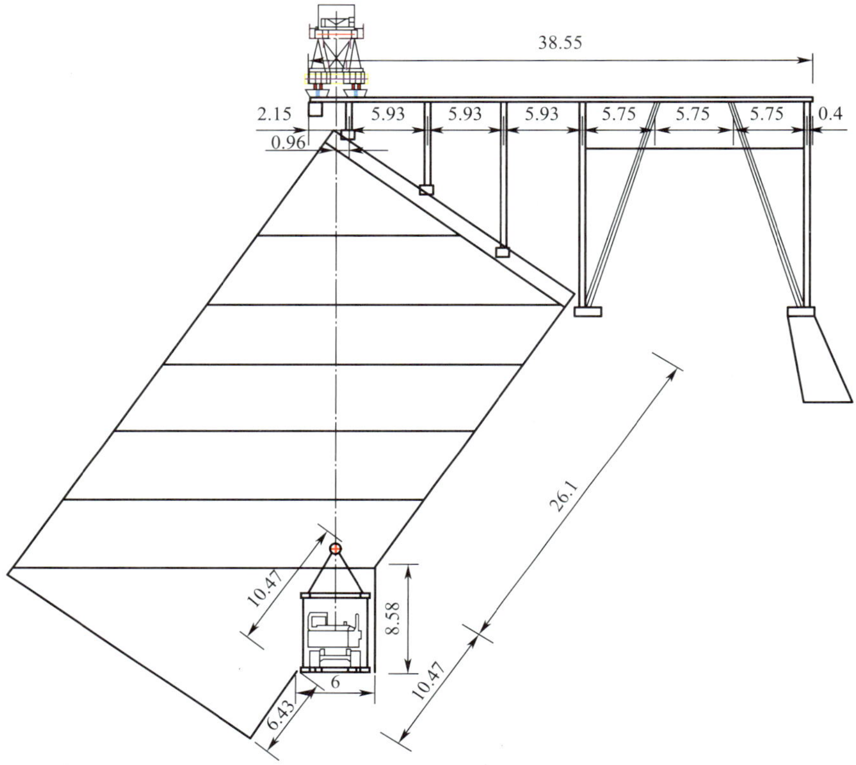

图 6-23　龙门吊提升料斗出渣示意（单位：m）

图 6-24　现场出渣

第三节 基础开挖施工监控

一、监控量测流程

监控量测流程如图 6-25 所示。

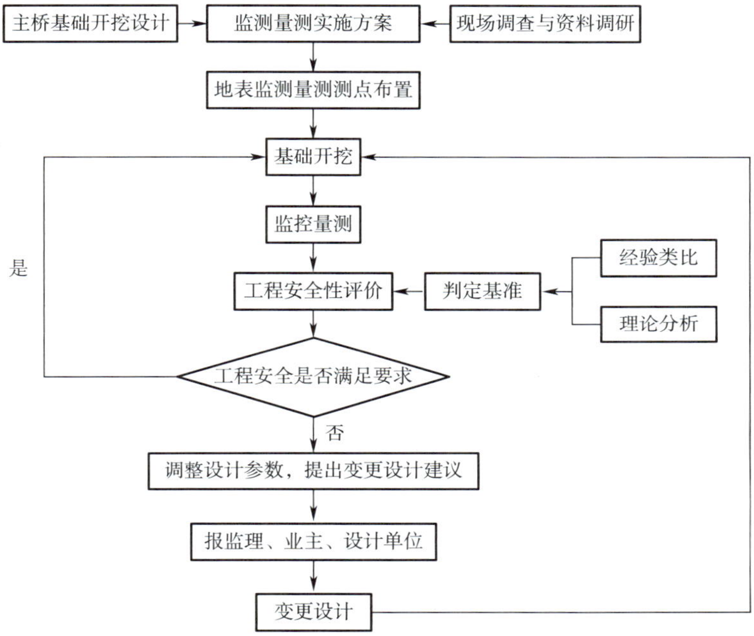

图 6-25 监控量测流程示意

二、监控量测项目和方法

监控量测项目和方法见表 6-1。

表 6-1 监控量测项目和方法

序号	监控量测项目	方法及工具	布置	测试精度(mm)
1	洞内、外观察	地质罗盘、数码相机	开挖及支护后进行	
2	拱顶下沉	水准仪、钢挂尺、全站仪	沿挖深方向 5 m 一个断面，每个断面一个测点	0.1
3	净空变化	收敛计，全站仪	沿挖深方向每 5 m 一个断面，每台阶一个水平测线，每个基础 2 条斜测线	0.1
4	地表位移	水准测量的方法，水准仪	基础洞口上游 35 m，两侧及下游各 14 m 范围，间距 8～14 m 一个测点	0.1
5	岩体内部位移	拱顶径向钻孔内设位移计	根据设计图布置	0.1
6	支撑轴力	轴力计或表面应力计	基础每层支撑不少于 2 个测点	0.1

三、监控量测作业

监控量测作业应注意以下几点：

1. 基础洞口周边进行地表位移(包括水平位移和竖向位移)监测，地表位移测点应在基础开挖前布设，平均布置间距 8～14 m，如图 6-26 所示。

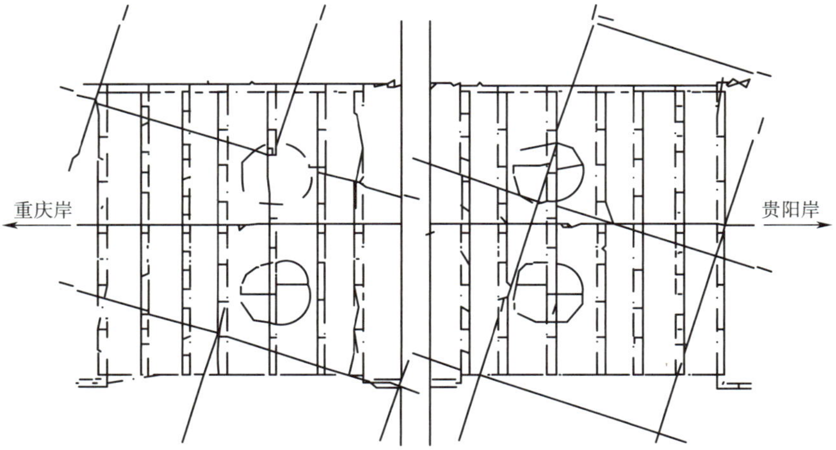

图 6-26　位移监测平面布置示意

2. 基础开挖后应及时对开挖断面拱顶下沉及净空变化进行测量，其量测断面的间距沿基础挖深方向不小于 5 m，测点布置如图 6-27 所示。

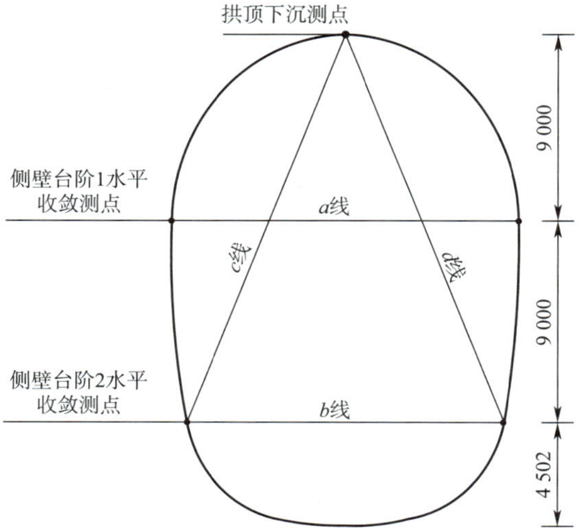

图 6-27　拱座基础拱顶下沉及净空变化测点布置示意(单位：mm)

3. 基础开挖后应及时于设计位置自拱顶沿径向钻孔，在上游岩体内部安设位移计。每个基础设 4 个钻孔，1～2 号基础每个钻孔内设 2 个测点，3～4 号基础每个钻孔内设 1 个测点，如图 6-28 所示。

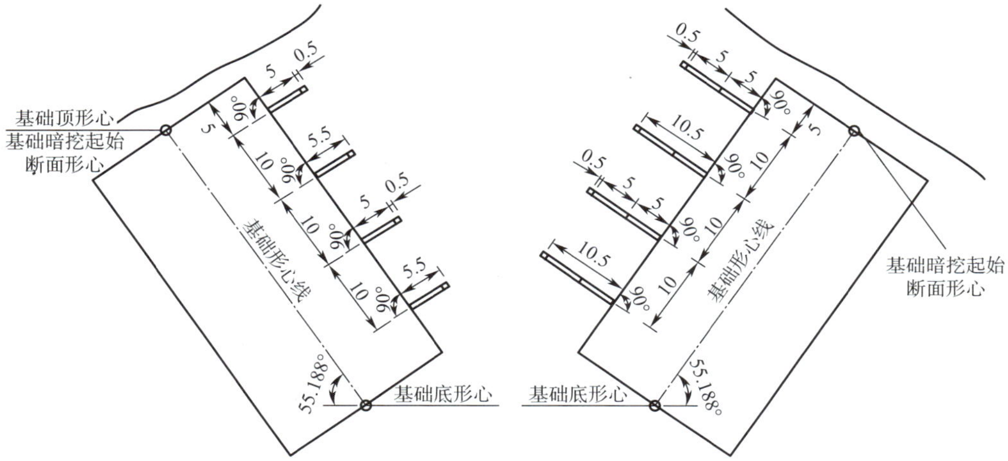

(a) 贵阳端岩体位移监测点布置断面　　(b) 重庆端岩体位移监测点布置断面

图 6-28　岩体位移监测点布置断面示意(单位:m)

4. 在无数据异常和事故征兆的情况下，监控量测频率应按表 6-2 确定的两种频率比较取大值，出现数据异常和事故征兆时应增大监控量测频率。

表 6-2　监控量测频率表

按开挖深度		按位移速度	
距开挖工作面距离(挖深方向，m)	监控量测频率	位移速度(mm/d)	监控量测频率
＜10	2 次/d	＞5	3 次/d
10～20	1 次/d	1～5	2 次/d
＞20	1 次/2 d	0.5～1	1 次/d
—	—	＜0.5	1 次/2 d

5. 监控量测测点应在距开挖面 2 m 范围内尽快安设，并应在每次开挖后 12 h 内取得读数，且必须在下一循环开挖前完成。

6. 各项量测作业持续到基础混凝土浇筑作业完成。

四、监控量测的基准

监控测量基准包括开挖面拱顶、周边、地表和岩体位移及支撑轴力等，应根据地质条件、施工安全及结构稳定等因素制定。

1. 拱顶及周边位移控制基准应根据测点距开挖面的距离，由极限相对位移值 U_0 确定；位移控制基准可按表 6-3 取值，极限相对位移值 U_0 可按表 6-4 取值。

表 6-3 监控测量基准

项目名称	施工部序	极限相对位移值 U_0(mm)
拱顶下沉	Ⅰ－(1)	2
侧壁收	Ⅰ－(2)	16
	Ⅰ－(3)－(6)	20

表 6-4 位移管理等级应对措施

管理等级	距开挖面＜10 m	距开挖面 10～20 m	应对措施
Ⅲ	$U<65\%U_0/3$	$U<90\%U_0/3$	正常施工
Ⅱ	$65\%U_0/3 \leqslant U \leqslant 130\%U_0/3$	$90\%U_0/3 \leqslant U \leqslant 180\%U_0/3$	通报监理和施工单位,并加强监测
Ⅰ	$U>130\%U_0/3$	$U>180\%U_0/3$	上报指挥部和工作站,通报监理和施工单位,立即停止开挖,会商决策

注:U 为实测位移值。

2. 地表及重庆侧基础上游的岩体位移(包括水平位移及竖向位移)控制基准值应该根据地层稳定性确定。

3. 支撑轴力控制基准值应根据钢支撑的容许承载力确定。

五、监控量测资料的整理与反馈信息

1. 监控测量作业完成后,应及时根据量测数据绘制相对净空变化、周边位移时态曲线、拱顶位移与距开挖面距离的关系图等。根据现场量测数据绘制位移—时间曲线或散点图,在位移—时间曲线趋于平缓时应进行回归分析,选择将实测数据拟合好的函数进行回归,预测可能出现的最大拱顶位移及相对净空变化值,并推算最终位移和掌握位移变化规律。当位移—时间曲线出现反弯点,即位移出现反常地急剧增加现象,表明围岩和支护已呈不稳定状态,应及时加强支护,必要时应停止开挖,采取必要的安全措施。

2. 监控测量作业完成后,应利用监控量测结果及时进行反分析,选用的反分析程序必须是经过鉴定的,并应具有国内领先水平,切忌随便选用反分析程序,耽误工作,造成损失和后患。

3. 当出现护壁混凝土开裂、掉块、锚杆松弛或锚杆板压紧变形、钢架扭曲变形时可以作为围岩或支护失稳的危险信号。

4. 当地表位移值达 20 cm 或异常增大值为 5 cm 时可以作为基坑失稳的危险信号。

六、工程安全性评价及应对措施

根据监控量测分析结果对工程安全性进行评价,并提出相应工程对策建议,做到信息化设计与施工,根据位移管理等级,将工程安全性评价分为三级,并采取相对应措施,具体位移管理等级及对应措施见表 6-4,工程安全性评价可按图 6-29 进行。

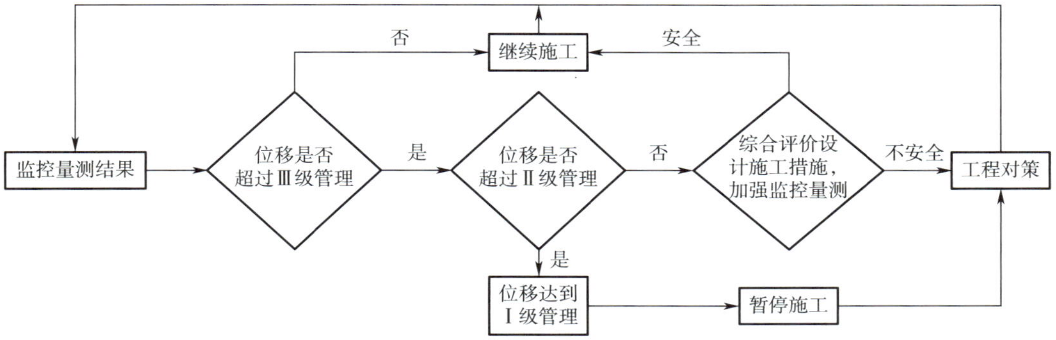

图 6-29　工程安全评价流程示意

第四节　大体积混凝土施工

一、机理分析

拱座大体积混凝土用量大,结构的横截面面积大,水化热不能及时释放,容易造成混凝土芯部温度过大,当芯部温度与表面温度的温差过大时,就会在混凝土内部形成混凝土裂缝,这种裂缝是由混凝土干缩、温缩变形受到约束所引起的约束拉伸开裂。混凝土随温度、湿度变化要伴生胀缩变形,而胀缩变形受到约束作用则伴生拉应变和拉应力,拉应变或拉应力超过混凝土的承耐能力即产生裂纹。混凝土结构在施工过程中及后续使用过程中,其温度、湿度出现升降变化并由此引发收缩变形的情况是常有的,而收缩变形受到来自外部、内部的约束作用常亦难免,但是混凝土抗拉伸能力却又很弱,所以混凝土工程结构是比较容易出现收缩裂缝的。水泥水化热大,混凝土放热,混凝土内部温度变化使得内部温度和湿度产生变化,若芯部温度与表面温度控制不当会产生干缩、温缩变形,产生裂缝。混凝土裂缝虽然很多只是“表面性”的,对工程结构的承载能力或使用功能暂时无何影响,但可能影响美观性,也不能保证混凝土的耐久性,甚至引起对工程质量的疑虑;有的裂缝具有“结构性”的意义,表面结构的力学性能、使用功能或工程整体性能会受到某种损害,个别情况甚至警示将要发生破坏事故;还有的裂缝可导致工程结构渗水、溶蚀或诱发钢筋锈蚀,从而损害结构的使用功能或工程的耐久性。大体积混凝土施工工艺和养护不当会造成承台混凝土内外温差高,使混凝土表面产生温度裂缝,进而引发质量事故。可见混凝土裂缝控制是影响工程质量的重要因素之一,必须控制好大体积混凝土施工准备、浇注、养护过程,以确保工程质量。

二、大体积混凝土施工

混凝土水化热是指混凝土内部胶凝材料水化反应而产生的热量,而水泥是其中放热量最大的，所以混凝土配合比中在保证强度等混凝土性能的前提下降低水泥用量能从根本上降低混凝土芯部温度；同时，让混凝土以较低的温度入模能从源头上降低混凝土芯部温度；在混凝土浇注完成养护期间，运用在混凝土内部预埋的冷却管能通过循环水从混凝土内部带走混凝土内部热量，降低芯部温度。所以配合比设计、混凝土生产、养护施工过程是大体积混凝土质量控制的三个重要环节，其中大体积混凝土的养护尤为重要。

(一)前期配合比设计

大体积混凝土在保证混凝土强度及坍落度要求的前提下，尽量提高矿物掺合料及集料的含量，降低每立方米混凝土的水泥用量。在施工条件许可的范围内，应尽可能降低用水量，从而减少水灰比，减少水泥总发热量，以降低混凝土芯部的最高温度；高矿物的掺入能提高混凝土的抗渗性，延长混凝土的使用年限。

在胶凝材料浆体组成一定时，集料体积含量越大，混凝土的收缩值越小。集料体积在68％～70％范围内变化时，对收缩的影响最敏感。从减少混凝土收缩的角度看，集料体积含量大于70％时，最为有利。适当的砂率对混凝土的裂缝控制有积极作用，混凝土的干缩随砂率的增大而增大，过高的砂率使结构表层容易产生较厚的砂浆层，这对混凝土的裂缝控制是不利的。

采用最佳粗集料级配，避免使用粒径分布集中、中间粒级颗粒少的粗集料。采用少量小粒级石子调整级配，使其级配曲线接近级配要求下限，且含有一定量的2.5～10 mm集料时，可在一定程度上减少混凝土的干缩。

同时选用合适的减水剂，减少混凝土用水量，在保证混凝土流动性的前提下，可以减少水泥用量，并且减水剂可降低水化热峰值，对混凝土收缩有补偿功能，可提高混凝土的抗裂性；减水剂的运用，能改善混凝土的和易性，方便于施工。

1. 混凝土用原材料

混凝土用原材料的质量决定着混凝土本身的强度等级和长期耐久性能，选择合理的原材料种类是实现强度和耐久性满足要求和混凝土温度裂缝的必须措施。

(1)水泥

水泥的水化热是大体积混凝土内部温升的主要热量来源。由于大体积混凝土结构体积庞大，所用水泥总量较大，在断面尺寸较大的情况下内部散热较慢、热量不断积聚导致温升过高。此外水泥的比表面积、C_3A含量、碱含量、三氧化硫含量、氧化镁含量均会在一定程度上影响到大体积混凝土质量。因此水泥品种的选择以及水泥品质指标的控制是大体积混凝土温控的重要内容之一。目前我国生产的水泥品种有硅酸盐水泥、普通硅酸盐水泥、矿渣硅酸盐水泥、粉煤灰硅酸盐水泥、火山灰质硅酸盐水泥。其中硅酸盐水泥比表面积大，需水量大，混凝土收缩量大，水化反应快，水化热大；其他三种水泥均按照不同比例掺入了不同的矿物掺合料，其水泥的水化热和需水量有所减低但是其掺入的掺合料比例和质量在配合比设计时不好调整控制。因此，综合考虑多个因素，最终经试验选定使用低碱普通硅酸盐P·O42.5水泥，水泥中碱含量过高不仅容易引发混凝土碱-骨料反应，而且增加混凝土的开裂倾向，具体技术指标见表6-5。

表6-5　水泥技术指标检测结果

项目	比表面积	C_3A 含量	碱含量	SO_3 含量	CaO_2 含量	游离 CaO_2 含量	氧化镁含量	安定性
检测结果	340 m^2/kg	6.04%	0.51%	2.42%	0.81%	0.50%	3.86%	合格

(2)粉煤灰

采用烧失量大的粉煤灰配制的混凝土工作性差(坍落度损失大、不易捣实)、强度效应差(波兰特效应降低)以及耐久性差(封孔固化和致密效应降低)，因此要严格控制粉煤灰的烧失量。粉煤灰中未燃烧颗粒对外加剂具有很大的吸附作用，冻融环境下更应该严格控制粉煤灰的烧失量。硫酸根离子、CaO与C_3A会生成钙矾石，钙矾石体积膨胀会导致混凝土的破坏，选择低钙粉煤灰。粉煤灰选择了烧失量低、需水量低的Ⅱ级粉煤灰，具体技术指标见表6-6。

表6-6　粉煤灰技术指标检测结果

项目	细度	烧失量	需水量比	Cl^- 含量	SO_3 含量	CaO 含量	游离 CaO 含量
检测结果	7.8%	2.3%	98%	0.011%	1.02%	3.57%	0.06%

(3)减水剂

减水剂应选择减水率高，与水泥、粉煤灰的适应性高，碱含量低，收缩率小于125%，使用的缓凝型高效减水剂的具体技术指标见表6-7。

表6-7　减水剂技术指标检测结果

项目	减水率	凝结时间差	收缩率	Na_2SO_4 含量	碱含量	Cl^- 含量
检测结果	29%	+98 min	102%	0.79%	1.96%	0.09%

(4)细骨料

使用级配合理、质地均匀坚固、吸水率低、空隙率小的洁净机制砂，具体技术指标见表6-8。

表6-8　细骨料技术指标检测结果

项目	石粉含量	泥块含量	吸水率	坚固性	细度模数	Cl^- 含量
检测结果	6.5%	0.1%	0.27%	3.2%	3.2	0.01%

(5)粗骨料

使用颗粒级配连续合理、粒形良好、质地均匀坚固、线膨胀系数小且洁净的5～25 mm碎石，具体技术指标见表6-9。

表 6-9　粗骨料技术指标检测结果

项目	含泥量	泥块含量	吸水率	坚固性	颗粒级配	Cl^- 含量
检测结果	0.4%	0.1%	0.15%	2.0%	连续级配	0%

2. 混凝土配合比选定

(1)初步配合比的选定

结合渝黔铁路夜郎河特大桥设计时对大体积高性能混凝土强度、环境作用等级和长期耐久性的要求及高性能混凝土设计要求，确定最大水胶比为 0.4 和最小胶凝材料用量 340～500 kg/m^3，初步配合比见表 6-10。

表 6-10　初步配合比

配合比编号	水　泥	机制砂	碎　石	粉煤灰	矿渣粉	水	外加剂
PHB1	329	819	962	110	—	180	5.27

对初步配合比进行绝热温升计算

$$T_h=\frac{W_0 \cdot Q_0}{C\times\rho}=\frac{329\times300}{0.97\times2\ 400}=42.4(℃)$$

式中　W_0——每立方米混凝土中的水泥用量(kg/m^3)；

Q_0——每千克水泥的累积最终热量(kJ/kg)；

C——混凝土的比热容取 0.97[kJ/(kg·℃)]；

ρ——混凝土的质量密度(kg/m^3)。

对大体积混凝土配合比从三方面进行调整、优化，以提高混凝土耐久性，解决混凝土泌水问题，降低混凝土的绝热温升值，提高混凝土抗裂性能，克服引起大体积混凝土温度裂缝的因素。

(2)配合比的调整优化

①减少水泥用量，采用较低水胶比

为了降低大体积混凝土中水化热的产生，降低了水化热主要来源水泥的用量，大体积混凝土采用较低水胶比。水胶比是指混凝土中水与胶凝材料的比值，减小混凝土的水胶比，不仅可以提高混凝土的抗压强度，还可以提高高性能混凝土的耐久性，降低混凝土的电通量值。混凝土的电通量是通过测定混凝土在直流恒定电压作用下通过的电量值来反映混凝土的氯离子渗透性能和抗化学侵蚀的能力，间接评价混凝土的密实性。过大的水胶比特别不利于使用矿物掺合料混凝土的内部微结构发展，同时影响混凝土的耐久性与强度。与硅酸盐水泥相比，粉煤灰和矿渣粉对混凝土强度的贡献受水胶比的影响较大，尤其是粉煤灰对水胶比更为敏感。只有在低水胶比(如小于 0.4 或 0.42)的前提下，粉煤灰的作用才得以充分发挥。因此，降低水胶比是提高混凝土强度，增强耐久性能的最有效的措施。水胶比对水化热影响如图 6-30 所示。

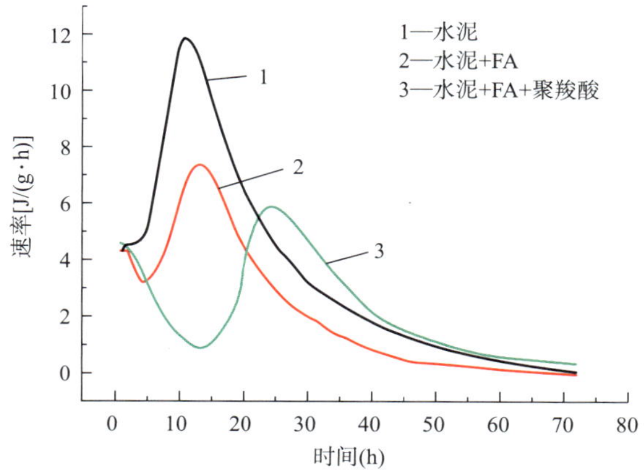

图 6-30　水胶比对水化热的影响示意

由图 6-30 可得出结果，纯水泥胶砂的温峰最大，出现的时间最早，水化热最大。复掺掺合料和聚羧酸减水剂胶砂的温峰最低，且出现时间最晚，水化热最小。

粉煤灰为活性矿物掺合料，其填充效应和微集料效应以及在碱性激发剂作用下的火山灰效应可增加混凝土的密实性，提高混凝土的后期强度和长期耐久性。由于粉煤灰的活性较低，活性物质含量较少，火山灰效应较迟缓，掺粉煤灰的混凝土强度发展较慢，早期强度较低，火山灰效应较快，后期发挥粉煤灰的缓慢火山灰效应，改善浆体和集料的界面结构，使混凝土结构密实，强度和抗裂性、抗氯离子渗透性能得到持续提高，延迟了混凝土温升高峰出现的时间。

②用缓凝型高效减水剂

从混凝土中热量产生和温升机理可知，大体积混凝土芯部温度急剧上升，主要是因为大量的胶凝材料同时发生水化反应，而使得混凝土内部的热量没有散失、缓解的时间。通过在混凝土中掺入减水率高、水泥适应性强的缓凝型高效减水剂，大大降低了混凝土的水胶比，减少了混凝土内水泥的用量，还延长了混凝土凝结时间。这样既保证了大方量混凝土长时间浇筑过程中拌和物性能始终满足施工工艺的要求，而且也有效延缓了混凝土内水化反应温度峰值出现的时间。经过多次的配合比试配试验比选出科学、合理的承台大体积高性能混凝土配合比，见表 6-11 和表 6-12。

表 6-11　每方材料用量表(kg)

配合比编号	水　泥	机制砂	碎　石	粉煤灰	矿渣粉	水	外加剂
PHB1	307	851	1 960	102	—	180	4.91
PHB2	329	819	962	110	—	180	5.27
PHB3	355	786	960	118	—	180	5.68

表 6-12 混凝土性能试验结果

检测项目	坍落度	扩展度	泌水率	56d 强度	抗裂性	电通量
PHB1	180 mm	500 mm	无	40.2 MPa	无裂纹	1 180 C
PHB2	180 mm	530 mm	无	46.5 MPa	无裂纹	962 C
PHB3	165 mm	460 mm	无	52.6 MPa	无裂纹	916 C

由以上不同配合比的拌和物性能及抗压强度及 56 d 耐久性指标对比可知，所有配合比拌和物性能及 56 d 抗压强度均能达到试配强度要求，长期耐久性能指标掺加单粉煤灰和矿粉或复合双掺均能满足，但综合分析可知采用复合双掺后的混凝土配合比、拌和物性能、强度耐久性能均优于其他配合比。因此，选定 PHB2 为大体积混凝土用配合比，并进行绝热温升计算。

对调整、优化后的配合比混凝土进行绝热温升计算

$$T_h=\frac{k\cdot W_0\cdot Q_0}{C\times\rho}=\frac{0.87\times 329\times 300}{0.97\times 2\ 400}=36.9(℃)$$

式中 W_0——每立方米混凝土中的水泥用量(kg/m^3)；

Q_0——每千克水泥的累积最终热量(kJ/kg)；

C——混凝土的比热容取 0.97[kJ/(kg · ℃)]；

ρ——混凝土的质量密度(kg/m^3)；

k——不同掺量掺合料水化热调整系数。

由以上混凝土性能指标试验和温升绝热计算结果可知：通过调整、优化后的配合比，混凝土的绝热温升值得到了明显的降低，其混凝土拌和物性能良好。尤其是大量地掺入粉煤灰和磨细矿渣粉后，在大体积混凝土浇筑过程中最难克服的混凝土泌水问题得到了有效解决。该配合比所拌制的混凝土拌和物性能、物理力学性能和耐久性能均能够满足大体积高性能混凝土的要求。

(二)冷却水管及测温点布设

根据设计要求，拱座分两次浇筑，浇筑高度为第一次 32 m、第二次 15 m，浇筑混凝土方量分别为 10 900 m^3、6 400 m^3。同在拱座混凝土预埋冷却水管，通过冷却水降低混凝土芯部最高温度。冷却通水在混凝土刚开始浇筑即进行，可以有效地控制因混凝土内外温差而引起的结构物开裂。

1. 冷却水管布设

为保证大体积混凝土不出现裂纹，必须控制混凝土的内外温差，即对外部混凝土加地膜覆盖，对内部混凝土埋设冷却水管通过循环水散热，降低内部混凝土温度。冷却水管通水养护时间需符合设计要求，并根据现场测量结果进行适当调整。

(1)脚手架和冷却管。

①冷却管和脚手架均采用 ϕ48 mm×3.5 mm 钢管,立杆纵向间距为 1.5 m,横向距离为 1.5 m。平杆水平间距 1.5 m,垂直间距 1.5 m,冷却管和脚手架同时搭设,并用木板在两侧搭设工作平台,平台垂直距离为 1.5 m。冷却管采用"4 进 4 出",进口安装球阀,方便控制流速。冷却管离喷浆面 0.75 m。

②冷却管通水为循环水:山顶水池→拱座冷却管进水口→拱座冷却管出水口→排水沟。

③冷却管 90°弯头、直接头采用 ϕ60 mm×3.5 mm 钢管作为外套管焊接成整体,保证焊接质量,防止漏水。

④冷却管沿拱座中心线横向布置 11 道,每道间距 1.5 m,每层间距 1.5 m。重庆岸山顶设两个水池共计储水量 180 m^3,并不停向水池抽水。冷却管采用"4 进 4 出"进行连接,其中,3 根进水管每根串联 3 排冷却管,1 根进水管串联 2 排冷却管并布设在最中间,确保芯部混凝土温度不超限,如图 6-31 所示。

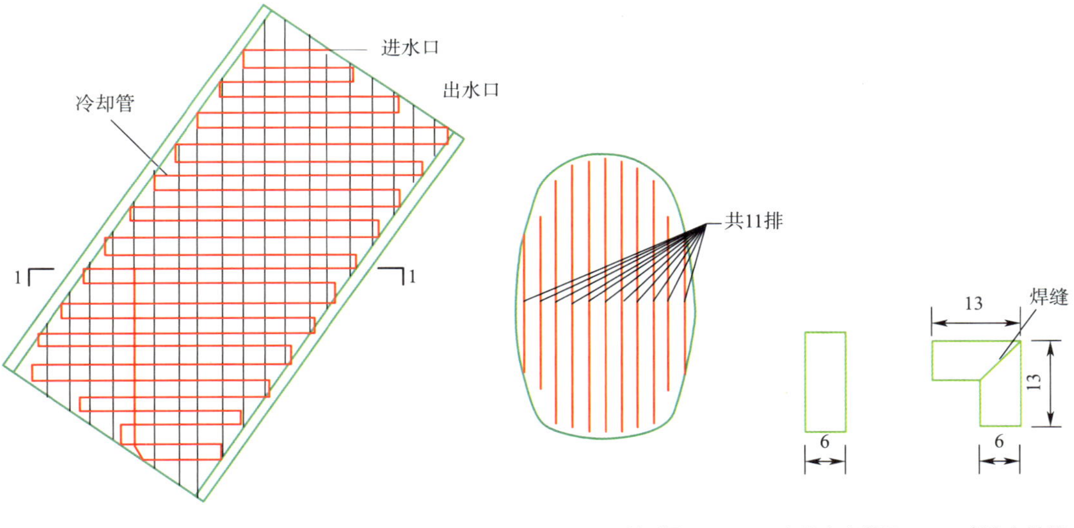

图 6-31　冷却管布置示意(单位:cm)

(2)冷却管安装完毕后,先试通水,确保水流畅通后再进行混凝土施工。浇筑混凝土时,需注意保护冷却管,以免造成冷却管破损无法通水。

(3)用水泵抽水,保证冷却管进水口有足够的压力。

(4)设计图中标注的冷却管长度为管道中心处距离,冷却管保证不串浆,不漏水,安装完毕后必须做密水检查,保证注水时管道畅通。

(5)待混凝土初凝后,即安排循环水散热,每个拱座基础设置两台水泵 24 h 工作,设两名专职测量水温及操作抽水机人员,每天分两班交替工作,每隔 2 h 记录一次水温,根据水温调节循环水流动的快慢。冷却管通水至少工作 10 天,待混凝土内外温差不超过 15°且呈下降趋势停止冷却。

(6)混凝土芯表温差超限控制措施。

①首先给各出水口安装球阀(图 6-32),经实验统计,证实哪个刻度能够满足每个出水口流量达到 6.25 m^3/h,并记录。

②如果流量达到计算值但还是有个别测点温度超标,则增大球阀过水量,流量和温度之间曲线关系如图 6-33 所示。

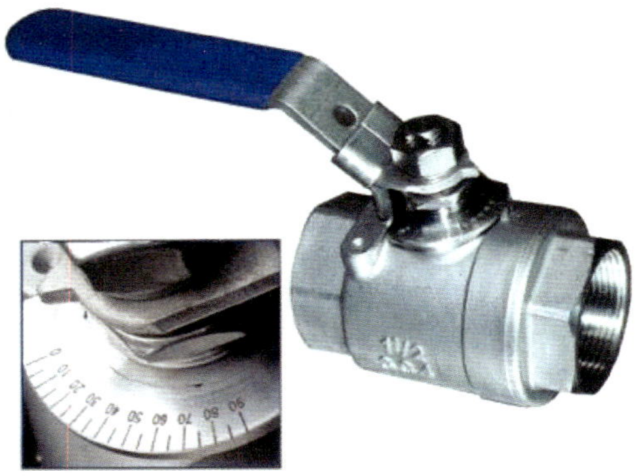

图 6-32　出水口球阀

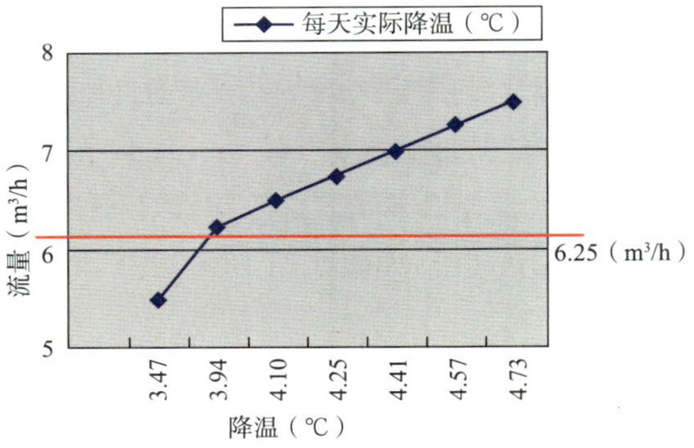

图 6-33　流量和温度曲线关系示意

2. 测温片布设

为测定混凝土结构内部温度,在拱座混凝土中特征位置布置温度监测点,采用 JMT-36C 温度探头,用万用表测量其电阻并转换为温度;根据观测结果确定冷却水管通水量、通水时间和蓄热养护时间等,以降低混凝土内外温差。测定混凝土温升峰值及其达到峰值所需的时间,定期记录冷却水管进、出水的温度,绘制混凝土内部温度变化曲线。沿拱座基础深度方向在外面、底面及中心必须布置有测温点,每段混凝土浇筑布置 4 层,第一层距底面混凝土向上 5 cm 处,第二层延轴线向上 10.3 m 处,第三层沿轴线向上 10 m 处,每层 16 个点,同一平面测点之间距离不大于 1.2 m,测温片埋设时平面位置位于相邻及上下两层冷却管正中间,保证测温准确性。温度传感器具体布置如图 6-34 和图 6-35 所示。

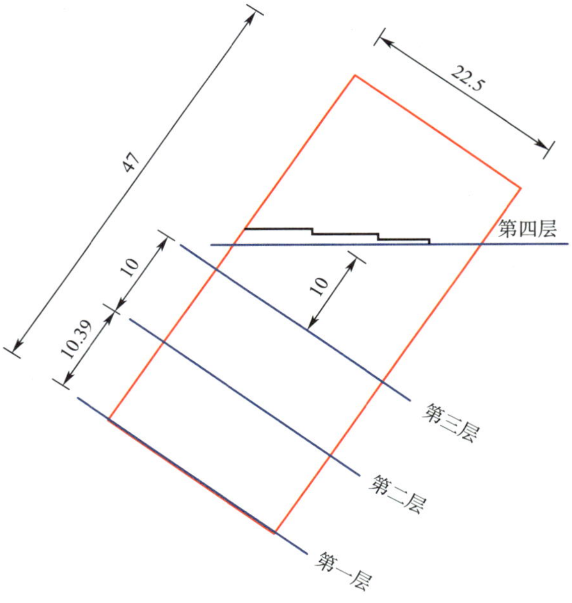

图 6-34　测温点分布(单位:m)

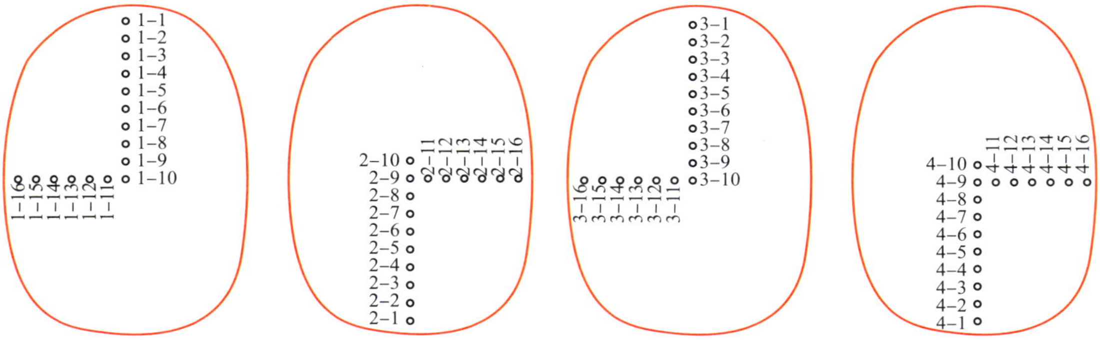

(a) 第一层　(b) 第二层　(c) 第三层　(d) 第四层

图 6-35　每层测温片平面位置

(三)混凝土浇筑

由于混凝土量庞大，在浇注前准备了充足的原材料，对搅拌设备和浇注设备进行了全面检查，确保浇注的顺利进行。

混凝土生产时对搅拌用水的温度进行测试，在夏季施工时用井水搅拌降温处理，保证较低的出仓温度，同时在混凝土浇注现场应及时浇注入模，确保降低的入模温度。在冬季施工时对原材料和水采取保暖加温措施。

大体积混凝土的施工技术要求比较高，特别在施工中要防止混凝土因水泥水化热引起的温度差产生温度应力裂缝。根据设计要求，混凝土按竖向分层、横向分段、水平推进的办法进行混凝土灌注及振捣，保证上下层混凝土衔接可靠。在施工过程中采用薄层浇筑，合理分层，分层厚度 30 cm。

拱座混凝土沿拱轴线方向分两次浇筑，浇筑高度分别为 32 m、15 m，浇筑混凝土方量分别为 10 900 m^3、6 400 m^3。

(1)第一次浇筑至沿拱座基础轴向 32 m 处，水平分三台阶浇筑，每个台阶高度不小于 60 cm，总高度不小于 180 cm，如图 6-36 所示；台阶模型采用 30 cm×150 cm 组合钢模，利用洞室内架加钢管作为模板支撑，钢管横向间距 30 cm，与组合钢模采用 16 号铁丝连接；施工缝处埋设直径不小于 16 mm 的连接钢筋，连接钢筋埋入深度和露出长度均不应小于钢筋直径 15 倍，间距不大于 20 cm，使用光圆钢筋时，两端应设半圆形标准弯钩，使用带肋钢筋时可不设弯钩。

(2)待第一次混凝土强度达到强度后，开始安装钢管拱预埋段钢管，拱座基础预埋段钢管吊装通过洞室上部龙门安装，定位及支撑体系采用 ϕ325 mm×10 mm 普通钢管支架，定位及调节采用全站仪、手拉葫芦、千斤顶；整片安装钢管拱定位支架，焊接牢固后，用 200 mm 槽钢连接成整体；支架定位钢板待标高复核无误后，用龙门、吊车安装钢管拱预埋，单个构件最重约 10 t，钢管拱定位好后，与支架、定位钢板焊接牢固，防止浇筑混凝土发生移动，钢管拱安装加强钢筋笼，单件最重 2.4 t，用 25 t 吊车安装；绑扎拱座基础顶面钢筋，拱脚预埋钢筋伸入基础 8 m，顶面和底面预埋 292 根 ϕ32 mm 钢筋，长分别为 9 m、11 m。侧面预埋 192 根

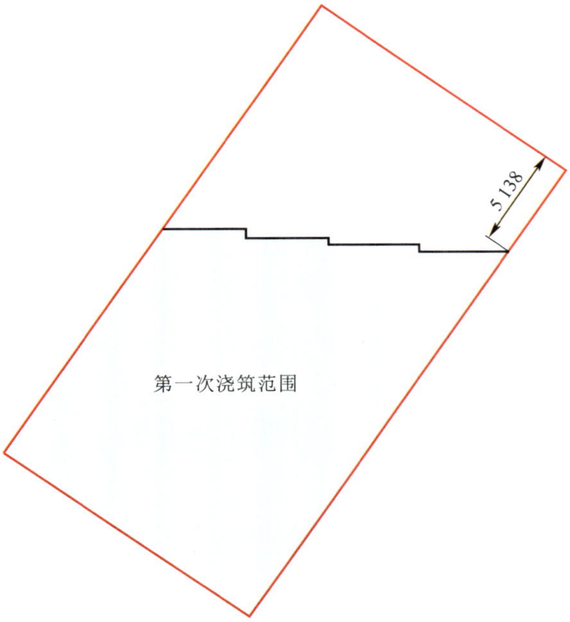

图 6-36　第一次混凝土浇筑断面(单位:mm)

ϕ20 mm 钢筋,长度分别为 9 m、11 m;第二次钢筋绑扎完成,预埋 42 束钢绞线。其中最长的 44 m,长出部分打成卷固定在龙门桁架上,预应力钢束采用 ϕ15.2 mm 高强度低松弛预应力钢绞线,钢束锚下张拉应力为 1 116 MPa,钢束均采用塑料波纹管成孔。第二次混凝土浇筑断面如图 6-37 所示。

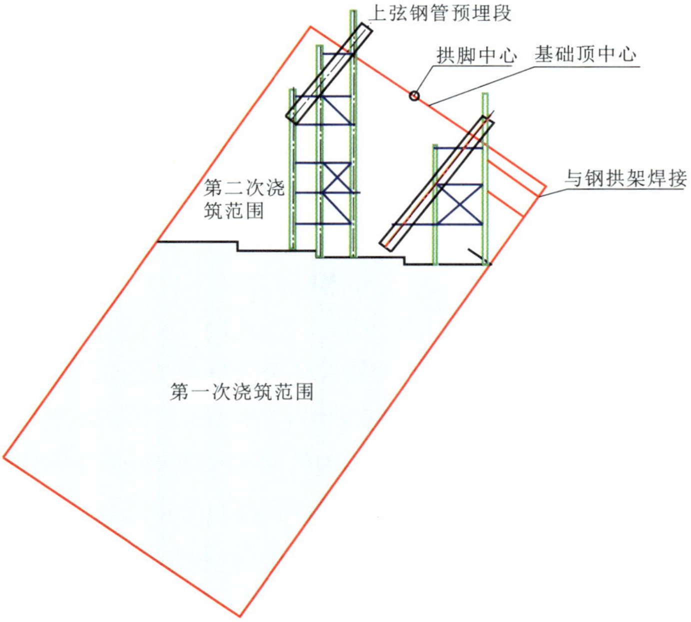

图 6-37　第二次混凝土浇筑断面

(3)待拱座预埋段安装完成后，确认平面位置及高程无误后，开始浇筑第二次混凝土，顶面混凝土封顶面板采用 12 mm 竹胶板，竖向背带采用 10 cm×10 cm 方木，间距为 30 cm，10 cm×10 cm 方木，横向间距 30 cm；背带 ϕ48 mm×3.5 mm 双钢管，背带间距 0.6 m，待模板安装完成后开始浇筑混凝土，直至整个拱座基础的混凝土浇筑完成，如图 6-38 所示。

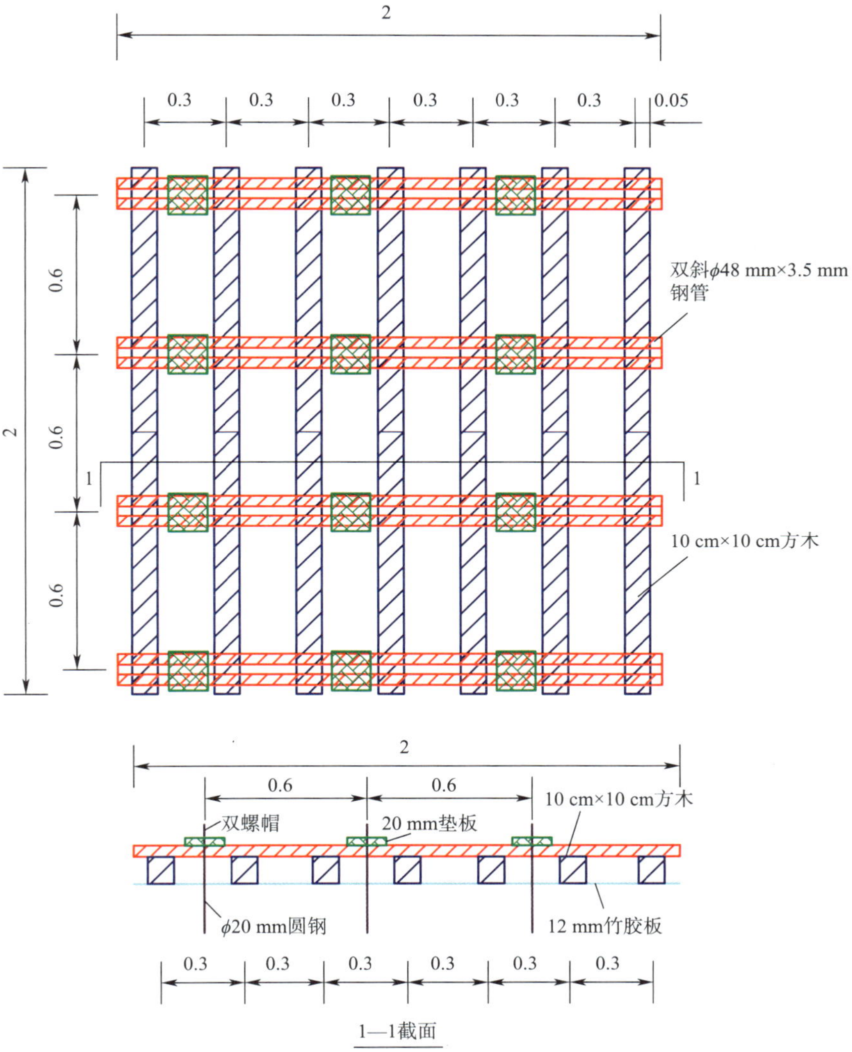

图 6-38 拱座基础顶 2 m×2 m 模板示意(单位：m)

混凝土拌和及输送设备：混凝土在拌和站集中拌制，罐车运输，泵送入模；搅拌站为 240 m^3/h(4 台 90 m^3/h 搅拌楼)，8 m^3 罐车 20 辆，洞口设置三处溜槽，同时浇筑混凝土，保证混凝土浇筑连续、快速。

（四）混凝土养护

温度和湿度是保证混凝土强度的两个重要因素。温度是保证混凝土强度的重要条件之一；湿度亦不容忽视，其对低水灰比混凝土的影响大于对高水灰比混凝土的影响。这是因为低水灰比混凝土在养护时，如内部水泥水化消耗的水来不及补充，进而会发生自干燥收缩，而外层混凝土由此产生内应力使混凝土表面产生裂纹。

混凝土浇筑过程中，冷却管循环水开始循环，利用循环出口水进行混凝土表面覆盖浇水养护，同时进行每 2 h 的测温制度，测试混凝土芯部温度、表面温度、养护温度和循环进出水温度，通过芯部温度与表面测试结果调整养护措施，当混凝土芯部温度与表面温度温差过大时，加大循环水的流量，通过循环水冷却降低混凝土芯部温度。

夜郎河特大桥主桥施工过程中研究了预应力锚索与型钢拱架支护结合的支护方案，开创了龙门吊、挖机配合大型自卸式渣斗垂直立体出渣工艺。解决了大断面开挖山体的稳定性，充分利用了机械施工，提高了施工效率，降低了施工成本，节约了施工工期。创造性地利用了吊装设备，在拱座基础上方设置可移动式龙门吊配合挖掘机吊装平台解决了机械无法进出洞口难题，同时通过垂直提升大型自卸式渣斗解决了大角度基础无法高效出渣难题。该基础结构设计为世界首例，成功地总结出了一套科学、经济的大倾角、大断面嵌岩桩基础施工方案，确定了合理的机械设备配置，形成了成熟的施工工艺，为类似工程的基础施工提供了宝贵经验。

第七章　劲性骨架施工

第一节　劲性骨架制作加工技术

劲性骨架拱在加工中克服了立体管桁架空间曲线结构现场加工的线性控制及对接错位难度大问题，实现对接错边量小于等于 2 mm，管桁架宽度和高度误差小于等于 3 mm。钢管拱翻身用两台龙门吊人工配合旋转吊具实现钢管架旋转。设计了可移动弧形胎架，提高钢拱架底模板铺设及吊装的施工工效，减少施工场地建设。钢管拱的空间曲线三维坐标控制，根据拱轴线坐标与施工高程相应关系，进行动态测量控制，有效克服了节段拼装累计误差产生的影响。钢管拱安装前，在钢管拱外侧增加全封闭钢丝绳防护网，以保证后续外包混凝土施工人员在全封闭空间内施工。

一、劲性骨架制造工艺流程

劲性骨架制造工艺流程如图 7-1 所示。

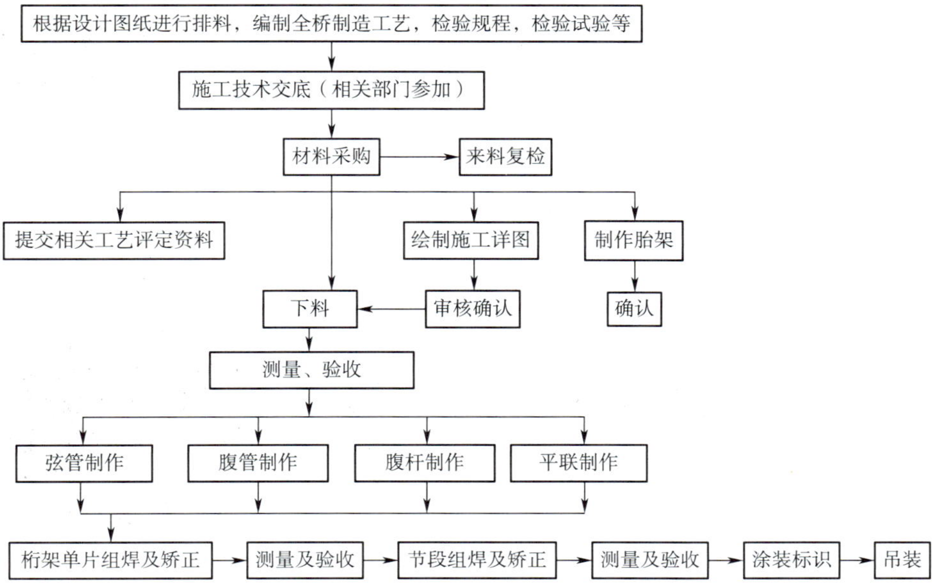

图 7-1　劲性骨架制造工艺流程示意

二、拱肋制造

上下弦管单元节制造工艺流程如图 7-2 所示，各流程施工现场如图 7-3～图 7-6 所示。

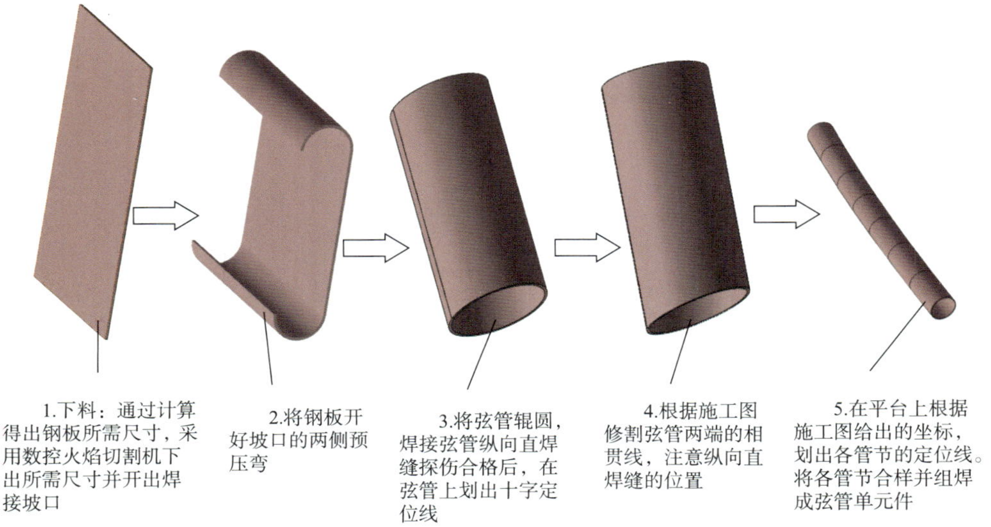

图 7-2　上下弦管单元节制造工艺流程

图 7-3　预弯后焊接

图 7-4　滚圆

图 7-5　管节在胎架上进行接长拼装

图 7-6　单管成品

钢管腹杆、平联、横撑接头下料时应注意：

(1)在划线平台上采用高度尺沿着钢管纵向划出基准线(直径上两侧各一根),并在两端管口外壁作出十字定位线作为切割钢管两端(横撑头一段)相贯线、组对基准。

(2)采用相贯线切割机切去钢管两端相贯线及坡口,杆件长度比施工图(理论尺寸)长5 mm。

三、节点板制作

1. 采用数控切割机和半自动切割机切割下料,并切去焊接坡口,连接孔节段组拼时与角钢配钻。

2. 1类节点板。

1类节点板由4块节点板组成,考虑到设计图的拱度,下料时将节点板与主拱焊接位置扩大2 mm,与腹杆、平联杆连接位置扩大5 mm,下料如图7-7所示。

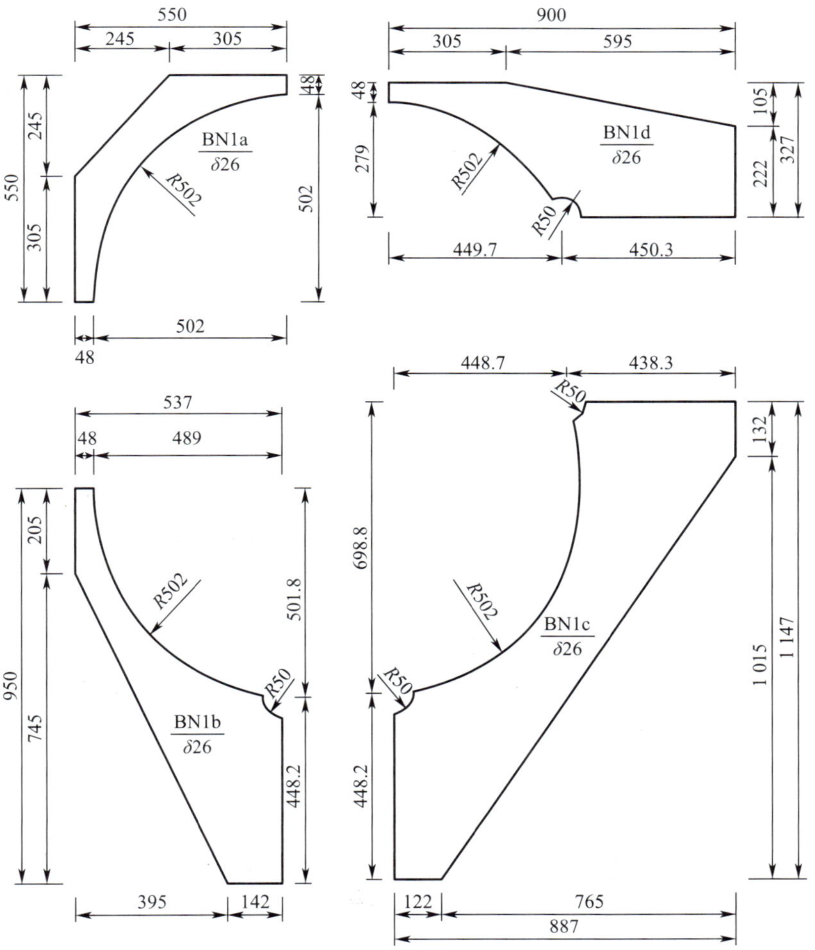

图7-7 1类节点板示意(单位:mm)

3. 2类、3类节点板。

2类、3类节点板按施工图上的尺寸下料，并划出安装定位线及角钢定位线(图7-8)。2类、3类节点板是横向连接平联角钢，拱肋线形对节点板影响较大，此节点板下料后需根据施工图折弯，以便平联及横撑安装。

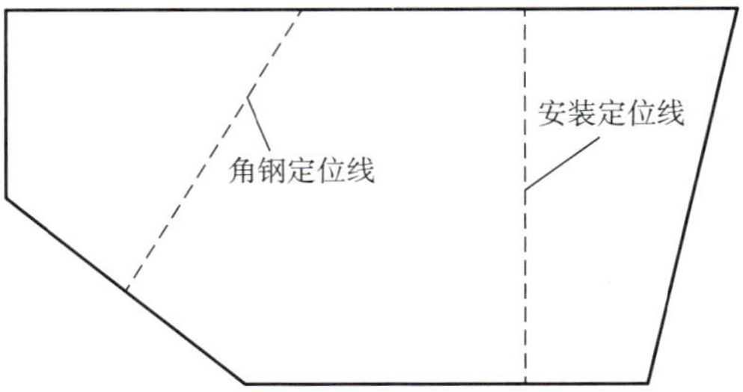

图7-8　2类、3类节点板

四、拱肋节段组拼

1. 拱肋节段连续拼装流程：

(1)在大拼场地地坪上放出拱肋连续拼装地样，如图7-9(a)所示。

(2)对照地样节点控制点搭设拱肋节段拼装胎架，如图7-9(b)所示。

(3)在大拼胎架上定位拱肋外侧桁片的上下弦管，如图7-9(c)所示。

(4)对地样线和上下弦管上对应腹杆拼装位置线，依次拼装腹杆。

(5)焊接腹杆与上下弦管间相贯线角接焊缝，焊接时严格按照焊接顺序进行施焊，减少节段内焊缝变形及焊接收缩，如图7-9(d)所示。

(6)对地样线拼装节段内上下平联，上下平联为竖直方向布置。

(7)拼装上下平联间连接系，如图7-9(e)所示。

(8)对地样线，拼装拱肋内侧桁片。

(9)焊接拱肋节间内连接焊缝。

(10)拼装相邻拱肋节间的外置匹配件以及拱肋节间对应的横撑牛腿和拱肋扣索耳板、临时吊耳等。

(11)依次进行后续节间的连续拼装，如图7-9(f)所示。

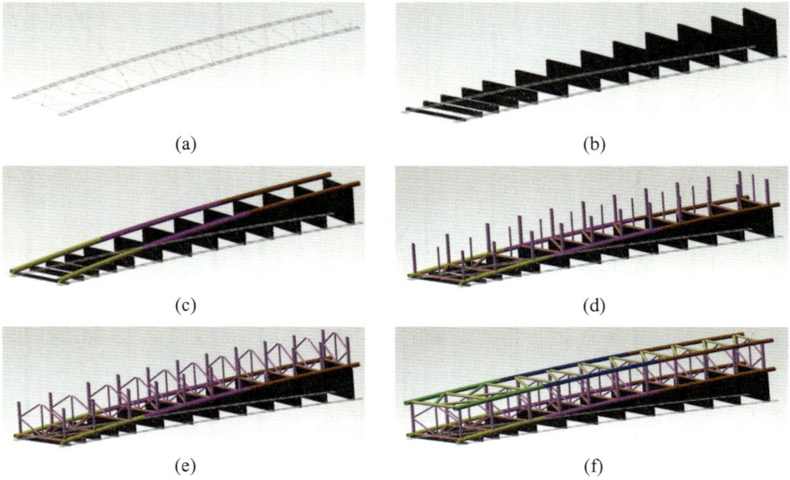

图7-9　拱肋节段连续拼装流程图

2. 拱肋以桥梁中心和线路中心将拱肋分成 A、B、C、D 四个区进行拱肋编号。拱肋节段制采用“3+1”从拱脚到桥梁中心连续匹配卧拼(内侧上下弦管放置在组拼胎架上,外侧上下弦管在上面),并拼装相邻拱肋节段之间的临时匹配件和吊杆上锚箱。拱肋阶段组拼流程如图 7-10～图 7-13 所示。

图 7-10　临时加工厂和室外场地

图 7-11　节段组拼与吊装平台

图 7-12　杆件组拼

图 7-13　杆件焊接

第二节　钢管拱安装施工技术

一、钢管拱架设施工流程

钢管拱架设施工流程如图 7-14 所示。

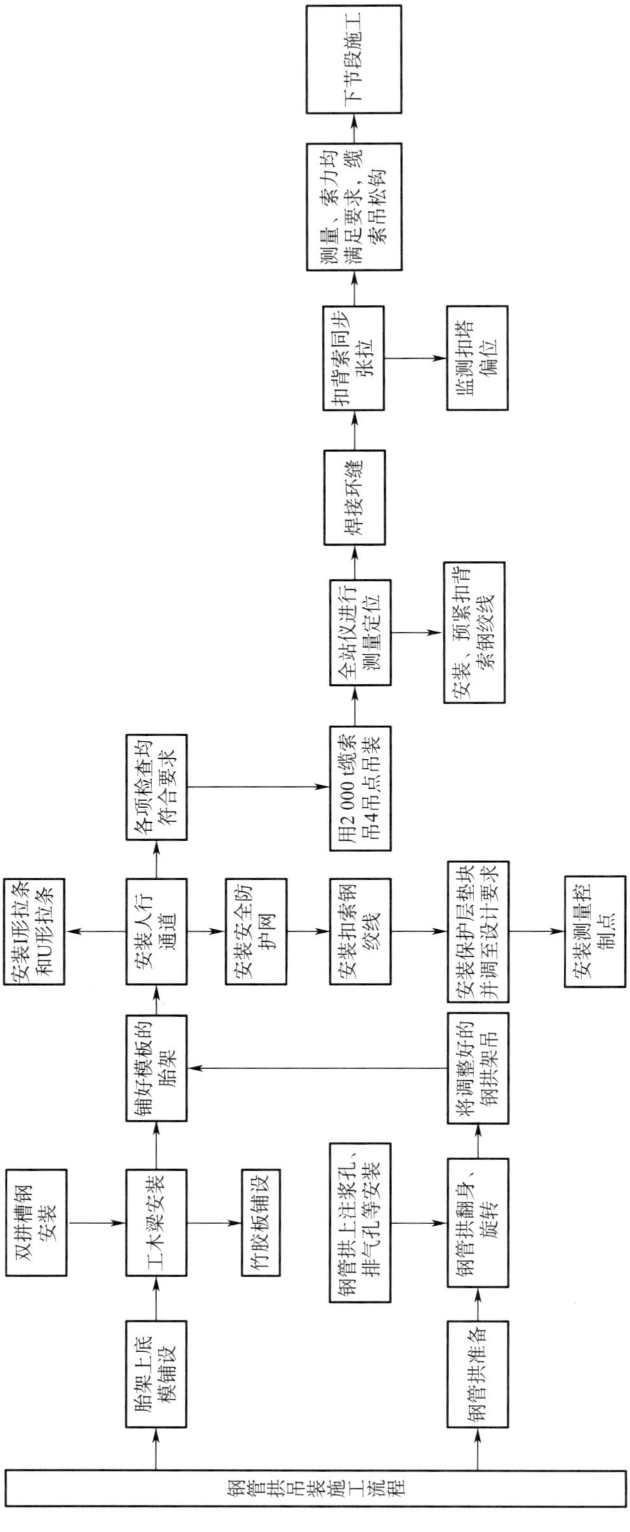

图 7-14 钢管拱架设施工流程示意

二、钢管拱横移平台

缆索吊在工作状态下主要用于物体的水平运输和垂直运输，而不能进行物体的横向运输，因此在钢管拱吊装前，应将节段运送至缆索吊的正下方，为此设计了移动式横移平台，平台兼顾了底模安装的台架，如图 7-15 和图 7-16 所示。移动式横移平台工作原理如图 7-17～图 7-20 所示。

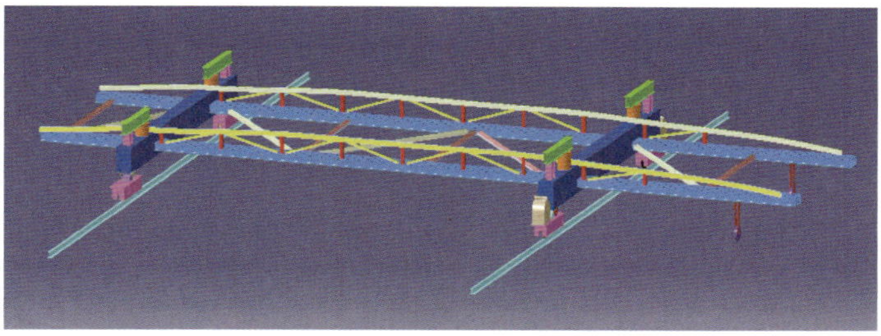

图 7-15　移动式底模台架

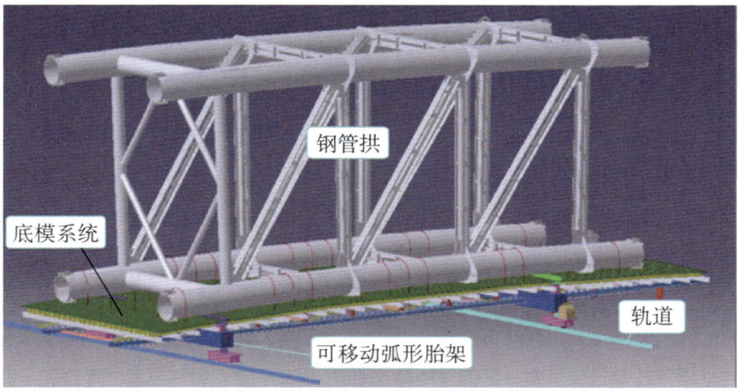

图 7-16　台架布置图

图 7-17　底模铺设

图 7-18　钢拱架旋转

图 7-19　底模拉条安装

图 7-20　就位的节段

三、钢管拱吊装

1. 拱座处拱肋分为左右两个节段，用缆索吊吊装第一节段右侧拱肋桁片就位，用缆索吊和风缆先进行初步调整，开始安装 LS1W、LS1N 号扣索和背索，以及该节段右侧风缆，待节段靠近时，利用手拉葫芦辅助调整，油顶逐步调整节段拱轴线位置，直至吊装节套进定位钢板。精确定位后，根据设计高程、扣索张拉力调整拱肋高程。扣索应分级进行张拉，每张拉一级，对节段进行三维坐标测量，测量结果与设计值进行比较，反复进行调整，待力全部交于扣点，拱肋高程、轴线满足设计及规范要求后，开始进行接头部位的焊接，拱肋的 4 根主管焊接完成进行复测，满足设计要求后方可拆卸吊钩。施工过程如图 7-21～图 7-26 所示。

图 7-21　拱架翻身

图 7-22　拱架旋转

图 7-23　扣点锚箱

图 7-24 钢管拱起吊

图 7-25 节段管口对位

图 7-26 测量定位

2. 吊装第一节段左侧拱肋桁片就位，按照右侧的安装方法进行。

3. 按照上述顺序对称吊装重庆岸及贵阳岸剩余的节段。

4. 按吊装程序，每一组扣索挂好后，均须检查之前的扣索，确定是否需要进行调索作业。调索作业根据设计方和监控方现场共同发布的调索顺序，对每一扣索采用对应钢绞线束数的千斤顶、油泵张拉设备，同步作业，对称、分级张拉，同时用频谱分析仪对索力进行测试，以确保调索顺利开展，确保各吊段节间连接焊缝及横联、平联间连接焊缝、联结螺栓结构栓接安全。对每一扣段，均需检查拱肋轴线、拱肋高程，避免拱肋的线形、高程误差累积到最后而造成调整困难，确保其安装精度的有效控制。调索作业如图 7-27 所示。

图 7-27 调索作业

四、钢管拱合龙

合龙前，根据对拱肋内力及线形的监控结果，通过扣索、缆风索对拱肋进行全面线形、内力调整直至满足设计要求。同时进行温度观测，测量合龙长度，切割合龙段余量，安装合龙段就位，临时连接，根据监控单位提供的合龙要求，进行合龙段施工。

合龙段长度约 3 m，分两次对接施工完成，第一次焊接分两段，每段长度 0.9 m，将定位构件焊接在第一节段内，施工时注意定位构件定位槽钢方向一致，第一节段焊接接头同普通吊装节段接头。第一节段安装完成后，量测法兰螺栓长度，同时测量拱肋高程，确定拱肋是需要提高还是降低，以此确定法兰螺栓中间的间距大小，以及确定螺栓与螺母嵌套的长度。加工中需要注意法兰螺栓于中线两侧对称设置 $P=5$ mm 的螺纹，使螺母旋转时螺杆同时缩进或伸出，以达到安装目的。

第三节　拱肋吊装监测

为便于施工过程中对拱肋线形进行监测，在拱肋骨架上布置变形监测点，测点纵向在拱脚、1/8 截面、1/4 截面、3/8 截面、拱顶截面布置。测点纵向布置如图 7-28 所示，拱肋劲性骨架变形控制点布置如图 7-29 所示。

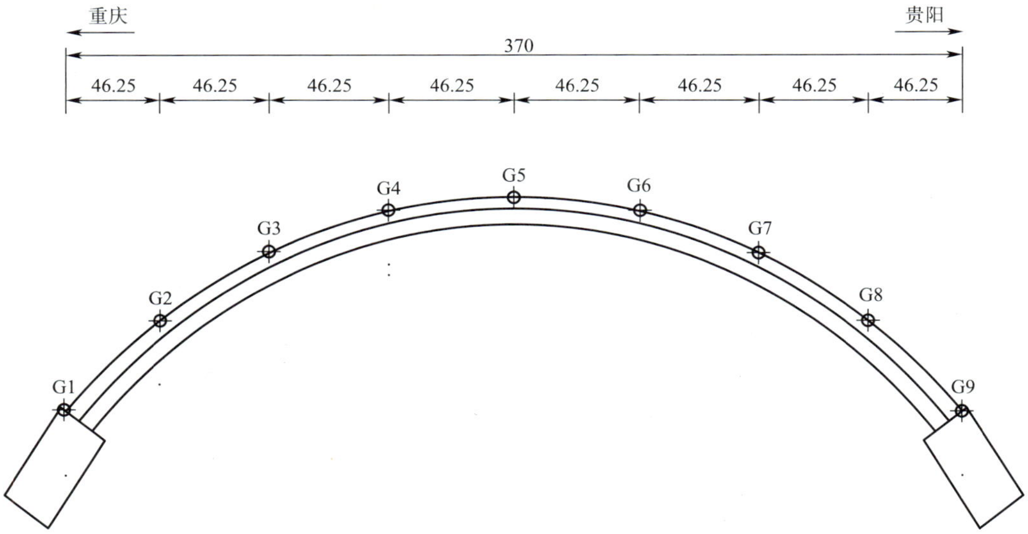

图 7-28　拱肋变形监测点布置示意(单位：m)

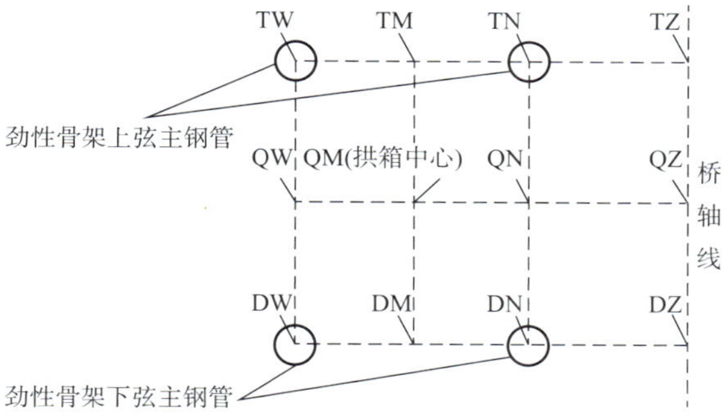

图 7-29　拱肋劲性骨架变形控制点布置示意

一、拱肋应力、温度监测

为方便施工过程中对拱肋内力状态的监测，主要在拱肋骨架的拱脚、1/4 截面和拱顶截面的上、下弦杆布置应力、温度测试传感器，如图 7-30 和图 7-31 所示。

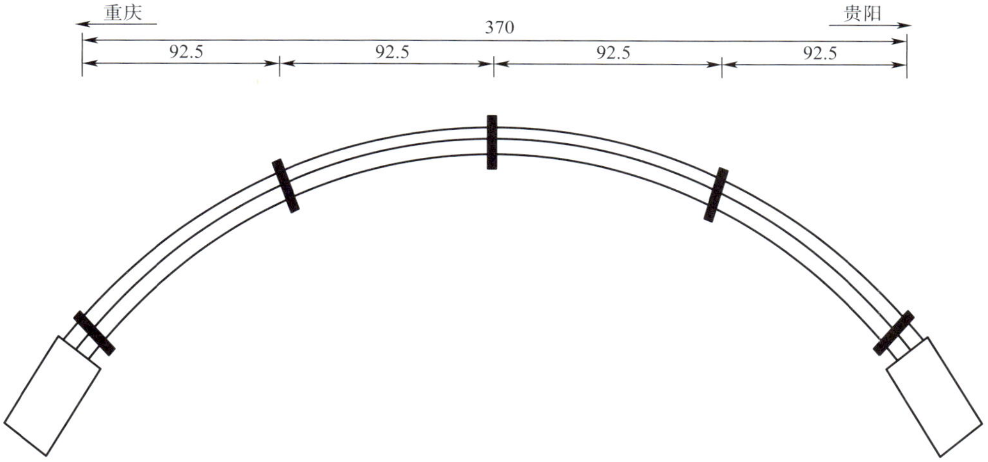

图 7-30　拱肋应力、温度测试传感器断面布置示意(单位：m)

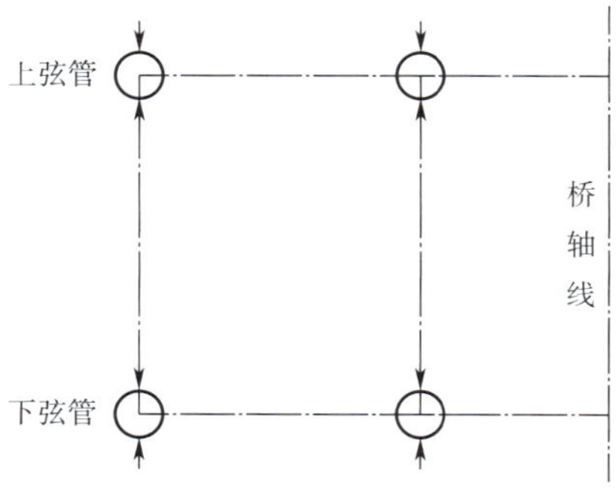

图 7-31　拱肋劲性骨架应力、温度监测测点布置示意

拱肋应力、温度传感器数量及导线长统计见表 7-1。

表 7-1 拱肋应力、温度传感器数量及导线长统计表

测试断面	测点编号	数量(个)	一根导线长(m)				导线总长(m)
			水平向	竖向	转向及富余	合计	
N1-N5	1	5	5	15	5	25	125
	2	5	15	15	5	35	175
	3	5	20	15	5	40	200
	4	5	25	15	5	45	225
	5	5	5	15	5	25	125
	6	5	15	15	5	35	175
	7	5	20	15	5	40	200
	8	5	25	15	5	45	225
全桥合计		40	—	—	—	—	1 450

注:拱肋劲性骨架应力监测采用温度型智能传感器,可同时监测结构温度。

二、拱肋轴线控制

1. 在东西两岸的上下游轴线上适当高程位置(利用两岸陡峭地形条件)各设一个拱肋轴线观测站,观测本岸吊装节段上弦顶面拱肋轴线。

2. 拱肋吊装前,在每节段拱肋轴线上顶面贴上用白漆打底划红漆的三角标志。

3. 配置电子自动对中全站仪两台,测量人员 4 人。

三、拱肋各扣点的高程控制

利用红外仪进行拱肋各扣点在各阶段的高程控制测量,具体方法如下:

1. 拱肋各扣点在各阶段的高程由设计单位和施工监控单位提供,并换算至实际观测点上进行控制。

2. 全桥需两台电子自动对中全站仪,单棱镜 4 个,多棱镜及镜杆 2 套,观测人员 2 人,前视 2 人。

3. 在合适位置设置一个高级后视水准点,两套红外仪都用这个水准点做后视高程,后视点到仪器的距离大于前视点到仪器的距离。

4. 在拱肋起吊前,在扣点位置钢管顶面用红油漆标明扣点的编号,以便查找。

5. 观测时需盘左盘右各观测一次组成一个测回,换取高程的平均值。

6. 记录表上应注明观测时的温度,时间编号。

四、扣塔和索塔偏位的控制

1. 在扣塔及吊装索塔垂直于桥轴线方向设一个测站和一个后视点，在扣塔及索塔顶面上下游两侧设一个固定标尺。

2. 吊装中用全站仪架在测站，对好后视，直接读取固定标尺读数，再和始读数比较，即可得偏移值。

3. 测站和后视点的设置要求牢固可靠，标尺编号清楚，便于查找。

4. 需用电子自动对中全站仪 2 台，测量人员 4 人。

五、塔架应力监测（含铰轴）

1. 利用传感器、应力应变仪对塔架应力进行监测，如图 7-32 所示。

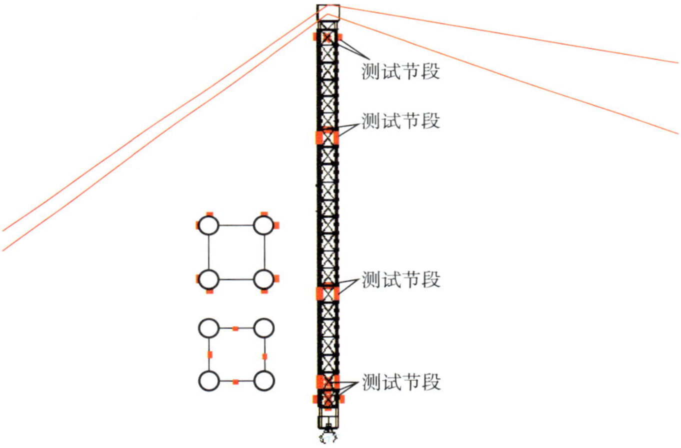

图 7-32　塔架应力测点布置

2. 定期对塔架应力进行监测，在最大悬臂时应加大监测频率；认真、如实地对监测结果进行记录，分析监测数据，确保结构安全。

3. 当塔架应力出现异常变化时，应立即暂停施工，查明原因。

4. 应力应变仪在使用前应进行校核；施工过程中，加强对传感器的保护。

六、各阶段扣索索力观测

各阶段的扣索索力用压力表法和压力传感器法双控，张拉节段用压力表法，以测出初张拉阶段扣索索力大小；另外在索上布置压力传感器，根据施工节段测试索力大小，如图 7-33 所示。施工过程中每施工一个节段，需要详细记录、整理资料并与计算值对比分析，将分析后得到的索力值和理论值相比较，如果索力值和理论值不一致，需要查明原因，处理后才能继续施工。

(a) 加速度传感器

(b) 索力监测

图 7-33　索力监测

七、主缆索垂度和索力观测

1. 起吊前测量空载时的垂度，起吊后拱肋运至 1/2 跨时，再测重载最大垂度。方法是在岸坡上适当地方确定一控制点，测出控制点高程和跨中距离，在控制点上置全站仪观测承重索跑车位置，读出竖直角，即可计算得到垂直度值。

2. 主缆索力监测方法同扣索索力监测方法。

第四节　监控成果报告

一、扣、背索索力监控成果

(一)重庆岸扣、背索索力

重庆岸每一节段扣、背索张拉完成后，索力监测结果见表 7-2 和表 7-3，扣、背索索力偏差百分比如图 7-34 和图 7-35 所示。

表 7-2　重庆岸右侧扣、背索索力监测数据表(kN)

节段编号	*XXi*-1				*XXi*-2			
	理论值	实测值	差　值	百分比	理论值	实测值	差　值	百分比
KS10	1 275	1 240	−35	−3%	1 275	1 239	−36	−3%
KS9	1 160	1 096	−64	−6%	1 160	1 097	−63	−5%
KS8	925	752	−173	−19%	925	816	−109	−12%
KS7	760	790	30	4%	760	807	47	6%
KS6	692	667	−25	−4%	692	724	32	5%
KS5	647	555	−92	−14%	647	556	−91	−14%

续表

节段编号	XXi-1				XXi-2			
	理论值	实测值	差　值	百分比	理论值	实测值	差　值	百分比
KS4	609	597	−12	−2%	609	711	102	17%
KS3	511	484	−27	−5%	511	487	−24	−5%
KS2	534	544	10	2%	534	589	55	10%
KS1	340	362	22	6%	340	351	11	3%
BS2	407	365	−42	−10%	407	384	−23	−6%
BS3	499	498	−1	0%	499	464	−35	−7%
BS4	649	516	−133	−20%	649	514	−135	−21%
BS5	646	530	−116	−18%	646	533	−113	−17%
BS6	709	680	−29	−4%	717	694	−23	−3%
BS7	790	836	46	6%	790	847	57	7%
BS8	968	785	−183	−19%	968	785	−183	−19%
BS9	1 193	1 159	−34	−3%	1 193	1 210	17	1%
BS10	1 341	1 306	−35	−3%	1 341	1 308	−33	−2%

注:(1)扣索和背索代号分别为 KS 和 BS;

(2)KSi-j 和 BSi-j 中,i 代表节段,j 代表横向排序,从夜郎镇侧至新站镇侧方向依次 1～4 排序;

(3)索力为单个扣点若干根钢绞线的合力。

表 7-3　重庆岸左侧扣、背索索力监测数据表(kN)

节段编号	XXi-3				XXi-4			
	理论值	实测值	差　值	百分比	理论值	实测值	差　值	百分比
KS10	1 275	1 239	−36	−3%	1 275	1 218	−57	−4%
KS9	1 160	1 071	−89	−8%	1 160	1 063	−97	−8%
KS8	925	879	−46	15%	925	884	−41	−4%
KS7	760	742	−18	−2%	760	786	26	3%
KS6	692	669	−23	13%	692	658	−34	−5%
KS5	647	605	−42	−6%	647	617	−30	−5%
KS4	609	588	−21	−3%	609	463	−146	−24%
KS3	511	469	−42	−8%	511	461	−50	−10%
KS2	534	541	7	1%	534	533	−1	0%
KS1	340	382	42	12%	340	400	60	18%
BS2	407	347	−60	−15%	407	344	−63	−15%
BS3	499	446	−53	−11%	499	426	−73	−15%

续表

节段编号	XXi-3				XXi-4			
	理论值	实测值	差　值	百分比	理论值	实测值	差　值	百分比
BS4	649	579	−70	−11%	649	611	−38	−6%
BS5	646	621	−25	−4%	646	626	−20	−3%
BS6	709	681	−28	−4%	717	700	−17	−2%
BS7	790	765	−25	−3%	790	817	27	3%
BS8	968	918	−50	−5%	968	915	−53	−5%
BS9	1 193	1 120	−73	−6%	1 193	1 147	−46	−4%
BS10	1 341	1 332	−9	−1%	1 341	1 304	−37	−3%

注：(1)扣索和背索代号分别为 KS 和 BS；
(2)KSi-j 和 BSi-j 中，i 代表节段，j 代表横向排序，从夜郎镇侧至新站镇侧方向依次 1～4 排序；
(3)索力为单个扣点若干根钢绞线的合力。

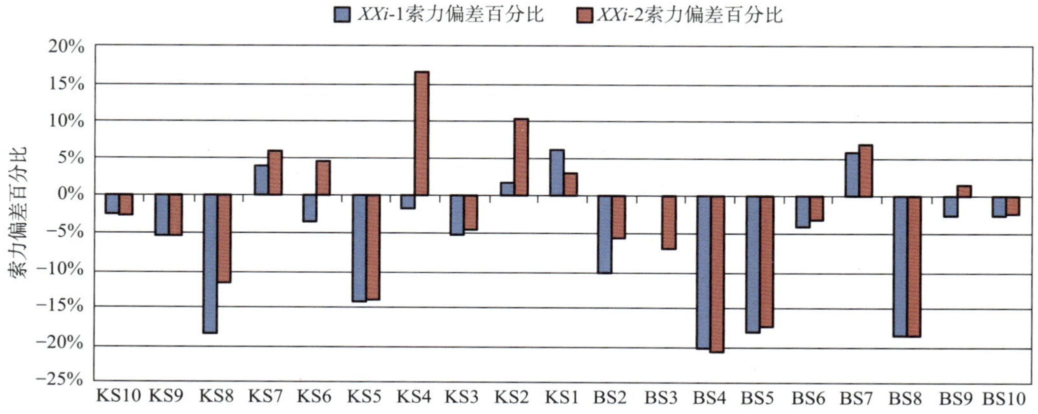

图 7-34　重庆岸右侧扣、背索索力偏差百分比示意

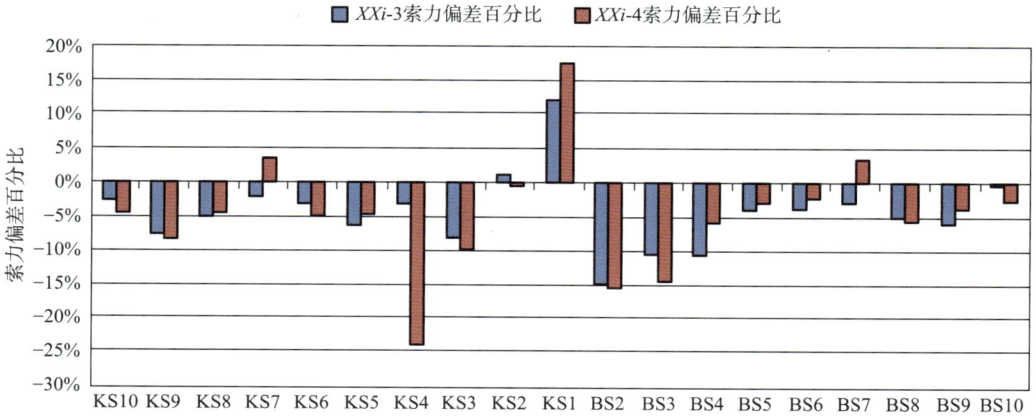

图 7-35　重庆岸左侧扣、背索索力偏差百分比示意

(二)贵阳岸扣、背索索力

贵阳岸每一节段扣、背索张拉完成后，索力监测结果见表 7-4 和表 7-5，扣、背索索力偏差百分比如图 7-36 和图 7-37 所示。

表 7-4　贵阳岸右侧扣背索索力监测数据表(kN)

节段编号	*XXi*-1				*XXi*-2			
	理论值	实测值	差　值	百分比	理论值	实测值	差　值	百分比
KS10	1 275	1 223	−52	−4%	1 275	1 220	−55	−4%
KS9	1 160	1 118	−42	−4%	1 160	1 093	−67	−6%
KS8	925	988	63	7%	925	969	44	5%
KS7	760	650	−110	−14%	760	601	−159	−21%
KS6	692	690	−2	0%	692	666	−26	−4%
KS5	647	644	−3	0%	647	642	−5	−1%
KS4	609	613	4	1%	609	592	−17	−3%
KS3	511	452	−59	−12%	511	492	−19	−4%
KS2	534	542	8	1%	534	546	12	2%
KS1	340	370	30	9%	340	351	11	3%
BS2	407	318	−89	−22%	407	339	−68	−17%
BS3	492	368	−124	−25%	492	363	−129	−26%
BS4	640	621	−19	−3%	640	624	−16	−3%
BS5	671	645	−26	−4%	671	677	6	1%
BS6	747	712	−35	−5%	747	729	−18	−2%
BS7	831	726	−105	−13%	831	710	−121	−15%
BS8	975	1 002	27	3%	975	989	14	1%
BS9	1 200	1 118	−82	−7%	1 226	1 092	−134	−11%
BS10	1 321	1 302	−19	−1%	1 321	1 277	−44	−3%

注：(1)扣索和背索代号分别为 KS 和 BS；

(2)KS*i*-*j* 和 BS*i*-*j* 中，*i* 代表节段，*j* 代表横向排序，从夜郎镇侧至新站镇侧方向依次 1～4 排序；

(3)索力为单个扣点若干根钢绞线的合力。

表 7-5　贵阳岸左侧扣背索索力监测数据表(kN)

节段编号	*XXi*-3				*XXi*-4			
	理论值	实测值	差　值	百分比	理论值	实测值	差　值	百分比
KS10	1 275	1 209	−66	−5%	1 275	1 217	−58	−5%
KS9	1 160	1 225	65	6%	1 160	1 199	39	3%
KS8	925	913	−12	−1%	925	1 026	101	11%
KS7	760	716	−44	−6%	760	721	−39	−5%
KS6	692	676	−16	−2%	692	699	7	1%
KS5	647	631	−16	−2%	647	644	−3	0%
KS4	609	550	−59	−10%	609	567	−42	−7%
KS3	511	462	−49	−10%	511	463	−48	−9%
KS2	534	557	23	4%	534	605	71	13%

续表

节段编号	XXi-3				XXi-4			
	理论值	实测值	差　值	百分比	理论值	实测值	差　值	百分比
KS1	340	482	142	42%	340	497	157	46%
BS2	407	314	−93	−23%	407	318	−89	−22%
BS3	492	421	−71	−14%	492	397	−95	−19%
BS4	649	523	−126	−19%	649	539	−110	−17%
BS5	671	655	−16	−2%	671	678	7	1%
BS6	747	726	−21	−3%	747	710	−37	−5%
BS7	831	809	−22	−3%	831	878	47	6%
BS8	975	943	−32	−3%	975	1 027	52	5%
BS9	1 226	1 196	−30	−2%	1 200	1 162	−38	−3%
BS10	1 321	1 320	−1	0%	1 321	1 305	−16	−1%

注：(1)扣索和背索代号分别为 KS 和 BS；

(2)KS*i*-*j* 和 BS*i*-*j* 中，*i* 代表节段，*j* 代表横向排序，从夜郎镇侧至新站镇侧方向依次 1～4 排序；

(3)索力为单个扣点若干根钢绞线的合力。

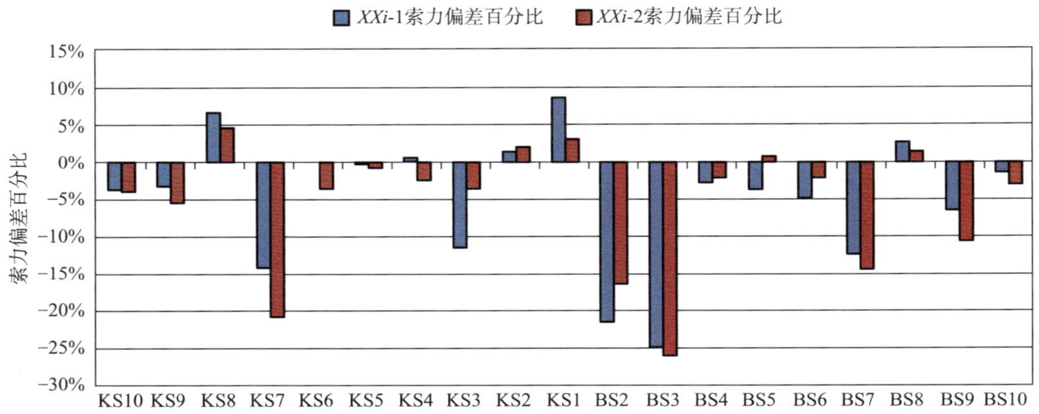

图 7-36　贵阳岸右侧扣、背索索力偏差百分比示意

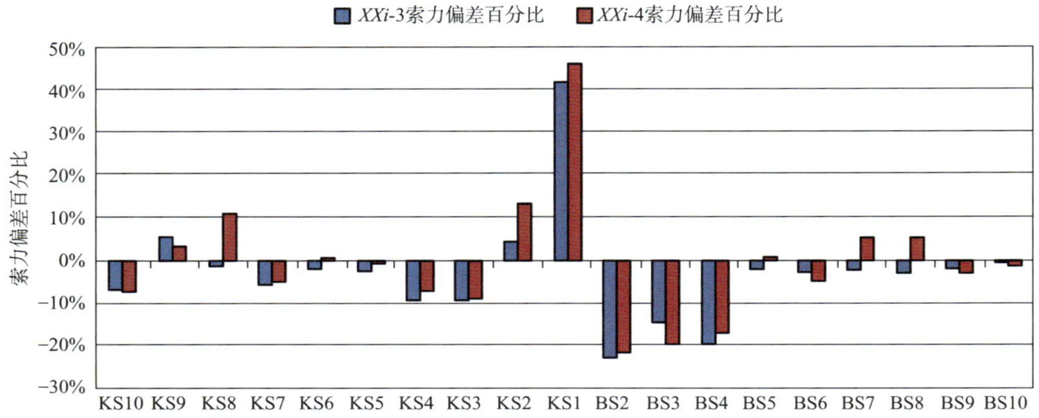

图 7-37　贵阳岸左侧扣、背索索力偏差百分比示意

（三）索力偏差分析

根据劲性骨架安装控制原则：拱肋线形和索力双控制，以控制拱肋线形为主。考虑钢绞线张拉后，要尽量避免放张，分析索力产生偏差的原因主要有以下几个方面：

1. 扣、背索张拉时，采用单根张拉钢绞线方式进行张拉，每根钢绞线索力有差别，整体索力有一定影响。

2. 以线形控制为主，部分节段索力会欠张或超张。

3. 由于劲性骨架拱脚是固结，结构刚度大，索力调整对线形调整不敏感，通过计算分析后，结合线形偏差对索力进行集中调整。

4. 现场钢绞线缠绕在一起和现场测试环境（风速、温度）等影响，测试有一定误差。

5. 由于背索锚固系统安全系数偏低，为了保证结构安全，控制部分背索索力低于设计锚固承载力。

二、拱肋线形监控成果

本桥监控针对每节段吊装就位后，均进行了拱肋节段的定位复核测量。

（一）重庆岸拱肋线形数据

重庆岸控制点定位后测量数据见表 7-6；合龙前线形测量数据见表 7-7，竖向偏差均值如图 7-38 所示。

表 7-6　重庆岸控制点定位后测量数据（m）

控制点编号	拱肋控制点理论坐标值			实测值			偏差		
	x	y	z	x	y	z(m)	Δx	Δy	Δz
D1-1	11.347	−17.794	22.376	11.351	−17.798	22.364	0.004	−0.004	−0.012
D1-2	11.347	−10.103	22.376	11.358	−10.104	22.373	0.011	−0.001	−0.003
D1-3	11.347	17.794	22.376	11.368	17.785	22.379	0.021	−0.009	0.003
D1-4	11.347	10.103	22.376	11.364	10.097	22.387	0.017	−0.006	0.011
D2-1	31.280	−15.066	40.109	31.315	−15.077	40.108	0.035	−0.011	−0.001
D2-2	31.278	−7.747	40.108	31.316	−7.761	40.096	0.038	−0.014	−0.012
D2-3	31.278	7.747	40.108	31.325	7.741	40.090	0.047	−0.006	−0.018
D2-4	31.280	15.066	40.109	31.324	15.064	40.096	0.044	−0.002	−0.013
D3-1	51.154	−12.903	53.886	51.188	−12.875	53.885	0.034	0.028	−0.001
D3-2	51.153	−5.948	53.885	51.186	−5.924	53.889	0.033	0.024	0.004
D3-3	51.153	5.948	53.885	51.208	5.944	53.866	0.055	−0.004	−0.019
D3-4	51.154	12.903	53.886	51.208	12.901	53.875	0.054	−0.002	−0.011
D4-1	70.686	−11.213	64.402	70.738	−11.196	64.398	0.052	0.017	−0.004
D4-2	70.684	−4.605	64.401	70.743	−4.586	64.394	0.059	0.019	−0.007
D4-3	70.684	4.605	64.401	70.742	4.590	64.389	0.058	−0.015	−0.012

续表

控制点编号	拱肋控制点理论坐标值			实测值			偏　差		
	x	*y*	*z*	*x*	*y*	*z*(m)	Δ*x*	Δ*y*	Δ*z*
D4-4	70.686	11.213	64.402	70.732	11.193	64.392	0.046	−0.020	−0.010
D5-1	91.033	−9.818	72.739	91.090	−9.820	72.720	0.057	−0.002	−0.019
D5-2	91.033	−3.564	72.740	91.087	−3.561	72.720	0.054	0.003	−0.020
D5-3	91.033	3.564	72.739	91.097	3.568	72.714	0.064	0.004	−0.025
D5-4	91.033	9.818	72.740	91.099	9.833	72.726	0.066	0.015	−0.014
D6-1	108.793	−8.874	78.248	108.801	−8.840	78.235	0.008	0.034	−0.013
D6-2	108.793	−2.914	78.248	108.834	−2.882	78.238	0.041	0.032	−0.010
D6-3	108.793	2.914	78.248	108.897	2.910	78.239	0.104	−0.004	−0.009
D6-4	108.793	8.874	78.248	108.890	8.898	78.244	0.097	0.024	−0.004
D7-1	128.293	−8.076	82.660	128.370	−8.049	82.654	0.077	0.027	−0.006
D7-2	128.293	−2.424	82.660	128.386	−2.399	82.651	0.093	0.025	−0.009
D7-3	128.293	2.424	82.660	128.403	2.429	82.653	0.110	0.005	−0.007
D7-4	128.293	8.076	82.660	128.402	8.069	82.634	0.109	−0.007	−0.026
D8-1	147.574	−7.504	85.561	147.698	−7.490	85.541	0.124	0.014	−0.020
D8-2	147.561	−2.136	85.559	147.701	−2.123	85.544	0.140	0.013	−0.015
D8-3	147.561	2.136	85.559	147.687	2.143	85.541	0.126	0.007	−0.018
D8-4	147.561	7.504	85.559	147.681	7.518	85.545	0.120	0.014	−0.014
D9-1	166.481	−7.139	87.141	166.569	−7.151	87.141	0.088	−0.012	0.000
D9-2	166.481	−2.016	87.141	166.600	−2.029	87.136	0.119	−0.013	−0.005
D9-3	166.481	2.016	87.141	166.627	2.017	87.148	0.146	0.001	0.007
D9-4	166.481	7.139	87.141	166.630	7.146	87.143	0.149	0.007	0.002
D10-1	184.036	−7.000	87.560	184.080	−7.019	87.604	0.044	−0.019	0.044
D10-2	184.036	−2.000	87.560	184.125	−2.011	87.585	0.089	−0.011	0.025
D10-3	184.036	2.000	87.560	184.202	2.026	87.570	0.166	0.026	0.010
D10-4	184.036	7.000	87.560	184.196	7.022	87.574	0.160	0.022	0.014

注：(1)钢管控制点 *D* 代表节段上弦杆前端控制点；

(2)编号 D*i*-*j* 中 *i* 代表节段，*j* 代表横向排序，从夜郎镇侧至新站镇侧方向依次 1～4 排序。

表 7-7　重庆岸拱肋合龙前线形测量数据(m)

控制点编号	理论值			合龙前通测坐标			偏　差		
	x	*y*	*z*	*x*	*y*	*z*	Δ*x*	Δ*y*	Δ*z*
D1-1	11.347	−17.794	22.381						
D1-2	11.347	−10.103	22.381						
D1-3	11.347	10.103	22.381	11.354	10.057	22.387	0.007	−0.046	0.006
D1-4	11.347	17.794	22.381	11.355	17.740	22.402	0.008	−0.054	0.021
D2-1	31.280	−15.066	40.126	31.305	−15.065	40.119	0.025	0.001	−0.007
D2-2	31.278	−7.747	40.125						

续表

控制点编号	理论值			合龙前通测坐标			偏　　差		
	x	y	z	x	y	z	Δx	Δy	Δz
D2-3	31.278	7.747	40.125						
D2-4	31.280	15.066	40.126	31.311	15.022	40.121	0.031	−0.044	−0.005
D3-1	51.154	−12.903	53.907	51.180	−12.860	53.883	0.026	0.043	−0.024
D3-2	51.153	−5.948	53.906						
D3-3	51.153	5.948	53.906						
D3-4	51.154	12.903	53.907	51.187	12.866	53.887	0.033	−0.037	−0.020
D4-1	70.686	−11.213	64.412	70.742	−11.180	64.351	0.056	0.033	−0.061
D4-2	70.684	−4.605	64.411	70.744	−4.579	64.348	0.060	0.026	−0.063
D4-3	70.684	4.605	64.411						
D4-4	70.686	11.213	64.412	70.742	11.184	64.365	0.056	−0.029	−0.047
D5-1	91.033	−9.818	72.723	91.072	−9.805	72.655	0.039	0.013	−0.068
D5-2	91.033	3.564	72.724	91.080	−3.557	72.652	0.047	−0.007	−0.072
D5-3	91.033	3.564	72.723	91.074	3.531	72.660	0.041	−0.033	−0.063
D5-4	91.033	9.818	72.724	91.072	9.781	72.686	0.039	−0.037	−0.038
D6-1	108.793	−8.874	78.184	108.818	−8.874	78.138	0.025	0.000	−0.046
D6-2	108.793	−2.914	78.184	108.854	−2.916	78.129	0.061	−0.002	−0.055
D6-3	108.793	2.914	78.184	108.854	2.882	78.167	0.061	−0.032	−0.017
D6-4	108.793	8.874	78.184	108.832	8.878	78.172	0.039	0.004	−0.012
D7-1	128.293	−8.076	82.552	128.326	−8.027	82.548	0.033	0.049	−0.004
D7-2	128.293	−2.424	82.552	128.335	−2.393	82.533	0.042	0.031	−0.019
D7-3	128.293	2.424	82.552	128.377	2.433	82.536	0.084	0.009	−0.016
D7-4	128.293	8.076	82.552	128.359	8.074	82.542	0.066	−0.002	−0.010
D8-1	147.574	−7.504	85.478	147.647	−7.484	85.442	0.073	0.020	−0.036
D8-2	147.561	−2.136	85.476						
D8-3	147.561	2.136	85.476						
D8-4	147.561	7.504	85.476	147.647	7.520	85.458	0.086	0.016	−0.018
D9-1	166.481	−7.139	87.056	166.572	−7.115	87.018	0.091	0.024	−0.038
D9-2	166.481	−2.016	87.056						
D9-3	166.481	2.016	87.056	166.608	2.036	87.049	0.127	0.020	−0.007
D9-4	166.481	7.139	87.056						
D10-1	184.036	−7.000	87.527	184.085	−7.012	87.601	0.049	−0.012	0.074
D10-2	184.036	−2.000	87.527	184.128	−2.017	87.584	0.092	−0.017	0.057
D10-3	184.036	2.000	87.527	184.131	2.033	87.569	0.095	0.033	0.042
D10-4	184.036	7.000	87.527	184.138	7.025	87.567	0.102	0.025	0.040

注：(1)钢管控制点 D 代表节段上弦杆前端控制点；

(2)编号 Di-j 中 i 代表节段，j 代表横向排序，从夜郎镇侧至新站镇侧方向依次 1～4 排序；

(3)部分测点被遮挡或破坏，无数据。

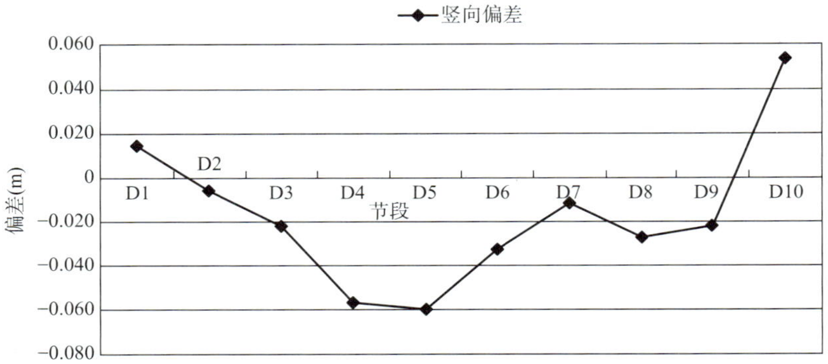

图 7-38 重庆岸合龙前竖向偏差均值示意

(二)贵阳岸拱肋线形数据

贵阳岸控制点定位后测量数据见表 7-8;合龙前线形测量数据见表 7-9,竖向偏差均值如图 7-39 所示。

表 7-8 贵阳岸控制点定位后测量数据(m)

控制点编号	拱肋控制点理论坐标值			实测值			偏差		
	x	y	z	x	y	z(m)	Δx	Δy	Δz
D1-1	358.653	−10.103	22.376	358.660	−10.091	22.376	0.004	−0.004	−0.012
D1-2	358.653	−17.794	22.376	358.659	−17.774	22.375	0.011	−0.001	−0.003
D1-3	358.653	10.103	22.376	358.653	10.093	22.378	0.000	−0.010	0.002
D1-4	358.653	17.794	22.376	358.665	17.778	22.378	0.012	−0.016	0.002
D2-1	338.720	−15.066	40.109	338.699	−15.074	40.120	−0.021	−0.008	0.011
D2-2	338.722	−7.747	40.108	338.703	−7.758	40.108	−0.019	−0.011	0.000
D2-3	338.722	7.747	40.108	338.743	7.754	40.125	0.021	0.007	0.017
D2-4	338.720	15.066	40.109	338.739	15.079	40.121	0.019	0.013	0.012
D3-1	318.846	−12.903	53.886	318.804	−12.891	53.883	−0.042	0.012	−0.003
D3-2	318.847	−5.948	53.885	318.801	−5.936	53.882	−0.046	0.012	−0.003
D3-3	318.847	5.948	53.885	318.819	5.920	53.862	−0.028	−0.028	−0.023
D3-4	318.846	12.903	53.886	318.807	12.873	53.878	−0.039	−0.030	−0.008
D4-1	299.314	−11.213	64.402	299.268	−11.188	64.401	−0.046	0.025	−0.001
D4-2	299.316	−4.605	64.401	299.267	−4.587	64.410	−0.049	0.018	0.009
D4-3	299.316	4.605	64.401	299.309	4.549	64.396	−0.007	−0.056	−0.005
D4-4	299.314	11.213	64.402	299.291	11.176	64.395	−0.023	−0.037	−0.007
D5-1	278.967	−9.818	72.740	278.924	−9.812	72.726	−0.043	0.006	−0.014
D5-2	278.967	−3.564	72.739	278.899	−3.559	72.728	−0.068	0.005	−0.011
D5-3	278.967	3.564	72.739	278.930	3.557	72.737	−0.037	−0.007	−0.002
D5-4	278.967	9.818	72.740	278.962	9.799	72.735	−0.005	−0.019	−0.005

续表

控制点编号	拱肋控制点理论坐标值			实测值			偏 差		
	x	y	z	x	y	z	Δx	Δy	Δz
D6-1	261.207	−8.874	78.248	261.159	−8.850	78.239	−0.048	0.024	−0.009
D6-2	261.207	−2.914	78.248	261.162	−2.889	78.240	−0.045	0.025	−0.008
D6-3	261.207	2.914	78.248	261.175	2.902	78.256	−0.032	−0.012	0.008
D6-4	261.207	8.874	78.248	261.196	8.859	78.258	−0.011	−0.015	0.010
D7-1	241.707	−8.076	82.660	241.637	−8.079	82.657	−0.070	−0.003	−0.003
D7-2	241.707	−2.424	82.660	241.625	−2.439	82.643	−0.082	−0.015	−0.017
D7-3	241.707	2.424	82.660	241.652	2.448	82.665	−0.055	0.024	0.005
D7-4	241.707	8.076	82.660	241.674	8.089	82.655	−0.033	0.013	−0.005
D8-1	222.426	−7.504	85.561	222.374	−7.507	85.567	−0.052	−0.003	0.006
D8-2	222.439	−2.136	85.559	222.312	−2.144	85.570	−0.127	−0.008	0.011
D8-3	222.439	2.136	85.559	222.368	2.169	85.566	−0.071	0.033	0.007
D8-4	222.426	7.504	85.561	222.383	7.535	85.558	−0.043	0.031	−0.003
D9-1	203.519	−7.139	87.141	203.359	−7.166	87.177	−0.160	−0.027	0.036
D9-2	203.519	−2.016	87.141	203.330	−2.044	87.173	−0.189	−0.028	0.032
D9-3	203.519	2.016	87.141	203.401	2.024	87.152	−0.118	0.008	0.011
D9-4	203.519	7.139	87.141	203.445	7.147	87.145	−0.074	0.008	0.004
D10-1	185.964	−7.000	87.560	185.796	−7.002	87.604	−0.168	−0.002	0.044
D10-2	185.964	−2.000	87.560	185.865	−2.004	87.588	−0.099	−0.004	0.028
D10-3	185.964	2.000	87.560	185.836	2.024	87.588	−0.128	0.024	0.028
D10-4	185.964	7.000	87.560	185.887	7.032	87.591	−0.077	0.032	0.031

注：(1)钢管控制点 D 代表节段上弦杆前端控制点；

(2)编号 Di-j 中 i 代表节段，j 代表横向排序，从夜郎镇侧至新站镇侧方向依次 1～4 排序。

表 7-9 贵阳岸拱肋合龙前线形测量数据(m)

控制点编号	定位后坐标			合龙前通测坐标			偏 差		
	x	y	z	x	y	z	Δx	Δy	Δz
D1-1	358.653	−10.103	22.381						
D1-2	358.653	−17.794	22.381						
D1-3	358.653	10.103	22.381	358.649	10.073	22.367	−0.004	−0.030	−0.014
D1-4	358.653	17.794	22.381	358.662	17.752	22.367	0.009	−0.042	−0.014
D2-1	338.720	−15.066	40.126						
D2-2	338.722	−7.747	40.125						
D2-3	338.722	7.747	40.125	338.730	7.722	40.103	0.008	−0.025	−0.022
D2-4	338.720	15.066	40.126	338.730	15.039	40.110	0.010	−0.027	−0.016
D3-1	318.846	−12.903	53.907	318.821	−12.864	53.867	−0.025	0.039	−0.040

续表

控制点编号	定位后坐标			合龙前通测坐标			偏　　差		
	x	y	z	x	y	z	Δx	Δy	Δz
D3-2	318.847	−5.948	53.906	318.824	−5.906	53.862	−0.023	0.042	−0.044
D3-3	318.847	5.948	53.906						
D3-4	318.846	12.903	53.907	318.853	12.853	53.856	0.007	−0.050	−0.051
D4-1	299.314	−11.213	64.412	299.262	−11.159	64.361	−0.052	0.054	−0.051
D4-2	299.316	−4.605	64.411						
D4-3	299.316	4.605	64.411	299.328	4.523	64.349	0.012	−0.082	−0.062
D4-4	299.314	11.213	64.412	299.295	11.176	64.356	−0.019	−0.037	−0.056
D5-1	278.967	−9.818	72.724	278.906	−9.813	72.658	−0.061	0.005	−0.066
D5-2	278.967	−3.564	72.723	278.880	−3.560	72.642	−0.087	0.004	−0.081
D5-3	278.967	3.564	72.723	278.931	3.521	72.673	−0.036	−0.043	−0.050
D5-4	278.967	9.818	72.724	278.952	9.765	72.643	−0.015	−0.053	−0.081
D6-1	261.207	−8.874	78.184	261.133	−8.894	78.116	−0.074	−0.020	−0.068
D6-2	261.207	−2.914	78.184	261.081	−2.932	78.113	−0.126	−0.018	−0.071
D6-3	261.207	2.914	78.184	261.150	2.904	78.171	−0.057	−0.010	−0.013
D6-4	261.207	8.874	78.184	261.183	8.851	78.169	−0.024	−0.023	−0.015
D7-1	241.707	−8.076	82.552	241.642	−8.099	82.538	−0.065	−0.023	−0.014
D7-2	241.707	−2.424	82.552	241.611	−2.439	82.524	−0.096	−0.015	−0.028
D7-3	241.707	2.424	82.552	241.673	2.442	82.568	−0.034	0.018	0.016
D7-4	241.707	8.076	82.552	241.703	8.084	82.571	−0.004	0.008	0.019
D8-1	222.426	−7.504	85.478	222.365	−7.513	85.468	−0.061	−0.009	−0.010
D8-2	222.439	−2.136	85.476						
D8-3	222.439	2.136	85.476	222.392	2.137	85.462	−0.047	0.001	−0.014
D8-4	222.426	7.504	85.478	222.402	7.504	85.464	−0.024	0.000	−0.014
D9-1	203.519	−7.139	87.056						
D9-2	203.519	−2.016	87.056						
D9-3	203.519	2.016	87.056	203.432	2.035	87.066	−0.087	0.019	0.010
D9-4	203.519	7.139	87.056	203.462	7.149	87.077	−0.057	0.010	0.021
D10-1	185.964	−7.000	87.527						
D10-2	185.964	−2.000	87.527						
D10-3	185.964	2.000	87.527	185.849	2.029	87.547	−0.115	0.029	0.020
D10-4	185.964	7.000	87.527	185.900	7.024	87.539	−0.064	0.024	0.012

注：(1)钢管控制点 D 代表节段上弦杆前端控制点；

(2)编号 $Di\text{-}j$ 中 i 代表节段，j 代表横向排序，从夜郎镇侧至新站镇侧方向依次 1～4 排序；

(3)部分测点被遮挡或破坏，无数据。

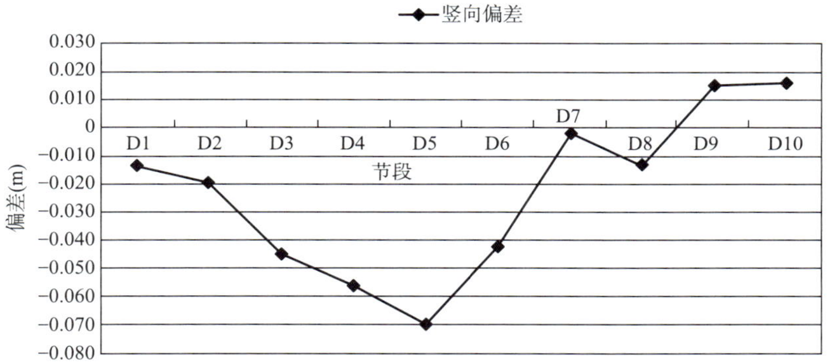

图 7-39　贵阳岸合龙前竖向偏差均值

(三)全桥通测数据

全桥轴偏值如图 7-40 所示,两岸对称点相对高差值如图 7-41 所示。

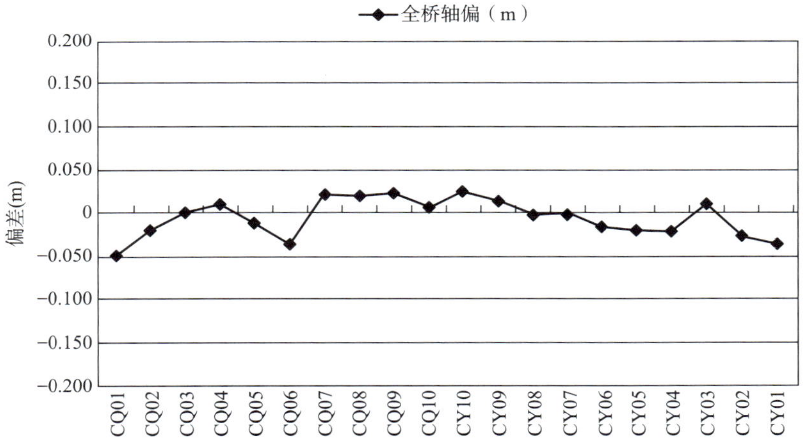

图 7-40　全桥轴偏值

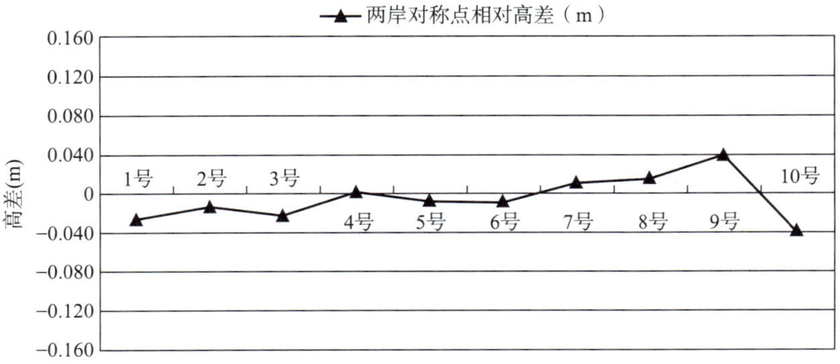

图 7-41　两岸对称点相对高差值

(四)拱肋线形偏差分析

线形偏差主要由以下几个方面引起：

1. 制造和安装偏差。由于劲性骨架是空间提篮结构，制造难度较大；节段安装时，为了保证焊缝宽度，以及 4 个主钢管焊缝宽度有一定的调整量，就会产生一定的定位误差。

2. 从结构受力角度分析，索力偏差和线形偏差是相辅相成的，索力偏差会产生一定的线形偏差。

3. 从测量测试角度分析，由于现场条件限制及环境温度的影响，部分测试数据有一定的误差。

三、拱脚应力监控成果

根据斜拉扣挂法施工计算结果，劲性骨架施工过程中拱脚为最不利部位。监控成果列举了拱脚部分测点各个工况下的数据。拱脚测点编号如图 7-42 所示。

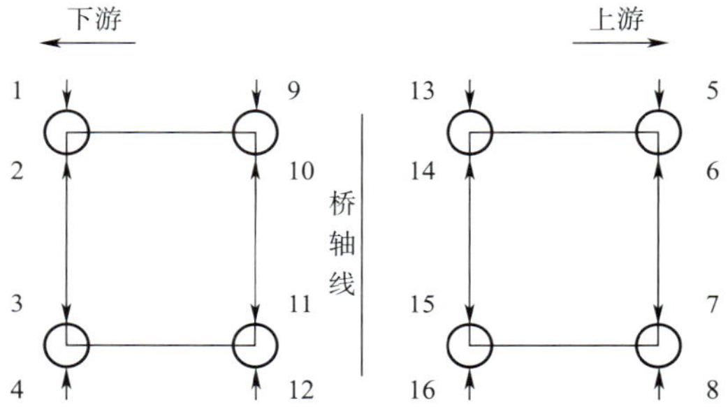

图 7-42　拱脚测点编号示意

(一)重庆岸拱脚应力

根据各吊装工况，监测重庆岸拱脚应力数据见表 7-10 和表 7-11(由于监控结果显示内侧钢管受力较大，故列举内侧钢管的应力监测数据)。重庆岸各监测点应力实测值与理论值对比如图 7-43 所示。

表 7-10　重庆岸拱脚截面内侧钢管应力测点各施工阶段数据

测点号	工　况	初始值		实测值		实测值(MPa)	理论值(MPa)
		温度(℃)	应变(με)	温度(℃)	应变(με)		
A-9	工况 2	27.4	1 955	25.5	1 989	7	6
	工况 4	27.4	1 955	23.0	1 954	0	−4
	工况 6	27.4	1 955	25.5	1 988	7	8
	工况 8	27.4	1 955	20.2	1 956	0	0
	工况 10	27.4	1 955	22.8	1 873	−17	−17
	工况 12	27.4	1 955	24.6	1 886	−15	−40
	工况 14	27.4	1 955	21.3	1 893	−13	−70
	工况 16	27.4	1 955	16.1	1 762	−41	−91
	工况 18	27.4	1 955	15.1	1 613	−72	−129
	工况 20	27.4	1 955	19.9	1 511	−94	−172

续表

测点号	工　况	初始值		实测值		实测值（MPa）	理论值（MPa）
		温度(℃)	应变(με)	温度(℃)	应变(με)		
A-10	工况 2	29.3	2 079	25.7	1 997	−17	−23
	工况 4	29.3	2 079	24.0	1 995	−18	−26
	工况 6	29.3	2 079	25.5	1 860	−46	−48
	工况 8	29.3	2 079	20.9	1 795	−60	−46
	工况 10	29.3	2 079	21.1	1 826	−53	−40
	工况 12	29.3	2 079	26.4	1 814	−56	−33
	工况 14	29.3	2 079	22.6	1 828	−53	−23
	工况 16	29.3	2 079	16.9	1 884	−41	−31
	工况 18	29.3	2 079	15.6	1 845	−50	−31
	工况 20	29.3	2 079	19.6	1 849	−49	−33
A-11	工况 2	29.9	2 399	27.0	2 437	8	11
	工况 4	29.9	2 399	25.3	2 439	8	3
	工况 6	29.9	2 399	26.0	2 455	12	8
	工况 8	29.9	2 399	21.2	2 370	−6	−4
	工况 10	29.9	2 399	21.3	2 304	−20	−20
	工况 12	29.9	2 399	25.0	2 271	−27	−38
	工况 14	29.9	2 399	22.3	2 226	−37	−59
	工况 16	29.9	2 399	17.1	2 085	−67	−65
	工况 18	29.9	2 399	14.9	1 992	−86	−79
	工况 20	29.9	2 399	20.8	1 959	−93	−92
A-12	工况 2	28.4	1 993	25.9	1 891	−22	−19
	工况 4	28.4	1 993	23.9	1 848	−31	−21
	工况 6	28.4	1 993	25.9	1 754	−50	−53
	工况 8	28.4	1 993	20.2	1 704	−61	−55
	工况 10	28.4	1 993	20.5	1 747	−52	−47
	工况 12	28.4	1 993	23.5	1 668	−69	−33
	工况 14	28.4	1 993	18.9	1 661	−70	−13
	工况 16	28.4	1 993	16.4	1 711	−60	−1
	工况 18	28.4	1 993	15.6	1 803	−40	25
	工况 20	28.4	1 993	19.4	1 845	−31	55

续表

测点号	工　况	初始值		实测值		实测值(MPa)	理论值(MPa)
		温度(℃)	应变(με)	温度(℃)	应变(με)		
A-13	工况 2	31.1	2 358	39.4	2393	8	6
	工况 4	31.1	2 358	31.6	2 389	7	−4
	工况 6	31.1	2 358	25.1	2 456	20	8
	工况 8	31.1	2 358	22.8	2 390	6	0
	工况 10	31.1	2 358	21.4	2 320	−8	−17
	工况 12	31.1	2 358	21.3	2 377	4	−40
	工况 14	31.1	2 358	26.7	2 272	−18	−70
	工况 16	31.1	2 358	26.0	2 258	−21	−109
	工况 18	31.1	2 358	15.5	2 121	−50	−158
	工况 20	31.1	2 358	13.2	1 951	−86	−172
A-14	工况 2	29.5	2 145	33.4	2 067	−16	−23
	工况 4	29.5	2 145	28.6	2 019	−27	−26
	工况 6	29.5	2 145	23.9	1 956	−40	−48
	工况 8	29.5	2 145	21.1	1 937	−44	−46
	工况 10	29.5	2 145	19.9	1 955	−40	−40
	工况 12	29.5	2 145	20.0	1 946	−42	−33
	工况 14	29.5	2 145	26.1	1 980	−35	−23
	工况 16	29.5	2 145	24.6	1 977	−36	−13
	工况 18	29.5	2 145	14.1	1 935	−45	−2
	工况 20	29.5	2 145	13.0	1 908	−50	−33
A-15	工况 2	28.4	2 265	33.7	2 314	11	11
	工况 4	28.4	2 265	30.0	2 323	12	3
	工况 6	28.4	2 265	24	2 321	12	8
	工况 8	28.4	2 265	21.3	2 280	3	−4
	工况 10	28.4	2 265	20.8	2 212	−11	−20
	工况 12	28.4	2 265	20.1	2 174	−19	−38
	工况 14	28.4	2 265	25.0	2 092	−36	−59
	工况 16	28.4	2 265	24.0	2 028	−50	−82
	工况 18	28.4	2 265	13.9	1 919	−73	−107
	工况 20	28.4	2 265	12.4	1 819	−94	−92

续表

测点号	工　况	初始值		实测值		实测值(MPa)	理论值(MPa)
		温度(℃)	应变(με)	温度(℃)	应变(με)		
A-16	工况 2	27.9	2 046	32.0	1 975	−15	−19
	工况 4	27.9	2 046	27.6	1 923	−26	−21
	工况 6	27.9	2 046	23.7	1 845	−42	−53
	工况 8	27.9	2 046	20.5	1 812	−49	−55
	工况 10	27.9	2 046	19.8	1 833	−45	−47
	工况 12	27.9	2 046	19.8	1 788	−54	−33
	工况 14	27.9	2 046	24.1	1 805	−51	−13
	工况 16	27.9	2 046	24.3	1 820	−48	16
	工况 18	27.9	2 046	13.8	1 882	−35	53
	工况 20	27.9	2 046	13.4	1 956	−19	55

表 7-11　重庆岸拱脚断面合龙前应力数据

控制截面	测点号	传感器编号	初始值		实测值		应力(MPa)	理论值(MPa)
			温度(℃)	应变(με)	温度(℃)	应变(με)		
重庆岸拱脚截面(A)	A-1	069309	27.4	2 260				−156
	A-2	069301	28.8	1 910	11.3	1 915	0	−16
	A-3	069306	29.5	1 750				−77
	A-4	069303	28.4	2 367				70
	A-5	065976	27.4	1 989	11.2	1 646	−73	−156
	A-6	069300	29.8	1 855	11.9	1 834	−5	−16
	A-7	069312	29.4	2 448				−77
	A-8	069305	28.4	1 919				70
	A-9	065953	27.4	1 955	12.9	1 467	−103	−172
	A-10	065949	29.3	2 079	11.2	1 823	−55	−33
	A-11	065947	29.9	2 399	11.6	1 909	−104	−92
	A-12	069298	28.4	1 993	10.8	1 893	−22	55
	A-13	069296	31.1	2 358	13.2	1 951	−86	−172
	A-14	065951	29.5	2 145	13.0	1 908	−50	−33
	A-15	065944	28.4	2 265	12.4	1 819	−94	−92
	A-16	065946	27.9	2 046	13.4	1 956	−19	55

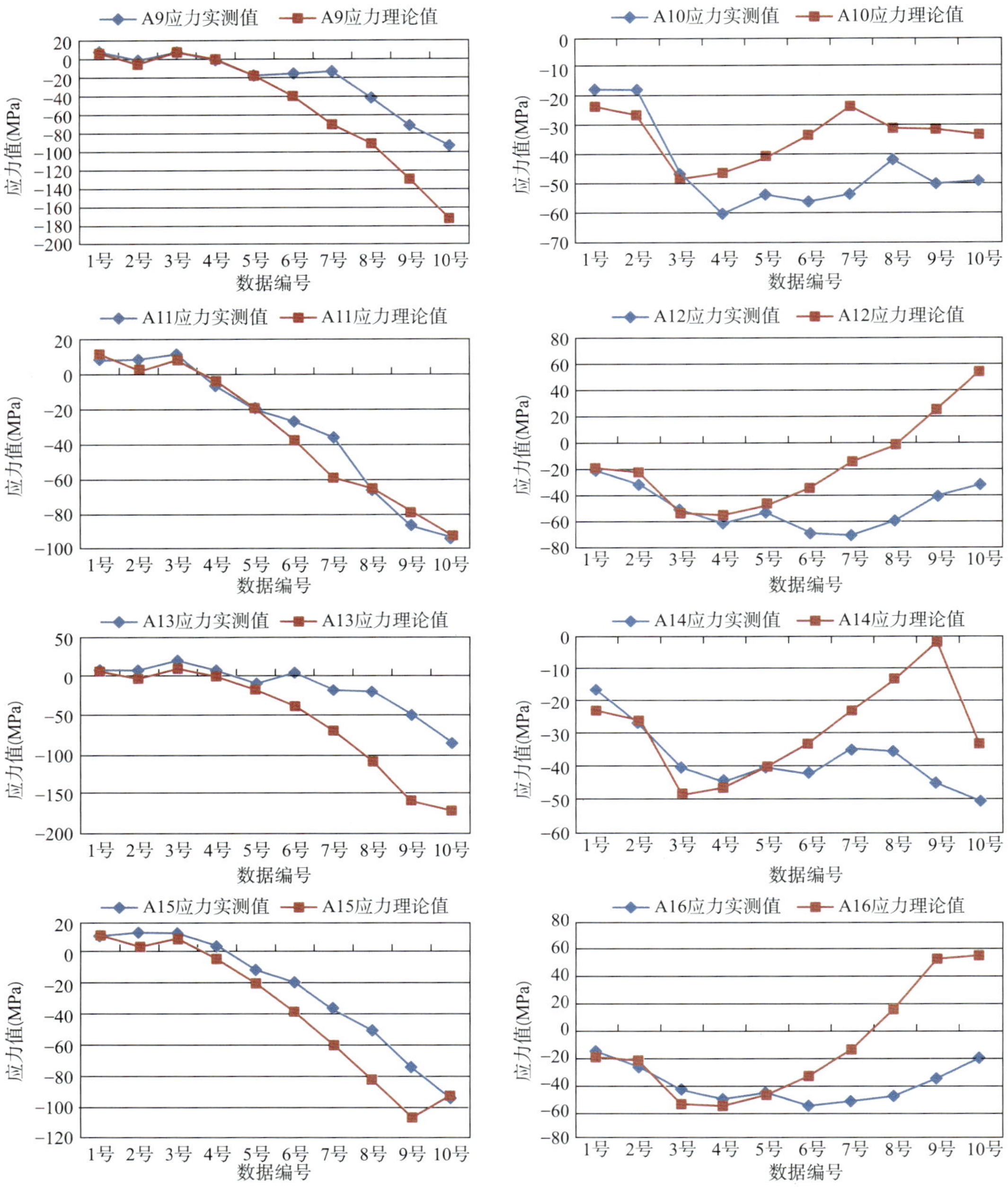

图 7-43　重庆岸各监测点应力实测值与理论值对比示意

(二)贵阳岸拱脚应力

根据各吊装工况，监测贵阳岸拱脚应力数据见表 7-12 和表 7-13(由于监测结果显示内侧钢管受力较大，故本成果列举内侧钢管的应力监测数据)。贵阳岸各监测点应力实测值与理论值对比如图 7-44 所示。

表 7-12　贵阳岸拱脚截面内侧钢管应力测点各施工阶段数据

测点号	工　况	初始值		实测值		实测值(MPa)	理论值(MPa)
		温度(℃)	应变(με)	温度(℃)	应变(με)		
A-9	工况 2	27.4	1 955	25.5	1 989	7	6
	工况 4	27.4	1 955	23.0	1 954	0	−4
	工况 6	27.4	1 955	25.5	1 988	7	8
	工况 8	27.4	1 955	20.2	1 956	0	0
	工况 10	27.4	1 955	22.8	1 873	−17	−17
	工况 12	27.4	1 955	24.6	1 886	−15	−40
	工况 14	27.4	1 955	21.3	1 893	−13	−70
	工况 16	27.4	1 955	16.1	1 762	−41	−91
	工况 18	27.4	1 955	15.1	1 613	−72	−129
	工况 20	27.4	1 955	19.9	1 511	−94	−172
A-10	工况 2	29.3	2 079	25.7	1 997	−17	−23
	工况 4	29.3	2 079	24.0	1 995	−18	−26
	工况 6	29.3	2 079	25.5	1 860	−46	−48
	工况 8	29.3	2 079	20.9	1 795	−60	−46
	工况 10	29.3	2 079	21.1	1 826	−53	−40
	工况 12	29.3	2 079	26.4	1 814	−56	−33
	工况 14	29.3	2 079	22.6	1 828	−53	−23
	工况 16	29.3	2 079	16.9	1 884	−41	−31
	工况 18	29.3	2 079	15.6	1 845	−50	−31
	工况 20	29.3	2 079	19.6	1 849	−49	−33
A-11	工况 2	29.9	2 399	27.0	2 437	8	11
	工况 4	29.9	2 399	25.3	2 439	8	3
	工况 6	29.9	2 399	26.0	2 455	12	8
	工况 8	29.9	2 399	21.2	2 370	−6	−4
	工况 10	29.9	2 399	21.3	2 304	−20	−20
	工况 12	29.9	2 399	25.0	2 271	−27	−38
	工况 14	29.9	2 399	22.3	2 226	−37	−59
	工况 16	29.9	2 399	17.1	2 085	−67	−65
	工况 18	29.9	2 399	14.9	1 992	−86	−79
	工况 20	29.9	2 399	20.8	1 959	−93	−92

续表

测点号	工　况	初始值		实测值		实测值(MPa)	理论值(MPa)
		温度(℃)	应变(με)	温度(℃)	应变(με)		
A-12	工况 2	28.4	1 993	25.9	1 891	−22	−19
	工况 4	28.4	1 993	23.9	1 848	−31	−21
	工况 6	28.4	1 993	25.9	1 754	−50	−53
	工况 8	28.4	1 993	20.2	1 704	−61	−55
	工况 10	28.4	1 993	20.5	1 747	−52	−47
	工况 12	28.4	1 993	23.5	1 668	−69	−33
	工况 14	28.4	1 993	18.9	1 661	−70	−13
	工况 16	28.4	1 993	16.4	1 711	−60	−1
	工况 18	28.4	1 993	15.6	1 803	−40	25
	工况 20	28.4	1 993	19.4	1 845	−31	55
A-13	工况 2	31.1	2 358	39.4	2 393	8	6
	工况 4	31.1	2 358	31.6	2 389	7	−4
	工况 6	31.1	2 358	25.1	2 456	20	8
	工况 8	31.1	2 358	22.8	2 390	6	0
	工况 10	31.1	2 358	21.4	2 320	−8	−17
	工况 12	31.1	2 358	21.3	2 377	4	−40
	工况 14	31.1	2 358	26.7	2 272	−18	−70
	工况 16	31.1	2 358	26.0	2 258	−21	−109
	工况 18	31.1	2 358	15.5	2 121	−50	−158
	工况 20	31.1	2 358	13.2	1 951	−86	−172
A-14	工况 2	29.5	2 145	33.4	2 067	−16	−23
	工况 4	29.5	2 145	28.6	2 019	−27	−26
	工况 6	29.5	2 145	23.9	1 956	−40	−48
	工况 8	29.5	2 145	21.1	1 937	−44	−46
	工况 10	29.5	2 145	19.9	1 955	−40	−40
	工况 12	29.5	2 145	20.0	1 946	−42	−33
	工况 14	29.5	2 145	26.1	1 980	−35	−23
	工况 16	29.5	2 145	24.6	1 977	−36	−13
	工况 18	29.5	2 145	14.1	1 935	−45	−2
	工况 20	29.5	2 145	13.0	1 908	−50	−33

续表

测点号	工　况	初始值		实测值		实测值 (MPa)	理论值 (MPa)
		温度(℃)	应变(με)	温度(℃)	应变(με)		
A-15	工况 2	28.4	2 265	33.7	2 314	11	11
	工况 4	28.4	2 265	30.0	2 323	12	3
	工况 6	28.4	2 265	24	2 321	12	8
	工况 8	28.4	2 265	21.3	2 280	3	−4
	工况 10	28.4	2 265	20.8	2 212	−11	−20
	工况 12	28.4	2 265	20.1	2 174	−19	−38
	工况 14	28.4	2 265	25.0	2 092	−36	−59
	工况 16	28.4	2 265	24.0	2 028	−50	−82
	工况 18	28.4	2 265	13.9	1 919	−73	−107
	工况 20	28.4	2 265	12.4	1 819	−94	−92
A-16	工况 2	27.9	2 046	32.0	1 975	−15	−19
	工况 4	27.9	2 046	27.6	1 923	−26	−21
	工况 6	27.9	2 046	23.7	1 845	−42	−53
	工况 8	27.9	2 046	20.5	1 812	−49	−55
	工况 10	27.9	2 046	19.8	1 833	−45	−47
	工况 12	27.9	2 046	19.8	1 788	−54	−33
	工况 14	27.9	2 046	24.1	1 805	−51	−13
	工况 16	27.9	2 046	24.3	1 820	−48	16
	工况 18	27.9	2 046	13.8	1 882	−35	53
	工况 20	27.9	2 046	13.4	1 956	−19	55

表 7-13　贵阳岸拱脚断面合龙前应力数据

控制截面	测点号	传感器编号	初始值		实测值		应力 (MPa)	理论值 (MPa)
			温度(℃)	应变(με)	温度(℃)	应变(με)		
贵阳岸拱脚截面(A)	A-1	069313	25.3	2 130				−156
	A-2	069299	25.8	1 950	11.3	1 995	9	−16
	A-3	069311	24.9	2 370	12.0	2 237	−28	−77
	A-4	069308	24.5	1 937	10.3	2 006	14	70
	A-5	069310	25.2	1 997	12.2	1 636	−76	−156
	A-6	069304	25.2	2 178	12.1	2 201	4	−16
	A-7	069302	25.0	2 084	10.9	1 732	−75	−77
	A-8	069307	25.5	2 319	11.9	2 421	21	70
	A-9	065943	25.6	2 257	11.7	1 736	−110	−172
	A-10	065948	24.9	2 257	11.4	2 044	−45	−33
	A-11	065975	25.7	2 201	11.7	1 620	−123	−92
	A-12	065977	25.5	2 223	10.7	2 047	−38	55
	A-13	069297	26.5	2 534	11.7	2 108	−90	−172
	A-14	065952	24.5	2 387				−33
	A-15	065950	27.2	2 033	12.0	1 565	−99	−92
	A-16	065945	26.1	2 321	11.7	2 167	−33	55

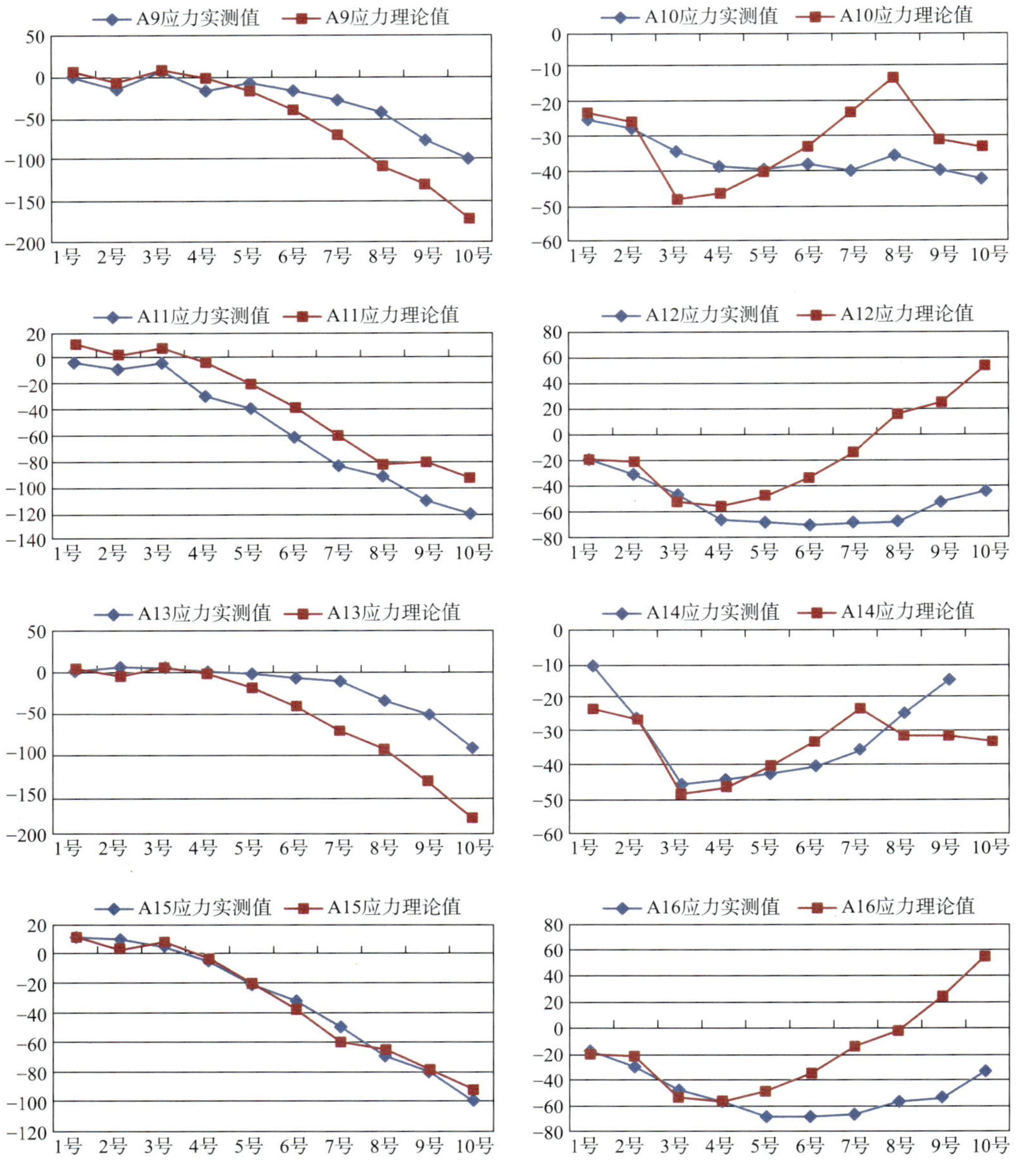

图 7-44　贵阳岸各监测点应力实测值与理论值对比示意

(三)拱肋应力偏差分析

应力测试的目的是监测结构关键断面受力情况,保证结构在安全状态下施工,分析偏差产生的原因主要有以下两点:

1. 有限元分析时,用固结约束模拟钢管与基础连接方式,从计算结果来看,从基础顶面到钢管 3 m 左右范围内,主钢管发生一定的突变,而监测部位距基础顶面约 1 m,理论值有一定失真。

2. 应力传感器是高灵敏度器件，现场施工环境比较复杂，在使用过程中，如有外力触碰器件，将导致数据有一定变化。

从应力测试结果来看，各个测点的变化趋势和理论值基本一致。

四、扣塔塔偏及应力监测成果

根据现场实测，仅列出拱肋合龙前的扣塔塔偏及应力监测数据，见表 7-14～表 7-16。

表 7-14　重庆岸扣塔塔偏监控数据表

测量日期	***K***(m)	塔偏(m)
2015. 8. 28	−22. 620	
2015. 9. 6	−22. 619	0. 001
2015. 9. 13	−22. 617	0. 003
2015. 9. 16	−22. 613	0. 007
2015. 10. 19	−22. 605	0. 015
2015. 10. 21	−22. 610	0. 010
2015. 10. 25	−22. 601	0. 019
2015. 11. 3	−22. 609	0. 011
2015. 11. 12	−22. 641	−0. 021
2015. 11. 22	−22. 648	−0. 028
2015. 11. 28	−22. 656	−0. 036

表 7-15　贵阳岸扣塔塔偏监控数据表

测量日期	***X***(m)	塔偏(m)
2015. 9. 1	395. 025	
2015. 9. 3	395. 027	0. 002
2015. 9. 10	395. 029	0. 004
2015. 9. 28	395. 028	0. 003
2015. 10. 11	395. 013	−0. 012
2015. 10. 13	395. 008	−0. 017
2015. 10. 27	394. 995	−0. 030
2015. 11. 5	394. 969	−0. 056
2015. 11. 8	394. 972	−0. 053
2015. 11. 15	394. 998	−0. 027
2015. 11. 17	394. 990	−0. 035
2015. 11. 25	395. 002	−0. 023
2015. 11. 30	395. 008	−0. 017

表 7-16　劲性骨架合龙前扣塔应力监测数据

控制截面	测点号	传感器编号	初始值		实测值		应力(MPa)
			温度(℃)	应变(με)	温度(℃)	应变(με)	
重庆岸扣塔底监测断面	c1	089434	30.7	1 887	13.1	1 156	−154
	c2	089421	32.0	1 420	13.0	663	−160
	c3	089423	30.8	1 398	12.4	1 068	−70
	c4	089425	34.2	1 945	13.3	1 954	1
	c5	089424	31.0	2 109	12.1	1 993	−25
	c6	089431	32.1	2 122	13.5	2 042	−18
贵阳岸扣塔底监测断面	g1	089422	30.5	1 965	13.6	1 668	−63
	g2	089428	32.3	2 036	12.3	1 725	−66
	g3	089427	33.0	2 082	12.5	1 655	−90
	g4	089426	31.5	2 189	12.2	2 023	−36
	g5	089430	30.9	2 081	14.1	1 861	−47
	g6	089432	36.2	2 091	11.9	1 966	−27

由上述监控数据可知，扣塔塔偏及应力均在许可范围内。

五、监测成果总结

针对夜郎河特大桥设计和施工特点制定了施工控制方法，由结构理论分析、实时监测、及时反馈等组成，其中涉及了拱肋线形测量、拱肋及扣塔应力监测、扣索及背索索力监测等施工控制重要内容。本桥施工控制实践证明此监测实施方案可行，保障了整个施工过程的圆满完成。

夜郎河特大桥劲性骨架施工重点主要是如何保证骨架拼装后的线形满足设计要求。受钢管拱肋结构的弹性变形、塔架的弹性变形、扣索弹性模量的变化、扣索温差热膨胀等诸多因素的影响，劲性骨架拱肋节段的位置较难控制。

首先对拱肋节段吊装的施工过程进行了有限元计算分析，预先分析了各个工况下的受力及变形情况，提供了各个拱肋吊装节段的线形测点控制坐标以及节段对应索力，并根据结构理论计算及现场监测数据，及时反馈调整信息。

在现场施工过程中监测了各种工况下各吊装节段线形测点定位前后坐标，扣索张拉索力以及各拱肋各控制断面应力，对比理论值和实测值，对异常情况先进行数据复测，确认无误后发出通知，及时予以调控；对各循环节段施工进行了应力分析与结构应力控制，保证了各控制截面应力未超出限制范围，并以月报的形式报告监理、业主等参建单位，如图 7-45～图 7-50 所示。在施工工期紧、交叉作业多等复杂施工情况下保证了拱肋线形的准确和施工的安全，成桥阶段结构的内力和线形与设计预期较吻合。

图 7-45 布置线形测点

图 7-46 安装传感器

图 7-47 应力数据人工采集

图 7-48 压力传感器复核索力

图 7-49 线性监测

图 7-50 监测点棱镜

拱肋吊装的最后若干节段为关键工况，结构处于大悬臂状态，受力也极为不利，施工风险较大。因此，在关键工况下，增加了监测内容并加强了测试频率，包括对节段吊装过程中拱肋线形的分级观测以及钢管应力的实时监测。节段 8、节段 9 和节段 10 吊装完成后，进行线形两岸联测以及全桥复测，再根据测试结果对线形偏差进行合理有效的调整，劲性骨架成拱线形符合要求，同时也保证了劲性骨架的顺利合龙。

第八章　内压外包混凝土施工

第一节　内压混凝土施工

主桥设计采用 1-370 m 上承式钢筋混凝土 X 形(提篮)钢管劲性骨架拱桥,从拱脚到拱圈分叉处由两肢单箱单室拱肋组成,拱顶合并为单箱三室截面。拱肋劲性骨架上下弦主钢管共计 8 肢(拱脚分叉段单箱单室断面对应为 4 肢,拱顶合并段单箱三室断面对应为 8 肢),管内灌注自密实无收缩 C60 混凝土,主钢管内径均为 1 000 mm。上下弦主钢管在外包混凝土施工前,必须达到 90%的强度,而对于直径(≥325 mm)较大的圆管形平联及横撑杆件,在浇筑相应部位顶板(底)的外包混凝土的前一个施工阶段灌注其管内混凝土,腹杆在浇筑相应部位腹板外包混凝土时的后一个阶段灌注管内混凝土。劲性骨架主钢管 C60 混凝土总量为 2 490 m^3,骨架腹杆、平联钢管 C60 混凝土总量为 1 028 m^3。

一、施工配合比设计

(一)设计要求

1. 强度等级:C60。

2. 使用部位:该配合比用于渝黔铁路夜郎河特大桥钢管拱圈内压混凝土(适用于钢管直径 $D \geqslant 700$ mm)。

3. 浇筑方式:自密实(不振捣)。

4. 设计坍落度:工地 220~260 mm 、扩展度(700±50)mm,含气量 2%~4%。

5. 技术参数:水胶比 0.27,砂率 42%。

6. 混凝土工作性能:不离析、不泌水、不分层、流动性、均质性、稳定性好。

7. 收缩率:具有一定的微膨胀性能,自由膨胀率控制在−0.01%以上。

(二)选择原材料

1. 水泥:P·O52.5 水泥,其性能见表 8-1。

表 8-1　P·O52.5 水泥检测指标

凝结时间(min)		抗折强度(MPa)		抗压强度(MPa)		细度(%)	安定性	SO_3(%)	碱含量(%)
初凝	终凝	3 d	28 d	3 d	28 d				
167	227	6.5	10.9	32.7	53.8	3.2	合格	2.42	0.44

2. 粉煤灰：1 级粉煤灰，掺量 13%，性能见表 8-2。

表 8-2　1 级粉煤灰检测指标

细度(%)	烧失量(%)	需水量比(%)	备　注
7.8	3.5	93	—

3. 砂子：洞庭湖河砂(中粗)，级配属Ⅱ区，含泥量≤2%，泥块含量≤0.5%。

4. 碎石：5～25 mm 碎石，掺配比例 5～16 ∶ 16～25＝50% ∶ 50%。级配良好，压碎指标≤8%，针片颗粒含量≤8%，含泥量<1%，泥块含量≤0.5%。

5. 矿粉：S95 级矿粉，掺量 20%，其性能见表 8-3。

表 8-3　S95 级矿粉检测指标

密度(g/cm^3)	比表面积(m^3/kg)	活性指数(%)	烧失量(%)
2.93	420	97	2.2

6. 膨胀剂：GRT-U 型膨胀剂，掺量 5%，其性能符合《混凝土膨胀剂》(GB 23439)要求。

7. 减水剂：羧酸高性能减水剂，掺量 1.5%，检测指标见表 8-4。

表 8-4　减水剂检测指标

含固量(%)	减水率(%)	含气量(%)	常压泌水率比(%)	坍落度保留值(min)	凝结时间差(min)		抗压强度比(%)	
				60 min	初凝	终凝	7 d	28 d
21.5	29	2.7	10	20	+100	—	149	132

(三)确定配合比

配合比的设计过程就是根据确定的原材料再经过科学的计算，最终得到一个工程设计及施工要求的配合比，其间要经历多次反复试验、对比及调整。经多次试拌和调整，最终确定的配合比见表 8-5。

表 8-5　配合比设计(kg)

水泥	粉煤灰	河　砂	5～16 mm 碎石	16～25 mm 碎石	减水剂	膨胀剂	水
440	66	732	505	505	8.8	44	149

(四)实测拌和物性能

1. 工作性:不离析、不泌水、不分层,流动性、和易性、稳定性好。

2. 坍落度:出机 245 mm,扩展度 650 mm;3 h 坍落度损失 30 mm,扩展度损失 50 mm,含气量 3.2%。

3. 凝结时间:初凝时间 16 h15 min,终凝时间 18 h40 min。

4. 耐久性:电通量在等龄期,碱含量在 2.09 kg/m^3(规范要求每立方不超过 3.0 kg/m^3)。

二、混凝土输送泵选择

混凝土泵送所需压力 P 包含三部分:混凝土在管道内流动时沿程阻力造成的压力损失 P_1、混凝土经过弯管时的压力损失 P_2 以及混凝土在垂直高度方向因重力产生的压力损失 P_3。

(一)水平管压力损失

水平管压力损失 P_1 的计算方式为

$$P_1=\Delta P_H \cdot L_{max}$$

$$L_{max}=\frac{P_{max}}{\Delta P_H}$$

$$\Delta P_H=\frac{2}{r_0}\left[K_1+K_2\left(1+\frac{t_2}{t_1}\right)V_2\right]a_1$$

式中 ΔP_H——混凝土在水平输送管内流动每米产生的压力损失(Pa/m);

r_0——混凝土输送管半径,取 0.062 5 m;

L_{max}——管道总长度(m),重庆岸采用一级泵垂直高度为 90 m,加上水平管道部分,总长约按 280 m 计;

K_1——黏着系数(Pa),取 $K_1=(3.0-0.10S)\times10^2$ Pa,S 为坍落度,本工程 $S=$ 21.5 cm,则 $K_1=(3.0-0.10S)\times10^2$ Pa=85 Pa ;

K_2——速度系数(Pa·s/m),取 $K_2=(4.0-0.10S)\times10^2$(Pa·s)/m,则 $K_2=(4.0-0.10S)\times10^2=185$(Pa·s)/m;

t_2/t_1——混凝土输送泵分配阀切换时间与活塞推压混凝时间之比,其值约 0.3;

V_2——混凝土拌和物在输送管内的平均流速(m/s),当排量达 40 m^3/h 时,流速约 0.9 m/s;

a_1——径向压力与轴向压力之比,对普通混凝土取 0.9。

计算得

$$\Delta P_H=\frac{2}{r_0}\left[K_1+K_2\left(1+\frac{t_2}{t_1}\right)V_2\right]a_1$$

$$=\frac{2}{0.0625}[85+185\times(1+0.3)\times0.9]\times0.9=8.7(\text{kPa/m})。$$

水平管压力损失 $P_1=\Delta P_H\times L_{max}=8.7\ \text{kPa/m}\times280\ \text{m}=2.44\ \text{MPa}$。

(二)弯管压力损失

90°弯管(含地面水平弯管及竖管缓冲弯管)约 6 个;45°弯管 2 个,每套管道设置 1 个截阀。每个 90°弯管压力损失 0.1 MPa;每个 45°弯管压力损失 0.05 MPa;分配阀压力损失 0.2 MPa;泵机启动内耗压力损失 1.0 MPa。

$$P_2=6\times0.1\ \text{MPa}+2\times0.05\ \text{MPa}+1\times0.2\ \text{MPa}+1\ \text{MPa}=1.9\ \text{MPa}。$$

(三)竖管中混凝土自重压力损失

竖管中混凝土自重压力损失计算方式为

$$P_3=\rho gH$$

式中　ρ——混凝土密度,取 2 500 kg/m^3;

g——重力加速度,取 9.8 m/s^2;

H——泵送高度,按 90 m 计算。

计算结果:泵送混凝土高度 90 m 时理论计算所需要的总压力为

$$P_{总}=P_1+P_2+P_3=2.44\ \text{MPa}+1.9\ \text{MPa}+2.21\ \text{MPa}=6.55\ \text{MPa}。$$

(四)最大混凝土出口压力的确定

采用 ϕ125 mmA 管道泵送 90 m 高度时,普通混凝土理论压力计算为 6.55 MPa;根据工程实际施工经验及查询类似工程实际推算数据,C60 高性能混凝土泵送阻力比普通混凝土要大得多,C60 混凝土实际泵送数据推算压力一般为普通混凝土的 1.5 倍,目前规范及标准中 C60 混凝土的实际泵送数据暂无数据可查,本项目按照 3 倍取值,即实际压力按 19.65 MPa 取值。

(五)输送泵机选择

泵送混凝土前,根据泵送高度、距离、输送速度计算最大泵送压力及泵送功率,确定选用输送泵的型号规格,及与之相匹配的混凝土拌和设备;混凝土输送泵应当性能可靠,保证能连续灌注,应有备用泵(及搅拌机);输送泵的额定扬程应大于 1.5 倍灌注顶面高度;此外,输送泵的额定速度应满足以下要求

$$V \geqslant 1.2Q/t$$

式中 V——输送泵的额定速度(m^3/h)；

t——混凝土终凝时间(h)；

Q——要求灌注的混凝土量(m^3)。

根据现场实际情况及设计要求，钢管内混凝土压注采取单根压注，每根管布置两台地泵(重庆岸、贵阳岸各1台)，相关数据为：压注混凝土泵泵送高度90 m，单个拌和站混凝土生产能力30 m^3/h，单管混凝土方量311.25 m^3，每台地泵1 h混凝土供应量20 m^3，每台地泵单根管泵送总量156 m^3，压注时间156/20=7.8 h。

现场贵阳岸、重庆岸采用一级输送泵进行混凝土压注。选用输送泵在高压状态，每小时泵送能力为75 m^3且管内混凝土压注施工需两岸对称进行，现场混凝土泵送速度需控制在每小时20 m^3以内，因此输送泵机的泵送能力远大于现场混凝土实际施工量，满足施工要求。另外，一级输送泵的最大泵送压力为21 MPa，大于19.65 MPa，满足施工要求。

两岸拱脚处各放置工作输送泵一台，另设一台备用输送泵、两套泵管。输送泵最大理论混凝土输送量为75 m^3/h，功率为261 kW。

两台工作泵均放置在拱座基础附件平台上，在平台上进行泵送工作，单侧备用输送泵放置在两岸基础平台上，以备在需要时及时到位。

三、泵送混凝土

(一)施工方案

1. 主钢管施工方案

管内混凝土泵送采用由拱脚至拱顶“连续顶升”的施工方案，即采用一级泵送一次到顶。考虑到现场施工环境情况，结合设备和技术条件，在拱顶弦管内采用泵送隔舱板隔开，一根主钢管两岸同时灌注。泵送过程中始终对拱桥进行监控，控制泵送顶升速度，以保证混凝土密实度达到要求。

泵送顺序：先下弦，后上弦；先中间，后两边。

泵送原则：两岸泵送速度尽量协调一致，保证混凝土对劲性骨架的加载对称均匀。

2. 腹杆(直径 $D \geqslant 700$ mm)施工方案

此种腹杆仅存在于节段1，全桥共16件。钢管内C60自密实混凝土压注采用单根钢管泵送的方式由下至上进行。

3. 腹杆、平联杆件(325 mm $\leqslant$ 直径 $D <$ 700 mm)施工方案

此种杆件全桥共计1 200件，钢管内采用同强度灌浆料进行灌浆处理，灌注由上至下进行作业。

(二)C60 混凝土主要技术性能

C60 钢管混凝土为自密实无收缩混凝土，灌注时不捣固，主要依靠其自重压力密实；凝结硬化后有良好的密实性；具有低泡、大流动性、收缩补偿、延后初凝和早强的工作性能，尤其可泵性好，在泵送顶升过程中，能始终保持优良的工作性能状态；泌水率小，流动度大，便于混凝土自动扩展填充；在现场温度条件下施工时，能正常凝结硬化，不开裂。

施工前经过试验确定能满足设计要求的 C60 混凝土配合比。

(三)主要工艺流程

1. 主钢管施工工艺流程

(1)拱顶开排浆口，焊接排浆管；拱脚开进料口，焊接进料管，拱脚、拱顶开出气孔，如图 8-1 所示。

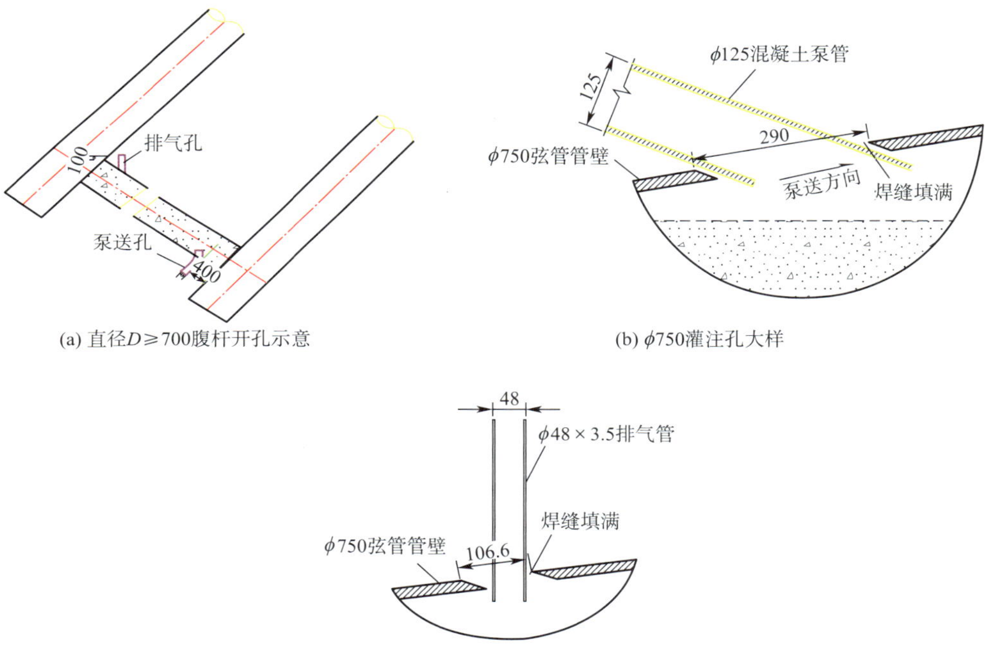

(a) 直径$D \geq 700$腹杆开孔示意　(b) ϕ750灌注孔大样

(c) ϕ750排气孔大样

图 8-1　主钢管泵送和排气孔布置示意(单位：mm)

(2)安放地泵，布设输送泵管，进行设备调试、检查。

(3)压注清水润滑输送管、主钢管内壁。

(4)压注一定量的高标号水泥浆先导润滑管壁。

(5)连续泵送 C60 混凝土，监测钢管应力、线形。

(6)待排气孔、排浆孔正常出浆后进料管处加盖板焊接封闭。

(7)清洗输送泵、管，拆卸堆放。

2. 腹杆(直径 $D \geqslant 700$ mm)**施工工艺流程**

(1)在单个腹杆下端距离主钢管底口斜长 40 cm 高度开单个泵送孔,泵送孔外接 ϕ125 mm 泵管,泵管采用 90°弯管,外露长度 50 cm。

(2)单个杆件设置一个排气孔于杆件最高点,孔外接 ϕ48 mm×3.5 mm 钢管,钢管顶端高出杆件最高点 10 cm。

(3)安放地泵,布设输送泵管,进行设备调试、检查。

(4)单根钢管连续泵送 C60 混凝土,监测钢管应力、线形。

(5)待排气孔正常出浆后进料管处加盖板焊接封闭。

(6)清洗输送泵、管,拆卸堆放。

3. 腹杆、平联杆件(325 mm$\leqslant$直径 $D<700$ mm)**施工工艺流程**

(1)在单个杆件上端最高点开单个灌浆孔、排气孔,灌浆孔离杆件顶端斜长为 100 mm,灌浆孔和排气孔顶端高程比杆件最高点高 100 mm,并且孔位对开,灌浆孔采用 ϕ108 mm×3 mm 钢管,排气孔采用 ϕ48 mm×3.5 mm 钢管,如图 8-2 所示。

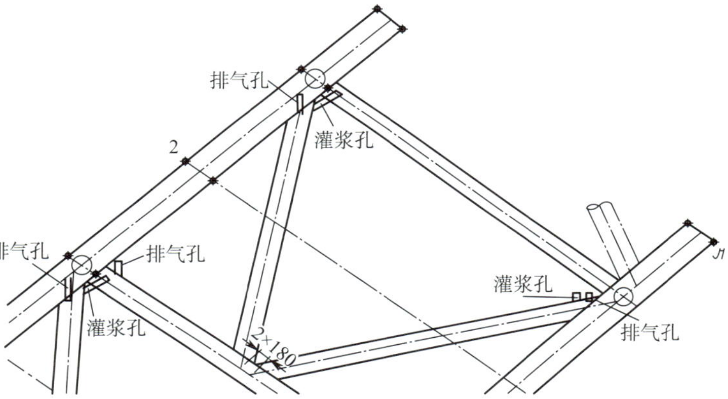

(a) 325≤直径D≤700杆件开孔示意

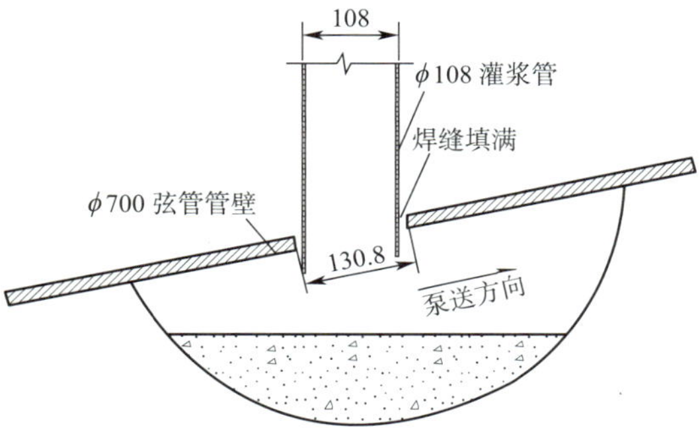

(b) ϕ700灌注孔大样

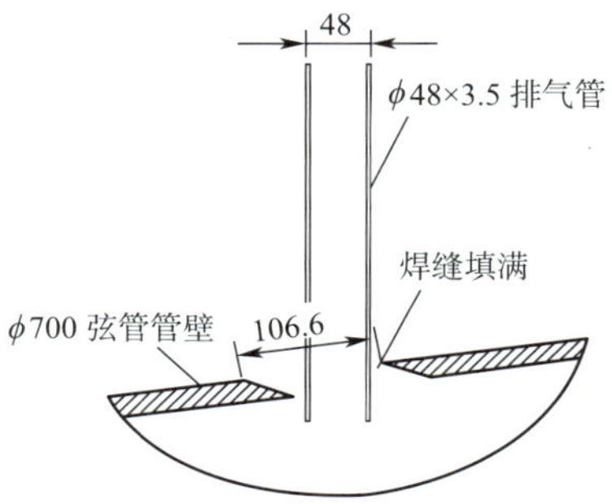

(c) ϕ700排气孔大样

图 8-2 腹杆、平联杆泵送和排气孔布置示意(单位:mm)

(2)在专用容器内现场拌制灌浆料,将直径 6 cm 软塑料管通至杆件底端,采用喇叭型器具外接 6 cm 软塑料管进行灌浆作业。

(3)待排气孔正常出浆后拔出塑料软管,再将灌浆孔处加盖板焊接封闭。

(4)清洗机具。

在灌注混凝土、灌浆前对所有参与施工的技术人员和作业人员进行全面交底,使每个人明确实施细则,落实岗位职责,以确保在施工阶段,各工种全面协调有序完成内压混凝土灌注工作。

四、进料管、排浆管、出气孔设置

根据图纸要求,预埋段与节段 1 接头内法兰保留,为减小法兰对内压混凝土灌注过程的阻力,将灌注孔开设在距法兰中心上方 1.88 m 处(距 *B*-*B* 截面下方 1 m),法兰下方不设置出气孔、振捣孔,在未安装节段 1 前将预埋段内压混凝土灌注完成。单根拱肋主钢管两侧拱脚处按上述位置各设一处进料管,安设在上、下弦钢管侧面。进料管与拱肋钢管轴线夹角小于 30°,夹角越小泵送阻力越小,对钢管壁的冲击力亦越小。进料管材质、管径与输送管相同(ϕ200 mm),进料管设防回流阀门,并与主拱钢管焊接加劲处理。在拱顶设置排浆管,排浆管高度为 120 cm,直径为 8 cm,在拱顶设置 940 mm×12 mm×940 mm 分隔板保证混凝土均匀对称密实。另在钢管一定位置处(1/4 到 1/3 跨度处)须设置备用灌注孔。备用灌注孔是为了防止万一出现灌注不顺利而采用的备用手段,出气孔主要是为了观察混凝土灌注情况而设置的。各个灌注孔的布设如图 8-3 和图 8-4 所示。

单侧拱脚配备两套输送管、两截止阀,型号齐全,接头胶垫圈位置准确,联结卡箍及螺栓安装正确并拧紧。设置足够的支点和悬挂点,不可悬空,尤其是弯管处,应栓牢。与进料管相连的第一节泵管为直管,管道尽量少采用弯管,不采用软管。

五、拱肋混凝土灌注

(一)灌注顺序

每条拱肋弦杆钢管半跨对称一次性灌注完毕,从每管下端灌进,顺管由上端而出,具体灌注顺序为:(1)左肢内侧下弦管;(2)右肢内侧下弦管;(3)左肢外侧下弦管;(4)右肢外侧下弦管;(5)左肢内侧上弦管;(6)右肢内侧上弦管;(7)左肢外侧上弦管;(8)右肢外侧上弦管。全桥拱肋按照实际情况分 8 次对称灌注。

根据所选用的泵机型号、性能,搅拌站的混凝土生产能力及施工中可能出现的问题,灌注一根弦管按 10~14 h 考虑。

(二)泵送清水和水泥浆

1. 清水必须湿润所有输送泵管、主钢管。检查输送泵工作情况是否正常、输送管道有无渗漏。润湿完泵管后,准备灌注水泥浆。

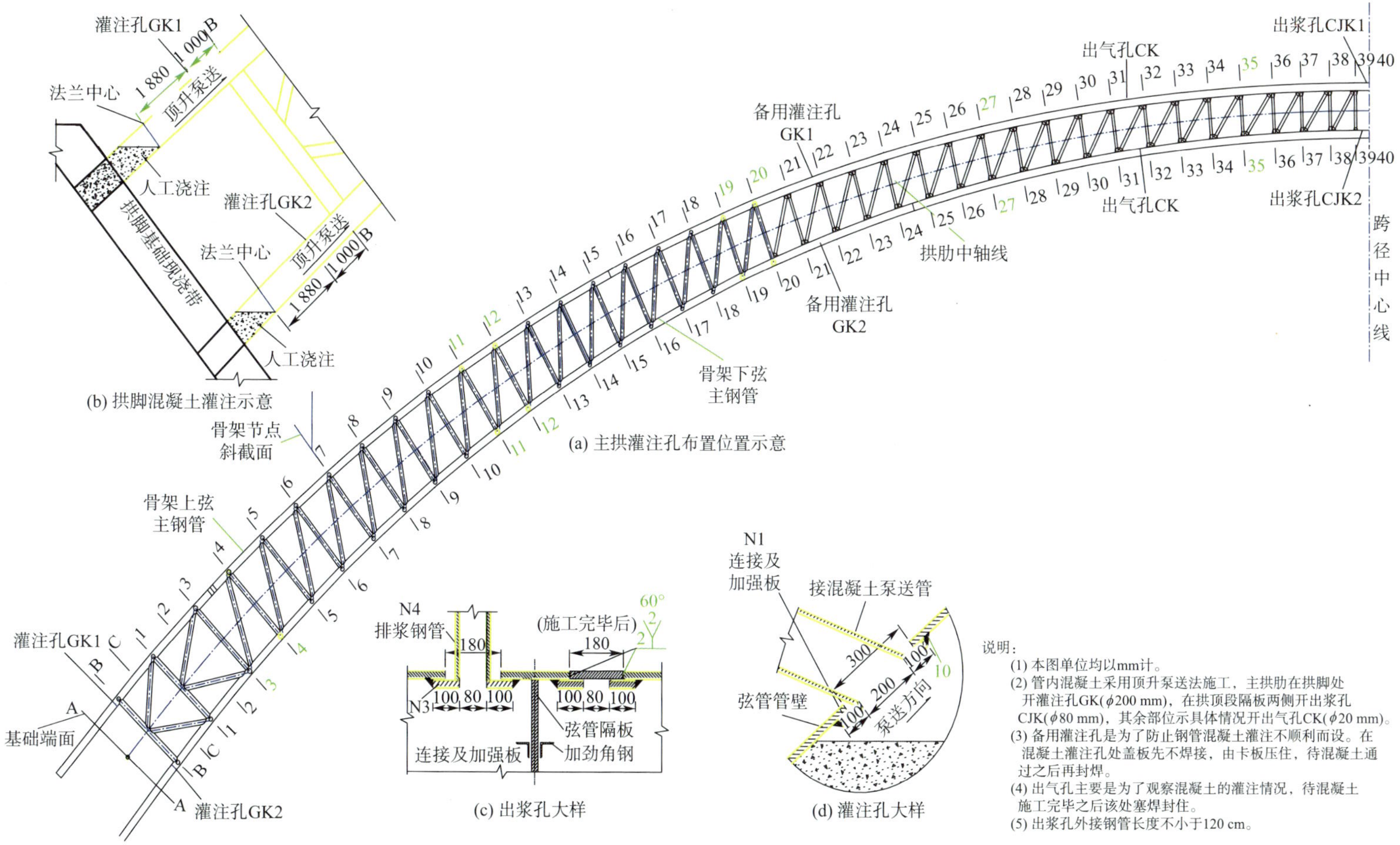

说明：

(1) 本图单位均以mm计。

(2) 管内混凝土采用顶升泵送法施工，主拱肋在拱脚处开灌注孔GK(ϕ200 mm)，在拱顶段隔板两侧开出浆孔CJK(ϕ80 mm)，其余部位示具体情况开出气孔CK(ϕ20 mm)。

(3) 备用灌注孔是为了防止钢管混凝土灌注不顺利而设。在混凝土灌注孔处盖板先不焊接，由卡板压住，待混凝土通过之后再封焊。

(4) 出气孔主要是为了观察混凝土的灌注情况，待混凝土施工完毕之后该处塞焊封住。

(5) 出浆孔外接钢管长度不小于120 cm。

图 8-3　主拱灌注孔布置示意(单位：mm)

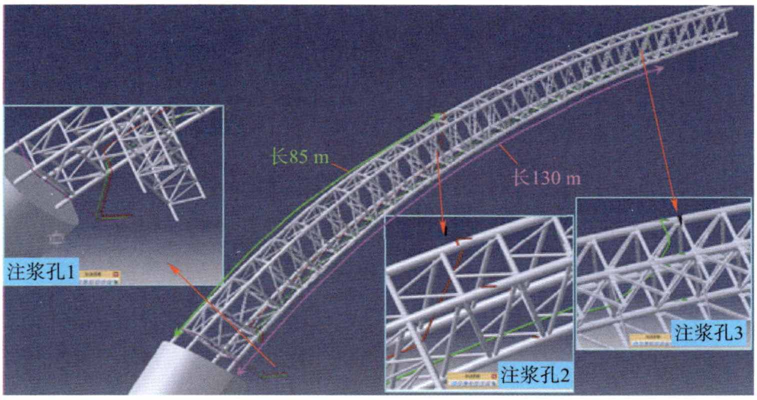

(a) 钢管拱注浆口布置图

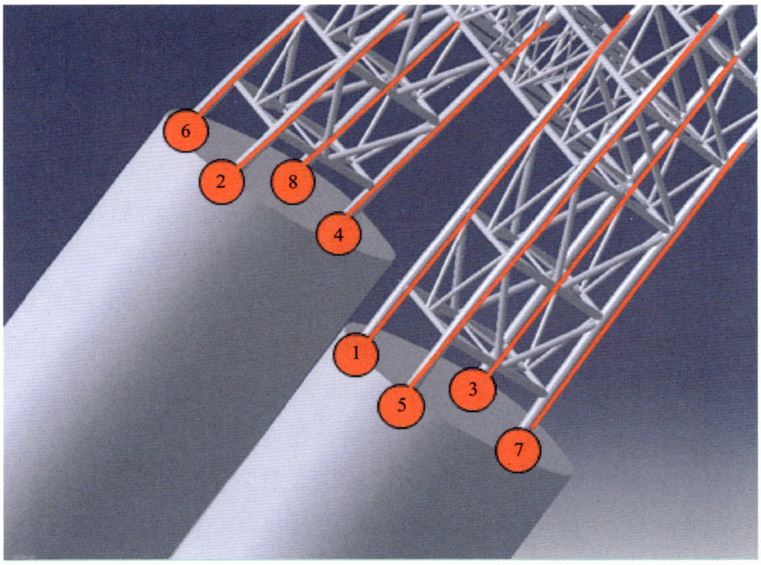

(b) 重庆岸混凝土灌注顺序（从1至8依次灌注）

图 8-4　内压混凝土灌注顺序

2. 灌注清水完毕后，紧接着泵送 2 m^3 水泥浆，主要作用是润滑管道，减小混凝土泵送阻力。

(三)泵送 C60 自密实无收缩混凝土

单管对应两侧同时泵送 C60 自密实无收缩混凝土，两岸通过对讲机互相沟通泵送情况保持两岸泵送进度一致。C60 自密实无收缩混凝土应严格按配合比、搅拌时间拌和，按设计灌注顺序连续、均匀进行，并注意以下几点：

1. 混凝土拌制时各种组成材料应计量准确，每盘料净搅拌时间不得少于 2 min，混凝土坍落度符合配合比要求。

2. 开始泵送时，泵机处于低速压送状态，并注意观察泵的压力和各部件工作情况，待压送顺利后方可提高到正常压送速度。

3. 料斗应装满混凝土，使泵送混凝土的压送顶升连续进行，尽量避免停泵。当混凝土供应不足时，宜降低压送速度，以免中断。

4. 当混凝土泵送困难时，泵压升高，管路产生振动。此时，不可勉强压送，应对管路进行检查，并放慢压送速度或使泵反转，以防堵塞。

5. 当输送管堵塞时，可用木槌敲击管路，找出堵塞的管段，关闭回流阀，卸压后拆卸堵管段，取出堵塞的混凝土杂物，并检查其余管路无堵塞后方可接管。重新压送混凝土时，应先打开回流阀门再行泵送。

6. 混凝土泵送顶升时，应严格遵循两岸对称的要求进行；可通过混凝土产量、泵送量及敲击检查结果和标志部位等来判断，两岸管内混凝土长度差不大于 2 m。必须随时联系，以保证两岸混凝土顶升速度同步对称；顶升过程中，要安排人员沿顶升长度方向检查顶升情况；要用小锤敲打排气孔附近的拱肋，以利排气。每次泵送时根据当天天气情况对钢管外壁进行养护措施防护，保证其内混凝土养护质量。

7. 当排浆孔排浆时，放慢泵送速度，每泵一下需停一下。停留时人工配合用竹竿等在排浆口抽插，使多余的气体和浮浆排出，直至混凝土溢出为止。然后稳压，关闭进料口处截止阀，防止混凝土回流。

8. 钢管混凝土密实度检测：泵送过程中，两侧安排专人随混凝土灌注情况利用小锤进行逐一敲击判断管内填充情况，如有空隙及时用体外加振方式解决；混凝土灌注完成具有一定强度后采用以超声波检测为主，人工检测为辅的方式进行密实度检测。发现异常开孔复验，对不密实部位采用压浆法进行补强处理，然后将挖孔部位焊接封固。

9. 清洗设备及封堵排浆进料口：清洗、拆除输送泵管，待混凝土泌水停止后，割掉进料管并用与原设计相同规格型号的钢板焊接封堵排浆、进料口，以防雨水进入并防止碳化反应。

(四)混凝土输送泵工作要求

1. 混凝土倒入料斗以前，砂浆平面应保持在料斗搅拌轴线以上和混凝土一并泵送。泵送中，混凝土平面至少应维持在搅拌中心线以上 20 cm 的高度。

2. 随时注意各仪表、指示灯、电机及液压系统工作状况。观察水箱消耗及水质污染情况，发现问题及时处理。

3. 临时停泵期间，严禁拆卸管道，不得把手伸向阀体操作，不得攀登或骑在输送管道上。

4. 临时停泵期间，应间隔 10～15 min 作正反泵数次，以防管道内混凝土离析。当长时间停泵重新工作时，应先启动搅拌器，再开始泵送。

5. 当泵送工作接近完毕时，应预先估计剩余工作量和管道内的混凝土体积，以便停止供料。

6. 停泵后，立即将料斗和管道内的混凝土清除掉，清洗泵机、料斗、阀箱管道等。

六、劲性骨架内压混凝土灌注机械配置

劲性骨架内压混凝土灌注所需机械见表 8-6。

表 8-6　劲性骨架内压混凝土灌注主要机具设备配置数量

序号	机械设备名称	规格型号	单　位	数　量	备　注
1	混凝土输送泵		台	3	其中 1 台备用
2	混凝土搅拌站	$2\times90\ m^3/h$	台	2	
3	混凝土输送车	$8\ m^3$	台	14	
4	精密水准仪		台	2	
5	智能全站仪		台	1	
6	柴油发电机	300 kW	台	1	
7	柴油发电机	250 kW	台	1	
8	插板式阀门		个	8	
9	混凝土输送管	高压	套	4	每套 100 m
10	电 焊 机	30 kW	台	4	
11	制 浆 机	TTP	台	2	

第二节　钢管拱外包混凝土施工技术

拱圈由劲性钢管混凝土骨架外包 C55 混凝土构成。主拱肋横向变宽，箱体横向宽度从拱脚处 10 m 过渡到拱顶 38 号截面处的 5 m(拱顶 38～40 号截面为等宽)，按 1.2 次抛物线关系变化，主拱肋箱体纵向变高度，拱箱外边缘高度由拱脚 13.3 m 变至跨中 7.3 m，按 1.5 次抛物线变化。拱脚到 1 号墩处的顶底板厚 1.4 m，腹板厚 1.2 m；1 号墩到 2 号墩处的顶底板厚 1.2 m，腹板厚 1 m；2 号墩到 3 号墩处的顶底板厚 1 m，腹板厚 0.8 m；拱顶合并段的顶底板厚 0.8 m，腹板厚 0.6 m。

一、外包混凝土施工顺序

本桥主拱圈外包混凝土约 29 399 m^3，钢管混凝土无铰桁架拱结构形成后，拱圈外包混凝土浇筑除拱脚先浇段局部(拱脚到 3-3 截面 1 号横梁处)采用支架浇筑施工外，其余段采取“纵桥向分 6 个工作面、横桥向 3 环现浇”的方式施工。钢管拱外包混凝土施工如图 8-5 所示。

主拱圈纵向分6个工作面同步作业，向跨中逐段浇筑混凝土，浇筑完拱脚先浇段底板、腹板、顶板混凝土后再逐段浇筑完底板混凝土，待强度达到90%以上后再依次对称浇筑腹板、顶板混凝土，其中每个工作面分1～6不等长度段从拱脚向拱顶方向进行节段对称浇筑，使拱架的变形和内力基本均匀，保证浇筑过程中劲性骨架内力合理，保证施工安全。

图8-5 钢管拱外包混凝土施工

（一）第一步：拱脚先浇段施工

劲性骨架节段吊装前安装完拱脚先浇段底板支架，拱脚先浇段（水平投影长13 m）施工分为三部分（图示红、绿、黑）：第一次浇筑高度在实心段为拱轴线向下1 m的位置，变化段和空心段的底板位置；第二次浇筑实心段、变化段和空心段剩余部分，在张拉处断开；第三次浇筑剩余的部分。在内压混凝土施工过程中分四个班组同步绑扎四个拱脚先浇段实心段钢筋；绑扎顺序为底模板、腹模板、顶板，钢筋绑扎完成后安装此段底模板、腹模板、顶模板，浇筑混凝土；待混凝土强度达到75%以后安装空心段内模钢管支架，绑扎底、腹板钢筋，安装腹板、顶板内模，接下来绑扎顶板钢筋，安装顶板模板加固，浇筑第一段空心段混凝土。待混凝土强度达到设计强度的90%以上方可拆除侧模、内模板、顶板模板，张拉对应纵向钢束，压浆封锚，按此工艺浇筑第二段空心段混凝土完成拱脚段施工；先浇段支架如图8-6和图8-7所示。

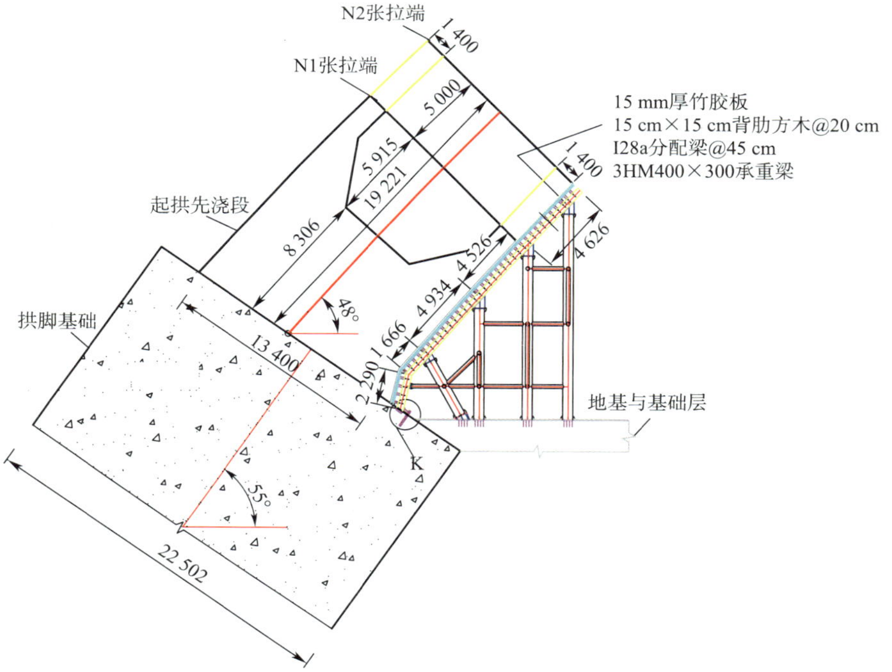

图8-6 拱脚先浇段支架示意（单位：mm）

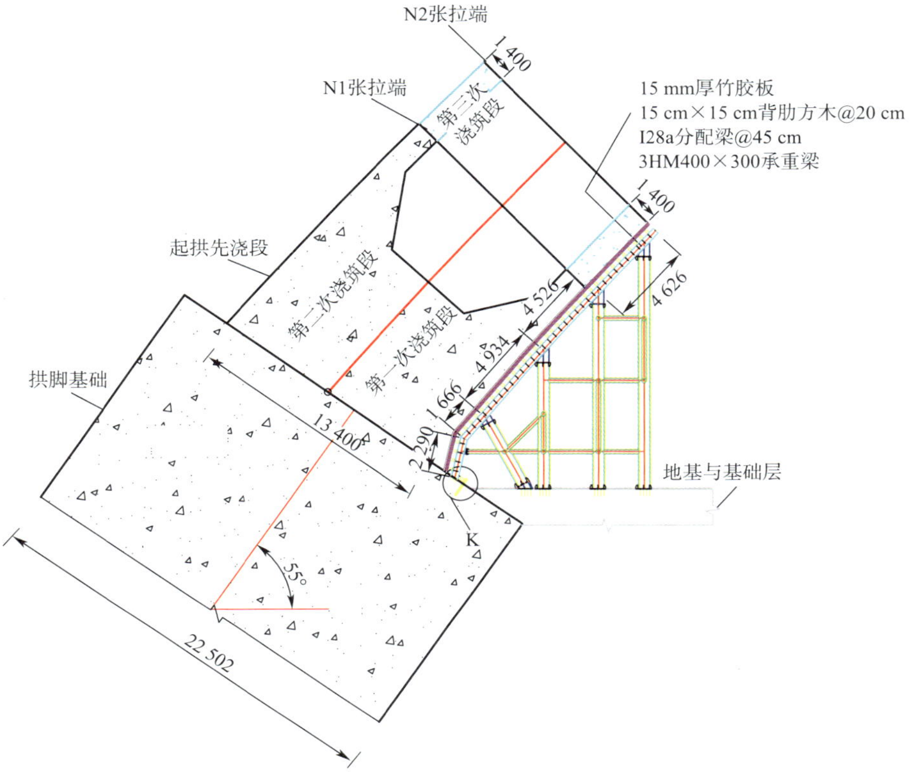

图 8-7 拱脚先浇段分段示意(单位:mm)

(二)第二步:全拱底板施工

全拱剩余段分为 6 个工作面,半拱工作面编号为 1、2、3,每个工作面底板分为 1～5 个节段,节段最大长度 14.26 m,最小长度 12 m;半拱在拱脚先浇段绑扎钢筋,同时同步安排 6 个班组绑扎 6 个工作面底板钢筋,每个工作面节段 1 钢筋绑扎完成后按顺序绑扎后面节段钢筋,节段 1 利用缆索吊机将底板侧面倒角钢模板吊装至相应位置,然后利用手拉葫芦安装就位模板(此处底模板已经在拱肋吊装时附着就位),对称浇筑第 1 个工作面节段 1 底板混凝土,依此类推浇筑完成第 2、3 工作面节段 1 底板混凝土,完成全拱节段 1 底板混凝土浇筑,按此施工工艺顺序完成工作面 1～3 底板剩余节段混凝土浇筑,完成底板混凝土施工。

(三)第三步:全拱腹板施工

全拱腹板半拱工作面编号为 1、2、3,对应每个工作面节段数量为:6、5、5,节段最大长度 14.08 m,最小长度 6.01 m;在全部底板钢筋绑扎完毕后 6 个班组绑扎 6 个工作面腹板钢筋,待每个工作面节段 1 钢筋绑扎完成后按顺序绑扎后面节段钢筋。节段 1 外侧腹板模板利用缆索吊机将钢管与方木、竹胶板组合模板吊装至相应位置,然后利用手拉葫芦安装就位模板。内模板采用木模,利用人工安装就位。加固模板,对称浇筑第 1 个工作面节段 1 腹板混凝土，依此类推浇筑完成第2、3工作面节段1腹板混凝土，完成全拱节段1腹板混凝土浇筑。按此施工工艺顺序完成工作面1～3腹板剩余节段混凝土浇筑，完成腹板混凝土施工。为保证拱圈混凝土施工纵逢的影响，底板及腹板的施工纵逢错开一定的距离，同时新旧混凝土接触应进行凿毛处理。

(四)第四步:全拱顶板施工

全拱顶板半拱工作面编号为1、2、3，对应每个工作面节段数量为:6、6、5，节段最大长度12 m，最小长度4.99 m；在全部腹板钢筋绑扎完毕后6个班组搭设顶板内模钢管支架，待每个工作面节段1内模支架搭设完成后，安装顶板内模，内模安装完成后开始绑扎顶板钢筋，此段钢筋绑扎完成后按此工艺顺序完成后面节段钢筋绑扎。节段1钢筋绑扎完成后安装顶板木模板，加固模板对称浇筑第1个工作面节段1顶板混凝土，依此类推浇筑完成第2、第3个工作面节段1顶板混凝土，完成全拱节段1顶板混凝土浇筑，按此施工工艺顺序完成工作面1～3顶板剩余节段混凝土浇筑，完成顶板混凝土施工。为降低拱圈混凝土施工纵逢的影响，顶板及腹板的施工纵逢错开一定的距离，同时新旧混凝土接触应进行凿毛处理。

(五)第五步:横撑施工

分叉段横撑混凝土滞后于拱圈混凝土浇筑，即拱圈底板浇筑完再浇筑对应段横撑混凝土，依此类推。其混凝土施工流程同分叉段拱圈混凝土施工流程，但沿横撑纵向是一次浇筑完成，不设多个工作面。

全拱横撑施工流程如图8-8所示。

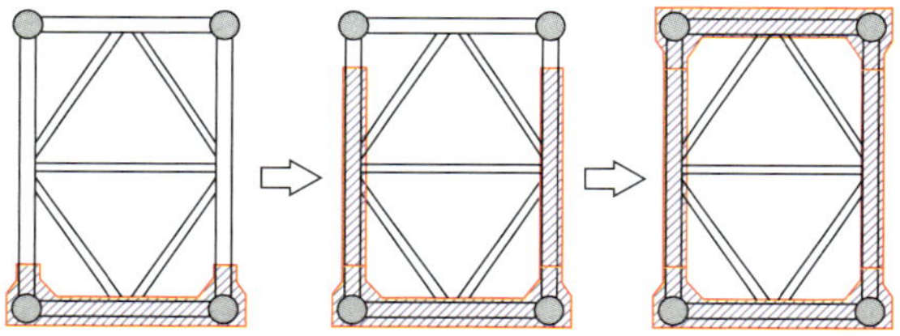

(a) 分叉段拱圈混凝土施工流程

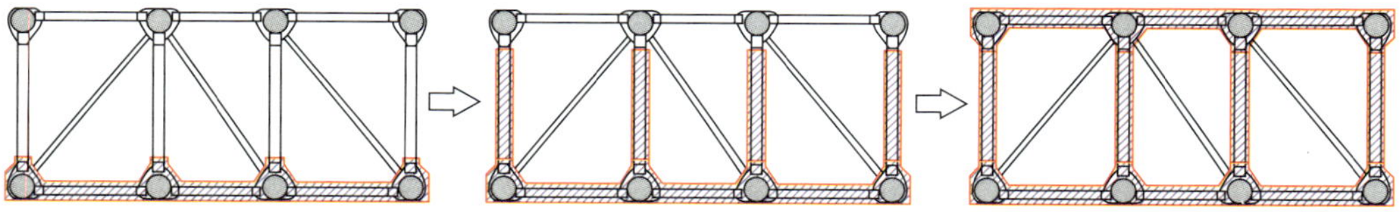

(b) 合并段拱圈混凝土施工流程

图8-8 全拱横撑施工顺序

本桥劲性骨架架设阶段，将外包混凝土底模先行安装，一起吊装，底板模板采用槽钢、方木、竹胶板组合。骨架运输至吊装平台时，安装底模，底模固定采用 U 形螺栓将底模悬挂在主钢管骨架底面；外包混凝土分段浇筑如图 8-9 所示。

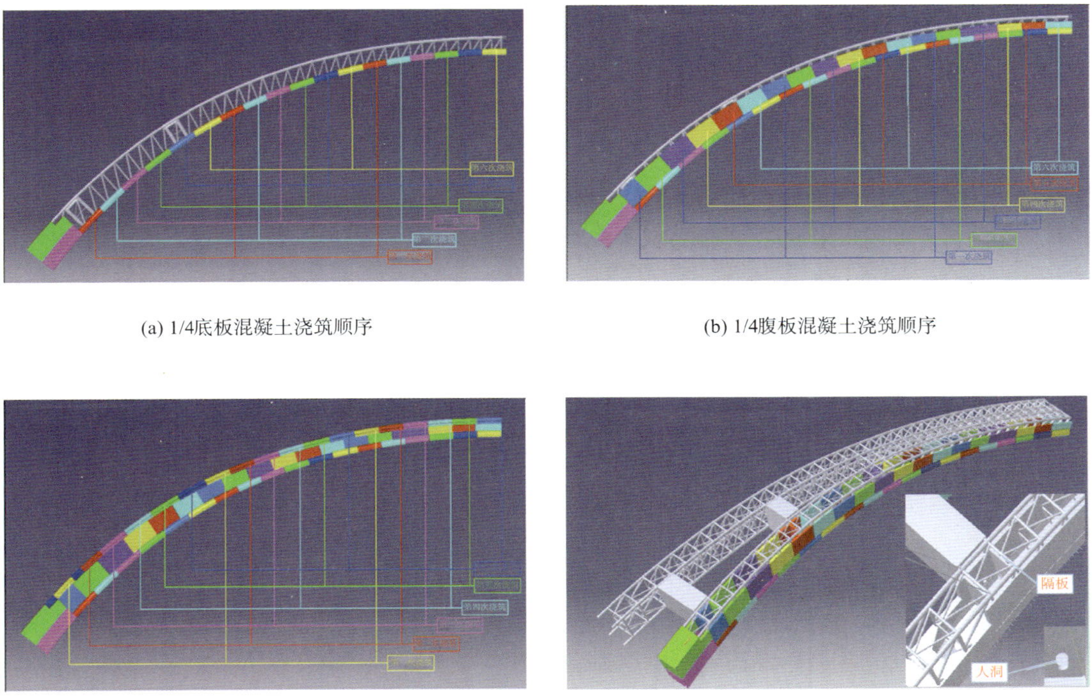

(a) 1/4底板混凝土浇筑顺序

(b) 1/4腹板混凝土浇筑顺序

(c) 1/4顶板浇筑顺序

(d) 1/4腹板混凝土浇筑完成效果

图 8-9　外包混凝土分段浇筑顺序

二、模板工程

在拱座基础最后一次浇筑前安装拱脚先浇段支架预埋件，在拱座浇筑完成后利用预埋件安装现浇支架。

(一)底模系统

底模系统立柱采用直径 630 mm、壁厚 16 mm 的钢管加工而成，立柱与立柱之间采用[20a 型槽钢进行连接。支架主纵梁采用 3I40a 型工字钢，长 20 m，主纵梁与预埋件 1 采用销接，主纵梁通过垫座与立柱支撑连接。

此段底模由承重梁、分配梁、背肋、面板组成：承重梁采用 3I40a 型工字钢，间距 1.2 m，分配梁采用 2[16a 型槽钢分配梁，间距为 35 cm，分配梁顶部铺设背肋；背肋采用 15 cm×15 cm 方木，间距 30 cm，面板采用 1.8 cm 竹胶板制作而成，如图 8-10 所示。

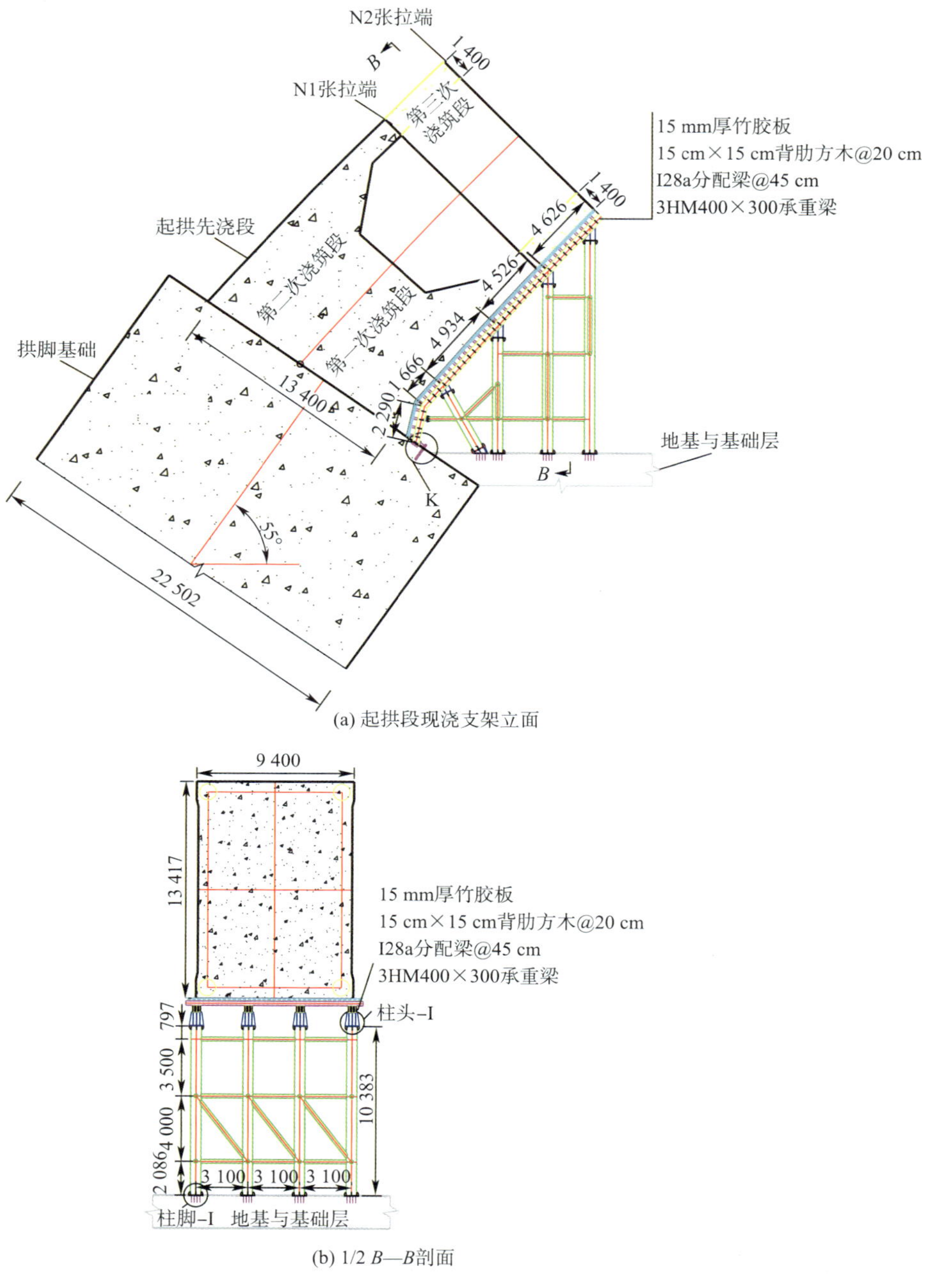

图 8-10　拱脚现浇段支架布置示意(单位:mm)

(二)侧模系统

侧模是指主拱圈上、下游侧模,如图 8-11 所示。侧面上下倒角模板采用钢模板,模板面板采用 5 mm 钢板,纵向分配梁采用[8 型槽钢间距 30 cm 布置,竖向背带采用 2[12a 型槽钢间距 50 cm,设置五层拉条,单块模板尺寸 1.5 m×2.35 m;中间部分侧模采用木模,竖肋采用 10 cm×

10 cm 方木,间距 25 cm 布置,面板采用厚 12 mm 竹胶板;方木背后背带采用双 ϕ48 mm 钢管,背带间距为 50 cm,侧模拉杆采用 ϕ20 mm 钢筋加工而成,拉杆横竖向间距 50 cm×50 cm。

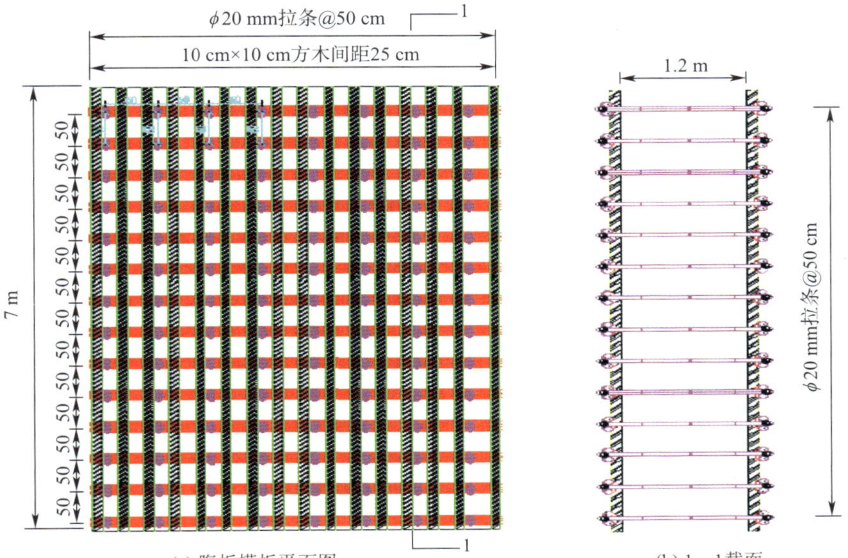

图 8-11　主拱圈侧模布置示意(单位:cm)

(三)顶模系统

先浇段顶板顶部、底部内模板采用 10 cm×10 cm 方木,间距 30 cm 布置;面板采用厚 12 mm 竹胶板;方木背后背带采用两层双 ϕ48 mm 钢管,钢管背带间距为 60 cm,其中内模板依托 ϕ48 mm 钢管支架进行支撑,支架横杆步距 1.2 m,立杆纵横间距 0.6 m;模板拉杆采用 ϕ20 mm 钢筋加工而成,拉杆横纵向间距 60 cm×60 cm;侧面倒角模板采用钢模板,模板面板采用 5 mm 钢板,纵向分配梁采用[8 型槽钢间距 30 cm 布置,竖向背带采用 2[12a 型槽钢间距 50 cm,结构如图 8-12 所示。

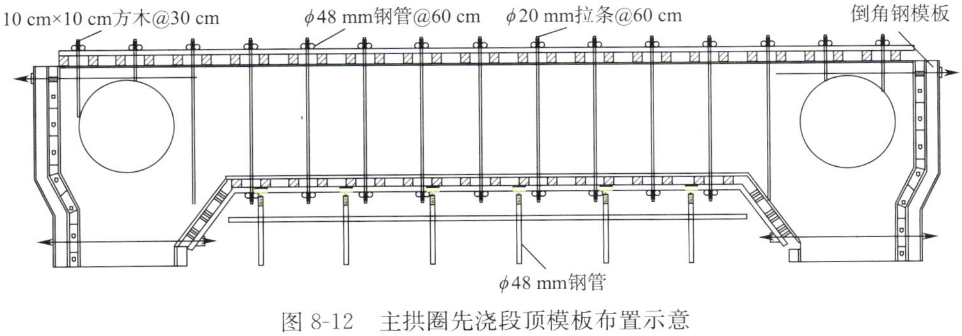

图 8-12　主拱圈先浇段顶模板布置示意

(四)拱圈分叉段空心段模板设计

1. 底模系统设计

(1)主拱圈拱底模板,采用 I20 型木工字梁,间距 25 cm 布置;面板采用厚 18 mm 竹胶板；横向分配梁采用 2[16 型槽钢制作而成，间距 80 cm，拉杆采用 ϕ25 mm 钢筋加工而成，拉筋横向间距为 140～180 cm，两边拉杆采用 U 形焊接固定于主钢管上，其余中间三至四道拉杆固定于纵向 2I36b 型工字钢上，型钢下设横向 2I28b 型工字钢分配梁，分配梁下用对包[20a 型槽钢做支撑柱，其焊接固定在横向主钢管上。

（2）主拱圈拱底板顶面模板，采用 10 cm×10 cm 方木，为间距 30 cm 布置；面板采用厚 12 mm 竹胶板；方木背后背带采用双拼 ϕ48 mm 钢管，间距 60 cm，拉杆采用 ϕ20 mm 钢筋加工而成，如图 8-13 所示。侧面倒角模板采用钢模板，模板面板采用 5 mm 钢板，如图 8-14 所示；纵向分配梁采用[8 型槽钢间距 30 cm 布置，如图 8-15 所示，竖向背带采用 2[12a 型槽钢间距 50 cm 布置。

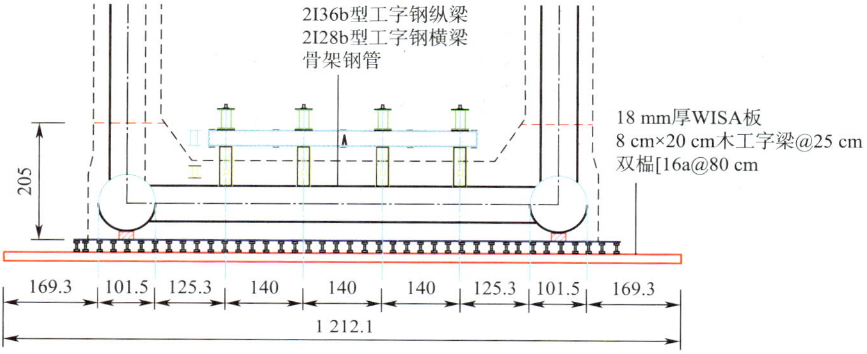

图 8-13　主拱圈底模模板布置示意(单位：cm)

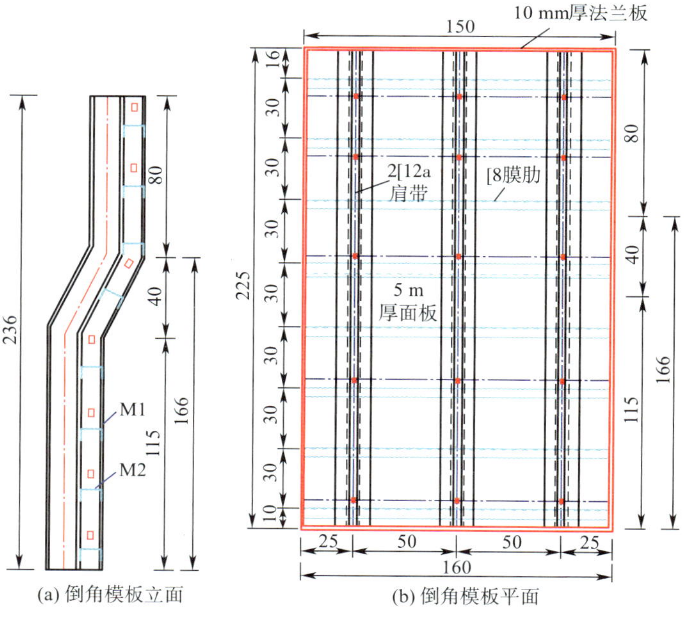

图 8-14　主拱圈底模侧倒角模板示意(单位：cm)

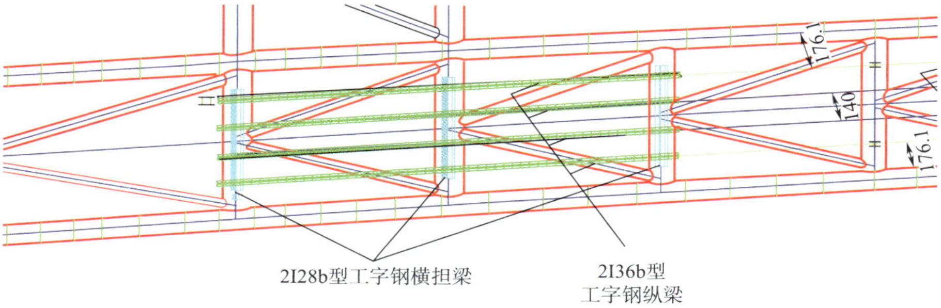

图 8-15　主拱圈底模纵梁布置示意(单位:mm)

2. 腹板模型系统设计

主拱圈腹板模板由背带和面板组成,如图 8-16 所示。纵向背带采用双 ϕ48 mm 钢管,钢管背带间距为 50 cm,竖向背带采用 10 cm×10 cm 方木,间距 25 cm;面板采用厚 12 mm 竹胶板。

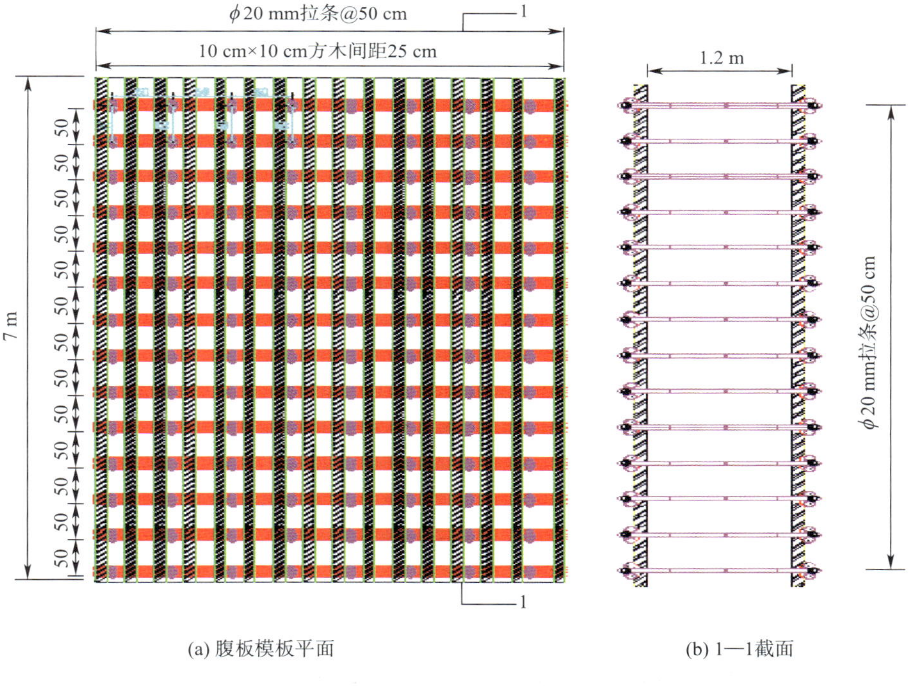

图 8-16　主拱圈腹板模板布置示意(单位:cm)

3. 顶板模板设计

顶板内模板、顶部模板由背肋、面板组成,模板宽度由现场根据实际情况进行确定,长度按照 2.4 m/块制作。顶分配梁采用 10 cm×10 cm 方木制成,间距 30 cm;方木上背带采用双拼 ϕ48 mm 钢管,钢管背带间距为 60 cm,拉条采用 ϕ20 mm 钢筋加工,间距 60 cm,面板采用厚 12 mm 竹胶板，其中内模板依托 ϕ48 mm 钢管支架进行支撑，支架横杆步距 1.2 m，立杆纵横间距 0.6 m。侧面倒角模板采用钢模板，模板面板采用 5 mm 钢板，纵向分配梁采用[8 型槽钢间距 30 cm 布置，竖向背带采用 2[12a 型槽钢间距 50 cm 布置。拱圈分叉段模板总体布置如图 8-17 所示。

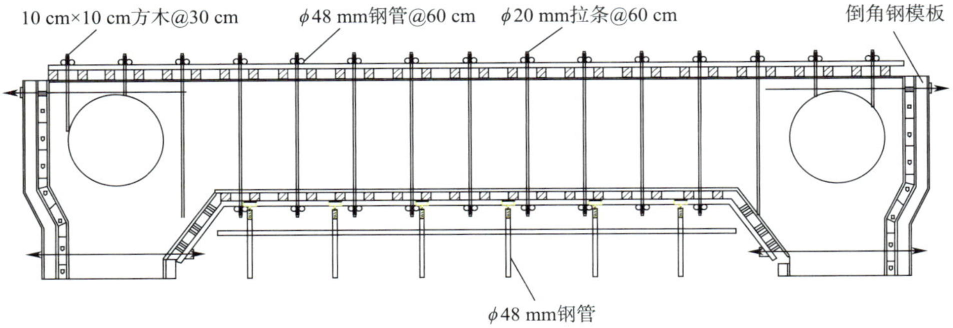

图 8-17　主拱圈顶板模板布置示意

(五)拱圈合并段空心段模板设计

1. 底模系统设计

模板为全桥满铺，如图 8-18 所示。在底模与下弦钢管接触处现场增设混凝土垫块进行定位，定位完成后对 U 形螺栓和吊杆进行预紧；吊杆顶部锚固在纵向 2I36b 型工字钢分配梁上，纵向分配梁支撑于横向 2I28b 型工字钢分配梁上，横向分配梁通过型钢立柱支撑于主钢管上；U 形螺栓和吊杆采用 ϕ25 mm 钢筋加工而成；底板上下层模板之间采用拉杆进行连接，拉杆间距按照 170～180 cm 进行布置。底模外侧行人通道宽度 1.5 m，采用钢板、角钢及花纹钢板焊接，与底模分配梁焊接牢固。底侧模顶部采用拉杆固定，底部采用齿板顶死，底侧模采用坐模的形式固定在底模上。

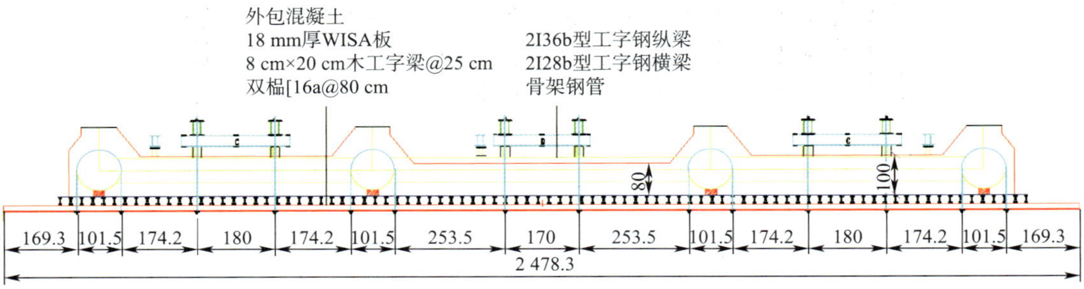

图 8-18　拱圈合并段空心段底模布置示意(单位:cm)

底板模板由底分配梁、背肋、面板组成，底模宽度由现场根据实际情况进行确定。底分配梁采用 2[16 型槽钢制成，间距 80 cm；背肋为 I20 型木工字梁，间距 25 cm 布置；面板采用

18 mm 厚竹胶板。侧面倒角模板采用钢模板，模板面板采用 5 mm 钢板，纵向分配梁采用[8 型槽钢间距 30 cm 布置，竖向背带采用 2[12a 型槽钢间距 50 cm 布置。底模顶板模板由背肋、面板组成，模板宽度由现场根据实际情况进行确定，长度按照 2.4 m/块制作。顶分配梁采用 10 cm×10 cm 方木制成，间距 30 cm；方木上背带采用双拼 ϕ48 mm 钢管，钢管背带间距为 60 cm，拉条采用 ϕ20 mm 钢筋加工，间距 0.6 m，面板采用厚 12 mm 竹胶板。

2. 腹板模板设计

腹板模板由背带和面板组成，如图 8-19 所示。纵向背带采用双 ϕ48 mm 钢管，钢管背带间距为 60 cm，竖向背带采用 10 cm×10 cm 方木，间距 30 cm；面板采用厚 12 mm 竹胶板。

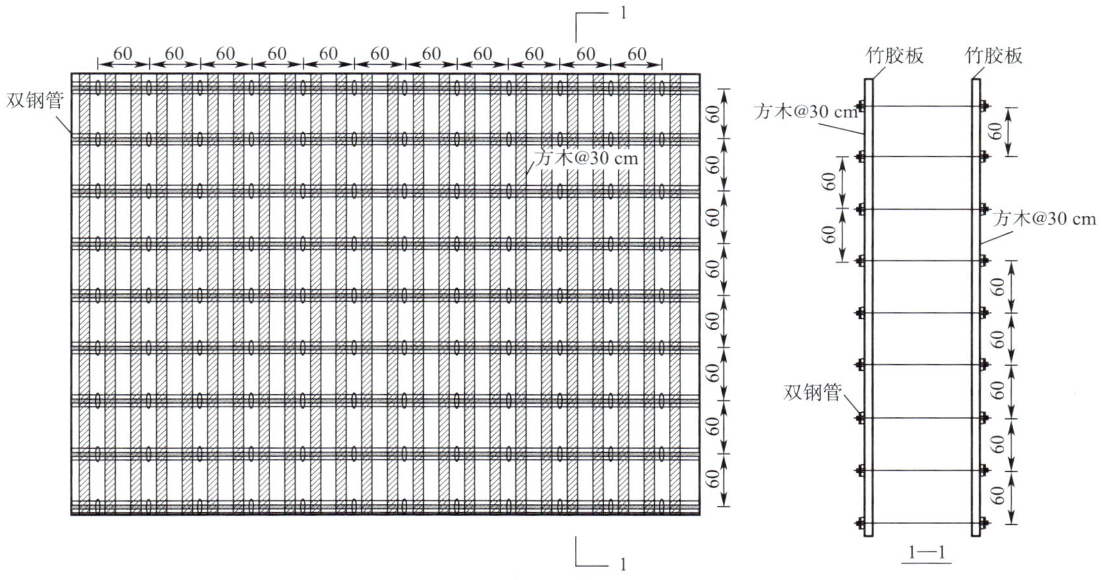

图 8-19　拱圈合并段空心段腹板结构示意（单位：cm）

3. 顶板模板设计

顶板模板由背肋、面板组成，如图 8-20 所示，模板宽度由现场根据实际情况进行确定，长度按照 2.4 m/块制作。顶分配梁采用 10 cm×10 cm 方木制成，间距 30 cm；方木上背带采用双拼 ϕ48 mm 钢管，钢管背带间距为 60 cm，拉条采用 ϕ20 mm 钢筋加工，间距为 60 cm，面板采用壁厚 12 mm 竹胶板，其中内模板依托 ϕ48 mm 钢管支架进行支撑，支架横杆步距 1.2 m，立杆纵横间距 0.6 m。侧面倒角模板采用钢模板，模板面板采用 5 mm 钢板，纵向分配梁采用[8 型槽钢间距 30 cm 布置，竖向背带采用 2[12a 型槽钢间距 50 cm 布置。

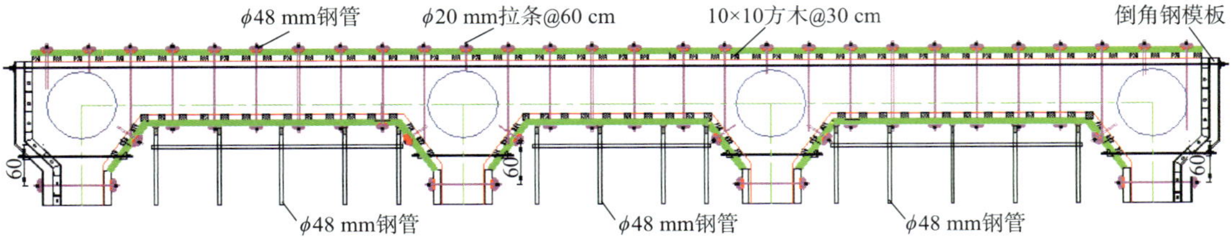

图 8-20　拱圈合并段空心段顶板模板布置示意(单位:cm)

(六)拱肋外包混凝土模板安装

1. 底模安装

高处安装底模不仅效率低下,而且安全风险极高,在综合考虑施工工期及施工安全后采用了在吊装节段时带上底模的方案。在底模板胎架(位于设计轴线上)上拼装底模,胎架设置纵梁便于底模横向槽钢分配梁安放,再按设计间距铺设方木,每根方木与槽钢分配梁之间采用铁丝绑扎紧固,在方木上方铺设 1.8 cm 厚竹胶板,竹胶板与方木之间采用水泥钉钉紧;利用两台龙门及转向装置将劲性骨架节段吊装至预拼好模板位置,将骨架安放在胎架周边四根立柱上,利用手拉葫芦将底模提升至设计高度并用提前焊接与钢管上 U 形螺栓连接固定,钢管与底模板之间采用同标号混凝土垫块固定,对应底模板中间拉条一次安装附着;每节段底模板铺装两端头预留 40 cm 空间,保证接头部分主钢管焊接,分配梁 2[16 型槽钢距离钢管端头 40 cm,方木与槽钢齐平,待节段焊接完成后铺设 1 m 长方木、竹胶板,将模板缺口补上,缺口处预留图、模板拼装台架如图 8-21～图 8-23 所示。分叉段底模板按照上述方法单侧安装;合并段底模板也采用单侧安装,但横向槽钢分配梁悬臂超出桥梁中心线 50 cm,左右两侧劲性骨架槽钢同一位置交错布置,最后中间利用下弦顶纵梁挂设拉杆固定模板。

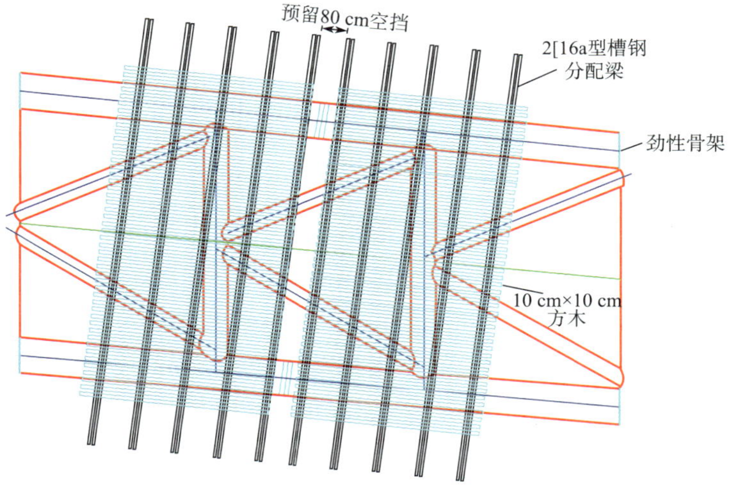

图 8-21　拱肋外包混凝土底板缺口预留示意

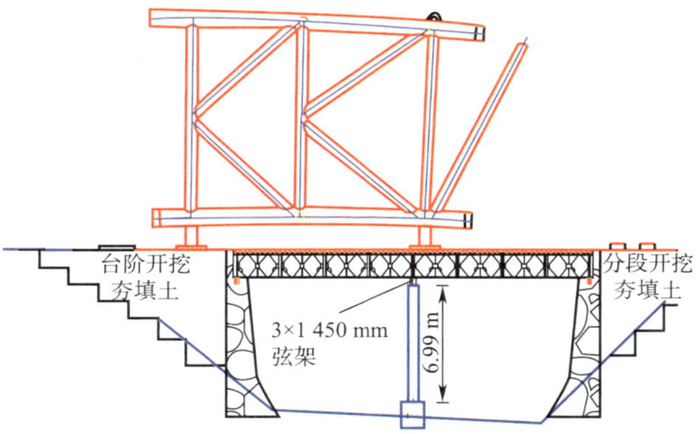

图 8-22　拱肋台架立面布置示意

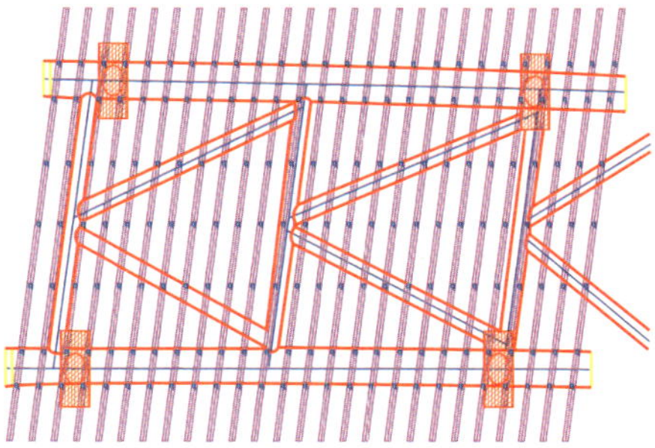

图 8-23　拱肋台架平面布置示意

底模板侧面倒角模板采用钢模板，利用缆索吊副钩提升钢模板至相应倒角位置斜靠在侧面平台上(重庆岸模板从 1 号、2 号拱脚中间直接提升至拱面，拱肋中间段模板直接从吊装平台起吊至拱面，贵阳岸从 3 号、4 号拱脚中间，6 号墩右侧提升至拱面)，然后利用主钢管上焊接鹰嘴架配合手拉葫芦安装就位侧面倒角模板，最后通过拉条与内倒角木模板连接稳固。底模板安装如图 8-24 所示。

图 8-24　劲性骨架底模板安装及鹰嘴架示意

底板顶模板采用木模，安装模板时先焊接接长拉条，将底板上穿拉条孔、顶模拉条孔开孔完成，然后铺设面板至钢筋顶面穿出拉条，利用水泥钉将方木与面板固定，安装钢管背带，紧固拉条，完成顶模板安装。

2. 腹板模板安装

腹板模板采用木模，外侧模板按腹板除去上下倒角后高度拼接成整块，单块模板长度按 4.88 m 拼装，利用缆索吊机副钩将整块木模提升至设计位置安装就位(重庆岸模板从 1 号、2 号拱脚中间直接提升至拱面，拱肋中间段模板直接从吊装平台起吊至拱面，贵阳岸从 3 号、4 号拱脚中间，6 号墩右侧提升至拱面)，模板外侧拉条提前附带于模板上，模板利用钢筋临时焊接固定在主钢管上；内侧模板采用木模板（面板、方木、钢管用缆索吊机提升至拱顶材料堆放平台上，平台采用型钢搭设，间距按 50 m 设置，材料吊运至平台上路线与前面模板相同），先提前开拉条孔，人工利用钢管支架操作平台安放面板，面板临时与钢筋网片固定穿出拉条，拉条采用 PVC 管保护便于倒用，然后铺设方木，安装双钢管背带，紧固拉条，完成腹板模板安装。

3. 顶板模板安装

顶板内模板采用内部搭设钢管支架支撑（钢管、方木、面板运输路线同上，材料同样存放在拱上平台），钢管支架底部通过底板预留钢筋头固定，竖向钢管上端支撑于模板背带钢管上，钢管上铺设方木，人工铺设面板用水泥钉固定在方木上；顶板顶部模板采用木模板（单块尺寸 1.22 m×2.44 m），先将拉条孔开孔，铺设面板穿出拉条（拉条采用 PVC 管保护倒用），安放方木、钢管背带，紧固拉条完成顶板模板安装。

顶板侧面倒角钢模板安装采用缆索吊机副钩将拆卸下来的底板侧面倒角钢模板直接翻身安装至上部，通过内外拉条紧固完成模板安装。

（1）模板施工注意事项

①施工准备工作。

模板施工前，技术员和安全员必须向施工操作班组进行书面技术和安全交底。施工中，有关施工及操作人员均应熟悉施工图纸，检查预埋是否已安装到位。

②立模程序。

放线→设置定位基准→底模板安装就位→安装支撑→邻侧模板安装就位→安装顶模→调直纠偏→安装拉杆→全面检查校正→清除模板内杂物。

③模板施工质量措施。

支模前，必须认真清理好底部的废渣和杂物；模板面必须清理干净，认真涂刷脱模剂，但不得沾污钢筋；必须先校正钢筋位置，以防钢筋偏移，造成结构偏移。为了防止模板接缝处漏浆，在其根部用水泥砂浆、土工布或堵漏材料堵严。

④对模板的施工，必须进行“三检制”。

⑤安装模板前要复查各高程，支模线，复核无误方可施工。

⑥对有缺陷的模板，须经修复后方可使用。为便于脱模，须在模板上涂刷脱模剂，每一次拆除模板，要有专人对模板进行整理、修复，刷脱模剂，禁止未刷脱模剂的模板使用，更不允许封模后再刷脱模剂。

⑦模板及支撑应有足够的强度、刚度和稳定性，并不致发生不允许的下沉与变形，模板内侧面要平整，接缝严密，不得漏浆。

⑧模板安装后应仔细检查各部件是否牢固，在浇筑混凝土时，派专人值班，发现变形、松动等现象，要及时修整加固。

⑨对模板进行检查，模板偏差要在表 8-7 规定允许偏差范围内。

表 8-7　模板安装的允许偏差及检验方法

项　　目		允许偏差(mm)	检验方法
轴线位置		5	钢尺检查
截面内部尺寸	柱、墙、梁	+4 −5	钢尺检查
层高垂直度	不大于 5 m	6	经纬仪或吊线、钢尺检查
	大于 5 m	8	经纬仪或吊线、钢尺检查
相邻两板表面高低差		2	钢尺检查
表面平整度		3	2 m 靠尺和塞尺检查

(2)外包混凝土结构尺寸控制措施

根据设计图纸及第三方提供监控坐标、高程,利用全站仪精确进行结构边线放样和定位工作,在安装模板时按照负误差进行控制。同时将拱脚先浇段作为试验段施工,通过在模板上设置监控点,对比浇筑前后结构尺寸变化,为后续施工其余节段提供可靠数据支持,调整后续施工工艺。

4. 模板拆除

主拱圈底模板采用以贝雷梁片为主要承重梁的拆除平台进行拆模作业,外包模板拆除平台结构如图 8-25 所示。

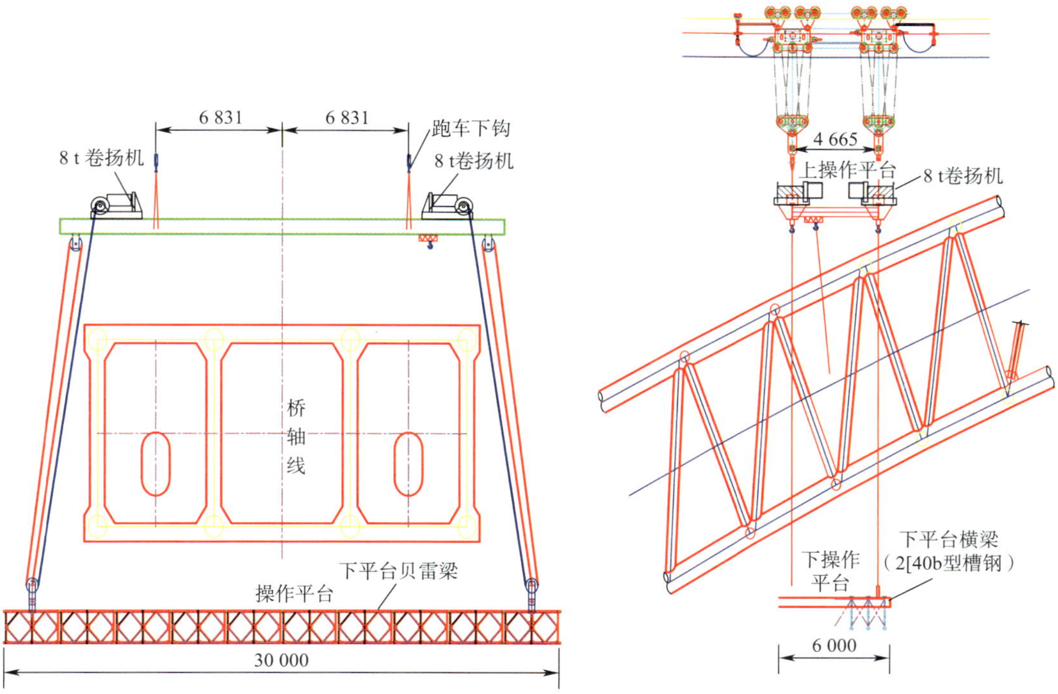

(a) 外包混凝土模板安拆平台正面布置　　(b) 外包混凝土模板安拆平台侧面布置

图 8-25　外包模板拆除平台结构示意(单位:mm)

(1)底模拆除

底模拆除施工步骤:

①主拱圈、横撑底板侧面倒角钢模板拆除。人工解除侧面倒角钢模板拉条,利用鹰嘴架配合手拉葫芦起吊拆除钢模板,将钢模板临时靠放在外侧平台上。

②主拱圈、横撑底板顶模拆除。人工解除顶模板拉条,拆除单块模板堆放至底板指定位置,利用缆索吊机副钩吊运至地面指定位置。

③主拱圈、横撑底部模板拆除。

a. 底模板单块模板长度按照 4 m 进行拆除,利用提前预埋在底板上 PVC 管孔安装钢丝绳,配合手拉葫芦下放底模。

b. 安装手拉葫芦,挂设钢丝绳,钢丝绳挂设在模板两端头槽钢上,单侧悬挂三个点,将底模板临时固定在底板上。

c. 在拆除平台上人工拆除 U 形螺栓,解除吊杆约束。

d. 利用手拉葫芦慢慢下放模板至拆除平台上,拆除模板数量达到一定数量后整体下放拆除平台至指定地面位置(下放线路与模板安装时一致),最后利用吊机、平板车倒运至指定位置存放。

(2)腹板模板拆除

腹板模板拆除施工步骤:

①腹板外侧模板拆除。先人工解除拉条约束,利用手拉葫芦配合鹰嘴架将模板拆除,临时靠放在外侧平台上,达到一定数量后利用缆索吊机副钩将其堆放至拱上临时平台上存放,最后利用缆索吊机主钩分次吊运至地面指定地点存放。

②腹板内模板拆除。拉条解除后人工拆卸单块模板,模板安放至底板指定位置,最后利用缆索吊机分次吊运至地面指定位置存放。

(3)顶板模板拆除

顶板模板拆除施工步骤:

①顶板内模板拆除。人工拆除箱内钢管支架、内模板,整理堆放至指定顶板对应天窗口,利用缆索吊机将模板吊运至地面指定地点存放。

②顶板顶模板拆除。人工拆除顶板模板,搬运至拱顶指定位置堆放,最后利用缆索吊机分次下放至地面指定位置存放。

三、混凝土工程

1. 混凝土生产及运输

外包混凝土供应由 4 号、13 号拌和站 4 台 90 搅拌机生产,单台理论生产能力 18 m^3/h,考虑其他因素按 15 m^3/h 进行生产安排。重庆岸外包混凝土由 4 号拌和站供应,途经习新公路、1 号便道单程行驶时间为 40 min;贵阳岸外包混凝土由 13 号拌和站供应,途经 2 号便道单程行驶时间为 15 min。

2. 输送泵设置

(1)外包混凝土输送泵

重庆岸设置两台地泵、两套泵管。地泵分别安放在1号便道靠近拱脚基础左侧弯道处、1号拱脚左侧平台处,单个拱脚对应安装一套泵管,泵管安装在拱肋上弦主钢管人行走道支架上,弯道处地泵接出泵管沿着左侧拱上人行道布设,提供左侧外包混凝土浇筑通道;1号拱脚处地泵通过山体上人行通道、拱上通道布置于右侧拱顶,提供右侧外包混凝土浇筑通道。两台泵管出料口先接至工作面一节段1处,再接长至工作面2、工作面3。节段1处泵管提前布置,预留与工作面1接口,保证及时转换。两台地泵对称布置,方便上、下游两边对称浇筑。

贵阳岸设置两台地泵、两套泵管。地泵分别安放在贵阳岸驻地观景平台侧、6号墩右侧平台处,观景平台侧泵管通过右侧人行走道支架铺设,拱上同样安放在人行走道支架顶部,提供右侧外包混凝土泵送通道。6号墩泵管铺设至第一道横撑处时,由右侧横向附着于横撑上转至左侧提供左侧外包混凝土泵送通道。泵管出料口设置位置同上。两台地泵对称布置,方便上、下游两边对称浇筑。两侧各配两套泵管,分别从上下游的两侧弦管中间对称布置,管线布置直至拱顶。作业通道需高出顶板混凝土面约20 cm,便于顶板混凝土浇筑,作业通道通过焊接于主钢管上的型钢支撑,纵向利用槽钢作承重梁,横向采用角钢支撑,面板采用普通花纹钢板铺设。

(2)各横向环输送泵管设置

主拱圈底板混凝土浇筑采取在底板顶部布设下料口和振捣孔,使用完成后封堵牢固。混凝土输送泵泵管顺拱上通道铺设至施工节段端头位置,然后通过弯管、串筒引至左右侧拱底板浇筑作业面,泵管1随混凝土面的升高接长泵管,端头泵管采用软管。主拱圈底板浇筑泵管设置如图8-26所示。

图8-26　主拱圈底板泵管设置

下料孔开设在底模顶板，为直径 200 mm 圆孔，间距 3 m，每排之间成梅花形布置，排与排之间距离为 2 m；下料孔位置设置下料料斗，料斗采用 2 mm 厚铁皮制作，数量满足现场需要。

振捣孔开设在底模顶板，为直径 10 cm 圆孔，间距 1.5 m，成梅花形布置。振捣孔振捣完成后，及时封堵牢固，防止漏浆和跑模。

下料位置设在腹板模板顶口，顺腹板间距 2 m；各下料点设置下料斗，料斗采用 2 mm 厚铁皮制作，数量满足现场需要。振捣直接从上口插入振捣棒振捣。主拱圈腹板浇筑泵管设置如图 8-27 所示。

图 8-27　主拱圈腹板浇筑泵管设置

主拱圈顶板混凝土浇筑时在顶板顶部布设下料口和振捣孔，使用完成后封堵牢固。混凝土输送泵泵管顺拱上通道铺设至施工节段端头位置，然后转向顶板浇筑作业面，泵管随混凝土面的升高接长泵管，端头泵管采用软管。主拱圈顶板浇筑泵管设置如图 8-28 所示。

图 8-28　主拱圈顶板浇筑泵管设置图

下料孔开设在顶模顶板，为直径 200 mm 孔，间距 2～3 m，每排之间成梅花形布置，排与排之间距离为 2 m；下料孔位置设置下料料斗，料斗采用 2 mm 厚铁皮制作，数量满足现场需要。

振捣孔开设在顶模顶板，为直径 10 cm 孔，间距 1.5 m，成梅花形布置。振捣孔振捣完成后，及时封堵牢固，防止漏浆和跑模。

3. 拱脚先浇段混凝土浇筑

拱脚先浇段尺寸为 19.22 m×14.96 m×9.4 m，为大体积混凝土。大体积混凝土在施工过程中，由于水泥的水化热大，混凝土内部热量较难散发，外部表面热量散发较快，内部和外部热胀冷缩过程相应会在混凝土表面产生拉应力。温差大到一定程度，混凝土表面拉应力超过当时的混凝土极限抗拉强度时，在混凝土表面会产生有害裂缝，有时甚至贯穿裂缝。因此，采取布设冷却管循环水的方式降低混凝土内外温差，防止混凝土开裂。

为了了解大体积混凝土内部由于水化热引起的温度升降规律，必须掌握基础混凝土中心与表面、表面与大气温度间的温度变化情况，以便采取必要措施。

(1)测温仪器

使用大体积混凝土温度测试仪，分辨率 0.1 ℃，量程－50 ℃～153 ℃。

(2)测温线的埋设

①所有测温线的埋设，必须按测温布置图进行编号，并在埋设前进行测试检验。

②测温线必须在钢筋绑扎完毕和混凝土浇注前安好，需绑扎在横向较粗钢筋的下侧，测温线应绑在钢筋上，其温感部位应处于测温点位置，并不得与钢筋直接接触。

③测温线插头留在外面，并用塑料袋罩好，避免潮湿，保持清洁，留在外面的测温线长度应大于 20 cm，并按上中下顺序分别绑扎。每组测温线在线的上段做上标记，便于区分深度。

(3)测温点的布置

测温点的布置应结构对称，故只在 1/4 拱圈拱脚实体段范围布置测温点。

①找出实体段的中心点，以坐标轴形式，分别向实体段的竖向、横向正方向、纵向正方向布置测温点。

②竖向共布置三层测温点，中间布置一层，另外距离底面 5～10 cm 布一个点，距混凝土表面为 5～10 cm 布一个点。

③横向布置点间距为 200 cm，距离模板 5～10 cm 布一个点。

④纵向布置点间距为 145 cm，距离模板 5～10 cm 布一个点。

⑤大气温度测量布置一个测点，冷却水管进水口、出水口各布置一个测点。

(4)测点控制

①混凝土从外到内温度是逐渐升高的，离中心越近，其温度差就越小，所以各个边界布置点不能超过 10 cm，这样对于正确实施降温措施以及养护措施有着重要意义。

②选点要具有代表性，实施人员不能随意减少布置点位置以及布置点数量。

③布点编号完毕后，现场施工人员及试验人员要紧密关注测温与施工这两个紧密相扣的环节，不能使之脱节，测温工作无法开展。

(5)测温过程的控制

①混凝土达到峰值后开始降温，大体积混凝土的降温速率不宜大于 2 ℃/d，在测温中，严格控制降温速率，不能一味追求降温，忽略其速度太快也会产生裂缝。

②测温工作要 24 h 连续，白天晚上都要时刻关注温度曲线的变化。由于晚上大气温度较低，是温差增大的危险期，值班人员必须谨慎。

③测温工作按昼夜至少要连续观测 14 d，没到时间不能停止测温，注意后期的养护，不能影响到混凝土后期强度的发展。

④测温数据应认真仔细记录分析，当混凝土中心温度与表面温度相差达到或超过 25 ℃时，及时加大冷却管内水流量，加强混凝土内部降温和外部保温措施，以防温差继续扩大；当混凝土内外温差小于 20 ℃时，适当减少温度监测，保温工作；当混凝土内外温差小于 15 ℃时，解除混凝土保温措施。

4. 养护

(1)混凝土浇筑完成后，应尽量减少暴露时间，并用塑料薄膜紧密覆盖，防止表面水分蒸发。待混凝土初凝前后，卷起塑料薄膜，用抹子搓压表面至少两遍，使之平整后再次覆盖。养护采用混凝土终凝后即在其上覆盖 1 层塑料薄膜，再在其上覆 5 cm 厚土工布。

(2)混凝土终凝后，撤除薄膜后，进行自然养护，时间不小于 14 d。

(3)在任意养护时间，淋注于混凝土表面的养护水温度低于混凝土表面温度时，二者间温差不得大于 15 ℃。

(4)混凝土养护期间，定时测定混凝土芯部温度、表层温度以及环境气温、相对湿度等参数，并根据混凝土温度和环境参数的变化情况及时调整养护制度，严格控制混凝土的内外温差满足要求。

5. 混凝土施工注意事项

(1)混凝土灌注前，应对模板、钢筋、预应力管道进行详细检查与核实，模板内的杂物应清理干净，并应办理签证手续。

(2)混凝土灌注作业，必须保证不间断地进行，其上、下层混凝土灌注的间隔在混凝土初凝前。

(3)混凝土振捣是保证混凝土质量的关键工序，振捣时，振动棒垂直插入，快入慢出，插入下一层混凝土中的深度需超过 5 cm，其移动间距不大于振动棒作用半径的 1.5 倍，即 40～50 cm。振捣时插点均匀，成行或交错式前进，以免过振或漏振，振棒振动时间约 10～20 s，以不再出现气泡，表面浮浆不再沉落为止。每一次振动完毕后，边振动边徐徐拔出振动棒。振捣时不碰松模板或使钢筋、预应力管道移位。

(4)实行分区定人负责和检查，由于钢筋密集，管道交错，应加强振捣以免支座、横隔板、底板等部位处漏振。

(5)浇筑顺序：混凝土施工前应进行认真组织，浇筑时宜在整个截面内进行。采用连续薄层(40 cm 厚以内)推进方式进行。

(6)施工缝的施工：拱圈混凝土的浇筑顺序应严格按照设计图纸的要求分环、分段、对称平衡加载进行施工。

(7)每一节段混凝土浇筑完成后，应间隔几天，保证已浇筑混凝土强度达到设计强度的90%以上才能进行下一节段混凝土的浇筑。

(8)腹板每个浇筑段的起终点与底板浇筑段的起终点错开 2 m。以此类推腹板、顶板的每个浇筑段间也错开 2 m。

四、监控监测

在外包混凝土施工过程中，即拱圈刚度形成的过程中，浇筑顺序和质量对后期拱肋整体受力有很大影响。所以在施工过程中要通过预埋的监测元件及高程控制点对变形、应力、温度等进行监控，实测数据与理论数据进行比较，如有异常及时报告监理、监控及总工，以便尽快分析处理。

1. 应力测试。根据混凝土灌注进度，按每个外包节段浇筑前后各采集一次钢管和管内传感器数据，并及时处理后与理论值进行对比。

2. 变形测量。在各节段外包混凝土施工前后，对主拱控制截面进行高程测量，并记录测量时的大气温度，混凝土灌注后，与理论计算结果进行比较，以判断各节段外包混凝土施工是否安全。

3. 温度测量。夜郎河特大桥劲性骨架钢管上埋设的传感器具有同时测量应变和温度的功能，在测量应力的同时采集温度变化数据。

五、外包混凝土施工安全及应急措施

为保证操作人员在拱上作业安全，在拱内侧上弦主钢管上设置 1 m 宽拱上安全通道，通道利用上弦钢管作为基础，通道立柱采用[16a 型槽钢，纵向采用[20a 型槽钢做主梁，面板采用 3 mm 厚压花钢板，上面铺设∠70×5 型角钢作为踏步，两侧设置普通钢管作为防护栏杆且挂白色安全网；在劲性骨架外侧利用底模板悬挑型钢，安装外侧钢丝防护网，通过上弦骨架支撑悬挑，将钢丝网在上下形成封闭空间，防止作业人员意外坠落事故发生。

在外包混凝土的泵送施工过程中，可能因为操作人员精力不集中及操作不当、混凝土质量、天气等原因，出现堵管、爆管和输送泵车出现故障现象，因此为了保证钢管混凝土泵送过程的顺利进行，针对可能出现的问题，预防及处理措施见表 8-8。

表 8-8　外包混凝土施工应急措施

序号	可能出现情况	应急措施	备　注
1	停电或线路故障	输送泵尽量采用柴油泵；备发电机；与电力部门充分沟通；两岸配专职电工	
2	机械故障	备用易损件；配专业机械维修工；启动备用机械（输送泵一侧设两台，一台备用）	指输送泵、搅拌机、装载机、备料机等主要设备
3	爆管、堵管	启动备用管线；备用各种型号泵管及对应易损件；工具准备充分，如手拉葫芦、扳手、电焊机等；配套操作人员	
4	轴线及拱肋应力异常	停止泵送，分析原因，采取措施后继续施工	
5	不可抗力导致下一次泵送失败	对已浇筑部分施工缝进行处理，完成后继续浇筑	

1. 输送泵操作人员岗前做好技术交底，增强责任意识，减少操作失误。

2. 铺设管道前，先对泵管进行检查和清理，避免因为未清洗干净引起堵管，并要求每次泵送完毕后将泵管清洗干净，铺设过程中对各个配件进行检查，确保泵管接头密封良好。

3. 混凝土或砂浆遇水时，极易造成离析，导致堵管，因此泵前用水湿润管道后，从管道的最低点将接头松开，将余水放掉。泵送完毕清洗管道时，也要放入海绵球，将水与混凝土分开，否则极易造成堵管。

4. 在搅拌站采用上料工人两班倒，增加人员投入，不仅能保证搅拌站的生产能力，而且当出现堵管时，可及时组织人员去拆接管。

5. 所用泵管应充分考虑磨损及爆管问题，要备用部分泵管，并在管道线路铺设，当出现爆管问题时，及时组织人员进行更替。

6. 泵送混凝土前，根据现场投入的输送泵的型号，将其容易出现问题部位的配件购置一套备用，同时每岸投入两台输送泵及一名专业维修人员，如若泵机出现故障，可先更换输送泵，再对出现故障的泵车进行维修，以确保泵送钢管混凝土的顺利实施。

六、内压外包混凝土施工技术总结

1. 通过二级注浆孔的设计、高压泵车的选择、混凝土配合比的优化等措施保证了钢管拱肋内压混凝土的对称连续施工，同时保证了其密实度满足设计要求。

2. 劲性骨架吊装前将外面混凝土底模悬吊，保证了高处作业的平台设置，避免了模板的高处悬拼，保证了施工作业的安全及各工序的有序推进，优质高效地完成了外包混凝土的施工。

3. 外包混凝土施工时，通过高压泵车的选择、混凝土配合比的优化，保证了外包混凝土浇筑的连续性，提高了感观质量。

4. 施工时外侧全悬挂白色安全网，增加作业安全性，保证了施工安全可控。

5. 严格按照施工监控数据分析，控制混凝土的浇筑时间、浇筑速度，并及时分析浇筑后的成桥线形、应力与理论值的差别，做好下一阶段的施工，总结该类型桥梁施工的经验。

第九章 拱上立柱施工

第一节 拱上立柱概况

一、设计概况

夜郎河特大桥主桥拱上立柱由拱脚向拱顶共设置 10 个双柱式钢架墩，墩柱均为空心截面。拱上最高墩柱高为 60.7 m(1 号墩，不含底座)，拱顶墩高 1.389 m。较高的 1～4 号墩柱采用与拱圈相对应的 8.2°的倾角。1～4 号墩顶盖梁采用 350 cm×200 cm 截面，5 号墩(拱顶墩柱)本身较低，帽梁和墩柱合并。拱上 1～3 号墩柱纵向采用 1∶60 放坡，横向不放坡。4 号、5 号墩柱较低，横纵向均不放坡。为确保墩柱横向刚度，拱上 1 号、2 号墩的两个分离墩柱间设置 k 形钢结构支撑，如图 9-1 所示。

二、拱上立柱施工方案

拱上立柱结构包括基座、钢架墩和盖梁。基座施工采用木模板，施工与普通承台施工方式一致。立柱采用门式钢架墩，设置刚性结构 k 撑。施工时主立柱外模采用悬臂模板、内模采用组合钢模进行施工，刚性 k 撑分节段制造，再采用缆索吊装分段安装固定在立柱上。在浇筑外包顶板混凝土的同时浇筑拱上立柱基座混凝土，基座混凝土与顶板采用同标号混凝土。基座模板采用木模板。在浇筑基座混凝土之前对应 k 撑 N1 钢板外侧预埋 I25a 型工字钢用于 k 撑定位固定。安装墩身第一段模板 4.5 m，同时预埋 k 撑 LZJD-1-1 节段，此段焊接固定在 I25a 型工字钢上，浇筑立柱 3.5 m 混凝土。待混凝土等强后利用缆索吊安装 HLJD-1-2 节段 k 撑(第一道 k 撑)，焊接固定在 LZJD-1-1 节段上；继续爬升悬臂模板，连续浇筑立柱混凝土至 13.15 m 高度处，待混凝土等强后利用缆索吊安装 HLJD-1-3 节段 k 撑(第二道 k 撑)，焊接固定在 HLJD-1-2 节段上；按此工艺顺序浇筑安装至盖梁底部。在最上层 k 撑上搭设钢管支架支撑盖梁底部木模板，盖梁倒角部分采用预埋圆钢固定槽钢，托住底部木模板，盖梁外侧模板、接触网模板均采用定型大块钢模板，最后一次浇筑盖梁混凝土完成立柱施工，如图 9-2 所示。拱上立柱施工工艺流程如图 9-3 所示。

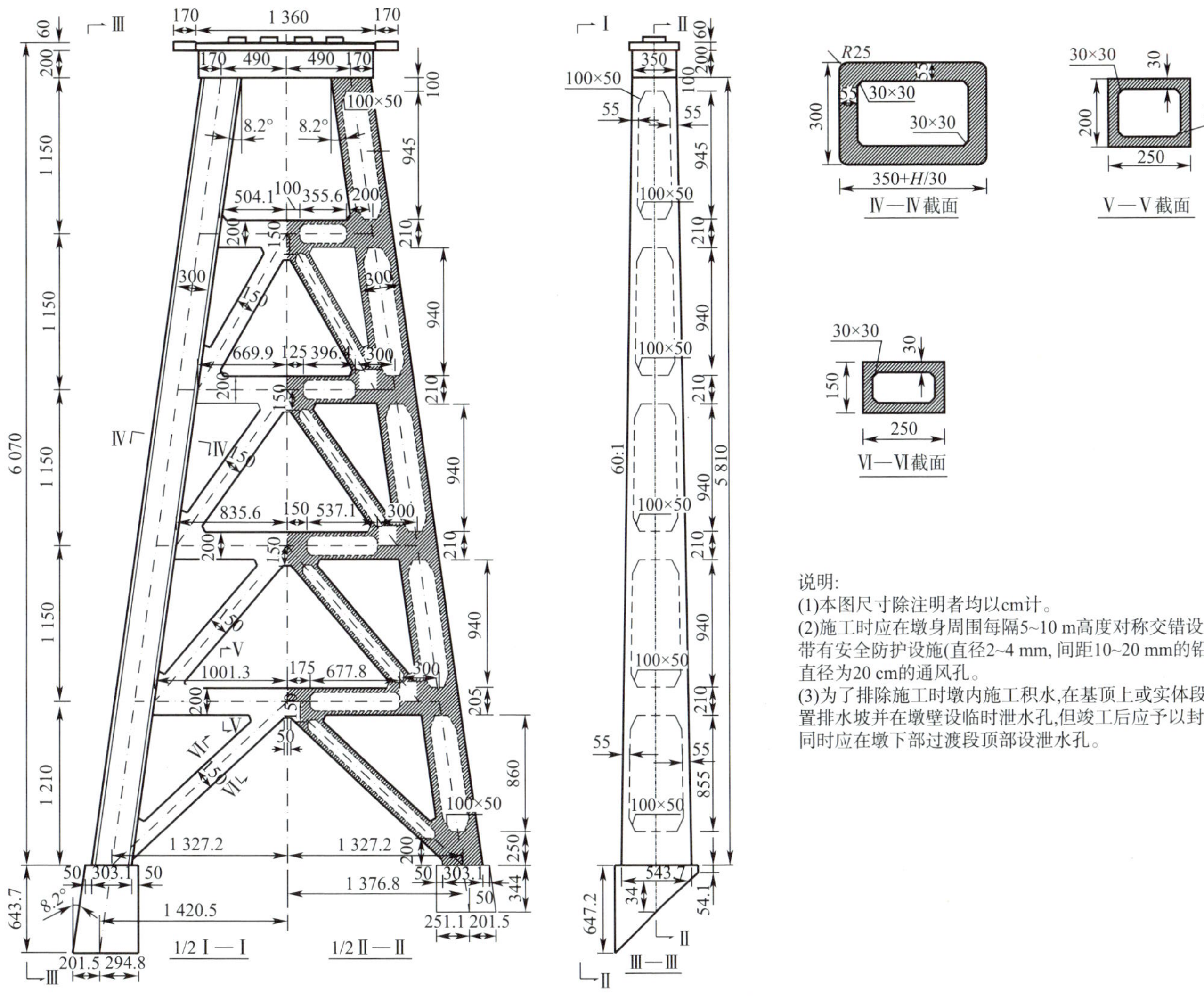

说明:
(1)本图尺寸除注明者均以cm计。
(2)施工时应在墩身周围每隔5~10 m高度对称交错设置带有安全防护设施(直径2~4 mm, 间距10~20 mm的铅丝网),直径为20 cm的通风孔。
(3)为了排除施工时墩内施工积水,在基顶上或实体段顶设置排水坡并在墩壁设临时泄水孔,但竣工后应予以封堵。同时应在墩下部过渡段顶部设泄水孔。

图 9-1　拱上立柱设计示意

图 9-2 拱上立柱施工

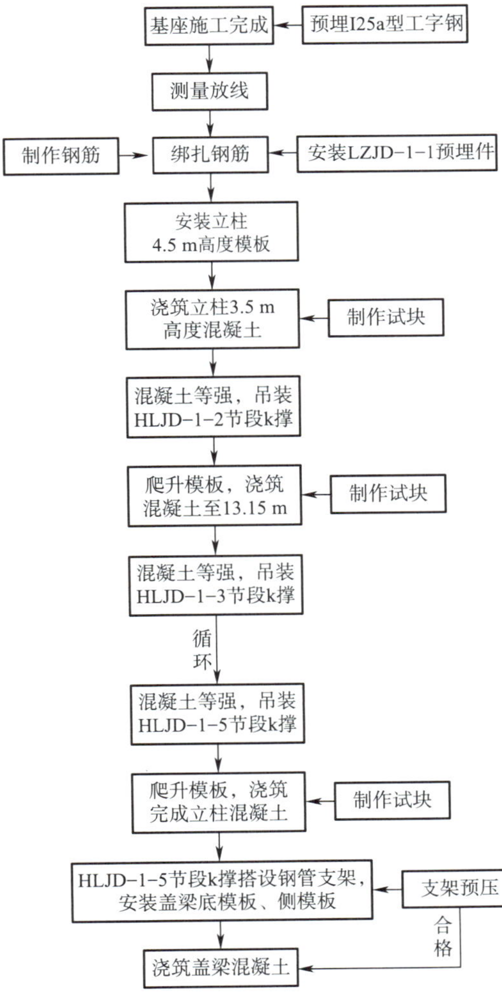

图 9-3 拱上立柱施工工艺流程示意

第二节　拱上立柱施工

一、立柱第一段混凝土施工

(一)模板、预埋件工程

基座施工完成后在对应预埋 I25a 型工字钢处利用缆索吊安装 k 撑预埋件 LZJD-1-1，预埋通过全站仪进行精确放样定位，并且利用钢尺校核无误后进行焊接固定。

第一段 4.5 m 立柱钢筋绑扎且 k 撑预埋件加固定位完成后，开始支立模板。拱上立柱施工采用模板：立柱内侧模板采用组合钢模，外侧模板采用悬臂模板，模板高度为 4.8 m，如图 9-4 和图 9-5 所示。

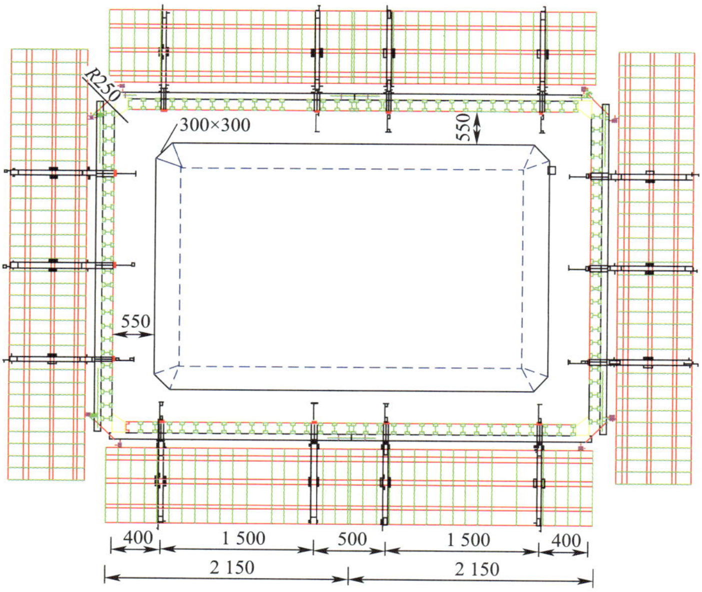

图 9-4　悬臂模板平面布置示意(单位：mm)

其余部分的模板其倒角处均为直倒角，同时为了方便施工中作业人员操作安装和拆除，故采用组合钢模(采用 90 cm 长、25 cm 宽的尺寸)来施工作业。在浇筑第一段 3.5 m 高度立柱混凝土时，由于悬臂模板外支撑架没有固定点无法安装，因此模板固定、定位只有通过在拉条对应背带位置安装钢丝绳、斜向钢管支撑于拱外包混凝土顶板上，施工顶板混凝土时严格按要求预埋拉环等构件；其余段混凝土浇筑可以依托悬臂模板自身三角支架固定、支撑。

(二)混凝土浇筑和养护

1 号立柱混凝土采用塔吊辅助浇筑施工，其余立柱混凝土通过 HBT120C-2120DⅢ地泵泵送至拱上进行浇筑。

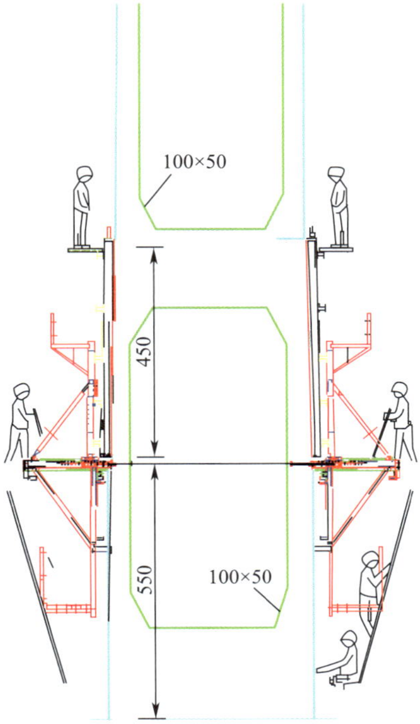

图 9-5 悬臂模板立面布置示意(单位:cm)

混凝土浇筑过程除基座浇筑相关要求外,还需特别注意,墩身要从下到上逐层浇筑。浇筑过程中进料口混凝土堆积高度不大于 1 m,且每层厚度不大于 30 cm,采用插入式振捣器振捣,振捣棒插入下层混凝土的深度为 5～10 cm。混凝土浇筑的时间间隔应必须保证下层混凝土初凝之前浇筑完成上层混凝土。

混凝土浇筑完成,达到初凝状态后,开始进行洒水养护,养护用水与混凝土拌和用水一致,本项目天气较热,混凝土需用土工布覆盖养护。养护期内,要保证模板及混凝土表面均保持湿润状态。在混凝土强度达到设计强度的 80%,或按监理单位要求的拆模强度后,方可拆除模板。

二、悬臂模板浇筑墩身

(一)悬臂模架拼装

悬臂模板作为一种较为经济安全的高墩施工工艺,用于此处墩身施工的经济效益不是很高。但是因为本项目的特殊性,场地的限制和吊装机械的限制,墩身采用悬臂模架施工却是方便施工的最好方法。

悬臂模架在施工场地内先进行必要的试拼装,然后待第一段浇段混凝土强度达到设计要求后,开始在墩身先浇段上利用预埋爬锥等拼装悬臂模架。

悬臂模架的拼装利用先浇段施工时的支架搭设平台。拼装时先拼装模架轨道，利用预埋的螺旋套管固定住轨道，然后再拼装三角支撑架，搭设支撑架间横向工作平台，调试完成后，安装模板。

(二)悬臂模架爬升

待混凝土强度达到设计要求后，准备悬臂模架的爬升，具体步骤如下：

1. 待已浇筑混凝土强度达到设计强度 80%后，放松模板，利用塔吊将模板远离混凝土表面，放置在拱上材料堆放平台进行刷油修补处理。

2. 将悬臂模板支架利用塔吊吊起，然后将其安装在立柱预埋爬锥上，并利用螺丝扣固定牢固。

3. 利用塔吊将模板起吊，安装至设计位置，并通过测量放线粗调模板位置，然后利用丝杠固定模板。

4. 利用全站仪精确放样模板位置，利用丝杠调节模板使之满足设计要求。调节完成后，焊接内部对拉拉条，将模板进一步固定。

三、拱上立柱 k 撑施工

(一)k 撑施工顺序

1. 悬臂模架爬升后，k 撑钢构件施工采用缆索吊吊装施工。通过提前预埋在基座内的型钢固定 k 撑第一段预埋件 LZJD-1-1，浇筑立柱实心段混凝土(对应高度 3.5 m)，如图 9-6 所示。

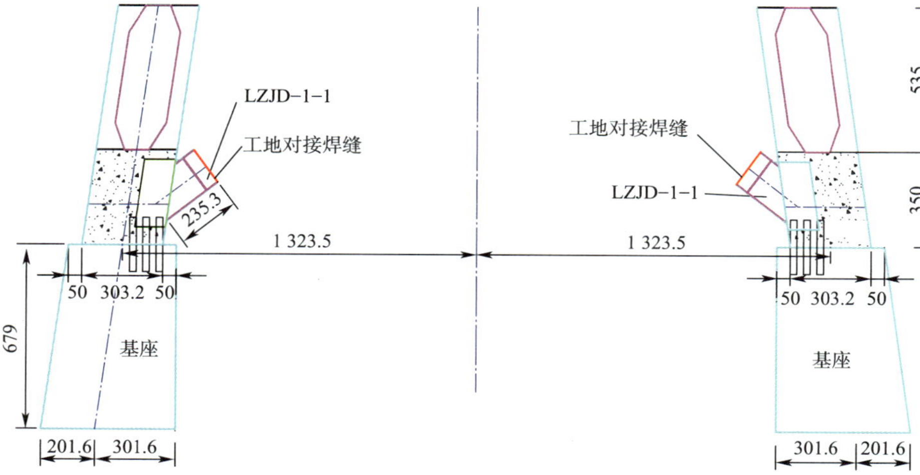

图 9-6　第一节段 k 撑施工布置示意(单位:cm)

2. 待混凝土等强后利用缆索吊安装 k 撑第一节段 HLJD-1-2，对接无误后进行工地焊缝焊接，焊接前在 HLJD-1-2 前后设置钢丝绳缆风固定。对位时保证其与预埋件相对位置准确，位置确定后焊接加固定位，通过全站仪复测无误后进行全面焊接固定，所有焊缝检测合格后进行下道工序施工，如图 9-7 所示。

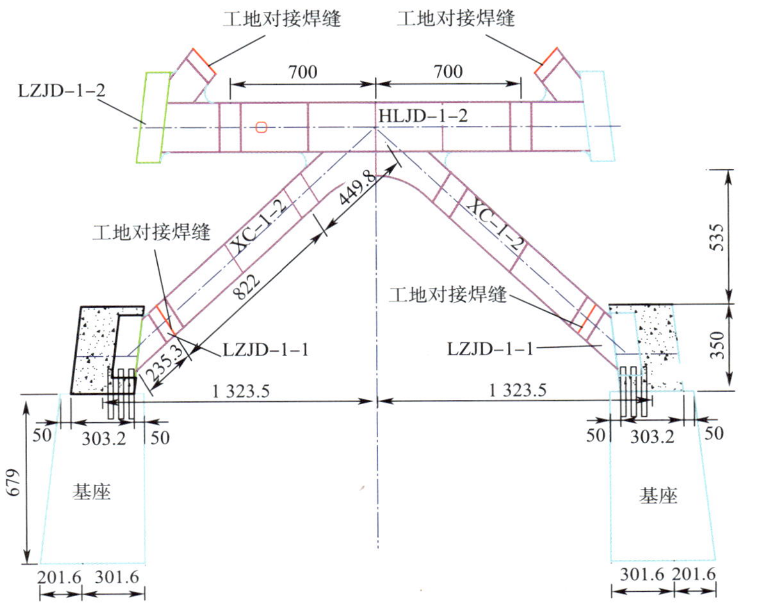

图 9-7　第二节段 k 撑施工布置示意(单位:cm)

3. 爬升悬臂模板，浇筑立柱混凝土至 13.15 m 高度，安装第二节段 k 撑(HLJD-1-3)，同样利用缆索吊吊装就位，缆风绳固定，测量放样无误后进行工地焊缝焊接完成第二节段 k 撑安装并布置第三节段 k 撑施工，如图 9-8 所示。

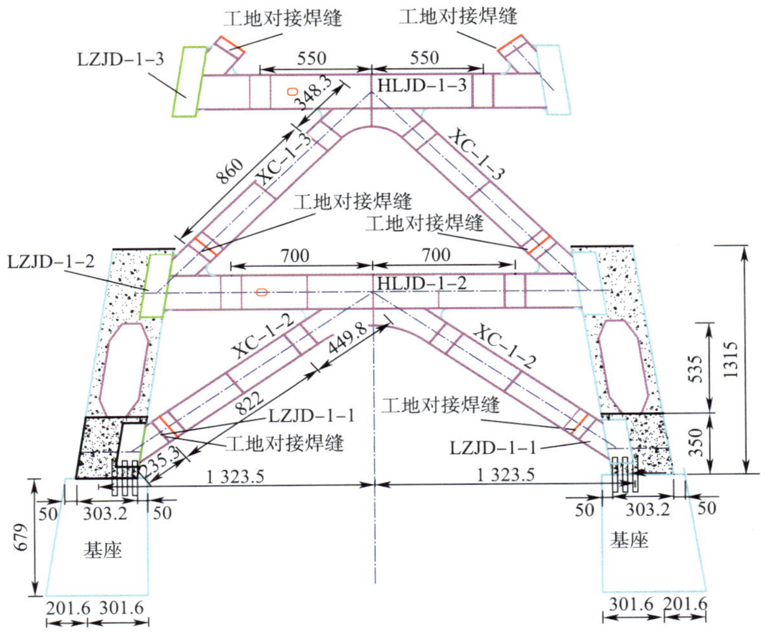

图 9-8　第三节段 k 撑施工布置示意(单位:cm)

4. 按上述步骤循环施工混凝土浇筑至 37.25 m 高度时完成最后一道 k 撑安装工作(HLJD-1-5),完成全部 k 撑吊装,如图 9-9 所示。

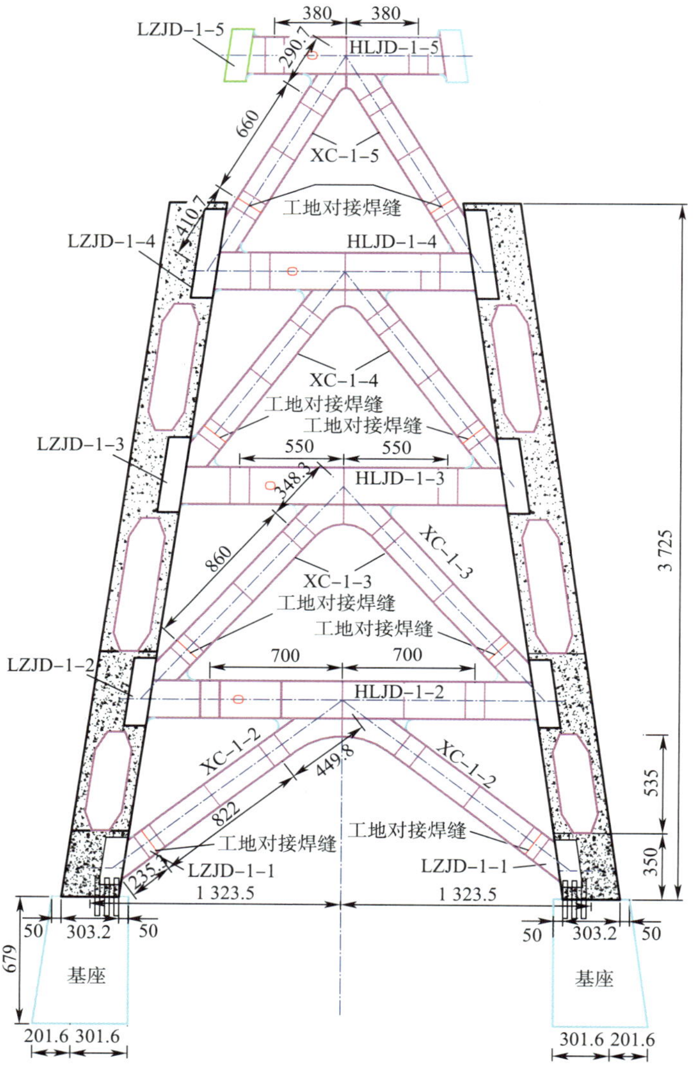

图 9-9　第四节段 k 撑施工布置示意(单位:cm)

(二)k 撑吊装施工

k 撑预埋部分由于重量较小,可利用塔吊及人工进行预埋安装,预埋需保证预埋位置及预埋角度准确无误,利用铅垂线及量角器进行角度粗调,利用全站仪进行坐标定位精调,以便下一步 k 撑吊装准确。k 撑吊装施工时用橡胶皮对容易磨损的钢丝绳进行包裹保护,防止钢丝绳磨损,如图 9-10 所示。

图 9-10　k 撑吊装施工

k 撑部分利用 200 t 缆索吊吊装施工。k 撑最重为下部第一层部分，重量为 80 t。采用双吊点吊装法，在吊点位置处焊接吊耳，吊点设置在 k 撑横梁上部中心距离端部 50 cm 位置处。吊耳结构如图 9-11 所示。

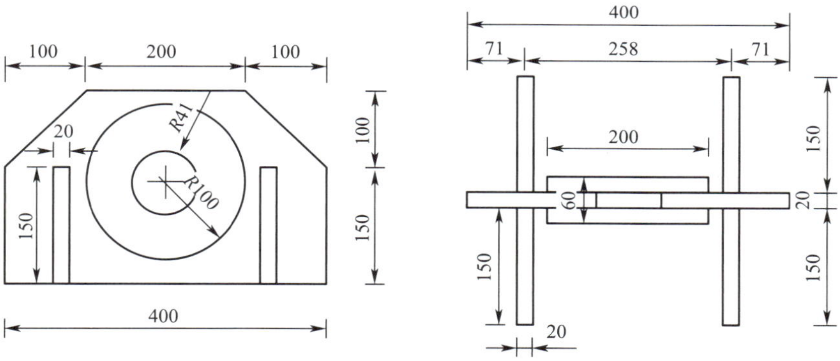

图 9-11　吊耳结构示意(单位：mm)

四、盖梁施工

拱上立柱墩身模板采用悬臂模板，盖梁外侧、接触网模板采用大块定型钢模板，中间部分采用钢管支架支撑木模板，倒角部分采用型钢牛腿支撑木模板。

立柱中间部分采用钢管支架配合木模板进行支撑，具体结构为：2[16a 型槽钢纵桥向放置于顶层 k 撑上，间距 30 cm；其上搭设 ϕ48 mm×3.5 mm 钢管支架，钢管横桥向间距为 30 cm，纵桥向间距为 50 cm，横杆步距为 120 cm；钢管上端顶托拖住 10 cm×10 cm 方木，方木间距 30 cm，其上放置 1.8 cm 厚竹胶板。盖梁倒角部分底模板采用单片槽钢对应预埋 2 根 ϕ25 mm 圆钢(埋入深度 50 cm)在墩身内，通过螺栓固定[16a 型槽钢支撑方木、竹胶板底模板，[16a 型槽钢间距 50 cm，其余外侧钢模板通过支撑在墩身预埋 ϕ25 mm 圆钢(间距 50 cm)上托住钢模。盖梁托架布置如图 9-12 所示。

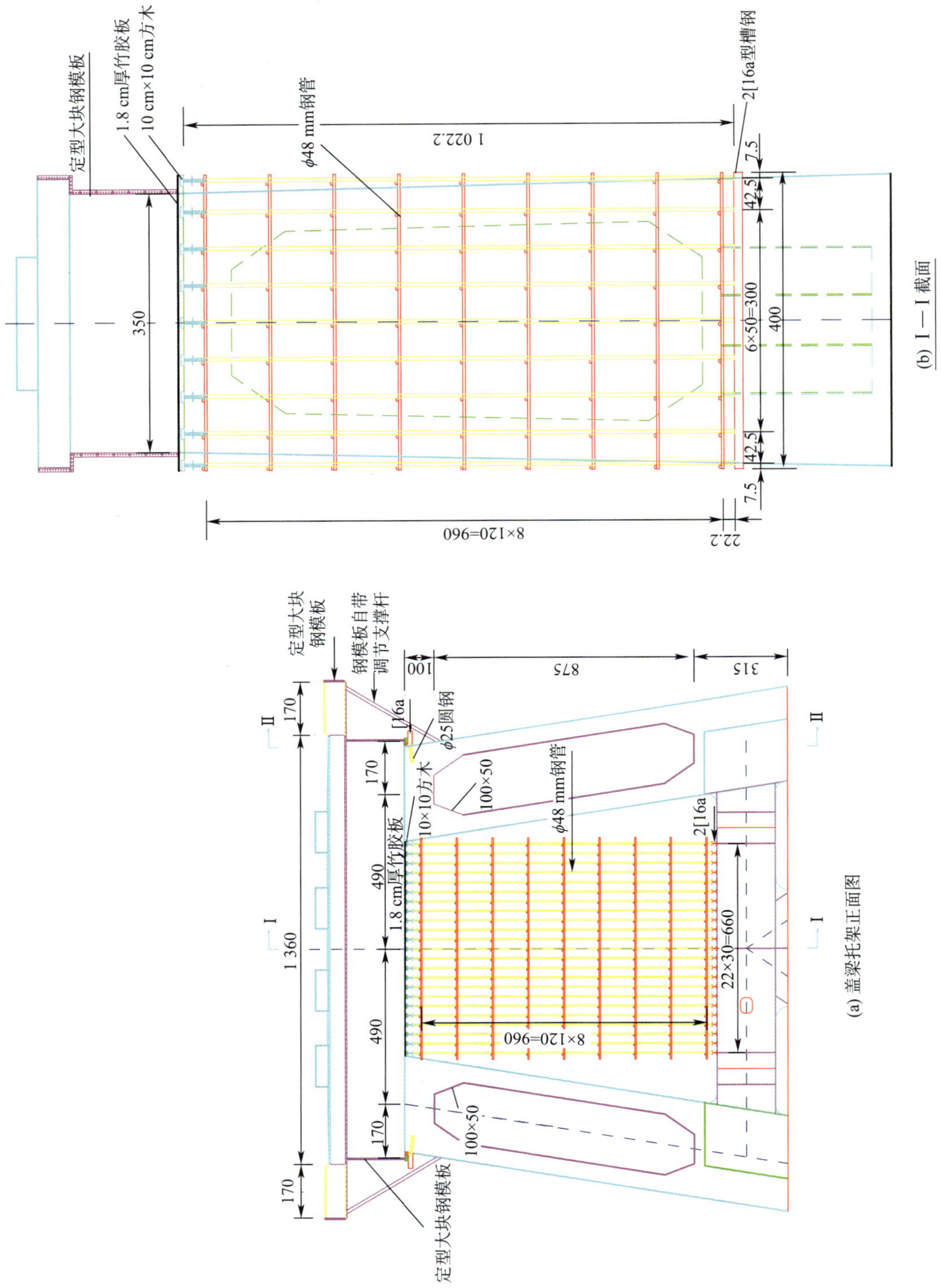

图 9-12　盖梁托架布置示意(单位:cm)

模板支立完成后，垫石钢筋、接触网支柱基础预埋时提前放样出设计位置并且及时定位，在浇筑混凝土前再次复核无误后进行下道工序施工；后续钢筋工程、混凝土的浇筑和养护同立柱施工。拱上立柱施工如图 9-13 所示。

图 9-13　拱上立柱施工全景

第十章　桥面钢混结合梁施工

第一节　概　　况

一、设计概况

拱上梁采用3联钢混结合梁(4×38 m+3×38 m+4×38 m)。结合梁为等高度(3.4 m)箱形钢混结构,如图10-1所示。钢梁在正弯矩区位为U形断面(图10-2),在负弯矩区位为闭口箱形断面(图10-3)。钢梁采用分离的双箱单室,两箱中心距5 m,两个箱体之间沿纵向每隔6 m左右设置工形断面的钢横梁。

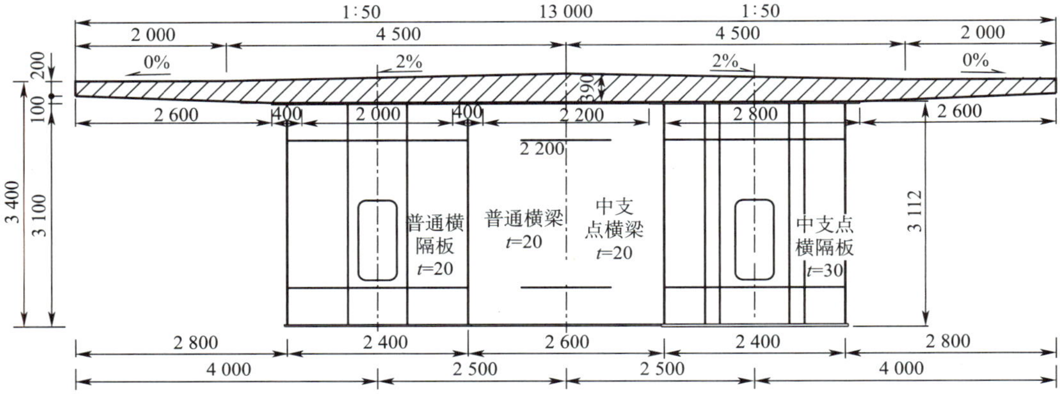

图10-1　拱上结合梁横截面图(单位:mm)

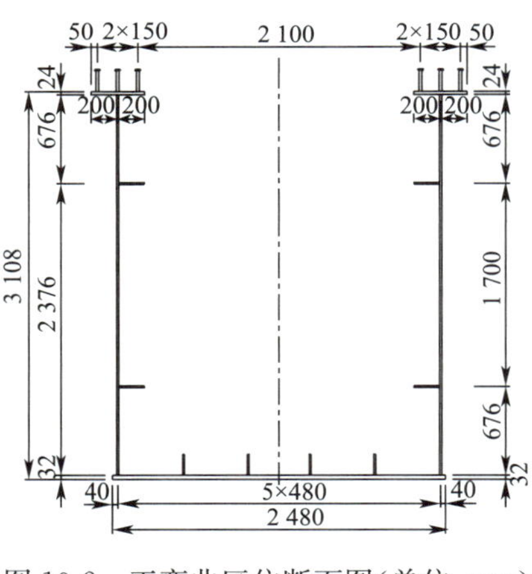

图10-2　正弯曲区位断面图(单位:mm)

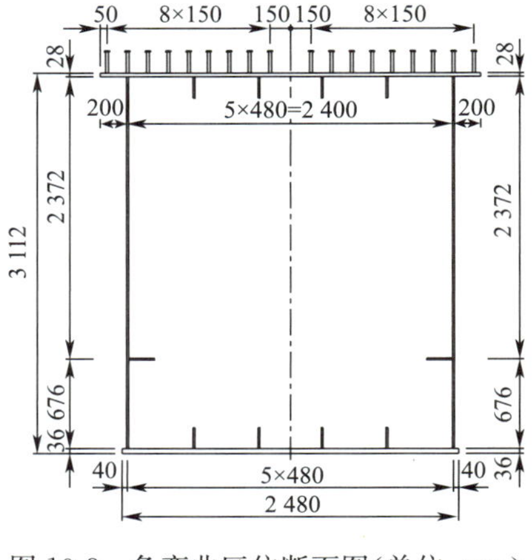

图10-3　负弯曲区位断面图(单位:mm)

相邻纵梁间腹板、底板采用螺栓联结，上翼板采用焊缝对接，两平行钢纵梁间布置钢横梁连接系。钢纵梁与钢横梁之间腹板、底板采用螺栓联结，上翼板采用焊缝对接。

3×38 m 结合梁梁段划分如图 10-4 所示；4×38 m 结合梁梁段划分如图 10-5 所示，吊装节段重量及尺寸见表 10-1 和表 10-2。

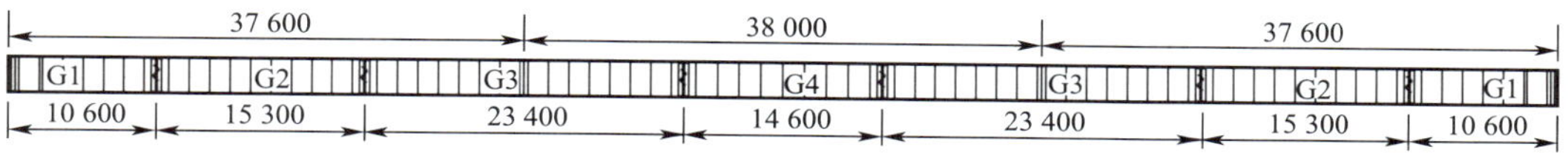

图 10-4　3×38 m 结合梁梁段划分示意（单位：mm）

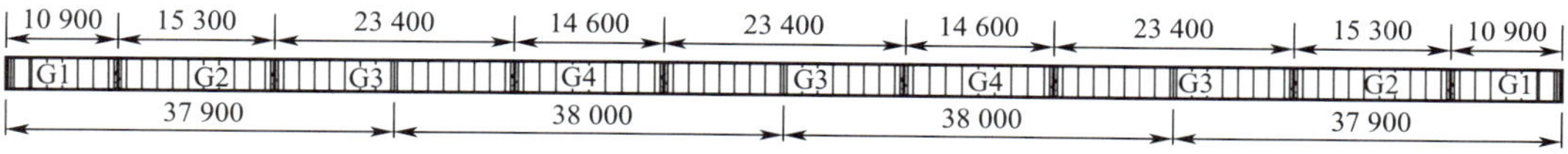

图 10-5　4×38 m 结合梁梁段划分示意（单位：mm）

表 10-1　3×38 m 结合梁吊装节段（半幅）

分段编号	G1	G2	G3	G4	G3	G2	G1	合计
长度(m)	10.9	15.33	23.4	14.6	23.4	15.3	10.9	113.8
重量(t)	27.82	35.22	72.12	35.16	72.12	35.22	27.82	305.48
吊装分段(m)	49.6			38		26.2		113.8
分段重量(t)	135.16			107.28		63.04		305.48

表 10-2　4×38 m 结合梁吊装节段（半幅）

分段编号	G1	G2	G3	G4	G3	G4	G3	G2	G1	合计
长度(m)	10.9	15.33	23.4	14.6	23.4	14.6	23.4	15.3	10.9	151.83
重量(t)	27.82	35.22	72.12	35.16	72.12	35.16	72.12	35.22	27.82	412.76
吊装分段(m)	49.6			38		38		26.2		151.8
分段重量(t)	135.16			107.28		107.28		63.04		412.76

二、总体施工方案

钢混结合梁钢梁构件在附近工厂加工制作，拼装场设在大桥正下方，采用 1 台 100 t，跨径 40 m 门式起重机组拼。贵阳岸 7 号墩位设大节段存放场，面积 50 m×50 m，进行节段存放和接长。

钢梁节段组拼顺序：胎架搭设→底板组拼→横隔板单元组装→腹板组装→节段出胎。

钢梁安装采用缆索吊分节段吊装，从中间拱上立柱 4 号、5 号墩开始，由中间向两端单片梁段对称进行，空中拼装脚手架在起吊前挂在节段上。

钢混结合梁桥面板采用现浇施工，4×38 m 联桥面混凝土采用悬吊模板系统施工，3×

38 m 桥面混凝土采用满支架法施工。桥面混凝土采用 C50 钢纤维混凝土，浇筑顺序为先浇筑正弯矩区，待混凝土强度和龄期满足设计要求后浇筑两端两个负弯矩区，最后浇筑中间负弯矩区混凝土。

第二节　钢梁现场制造加工技术

一、加工场地选择

在距桥址上游 1 km 处二级公路边建临时加工厂，进行下料、钻孔、腹板单元、翼缘单元等零件和单元件制作。厂房面积 24×125.4=3 009.6 m^2，配有三台 10 t 桥式起重机。室外场地 40×120=4 800 m^2，配有一台 80 t 门式起重机，如图 10-6 所示。

图 10-6　临时加工厂和室外场地

桥址正下方河道上搭设大拼装平台，面积为 40×100=4 000 m^2，建有喷砂房，面积为 25×7=175 m^2，配有 1 台 100 t、40 m 跨门式起重机，主要用于吊装节段组拼、涂装和吊装，如图 10-7 所示。

图 10-7　节段组拼与吊装平台

贵阳岸 7 号墩位设有预拼场，面积 50 m×50 m，进行节段存放和吊装节段拼接。

二、主要生产设备

钢梁现场制造加工主要生产设备见表 10-3。

表 10-3 主要生产设备

序号	机械设备名称	规格及型号	数量(台)
1	电动单梁桥式起重机	22.5M/LD-10	3
2	80 t 龙门吊	MGG80T/10-40A3	1
3	100 t 龙门吊	MGG100T-40m	1
4	数控切割机	VERSACUT	1
5	埋弧焊机	ZD5(D)-1250	2
6	逆变式直流焊机	ZX7-500S	20
7	钻　　床	Z3050×16	2
8	钻　　床	Z3040×10	1
9	涂装设备空压机	8 m^3	2
10	无气喷涂		4
11	热 喷 铝	3 mm 铝丝	2

三、技术资料准备

(一)施工图纸绘制

根据设计院提供的设计图纸，绘制了结合梁施工生产图，见表 10-4。

表 10-4 结合梁施工生产图清单

序号	图纸名称	图纸编号
1	3×38 m-G1	YLH-GL1-01-00
2	3×38 m-G2	YLH-GL1-02-00
3	3×38 m-G3	YLH-GL1-03-00
4	3×38 m-G4	YLH-GL1-04-00
5	4×38 m-G1	YLH-GL2-01-00
6	4×38 m-G2	YLH-GL1-02-00
7	4×38 m-G3	YLH-GL1-03-00
8	4×38 m-G4	YLH-GL1-04-00
9	4×38 m-G3'	YLH-GL1-05-00
10	4×38 m 和 3×38 m-HL1	YLH-GL1-05
11	4×38 m 和 3×38 m-HL2	YLH-GL1-06

(二)工装胎架图纸设计

根据施工图，设计了钢梁拼装图和节段拼装控制点坐标图，见表 10-5。

表 10-5　控制点坐标图清单

序号	图纸名称	图纸编号
1	3×38 m 结合梁控制点坐标	YLH-PZ-GL1-01
2	4×38 m 结合梁控制点坐标	YLH-PZ-GL2-01

(三)工艺质量文件编制

为了指导结合梁制造，实现全过程控制，保证产品质量的稳定性，提高生产效率，依据设计图纸、相关规范和验收规则编制了专项施工方案和工艺质量文件(共 8 个)，工艺质量文件清单见表 10-6。

表 10-6　工艺质量文件清单

序号	工艺文件名称
1	渝黔铁路夜郎河特大桥劲性骨架及结合梁钢结构制造验收规则
2	渝黔铁路夜郎河特大桥劲性骨架及结合梁制造专项施工方案
3	渝黔铁路夜郎河特大桥焊接工艺评定试验总结报告
4	焊接作业指导书
5	碳弧气刨作业指导书
6	结合梁涂装作业指导书
7	高强度螺栓施拧作业指导书
8	吊装节段拼装作业指导书

四、材料准备

(一)原材料

桥梁建造所需 Q345qE 钢板 2 055 t，Q370qE 钢板 323.6 t，规格较多，采购及进场检验必须建立原材料清单，见表 10-7。

表 10-7　原材料清单

序号	材料名称	材质	规格(mm)	单位	数量	检验结果
1	钢板	Q345qE	δ10	t	6.185	合格
2	钢板	Q345qE	δ12	t	69.427	合格
3	钢板	Q345qE	δ14	t	175.260	合格
4	钢板	Q345qE	δ16	t	703.523	合格
5	钢板	Q345qE	δ20	t	449.592	合格
6	钢板	Q345qE	δ24	t	386.841	合格
7	钢板	Q345qE	δ28	t	264.128	合格
8	钢板	Q370qE	δ30	t	28.109	合格
9	钢板	Q370qE	δ36	t	295.450	合格

(二)焊材

桥梁建造所需焊材规格和数量在进场时必须进行复检,见表 10-8。

表 10-8　焊材清单

序号	检验日期	规格型号	批号	检验结果
1	2016.08.23	CHW-503B、ϕ=1.2 mm	15-1004	合格
2	2016.08.23	CHT71Ni、ϕ=1.2 mm	T151018	合格
3	2016.08.23	CHE507、ϕ=4.0 mm	164492	合格
4	2016.08.23	CHW-S3Q、ϕ=5.0 mm	16-3313	合格
5	2016.08.23	SJ101Q	161314	合格

(三)剪力钉

大桥结合梁所需剪力钉为 ϕ22 mm×170 mm,材质 ML15,共 57 730 套。

(四)高强度螺栓

桥梁建造所用高强度螺栓见表 10-9。

表 10-9　高强度螺栓检验批

序号	规格(mm)	批　　号	扭矩系数复检值	检验结果
1	M22×65	6915SHJH160805	0.124	合格
2	M22×70	6915SHJH160805	0.128	合格
3	M22×80	6915SHJH160805	0.129	合格
4	M22×90	6915SHJH160805	0.128	合格
5	M22×100	6915SHJH160805	0.127	合格
6	M22×130	6915SHJH160805	0.127	合格

(五)油漆

桥梁建造所用油漆详见表 10-10。

表 10-10　油漆规格

序号	名　　称	检验结果
1	环氧富锌底漆	合格
2	环氧云铁中间漆	合格
3	氟碳面漆	合格

五、焊接工艺评定试验及审查

1. 根据大桥结合梁材料材质及厚度、接头形式、焊接方法等,制定了焊接工艺评定规程和作业指导书，并进行了 5 组接头的焊接工艺评定试验，其中对接试件 2 组，角接试件 3 组（表 10-11）。

表 10-11　接头坡口形式、焊接方法及代表焊缝

试件编号	简图（单位：mm）	接头形式	焊接方法	焊接位置	母材/焊材	评定部位及适用范围
DJ01	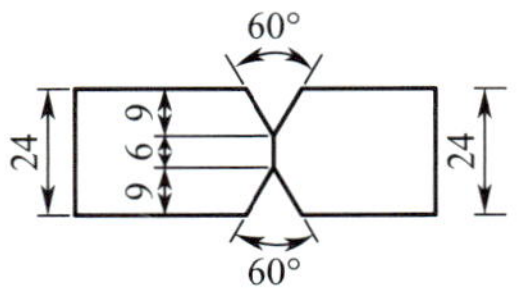	δ24+δ24 X 形对接 背面清根	全熔透， 埋弧自动焊	平焊	Q345qE CHW-S3Q+CHF101Q	钢板对接 18-36 对接
DJ02	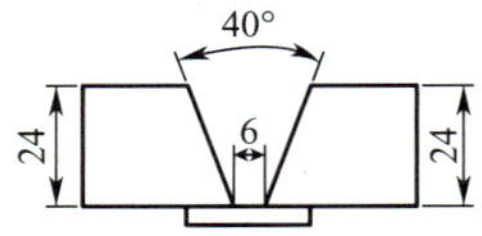	δ24+δ24 单面 V 形对接 背面陶质衬垫	全熔透，药芯焊丝 CO_2 气保焊	平焊	Q345qE CHT71Ni	主梁顶板工地对接 18-36 对接
TJ02	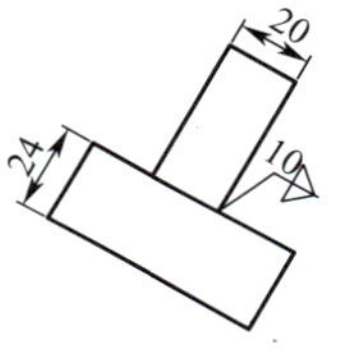	δ20+δ24 不开坡口 角接	埋弧自动焊	船型焊	Q345qE HW-S3Q+CHF101Q	工型主梁 主角接 15-30 贴角焊缝
TJ03	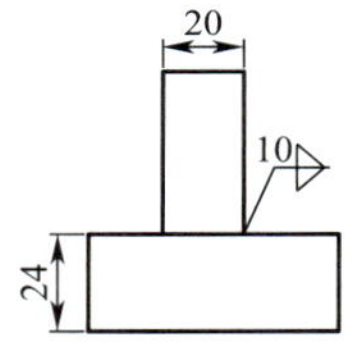	δ20+δ24 不开坡口 角接	气体保护焊	立焊	Q345qE CHW-503B	工型主梁 主角接 15-30 贴角焊缝

2. 对对接接头试件分别进行了接头拉伸、焊缝金属拉伸、低温冲击、侧弯、接头硬度和宏观断面酸蚀试验；对坡口角焊缝试件分别进行了焊缝金属拉伸、低温冲击、接头硬度和断面酸蚀试验。各项力学性能试验数据及其他试验结果均符合设计文件和制造规范的相关要求。

六、钢梁单元件制作

分别制作下翼缘、腹板、隔板和横梁单元件，控制加工精度满足设计要求和制作规范。

（一）底板组装工艺流程

底板（图 10-8）组装工艺流程为下料→矫正→划基准线→钻孔→检测→组装加劲肋→检测→焊接→检验。

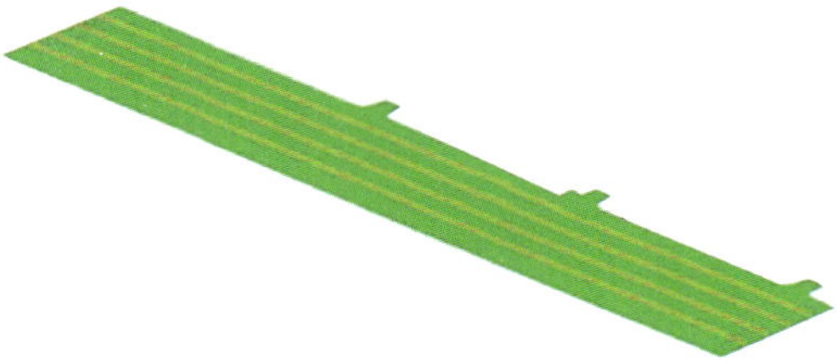

图 10-8　底板单元

(二)腹板组装工艺流程

腹板(图 10-9)组装工艺流程为下料→矫正→划基准线→钻孔→检测→组装加劲肋→组装上翼缘→检测→焊接→检验。

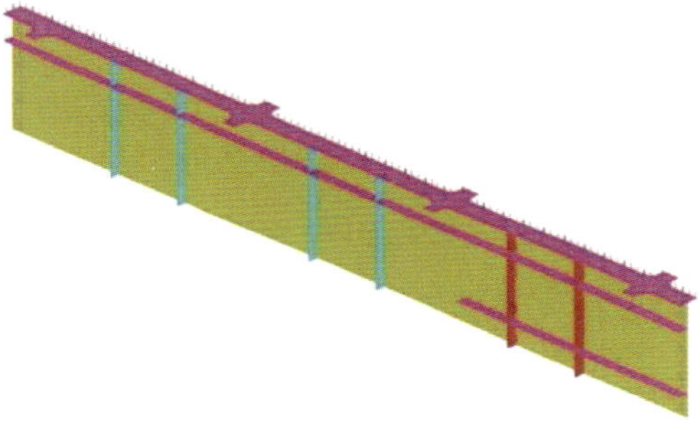

图 10-9　腹板单元

(三)横隔板组装工艺流程

横隔板(图 10-10)不仅是钢梁的骨架,而且在节段组装时起到内胎的作用,其制造精度直接影响到节段的几何尺寸和相邻节段箱口间的匹配精度。因此在横隔板单元制作过程中必须严格控制尺寸精度。隔板组装工艺流程为下料→矫正→检测→组装加劲肋→组装人孔围板→组装上翼缘→检测→焊接→检验。

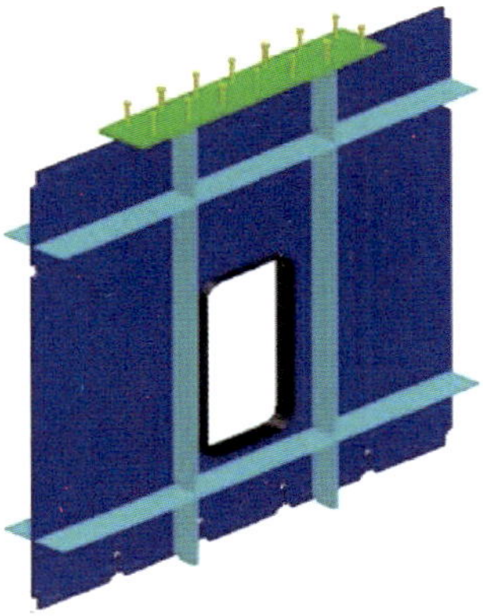

图 10-10　隔板单元

(四)横梁及接头板组装工艺流程

横梁及接头板组装工艺流程为下料→矫正→钻孔→检测→组装加劲肋→组装翼缘→检测→焊接→检验。

七、结合梁组拼

钢纵梁采用正造法在胎架上进行左右两箱体整体组装。

3×38 m结合梁在拼装中采用“3+1”连续匹配组拼，组拼顺序为G1+G2+G3+G4、G4+G3+G2+G1。4×38 m结合梁在拼装中采用“4+1”连续匹配组拼，组拼顺序为G1+G2+G3+G4+G3′、G3′+G4+G3+G2+G1。

(一)组拼胎架搭设

组拼胎架搭设的注意事项为：

1. 搭设胎架尺寸为90 m×8 m，根据施工设计图上提供的数值设计调整胎架纵向线形。

2. 在胎架上设置纵、横基线和基准点，以控制节段的位置及高度，确保各部尺寸和立面线形。胎架外设置独立的基线、基点，形成测量网，以便随时对胎架和节段线形进行检测。

3. 胎架基础必须有足够的承载力，确保在使用过程中不发生沉降，并要有足够的刚度，避免在使用过程中变形。

4. 每轮次节段下胎后，应重新对胎架进行检测，做好检测记录，确认合格后方可进行下一轮次的组拼。

(二)结合梁组拼流程及要点

1. 底板组装。

(1)采用两侧底板定位，如图10-11(a)所示。横向定位以板单元纵基线与胎架上的相应定位线对线；纵向定位以板单元的横基线与胎架上的相应定位线对线，同时考虑线形倾斜量影响，合格后用马板定位，用样板检查。

(2)画出腹板和横隔板定位线。

(3)用经纬仪、吊线锤和钢尺相配合的方法控制底板单元横、纵向位置精度。

2. 横隔板单元组装。

(1)以底上隔板定位线为基准，由中间向两侧依次组装，如图10-11(b)所示。横隔板的安装重点是控制横隔板间距及与钢梁底板的倾角、横隔板角接处扁钢槽口间距。组装时严格对准定位基线并用吊线锤控制隔板与底板倾角。

(2)对于设有支座加劲的节段，在组焊时要与横隔板及底板横向加劲交替组焊，确保主要承力构件的主要焊缝焊接质量。

3. 腹板组装。以两侧底板单元端头螺栓孔、标志塔为基准，使用经纬仪组装两侧腹板，保证孔群相对关系正确，如图 10-11(c)所示。严格控制腹板高程偏差在技术规范容许范围之内。

4. 节段出胎，出胎的节段按施工图编号喷涂标记，安装临时吊耳并进行解体。

5. 横梁预拼。以两侧腹板上横梁连接板定位组装横梁。横梁与纵梁块体用拼接板、工艺螺栓、冲钉连接，如图 10-11(d)所示。

6. 为保证节段的外形和几何尺寸，防止产生过大的内应力，节段的焊接应分步进行，并遵循先内后外、先下后上、由中心向两边的施焊原则。

7. 节段线形复测。节段焊缝拼接完成后，在无应力、不受日照影响的条件下，对本轮次节段的线形和节段结构尺寸要进行重新检测，由于节段间有焊接产生的收缩变形，所以要通过检测钢梁纵向中心线处和腹板处的高程及中心线的旁弯，来控制节段变形趋势和大小，如图 10-11(e)所示。

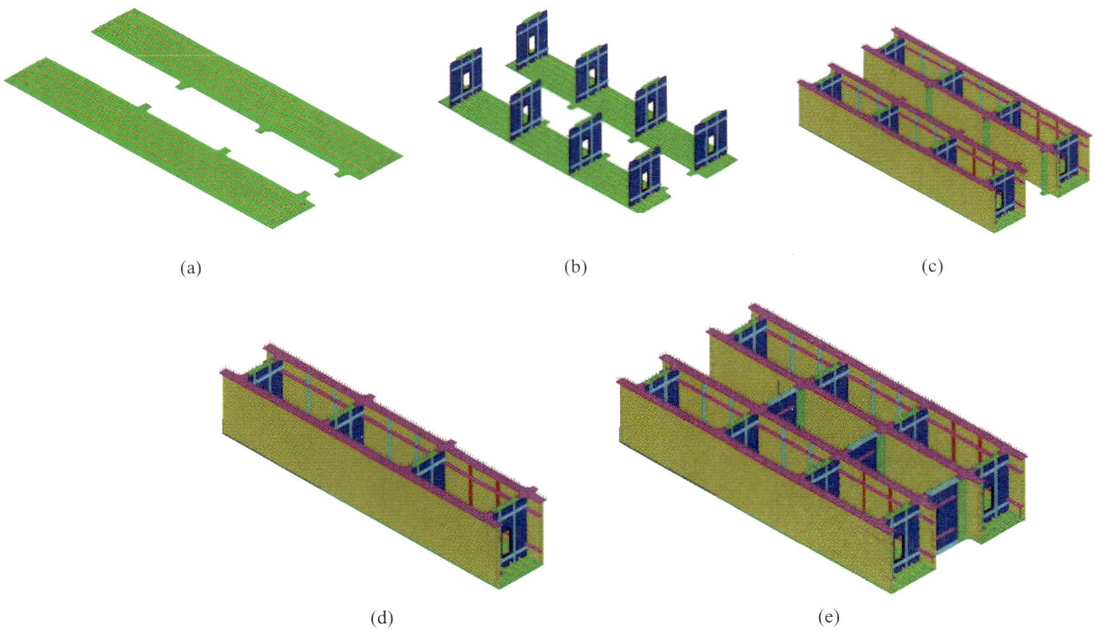

(a)　(b)　(c)

(d)　(e)

图 10-11　结合梁组拼流程

八、焊　接

(一)焊接准备

焊接前应认真清理待焊区域，不得有水、锈、氧化皮、油污、油漆等其他杂物，要求在其两侧各 50 mm 范围内打磨至能见到金属光泽。

所有使用自动焊焊接的焊缝两端均设引、熄弧板。所有引、熄弧板的材质、板厚、坡口形式与正式焊接板件相同，引、熄弧板长度不小于 80 mm。

预热和层间温度见表 10-12。

表 10-12　预热和层间温度

材质	板厚(mm)	预热温度(℃)	焊缝及两侧预热范围(mm)	道间温度(℃)
		焊条电弧焊、CO_2气体保护焊、埋弧焊		对接焊缝、棱角焊缝、坡口角焊缝及熔透角焊缝
Q345qE Q370qE	≤30	60～120	100 mm 范围内	5～200
	>30	80～120	100 mm 范围内	80～200

备注：(1)板厚组合中只要有一块钢板达到以上要求，必须预热；
(2)测温点距缝口 50～80 mm 范围内。

焊接区域采取了措施进行防风、雨。定位焊采用手工电弧焊。定位焊距设计焊缝端部 30 mm 以上，其长度为 50～100 mm，间距为 400～600 mm；定位焊缝的焊脚尺寸不大于设计焊脚尺寸的 1/2。

(二)焊接参数

对接焊缝埋弧自动焊(平位)焊接参数，见表 10-13。

表 10-13　对接焊缝埋弧自动焊(平位)焊接参数

熔敷简图	焊接方法	焊道	电流(A)	电压(V)	焊速(m/h)
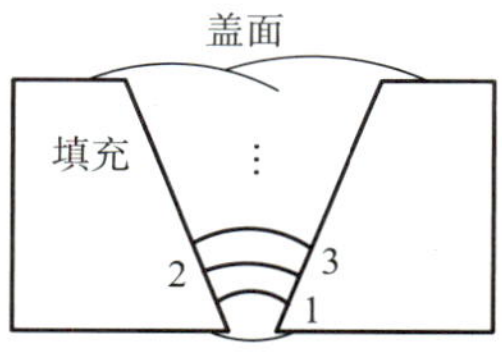	CO_2 焊	1,2,3,填充	250±30	28±2	—
	埋弧自动焊	盖面	550±30	30±2	24±2

注：(1)CO_2 气流量为 15～20 L/min，焊丝干伸长 10～15 mm；
(2)盖面焊缝 2～3 道且均匀布置。

对接焊缝(立位)CO_2 气体保护焊焊接参数见表 10-14。

表 10-14　对接焊缝(立位)CO_2 气体保护焊焊接参数

熔敷简图	焊道	电流(A)	电压(V)	CO_2 气流量(L/min)
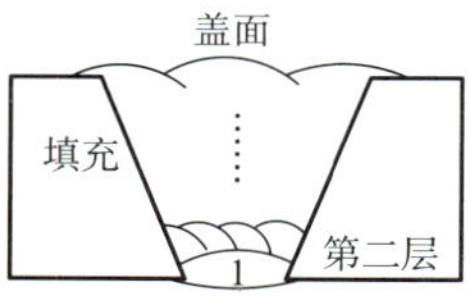	打底	160±20	22±2	15～20
	填充	160±20	22±2	15～20
	盖面	160±20	22±2	15～20

注：(1)打底第一层可采用单道焊，大幅摆动；
(2)第二层以后采用多道焊；
(3)盖面焊缝采用多道，且均匀布置。

CO_2 气体保护焊焊接参数见表 10-15。

表 10-15　CO_2 气体保护焊焊接参数

焊接位置	焊丝直径(mm)		电流(A)	电压(V)	CO_2 气流量(L/min)
平位	药芯焊丝	1.2	250±30	28±4	15～20
立位	药芯焊丝	1.2	160±20	28±4	15～20
横位	药芯焊丝	1.2	160±20	28±4	15～20
仰位	药芯焊丝	1.2	160±20	28±4	15～20

(三)焊缝修磨及返修

对焊脚尺寸、焊波或余高超出规定上限值的焊缝进行了修磨;焊缝咬边、焊脚尺寸不足时,采用了返修焊。返修焊时,应采用碳弧气刨清除焊接缺陷,并用砂轮磨掉坡口表面的氧化皮,露出金属光泽。采用二保焊进行返修焊接,返修焊后的焊缝修磨匀顺,并按原质量要求进行复验。

九、结合梁吊装节段拼装

(一)杆件拼装

1. 预拼时要按照架设安装顺序图进行组拼,清查杆件编号和数量,注意各杆件(包括拼接板、填板等)的安装部位。

2. 拼装冲钉的公称直径应与车间内试拼中的钉孔重合率相适应,ϕ24 mm 孔为 $\phi 23.7^{+0.1}_{\ 0}$ mm。冲钉材质选用 45 号钢制作,并经过热处理方能使用。

3. 在钢纵梁大节点组拼时,在组拼的一侧,用 4～8 个大直径的定位冲钉定位(冲钉直径较栓孔小 0.3 mm),其余孔用高强度螺栓及普通冲钉进行组拼。

4. 拼接板与杆件组拼工艺流程:均匀分布打入钉孔总数 25%的冲钉 → 上 50%的高强度螺栓进行初拧 → 上 25%空孔的高强度螺栓 → 逐个把冲钉换上螺栓 → 将未进行初拧的高强度螺栓进行初拧 → 高强度螺栓依顺序进行终拧,用红色油漆作标记 → 终拧的螺栓经过检查合格后,作出标记。

(二)高强度螺栓施拧

1. 钢梁工地连接用 M22 高强度螺栓,所有高强度螺栓均进行表面磷化处理,参数见表 10-16。

表 10-16　高强度螺栓的预拉力

螺纹规格 d	M22
设计预拉力 P(kN)	200
施加预拉力 P_c(kN)	220

2. 高强度螺栓施拧理论扭矩值

高强度螺栓初拧和终拧理论扭矩值见表 10-17。

表 10-17 高强度螺栓初拧和终拧理论扭矩值

序号	规格(mm)	批号	扭矩系数复检值	初拧扭矩(N·m)	终拧扭矩(N·m)
1	M22×65	6915SHJH160805	0.124	300.08	600.16
2	M22×70	6915SHJH160805	0.128	309.76	619.52
3	M22×80	6915SHJH160805	0.129	312.18	624.39
4	M22×90	6915SHJH160805	0.128	309.76	619.52
5	M22×100	6915SHJH160805	0.127	307.34	614.68
6	M22×130	6915SHJH160805	0.127	307.34	614.68

十、涂装作业

涂装工艺流程如图 10-12 所示。

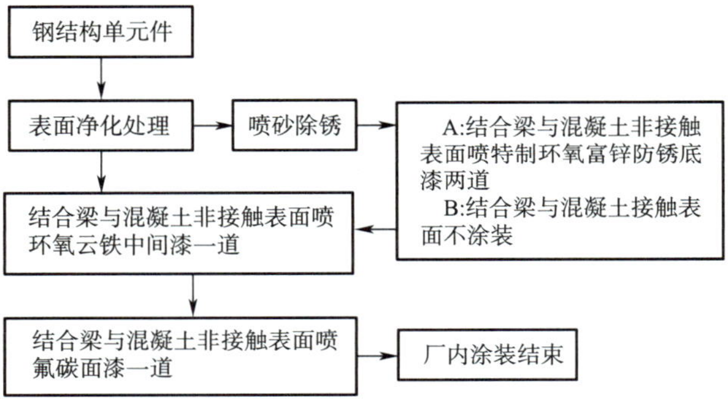

图 10-12 涂装工艺流程示意

1. 油漆均匀调制后，放置 0.5 h 进行熟化，使用前搅拌均匀，并用 30 目滤筛过滤。在施工过程中继续缓慢搅拌物料，以保持混合料的均匀状态，且在 4 h 内用完。

2. 空气压力保持在 196～490 kPa，采用均匀、同向的湿喷涂，每次覆盖前一次的 1/3～1/2。

3. 涂层实干后，用涂层测厚仪测量膜层厚度，划格法测量附着力不低于 1 级。

第三节 钢梁架设施工技术

钢梁架设从中间拱上立柱 4 号、5 号墩开始，由中间向两端单片梁段对称架设。钢梁在工厂制造成单片，运输至吊装平台胎架上进行组拼，焊接成单个箱形。在吊装平台桥位侧面对应中转平台安放横向台座，利用龙门吊在台座上将两片梁段拼接成整体，将两片梁段拼接成一段用缆索吊提升安放至7～8号墩中转平台。利用卷扬机横移设备将钢梁移动至设计线路轴线上，缆索吊直接起吊安放至支座上，对位调整至设计位置后落钩，对于后面梁段均采用类似工艺完成。

一、架设前准备工作

（一）墩顶布置

在拱上立柱逐步施工完成后，安放支座，并且在墩顶安放钢梁高程调整装置（图10-13），该装置主要通过砂筒实现钢梁下落。

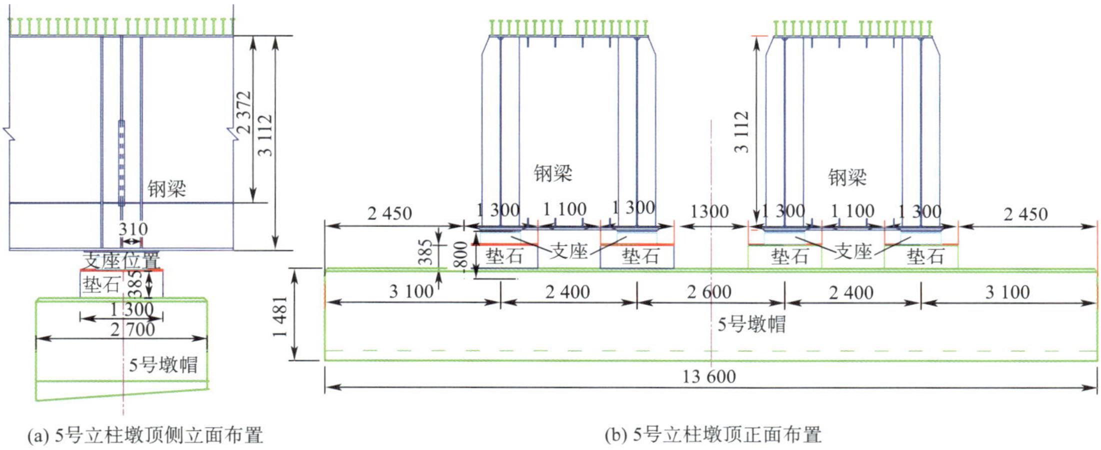

图10-13　墩顶布置示意（单位：mm）

（二）中转平台设置

在7号、8号墩位之间设置50 m×40 m中转平台，中转平台内设置纵横向混凝土条形台座（截面0.5 m×0.3 m），台座上安放轨道，设计横移台车一台（图10-14），实现横向移动，钢梁吊装中转平台如图10-15所示。

图10-14　横移台车

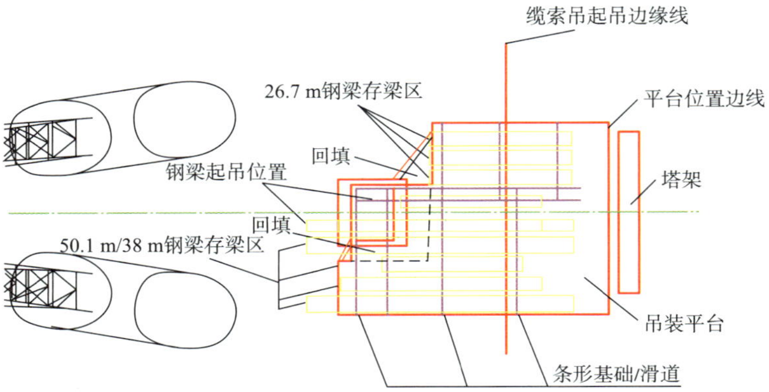

图 10-15　钢梁吊装中转平台示意

二、钢梁架设

以中间一联 3×38 m 结合梁架设进行说明。在已经施工完成拱上立柱 4 号、5 号墩布置墩顶竖向调整装置，将支座用缆索吊安放至设计位置暂时不固定。

(一)场内拼接

利用单台 100 t 龙门将预拼完成的单片钢梁 G1 顺桥向安放在吊装平台台座上，再次利用龙门将 G2 节段吊装至同一轴线位置进行对接，安装接头两侧拼接板，并施打冲钉定位拼接板，安装高强度螺栓完成初拧、终拧，焊接对接焊缝，检测合格后准备进行下节段接长。利用同样方法将 G3 节段依次接长，完成第一吊装节段的场内拼接，按此继续拼接后续吊装节段。钢梁具体吊装节段划分见表 10-18 和表 10-19。

表 10-18　3×38 m 结合梁分块方式(半幅)

吊装节段编号	第一吊装节段			第二吊装节段		第三吊装节段		合计
分块编号	G1	G2	G3	G4	G3	G2	G1	
长度(m)	10.9	15.3	23.4	14.6	23.4	15.3	10.9	113.8
重量(t)	27.82	35.22	72.12	35.16	72.12	35.22	27.82	305.48
吊装分段长(m)	49.6			38		26.2		113.8
分段重量(t)	135.16			107.28		63.04		305.48

表 10-19　4×38 m 结合梁分块方式(半幅)

吊装节段编号	第四吊装节段			第五吊装节段		第六吊装节段		第七吊装节段		合计
分块编号	G1	G2	G3	G4	G3	G4	G3	G2	G1	
长度(m)	10.9	15.3	23.4	14.6	23.4	14.6	23.4	15.3	10.9	151.8
重量(t)	27.82	35.22	72.12	35.16	72.12	35.16	72.12	35.22	27.82	412.76
吊装分段长(m)	49.6			38		38		26.2		151.8
分段重量(t)	135.16			107.28		107.28		63.04		412.76

(二)钢梁中转运输

将四根 ϕ32.5 mm(单根破断拉力为 66.65 t,安全系数 $n=\frac{F_{\mathrm{p}}\times 2}{F}=\frac{666.5\ \mathrm{kN}\times 2\times 4}{1\ 350\ \mathrm{kN}}=3.9>[n]=3$,满足吊装要求)钢丝绳走“2”通过吊耳、卡环栓在钢梁上,吊点位置选择在节段长度三分之一且靠近中间横隔板处,利用 200 t 缆索吊将钢梁吊运至中转平台移动小车上,小车在台座轨道上实现横移,横移至设计轴线位置。

(三)钢梁空中架设

提前在垫石上放样出钢梁下落定位线,横移缆索吊至设计线路处,同样采用四根 ϕ32.5 mm 钢丝绳起吊第一吊装节段钢梁,钢梁提升略高于砂筒设计高度后纵向移动至墩顶设计位置,缓慢落钩,同时人工辅助钢梁缓慢就位,如图 10-16 所示。落钩至支座上时技术人员检查就位情况、钢梁螺栓孔与支座连接处重合情况,同时利用全站仪对钢梁进行重新定位,复测合格后松钩。

图 10-16　钢梁空中架设

按同样方法起吊第二吊装节段钢梁至墩顶设计位置,纵向移动钢梁至对接接口,人工辅助对接,按孔眼总数的 50%冲钉均匀分布打入和上足 30%的高强度螺栓,并作一般拧紧后松钩,完成两个节段对接架设。松钩后立即补足剩余孔眼的高强度螺栓,并作一般拧紧,然后将这部分高强度螺栓按施拧工艺逐一循序初拧。一次卸下的冲钉数量,最多不超过冲钉总数的 20%。将冲钉换成高强度螺栓后,按工艺进行初拧。经初拧检查合格后,同样用相应油漆作标志。然后从栓群中心向四周进行螺栓终拧,以利于板束压平及减少螺栓之间的相互影响,终拧检查合格且对接焊缝焊接完成,才完成此段钢梁架设,后续节段吊装按此方法进行施工。

三、钢梁安装要点

1. 钢梁节段使用ϕ32.5 mm千斤绳挂在吊耳上起吊。钢梁栓捆时应注意杆件上标示的重量和重心位置。栓捆后应试起吊，调整杆件前后左右水平度。经检查确认无问题后正式起吊。

2. 拼装脚手架起吊前应挂在节段上，拼装接头前后安放脚手板，接头对上后移向接头位置用于拼装。

3. 节段吊装采用水平插入法安装，当吊装的后端接头拼接板接近先装节段端头时，用小撬棍拨正对接端头使其插入拼接板，然后将手拉葫芦滑车前端插入上拼接板预留螺栓孔，手拉葫芦滑车施力对拉，吊机随之起落，节段插入安装快到位时，先打入对位尖冲钉，其后在栓孔群四周打入四个定位冲钉，随即安装4～6个高强度螺栓，确认板缝间无任何杂物时，即拧紧螺栓，同时安装50%冲钉均匀分布打入和上足30%的高强度螺栓。拼装螺栓和冲钉数量根据拼装图配备，装入螺栓桶包随杆件一起发送起吊。

4. 节段工地焊缝为对接焊缝，采用单面焊双面成型工艺。钢桁梁的焊缝尤其是坡口熔透焊，应按规范的要求，经过严格的探伤检查。焊接工作环境湿度应小于80%，焊接低合金钢的环境温度不应低于5 ℃，焊接普通碳素钢的环境温度不应低于0 ℃。

四、墩顶布置

1. 墩顶布置是调整钢梁几何状态的重要手段，在钢梁架设过程中起着至关重要的作用，需做到布置合理、操作灵活。

2. 墩顶布置是以到达前一支墩状态为主要工况设计的，主要为位移调整系统设计。

3. 为了消除钢梁挠度及转角影响，将悬臂端“顶平”。

五、支座安装

1. 一联钢梁支座安装，首先安装固定支座，将固定支座的节点调整到设计位置，支座安装灌浆固定后，再调整安装相邻墩的活动支座。

2. 支座进入工地后，根据支座设计图对支座的外观和组装质量进行检查，符合设计要求进行安装。

3. 支座安装前，检查支座位置及预留锚栓孔位置、尺寸和支承垫石顶面高程、平整度，均应符合设计要求。

4. 支座安装前，应先将支承垫石表面凿毛，垫石高度预留20～30 mm的缝隙，以保证灌浆质量。

5. 在钢梁架设中支座是作为钢梁在墩顶的临时支承点，支承悬臂孔的悬臂钢梁，如为活动支座要临时锁定为固定支座。

6. 在支承垫石上用细砂调平，加垫 20～30 mm 钢板，将支座底座与下摆一同吊至支承垫石上，找正支座纵、横向中线位置，使之符合设计要求。

7. 待梁体全部架设完毕，首先调整定位固定支座，经纵横移调整稳固后，顶起钢梁连同支座，使支座底面比设计抬高 10～20 mm，在支座四角用钢板抄垫保险，安装支座锚栓，在支座四周围立模板。

8. 用位能压浆法将锚栓孔及垫石顶的砂浆层灌注至大于设计高程 2～4 mm。

9. 将钢梁降落支座上，安装上下摆锚栓。支座安装完毕后，对支座、锚栓、铰轴两端未进行涂装防护的外露钢表面（不锈钢除外）进行涂装防护，以防止支座及锚栓生锈。

六、测　　量

为保证钢梁轴线顺直，拱度符合设计要求，以及利用钢梁伸臂安装时前端的实测拱度值来复核杆件内力和支承点反力，钢梁架设过程中应随时测量，发现问题及时矫正。测量工作内容如下：

1. 用打点和红油漆明确标识钢梁中线、端点等控制点，便于测量放样控制。钢梁中心线测量，每拼装一孔测量一次。为减少光照对钢梁旁弯的影响，测量工作选在早晨日出前或太阳刚升起、阴天、无风或微风状况下进行。

2. 钢梁每架完一跨及时对所有已架钢梁各节点拱度、高程进行观测、记录。

七、高强度螺栓施工

（一）高强度螺栓验收

生产厂应以批为单位，提供产品质量检验报告（含扭矩系数）及出厂合格证，施工现场应对高强度螺栓型式尺寸、形位公差、表面缺陷、螺纹参数、机械性能、螺纹脱碳、扭矩系数、标记与包装等检查和复验，并做好记录，不合格产品不得使用。

1. 外观检查：对螺杆、螺母、垫圈表面有无裂纹，锈蚀脱碳检查。

2. 型式尺寸，形位公差检查：检查项目有螺杆螺纹的精度，螺杆垂直度；螺母的精度及支承面的垂直度；垫圈的平整度及表面光洁度；螺杆、螺母、垫圈的各部位尺寸以及螺杆、螺母能否自由配套等。

3. 机械性能试验：

（1）螺栓的楔负荷试验：主要是检验螺杆轴线与螺母支承面不垂直（夹角 10°）情况下螺栓的承载能力。

（2）螺母保证荷载试验：主要是检验在荷载作用下螺母是否脱扣或断裂，以及卸载后，用手能否将螺母旋出（变形情况）。

（3）螺栓的屈服轴力和破坏轴力试验：主要是检验螺栓的强度是否满足规范要求。

4. 螺杆、螺母、垫圈的硬度试验。

高强度螺栓连接副应按出厂批号复验扭矩系数，每批号抽验不少于8套，其平均值和标准偏差应符合设计要求。不同批号高强度螺栓、螺母、垫圈分类造册，同批号螺栓连接副进行扭矩系数复检，施工时保持同一扭矩。

(二)高强度螺栓的保管

1. 螺栓、螺母及垫圈入库时核查数量，分批号、分规格、分厂家存放，并做好防潮、防尘工作，下面以木板垫高，通风，防止锈蚀和表面状态改变，影响螺栓的扭矩系数。入库后要建立明细库存表，发放登记表，加强管理。

2. 螺栓、螺母、垫圈应尽可能保持原有表面处理状况，螺栓、螺母及垫圈要逐个外观检查，有严重疵病影响使用者及用肉眼或低倍放大镜检查发现有裂纹者须予挑出。

3. 螺栓、螺母、垫圈清理后应成套配好，每套为一个螺杆、一个螺母、两个垫圈。垫圈放置时要注意将45°斜坡面贴向螺杆头和螺母支承面。在每个螺杆端部标明螺母要旋入长度。

4. 领用高强度螺栓必须严格按节点图上实际需用规格、数量领取，一般不得以短代长或以长代短(外螺纹的露出长度至少留一个螺距)。

5. 施工现场必须用规定的工具袋将螺栓运到现场，在搬运过程中要轻拿轻放，防止碰损丝扣及沾污泥砂。

(三)工艺性试验

1. 施拧工艺试验包括扭矩系数试验、施拧工具标定方法试验、施拧质量的检查及摩擦面抗滑移系数试验。该四项试验必须由高强度螺栓试验室负责进行。

2. 扭矩系数试验：扭矩系数是保证高强度螺栓施拧预紧力的关键数据，其离散率越小越好。因此在施工前选择用量较大的几种规格，各25套作试验，通过分析归纳得出可靠的扭矩系数k值进行施工，同时由于温度、湿度，对扭矩系数的影响也要通过试验进行适当的调整。

3. 施拧工具标定方法试验：定扭矩电动扳手在使用前需进行测试标定，在保证螺栓预紧力满足设计要求的情况下定出扭矩值，使用过程中不得随意调整，测定时一般用轴力计与扭矩仪进行测试。带响定扭矩扳手与指针扳手一般在使用前用力矩法或挂重法进行标定。建立详细登记表，由高强度螺栓组统一保管和发放。

4. 施拧质量的检查试验：高强度螺栓施拧质量采用紧扣法检查，通过在轴力计上取25套单栓作紧扣检查试验，测出轴力变化及扭矩值的大小，归纳分析其离散率，从而确定这种检查方法的可靠性。

5. 摩擦面抗滑系数试验：钢梁出厂时，制造厂应提供抗滑移系数试验资料，f值应不小于0.55，工地复验不小于0.45。

(四)高强度螺栓施拧

1. 施拧工具

(1)一般拧紧采用梅花套筒扳手、梅花穿心扳手或梅花开口扳手施工。

(2)M22 高强度螺栓初拧及终拧采用 200～1 500(N·m)电动扳手。

(3)少量不能使用电动扳手施拧的 M22 高强度螺栓可用 0～800(N·m)带响扳手施拧。

(4)高强度螺栓检查采用 200～1 500(N·m)指针扳手。

2. 高强度螺栓施拧扭矩值计算

(1)高强度螺栓初拧值取终拧值 50%,初拧后对每个螺栓用敲击法进行检查。

(2)终拧采用扭矩法,用电动扳手(不能用电动扳手的部位可用带响扳手)将初拧后的螺栓拧紧到终拧值,考虑到螺栓预拉力的损失及误差,实际使用扭矩,按设计预拉力提高 10% 确定。扭矩值计算公式为

$$M=k\cdot N\cdot d$$

式中　M——扭矩值(N·m);

k——扭矩系数(按试验的数理统计值);

N——螺栓的施工预拉力(kN),为设计预拉力的 1.1 倍;

d——螺栓的公称直径(mm)。

上式中的扭矩系数值,随各种自然及人为因素的变化,应跟踪取得试验资料作相应修改,做好各类螺栓在不同温度、湿度情况下的扭矩系数,施工过程中按工艺要求做好施工记录。

3. 高强度螺栓施拧顺序

(1)无论使用电动扳手或带响扳手,均从螺栓群中心向外扩展逐一拧紧,否则影响螺栓群的合格率。初终拧完毕即用不同颜色记号笔在螺栓端头逐个作出标志,防止重拧和漏拧。

(2)螺栓施拧过程中应用扳手卡死螺栓头部,防止螺杆随扳手一齐转动。

(3)对不同扭矩系数使用不同扭矩值的扳手进行施拧。对高强度螺栓应加强管理,同一批号的高强度螺栓、螺母、垫圈使用于一个部位,不要混用。

4. 施拧工具的校验与保管

(1)电动扳手、带响扳手均需编号,建立履历表,详细登记。电扳控制仪要与电扳固定配套编号,不得混杂,使用时不得随意调换控制仪,调节控制仪旋扭。扳手和控制仪由螺栓小组统一标定、保管和发放。施拧工班应在上班前领取,下班后交回,不得自行保管。

(2)电动扳手的正常使用期限规定为连续使用 4 h,超过 4 h 后应重新标定,若其他原因影响不能连续施拧,则每台扳手施拧 400～600 套螺栓后必须重新标定。

(3)电动扳手采用扭矩测量仪标定,标定工作定为每班上班发放前与下班交回后进行一次。电扳的输出扭矩值要求与规定施拧扭矩的误差不大于 3%。施拧后的标定:当误差小

于5%时，本班施拧的螺栓检查数量按规定抽查；若大于5%则该电扳在本班次所施拧的螺栓应全部重拧，电扳使用过程中若发现异常现象，或因保管不善被碰撞应停止使用，立即检查校正，标定时做好详细记录。电扳上班前校验时，若发现异常或误差大于规定值的3%时应停止使用，立即检查校正，并详细记录。

(4)带响定扭矩扳手采用力矩法标定，每把扳手每天要有专人检查校正，详细登记，当天使用完的带响定扭矩扳手，检查后要放松弹簧。

(5)施拧扳手要定专人进行维修与保养。

5. 高强度螺栓施拧要求

(1)对钢梁拼装要求：杆件组拼前对接触面应清除油水污垢及毛刺，栓孔内的污锈应同时清理干净，螺栓丝扣损坏、弯曲、锈蚀、污染尘土者不能使用。

(2)拼装时冲钉与高强度螺栓搭配，在预拼场组拼时冲钉用25%，高强度螺栓75%，当75%螺栓初拧后，将25%冲钉更换为螺栓进行初拧，然后由栓群中心向外侧进行终拧。

桥上拼装部分，冲钉及螺栓各装50%，螺栓及冲钉应均匀交叉排列，当50%的螺栓初拧并终拧后再将50%的冲钉分批更换为螺栓进行初拧及终拧。

(3)根据螺栓标注图，在拼装的部位用醒目的颜色标示出不同规格的高强度螺栓使用区域及数量，以免穿错，一般不得以短代长或以长代短，应参照板束厚度与螺栓长度对照进行穿放。

(4)穿放螺栓的规定：钢梁立面的螺栓其螺母一律安装在节点板的外侧，其螺母安装方向全桥一致，使其整齐美观。螺栓穿放时不得用锤敲打，以免损坏丝扣。

(5)垫圈一面有倒角，穿放时将有倒角的一面分别贴向螺杆根部及螺母支承面，不得装反，螺母有标志一面朝外。

6. 高强度螺栓施拧时的操作要点

(1)采用扭矩法施工，分初拧、终拧两个步骤，使用定扭电扳控制。因此电扳输出扭矩稳定十分重要，在桥上应铺设专用电线路，使其与大型机具电源分开，避免启动时电压波动影响电扳输出扭矩，导致螺栓预紧力误差增大。电扳使用时应装有稳压器，使用电压应控制为200～220 V。稳压器输出电源线长度一般不超过15 m，防止太长的线路引起电扳电压的降低。

(2)钢梁拼装对位后要先在四角打入4个定位冲钉并穿4～6个螺栓把板缝夹紧，然后再按规定打入冲钉和穿高强度螺栓，防止打入冲钉将板缝撑开，待拧紧螺栓时板层难以靠紧影响工程质量。

(3)螺栓初拧扭矩要选择既可把板缝夹紧，又能在终拧时无需松扣，同时结合电扳性能不能带过大负荷起动，故初拧扭矩值采用终拧扭矩值的50%，取整数。初拧后用记号笔作出标记，沿螺杆、螺母、垫圈划一直线，便于终拧后检查螺母，垫圈转动情况。

(4)终拧扭矩值是在保证螺栓的设计预拉力前提下，通过试验确定的，随着施拧环境变化，工作情况不同，要变更终拧扭矩值，考虑到施工误差及螺栓的预拉力损失，所以高强度螺栓的施工预拉力为设计预拉力的1.1倍，利用定扭矩电扳控制，预先将电扳标定为规定的终拧扭矩值，施拧时当达到终拧扭矩值时电扳自动停止，终拧完毕即用红色记号笔逐个在螺母上作出标记，防止重拧或漏拧。

（5）每天上班前下班后要坚持对当天使用的扳手进行标定，上班前控制误差不能超过3%，下班后误差应在5%以内，否则用该扳手当天拧的螺栓需全部重拧。

（6）高强度螺栓施拧的脚手架一定要有专人负责搭设牢固，底层板要铺满且四周要有围板，否则冲钉、螺栓易坠落，而且双层作业时影响安全。

（五）高强度螺栓施拧质量检查

1. 高强度螺栓的施工质量检查由试验检测人员进行。

2. 初拧检查用重约0.3 kg的小锤逐个敲击每一个螺母，同时用手指按住螺母的对边一侧，如手指感觉螺母振动过大或松动，说明该螺栓欠拧或漏拧，需重新补拧。

3. 终拧检查用经过标定的扭矩检查扳手进行，其精度误差须小于扳手使用扭矩值的3%。

（1）采用扭矩检查扳手检查前，先目测检查初拧完成时的划线错位情况，确定终拧时有无漏拧以及垫圈或螺栓是否转动，如果画线未发生错动，则说明该螺栓漏拧，如果错位过大，则可能该螺栓超拧或垫圈打滑，应该重点检查。

（2）终拧扭矩检查采用紧扣法进行，即对已终拧的高强度螺栓用指针式表盘检查扳手沿拧紧方向拧紧螺母，检查人员均匀加力于扳手柄，使扭矩示值均速增加，指针平稳转动，当指针停顿时，说明该扭矩值已经使得螺母发生微小转动，则该扭矩值即为该螺栓的终拧检查扭矩值。

（3）紧扣检查前，先在螺母、垫圈上划一细线，以监测螺母的转动情况。为防止检查时栓头随螺母一同转动，引起误判，检查人员应该注意观察，并带卡游工具。

（4）现场检查扭矩值应为$0.9 \sim 1.1T_{ch}$，其中紧扣检查扭矩T_{ch}为高强度螺栓的检查扭矩，由试验确定。如超出则该螺栓的终拧检查扭矩值不合格。

（5）对于每一个结点的高强度螺栓检查数量为该结点栓群总数的5%，但不得少于二套。

（6）对于不合格的节点，其不合格数量不得超过抽查总数的20%，否则应继续抽查，直至有累计栓群的80%为止。然后对欠拧的螺栓进行补拧，超拧的螺栓更换后重新施拧。

（7）现场当天穿入节点板中的高强度螺栓必须当天完成初拧和终拧。终拧后的高强度螺栓必须在当天检查完毕，并做好标记。对于不合格者必须及时提出处理意见，并做好记录和签证工作。

第四节　桥面板施工

夜郎河特大桥桥面钢混凝土结合梁，跨径组成为4×38 m+3×38 m+4×38 m，其中4×38 m节段桥面混凝土采用悬吊模板系统施工，3×38 m节段桥面混凝土采用满堂支架法施工。

一、桥面板钢筋加工、绑扎

钢筋在钢筋加工场集中加工，现场吊至底模上按设计位置绑扎，钢筋连接采用搭接焊，加工和焊接质量符合有关规范和设计要求。受力钢筋绑扎接头应错开放置，当加密区钢筋间距过小可能影响混凝土浇筑振捣时，可适当调整钢筋位置，但严禁随意割断梁体钢筋。绑扎钢筋时，钢筋的位置应符合设计要求，弯钩方向保持一致，钢筋的保护层厚度不得小于设计要求。根据图纸要求预埋接地端子及轨道板预埋套筒，预埋件、钢筋、模板之间采用预制好的混凝土垫块支垫，垫块混凝土强度不低于梁体混凝土强度。垫块应互相错开，分散布置，并不得横贯保护层的全部截面，保证垫块数不小于 4 个/m^2。

二、施工模板布置

(一)4×38 m 节段悬吊模板系统组成

悬吊模板系统主要用于桥面翼缘、两片钢梁之间的桥面板，对于箱内顶板采用钢管支架直接支撑于钢梁底板上；施工吊架面板采用 1.8 cm 厚竹胶板，纵桥向放置 I20 型木工字梁，间距为 40 cm，木工字梁下方横向放置双拼[10 型槽钢，间距为 130 cm，与木工字梁用 U 形筋固结，整个模板结构分为两侧翼缘板下沿和跨中下沿三部分，分别由 ϕ20 mm 钢筋悬吊于上部双拼[16a 型槽钢与钢板组合横梁，横梁通过 ϕ245 mm 钢管加工而成的钢墩放置于钢梁顶部，双拼[16a 型槽钢横梁间距为 130 cm。箱内钢梁对应顶板采用 ϕ48 mm×3.5 mm 普通钢管支架支撑，立杆纵横向间距为 1.2 m×0.7 m，顶托上横向放置 10 cm×10 cm 方木，间距 1.2 m，其上纵向摆设 I20 型木工字梁，间距 40 cm，具体布置如图 10-17 所示。

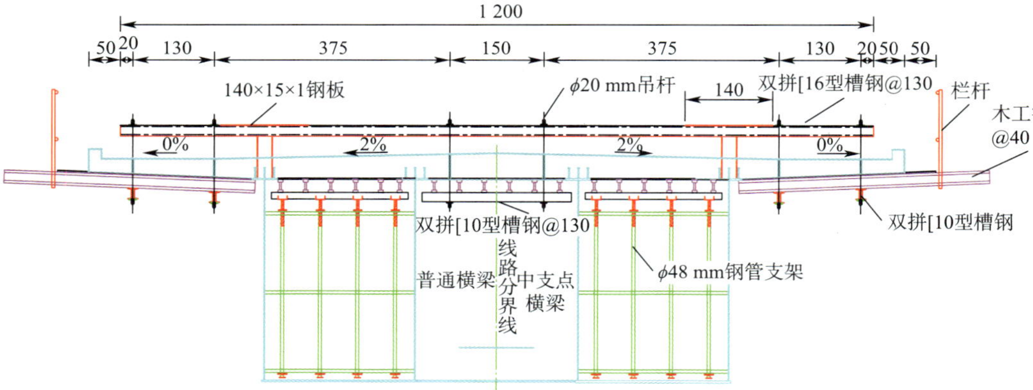

图 10-17　桥面悬吊模板示意(单位：cm)

模板拆除时，需要将模板下放。箱内部分下放到箱内，左右箱室之间部分模板，可以下放到拱肋顶面，人工移动到下一板浇筑部位，再用小型卷扬机起吊立模。

(二)3×38 m 节段满堂支架组成

1. 竖向支撑采用 ϕ48 mm×3.5 mm 普通钢管支撑，纵桥向采用 120 cm 间距，横桥向采用 70 cm 间距，钢梁箱内支撑于钢梁底板上，其余钢管支撑在外包混凝土顶板上、立柱顶面。

2. 钢管上面横向铺设 10 cm×10 cm 方木，间距为 120 cm，其上纵向背肋采用 I20 型木工字梁，间距为 40 cm。

3. 面板采用 1.8 cm 竹胶板，具体结构布置形式如图 10-18 所示。

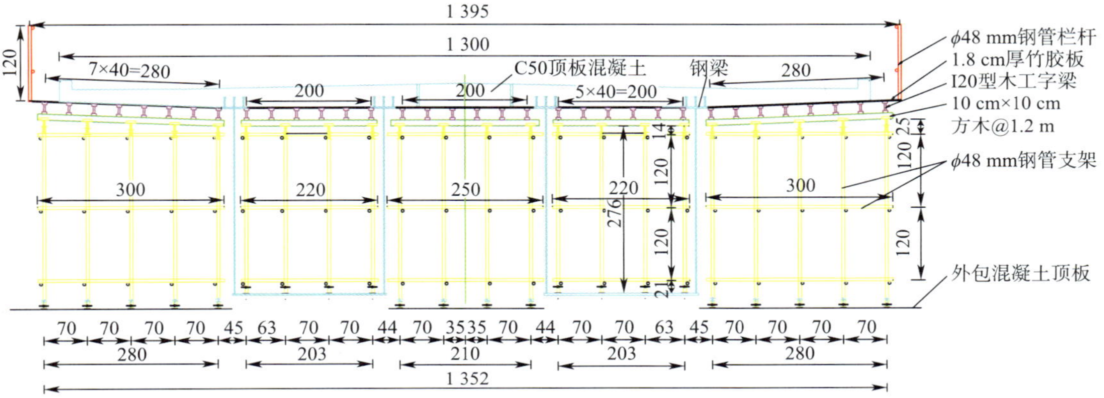

图 10-18　满堂支架布置示意图(单位:cm)

(三)桥面混凝土浇筑

钢梁拼装检验合格后，拆除临时支座。将加工成型的钢筋按照图纸要求定位安装，准确预埋预应力筋，检验合格后，进行混凝土的浇筑。混凝土采用 C50 钢纤维混凝土，施工时严格控制配合比，施工完成后及时养护，防止混凝土开裂。

桥面混凝土施工有特定浇筑顺序，依照设计，桥面混凝土施工顺序如下：

1. 灌注四个正弯矩区段桥面板混凝土。

2. 待正弯矩区混凝土达到 100%设计强度后，通过回落中间墩砂筒，回落高度为 10 cm。

3. 待正弯矩区段混凝土龄期大于 20 d 后同时灌注靠边端的两个负弯矩区段混凝土。灌注前应对接缝位置的混凝土进行凿毛处理。

4. 待靠边端的负弯矩区混凝土达到 100%设计强度后回落边墩砂筒 10 cm，安装靠边跨侧的中间支点处支座。

5. 继续回落边墩砂筒，回落高度 10 cm。

6. 灌注靠中的中间一个负弯矩区段混凝土，灌注前应对接缝位置的混凝土表面进行凿毛处理。

7. 待此靠中的负弯矩区段混凝土达到 100%设计强度后回落中间墩砂筒 10 cm，安装 3 个中间支点处支座。

8. 拆模，施工桥面防水层、保护层、挡渣墙、电缆槽等设施，全桥施工完成后涂装最后一道面漆，主体结构施工完成。

第十一章　BIM 技术应用

第一节　BIM 技术在桥梁工程中的应用

BIM 是英文单词 building information modeling 的缩写，即建筑信息模型，是以建筑工程项目的各项相关信息数据作为模型的基础，进行建筑模型的建立，通过数字信息仿真模拟建筑物所具有的真实信息；是利用数字模型对建筑项目进行设计、施工、运营的过程，包括项目所有的几何、物理、功能和性能信息。不同项目的参与方在项目的各个阶段可以基于同一模型，利用和维护这些信息进行协同工作，对项目进行各种专业计算、分析和模拟。

伴随着经济及大型基础设施行业的发展，大型、特大型桥梁工程项目越来越多，这对桥梁设计与施工提出了更高的要求。桥梁工程项目的建设不仅涉及复杂的地理环境，而且涉及多项复杂工程。目前，大型桥梁工程项目的设计通常还是依靠传统的二维图纸，并通过合图来分析设计中存在的冲突；施工规划则主要依靠项目管理人员的经验来制定和实施，且同样是采用二维图纸来表现。然而，由于桥梁工程自身的特点，其设计复杂，构件繁多，仅依靠传统的二维图纸很难提前检测或发现设计中存在的冲突问题；这些设计问题通常在施工阶段才能发现，从而影响了施工进度和成本，也将影响施工安全。与此同时，为了解决出现的工程设计与施工问题，不得不配置更多的人员，由此管理成本也大幅度增加。因此，保证桥梁工程设计的可建造性与施工方案的可行性对桥梁工程的高效实施是十分重要的。

目前，BIM 技术在大型项目中成功应用的案例不少，如上海中心大厦、中国博览会会展综合体、世博会德国馆等项目。经调查，应用 BIM 技术的这些工程项目主要是大型公共建筑，都具有超大跨度、结构异形、施工难度大、设计与施工难以衔接等特点。BIM 技术在这些大型项目上的应用使设计和施工过程发生了质的变化，大大地提高了项目建造能力，效益显著。

夜郎河特大桥桥形设计新颖，属于“高、精、尖、新”工程，集拱桥、斜拉桥、连续梁桥、刚构桥、悬索桥、高墩桥等六种桥型于一体，集深基坑、大体积混凝土、高桥墩和骨架的内压外包混凝土等技术难点于一身，技术复杂，施工难度大，施工工期紧。为确保本项目按期顺利完工，项目部决定采用 BIM 技术，以提升桥梁施工过程中的综合管理能力。

夜郎河特大桥在 BIM 技术应用策划期间综合考虑了建模精度、桥梁结构的特殊性、软件性能、建模需求、施工模拟等因素后，选择 CATIA 为核心建模软件。借鉴机械制造行业建模的方法和成果，解决夜郎河特大桥主拱圈的复杂异形建模工作。

建模软件所附带的模型信息是有限的，难以满足施工阶段的模型应用，为此，开发了一款模型信息再添加插件，解决模型应用中的难题，如图 11-1 所示。

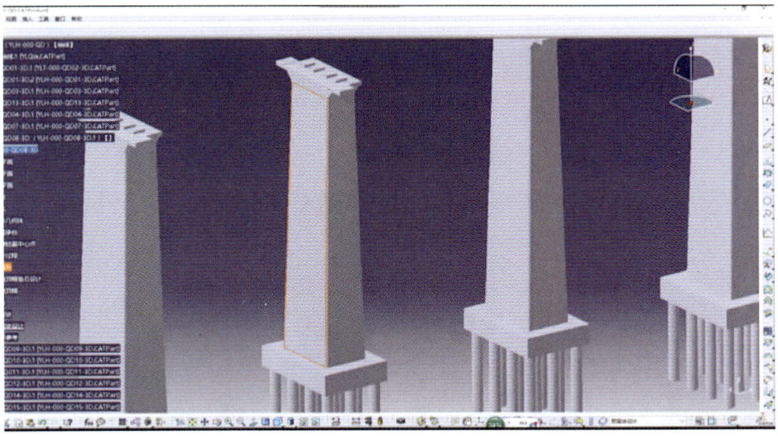

图 11-1　模型信息再添加插件

CATIA 本身虽然具备强大建模功能，但其本身附带的模型信息不足，为此针对夜郎河特大桥的结构特点，二次开发了一款模型属性添加插件。添加完属性的模型虽可进行属性查询，但却无法解决施工过程中的工程量统计、分析，进度管理等问题，为此专门开发了夜郎河大桥 BIM 施工管理平台，如图 11-2 所示。

图 11-2　夜郎河大桥 BIM 施工管理平台

第二节　BIM 技术在夜郎河大桥的应用

一、施工图深化设计

利用 BIM 技术发现并解决了以下问题。

(一)斜腹杆、平联杆螺栓孔位不对应

通过 BIM 模型,发现原设计图中全桥内外侧斜腹杆上螺栓孔中心与 N3 板上预留的空中心不重合,在 2.55～18.77 mm 变化;劲性骨架 N4 类节点板与平联斜杆无法准确连接,如图 11-3 所示。

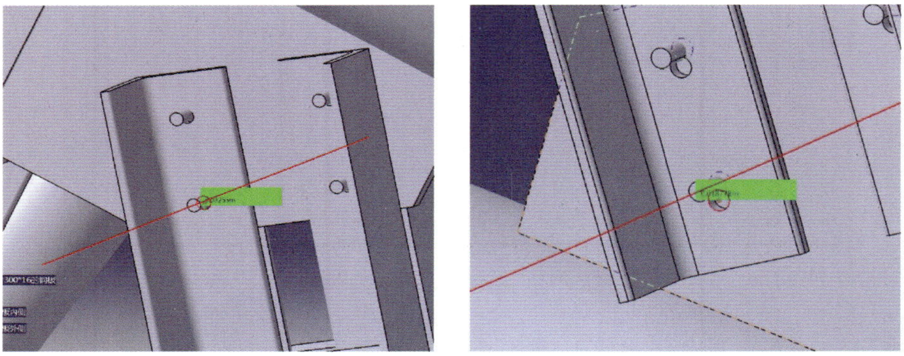

图 11-3　斜腹杆、平联杆螺栓孔位不对应

解决办法:提前纠偏,修正预留孔位置。

(二)横隔板与加劲肋碰撞

通过 BIM 模型发现原设计图中横隔板与加劲肋碰撞,借助 BIM 技术对碰撞位置提前进行开孔处理,大大减少了因设计中存在的错落碰撞问题造成的项目返工、窝工等现象,提高施工效率,节约施工材料,如图 11-4 所示。

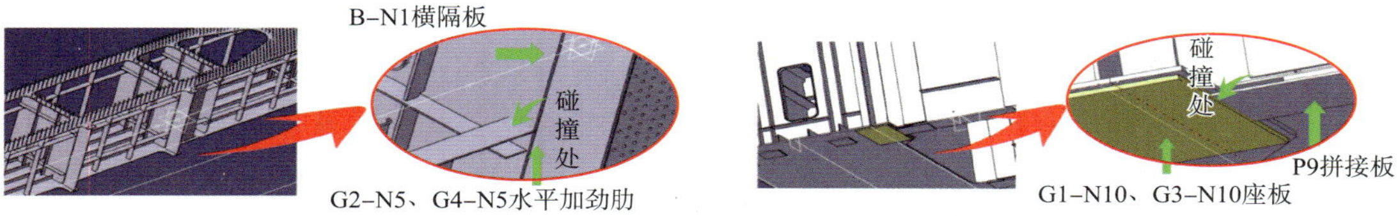

图 11-4　横隔板与加劲肋碰撞

(三)主拱圈底板施工碰撞

通过 BIM 模型进行碰撞检查,发现用于加固底模板的横担梁[图 11-5(a)红色部分]穿

过劲性骨架，此处设计不合理，施工不便。

解决办法：建议横担梁去掉，图 11-5(b)为调整后的模型。

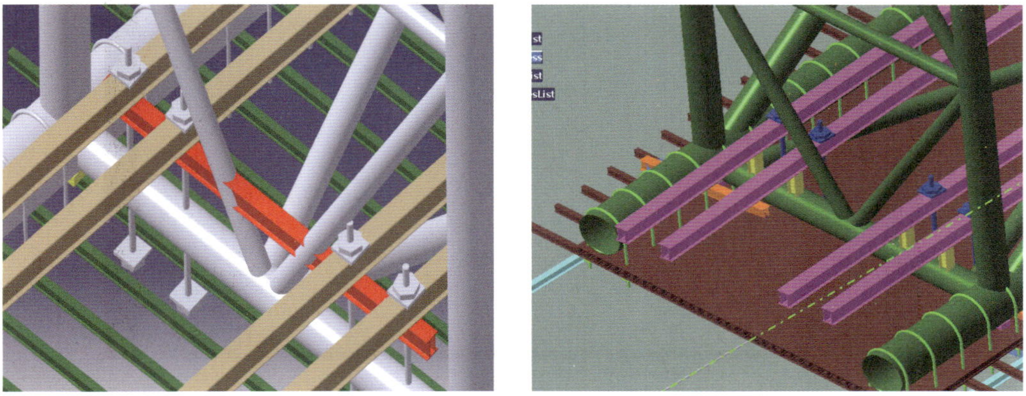

(a) 主拱圈底板施工碰撞　　(b) 主拱圈底板调整后模型效果

图 11-5　主拱圈底板施工碰撞

(四)模型中量取平联杆长度

通过对模型中平联杆长度量取(图 11-6)，发现其中 47 根平联杆长度与设计图纸中的下料表存在偏差，最大偏差为 15 cm，提前发现了问题，减少了材料浪费。

图 11-6　模型中校核平联杆长度

二、材料精细化管理

添加完属性的 BIM 模型导入到 BIM 施工管理平台后，结合施工工艺要求和进度安排，输出相应的工程量汇总表，快速准确地完成大桥工程量提取、统计及分析工作，配合项目部制定材料采购计划、进行限额领料管理，实现了材料的精细化管理，确保项目成本受控，如

图 11-7 所示。

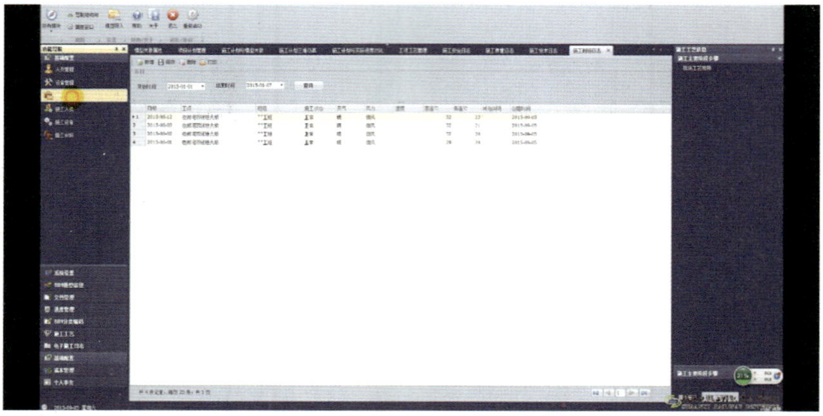

图 11-7　对材料进行管理

三、三维技术交底，可视化方案优化

（一）可视化施工方案研讨

借助三维模型辅助项目制定切实可行的施工方案，图 11-8 为项目领导班组人员借助 BIM 模型制定外包混凝土施工方案。利用 BIM 可视化技术，对桥梁重难点施工工艺进行可视化方案研讨。

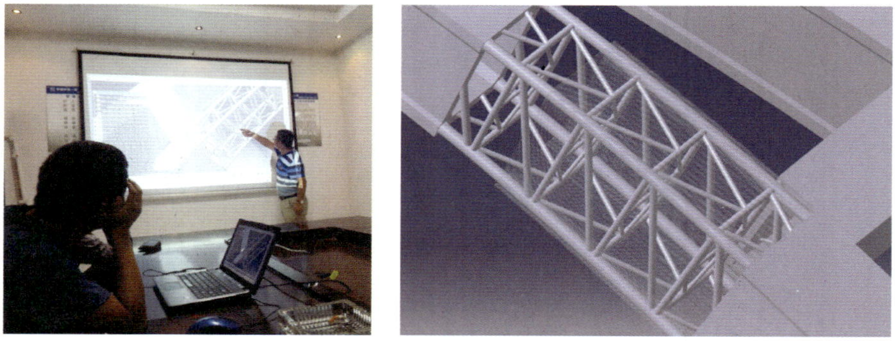

图 11-8　利用 BIM 模型制定外包混凝土施工方案

（二）主拱圈外包混凝土浇筑顺序交底

利用 BIM 可视化技术，对外包混凝土施工方案进行会议研讨，形成三维交互式的混凝土浇筑方案。外包混凝土单环按先底板再腹板后顶板的总体施工顺序进行浇筑。按照半拱分为 3 个工作面一次浇筑完成，底板分 3 个工作面 5 次浇筑完成、腹板分 3 个工作面 6 次浇筑完成、顶板分 3 个工作面 6 次浇筑完成的浇筑顺序进行浇筑，并在模型中用不同的颜色加以区分,如图 11-9 所示。

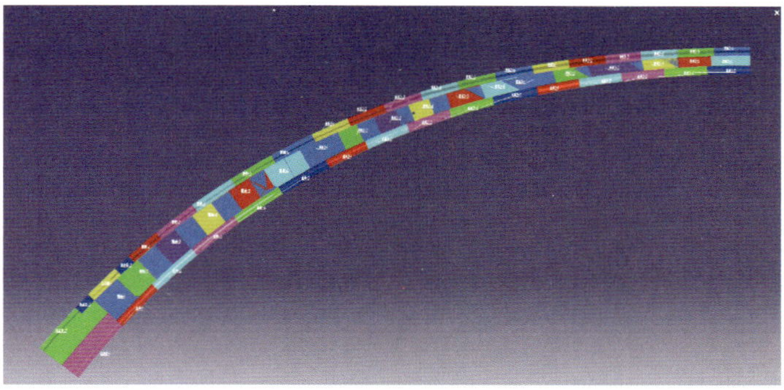

图 11-9 主拱圈外包混凝土浇筑顺序交底

通过软件算量得到:主拱圈外包混凝土总方量 29 399.6 m^3,模型外包混凝土总方量 29 396.3 m^3。

(三)主拱圈注浆管布置方案可视化研讨

在项目实施过程中,BIM 小组配合项目领导班组通过 BIM 模型制定出切实可行的主拱圈注浆管布置方案,紫色为首选注浆管布置方案,红色和绿色为备用注浆管布置方案,并制定出注浆管的走线选择与注浆位置,以保证注浆的顺利进行,如图 11-10 所示。

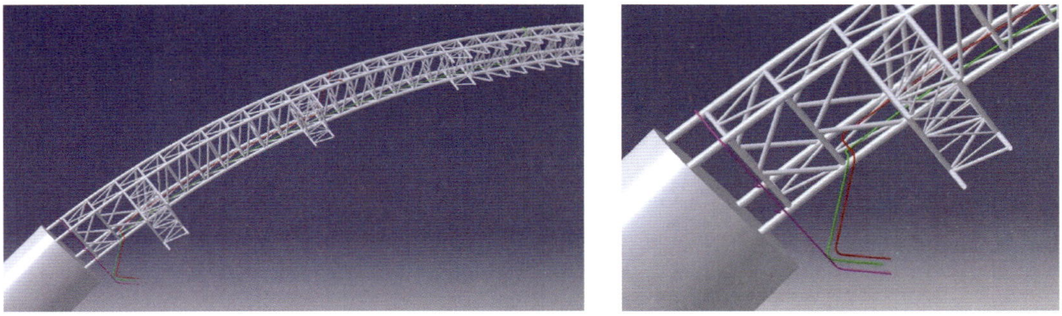

图 11-10 主拱圈注浆管布置方案可视化

四、质量安全实时监控

夜郎河特大桥施工过程中,存在的风险源较多,如高处作业、模板吊装等,同时,项目施工过程中,面临项目参与方协同工作效率低,质量安全处理不及时等现象。为此,借助 BIM 施工管理平台,以照片记录现场情况,通过平台对质量安全内容进行拍照和文字记录,关联模型,实现跟踪留痕。以标签图片的形式在模型中展现现场和处理情况,协助生产人员对质量安全问题进行直观管理,如图 11-11 所示。

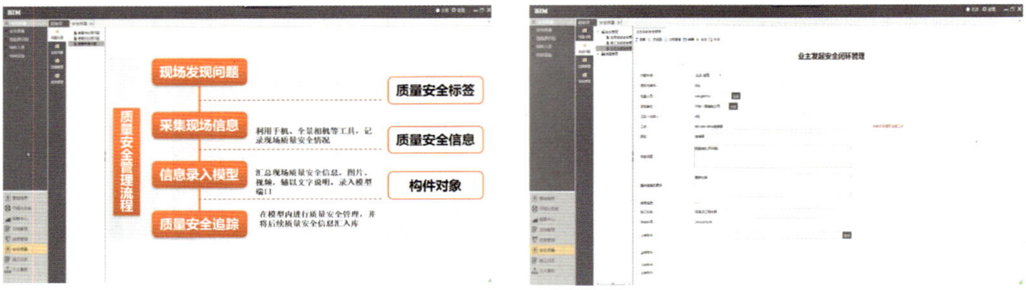

图 11-11　通过平台记录质量安全内容

五、施工进度优化

利用 BIM 技术，将桥梁的三维施工模型与施工计划相结合，实现夜郎河特大桥整个施工组织的数据三维可视化，并将三维可视化的模型与实际形象进度进行对比，实现对施工进度的实时监控和分析。此外，通过施工进度模块，可快速准确统计出计划进度内相关工程量并进行统计汇总，生成相应的施工例会汇报文件，提高了相关技术人员的工作效率，如图 11-12 所示。

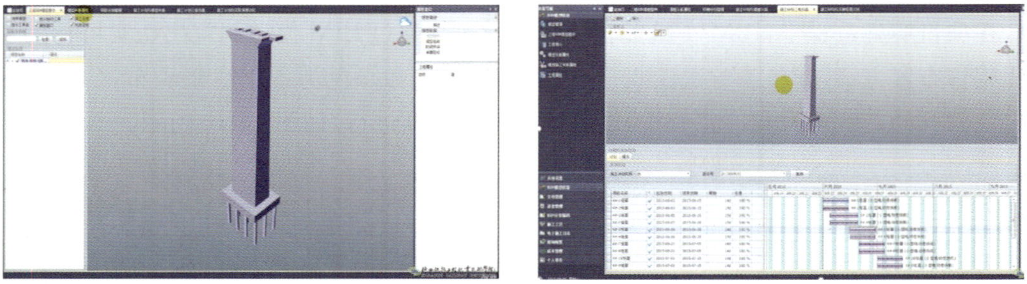

图 11-12　施工进度模拟与监控

劲性骨架吊装施工进度模拟：Gantt Chart（甘特图），如图 11-13 所示，以图示的方式通过活动列表和时间刻度形象地表示出劲性骨架吊装的工序安排、衔接、持续时间等施工要素。

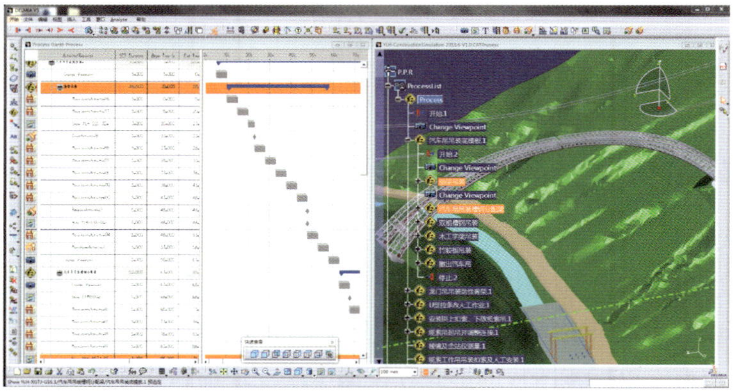

图 11-13　甘特图

六、施工仿真模拟，辅助劲性骨架吊装

(一)吊点位置优化

在首节劲性骨架吊装过程中，发现因吊点位置选取不当，导致骨架吊装无法到达设计角度，利用 BIM 仿真技术，重新计算并调整吊点位置，并对全桥骨架节段吊点位置进行优化模拟，保证劲性骨架的安全、顺利吊装，如图 11-14 所示。

图 11-14　节段吊点位置优化模拟

(二)骨架高处对接方案调整

劲性骨架节段高处对接作业难度大，安全风险高，施工过程中发现，现场采用的内法兰对接方案存在严重的缺陷，耗时费力，难以满足工期要求，通过 BIM 技术，对对接方案进行优化，调整为外法兰对接，大幅度减小了劲性骨架高处对接的作业难度，并缩短了高处作业时间，如图 11-15 所示。

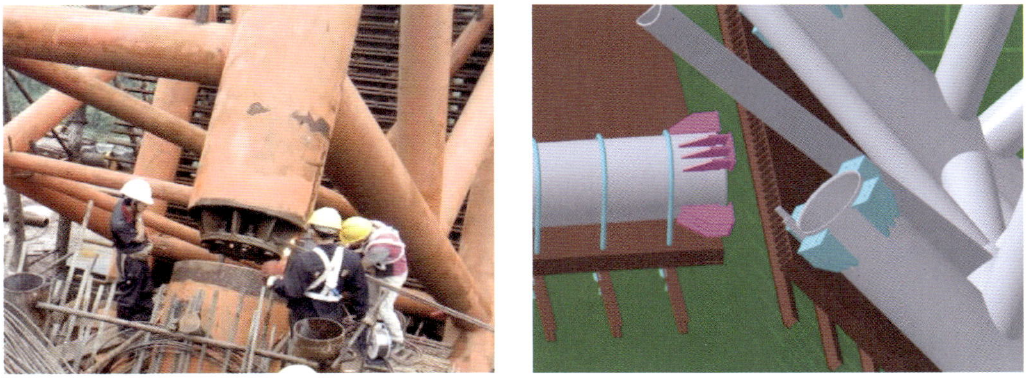

图 11-15　节段吊点位置优化模拟

第三节　BIM 技术应用成果与价值分析

1. 对夜郎河特大桥的关键工序进行施工仿真，提前对施工真实场景、施工工序进行模拟，对关键施工工序的机具组织安排进行仿真，对特殊位置的人员操作进行仿真，辅助规划施工组织设计方案，并输出相应的动画、图片。

2. 为夜郎河特大桥提供施工现场指导材料，集合图纸、图文、视频文件等内容实现各项资料的三维交互式动态浏览和展示。基于施工信息管理平台，实现了工程概况的图文展示、工程施工阶段汇总介绍、BIM 数据管理、基于三维交互模型的施工关联信息查询、工程现场数据关联查询等功能。

3. 根据大桥主拱劲性骨架实际拼装质量监测数据，调整实际吊装 BIM 模型参数，得到节段累积误差计算模型，将该模型与设计模型对比，得到累积误差计算结果。

4. 考虑到工程数据的安全性和网络访问的可靠性，采用基于数据网络的 VPN 连接，可以实现客户端在项目部外连接访问项目部服务器的功能，实现进度、模型的异地访问功能。

5. 将 BIM 模型导入施工信息管理平台，使其能够配合项目进行资料、进度、质量及安全管理。

在此项目，对 BIM 技术在桥梁工程施工中应用进行了一定深度的探索，取得了较好的经济和社会效益，为下一步 BIM 技术在桥梁全生命周期的推广应用提供了有益的借鉴。

参　考　文　献

[1]　周水兴,何兆益,邹毅松,等. 路桥施工计算手册[M]. 北京:人民交通出版社,2001.

[2]　《钢结构设计手册》编委会. 钢结构设计手册[M]. 北京:中国建筑工业出版社,2004.

[3]　徐道远,黄孟生,朱为玄,等. 材料力学[M]. 南京:河海大学出版社,2004.

[4]　张为和. 基于 BIM 的夜郎河双线特大桥施工应用方案研究[J]. 铁道标准设计,2015,59(3):82-86.